CIÊNCIAS
Seres vivos

7º ANO

Caro leitor:

Visite o site **harbradigital.com.br** e tenha acesso aos **objetos digitais** especialmente desenvolvidos para esta obra. Para isso, siga os passos abaixo:

▶▶ acesse o endereço eletrônico **www.harbradigital.com.br**
▶▶ clique em **Cadastre-se** e preencha os **dados** solicitados
▶▶ inclua seu **código de acesso**:

> 6EF45A3C8B6F7A4611B6

Seu cadastro já está feito! Agora, você poderá desfrutar de vídeos, animações, textos complementares, banco de questões, galeria de imagens, entre outros conteúdos especialmente desenvolvidos para tornar seu estudo ainda mais agradável.

Requisitos do sistema
- O Portal é multiplataforma e foi desenvolvido para ser acessível em *tablets*, celulares, *laptops* e PCs (existentes até ago. 2015).
- Resolução de vídeo mais adequada: 1024 x 768.
- É necessário ter acesso à internet, bem como saídas de áudio.
- Navegadores: Google Chrome, Mozila Firefox, Internet Explorer 9+, Safari ou Edge.

Acesso
Seu código de acesso é válido por 1 ano a partir da data de seu cadastro no portal HARBRADIGITAL.

CB024531

CIÊNCIAS
Seres vivos

7º ANO

ARMÊNIO UZUNIAN

Mestre em Ciências na área de Histologia pela Universidade Federal de São Paulo

Médico pela Universidade Federal de São Paulo

Professor e Supervisor de Biologia em cursos pré-vestibulares da cidade de São Paulo

ERNESTO BIRNER

Licenciado em Ciências Biológicas pelo Instituto de Biociências da Universidade de São Paulo

Professor de Biologia na cidade de São Paulo

DAN EDÉSIO PINSETA

Licenciado em Ciências Biológicas pelo Instituto de Biociências da Universidade de São Paulo

Professor de Biologia na cidade de São Paulo

editora HARBRA

Direção Geral:	Julio E. Emöd
Supervisão Editorial:	Maria Pia Castiglia
Edição de Texto:	Carla Castiglia Gonzaga
Assistentes Editoriais:	Ana Olívia Ramos Pires Justo
	Mônica Roberta Suguiyama
Programação Visual e Capa:	Grasiele Lacerda Favatto Cortez
Editoração Eletrônica:	AM Produções Gráficas Ltda.
Fotografia da Capa:	Shutterstock
Impressão e Acabamento:	Cromosete Gráfica e Editora Ltda.

Dados Internacionais de Catalogação na Publicação (CIP)
(Câmara Brasileira do Livro, SP, Brasil)

Uzunian, Armênio
  Ciências : seres vivos, 7º ano / Armênio Uzunian, Ernesto Birner, Dan Edésio Pinseta. -- São Paulo : Editora HARBRA, 2016.

  Bibliografia.
  ISBN 978-85-294-0473-8

  1. Ciências (Ensino fundamental) 2. Seres vivos (Ensino fundamental) I. Birner, Ernesto. II. Pinseta, Dan Edésio. III. Título.

15-07184   CDD-372.35

Índices para catálogo sistemático:
1. Ciências : Ensino fundamental   372.35

CIÊNCIAS – *Seres vivos* – 7º ano
Copyright © 2016 por editora HARBRA ltda.
Rua Joaquim Távora, 629
04015-001 – São Paulo – SP
Tel.: (0.xx.11) 5084-2482. Fax: (0.xx.11) 5575-6876

Todos os direitos reservados. Nenhuma parte desta edição pode ser utilizada ou reproduzida – em qualquer meio ou forma, seja mecânico ou eletrônico, fotocópia, gravação etc. – nem apropriada ou estocada em sistema de banco de dados, sem a expressa autorização da editora.

ISBN (coleção) 978-85-294-0471-4

ISBN 978-85-294-0473-8

Impresso no Brasil   *Printed in Brazil*

Apresentação

Olhe os beija-flores no quintal, apanhando pedaços de mamão que caíram na grama. E aqueles saguis disputando pedaços de banana, você os está vendo? Também tentam sobreviver ao procurar e encontrar o alimento necessário às suas vidas e à dos seus filhotes. Percebeu que existe uma harmonia entre esses dois animais e o ambiente em que vivem? Será que é assim em outros lugares do nosso planeta? Será que nos outros continentes também existe essa harmonia entre plantas, animais, microrganismos e o ambiente físico em que vivem, ou seja, as rochas, o ar, a água, a luz e outros componentes do meio? Será que os modernos meios de comunicação e de transporte, ou seja, os celulares, os *ipads*, os *tablets*, os possantes automóveis, aviões e navios que as pessoas utilizam ainda ajudam a manter a harmonia entre os seres vivos e o meio em que vivem? E quanto aos modos de os seres vivos se manterem com vida, será que ainda são os mesmos? Quer dizer, a fotossíntese, a respiração, a circulação do sangue e das seivas das plantas, a reprodução dos seres vivos, será que ainda continuam iguais ao que existia no passado? Será que os tais gases de estufa e o tal do aquecimento global, assuntos muito comentados atualmente, colocarão mesmo em risco a sobrevivência em nosso planeta?

Todas essas perguntas e observações devem, necessariamente, fazer parte de uma coleção dedicada ao Ensino Fundamental. Precisamos de estudantes participativos, opinativos, que contribuam para a compreensão do que se passa nos dias de hoje nos diversos ambientes do planeta Terra, ou seja, da nossa biosfera.

Oferecer aos estudantes do Ensino Fundamental uma coleção de Ciências contendo não apenas os conteúdos necessários para o aprendizado, mas, também e principalmente, contextualizar, contribuir para que percebam a importância do aprendizado em sua vida diária é nosso objetivo. A meta é formar futuros cidadãos participativos, que compreendam a importância das Ciências para a sua vida e para o futuro do planeta. É o que pretendemos com a presente coleção. Tudo isso, sem esquecer as constantes atualizações tecnológicas que são frequentemente contempladas ao longo de toda a obra, utilizando uma linguagem adequada à faixa etária a que se destina.

Nós, professores, precisamos levar em conta a opinião de nossos alunos. E esse é um dos importantes diferenciais da presente obra – contar com a participação dos estudantes. Esse foi o desejo da editora HARBRA e dos autores, também professores, ao lançar a presente coleção de *Ciências* destinada aos alunos do Ensino Fundamental de nosso país.

Os autores

Conteúdo

Unidade 1
VIDA: EXUBERÂNCIA E biodiversidade — 11

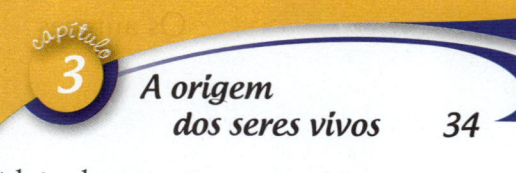

capítulo 1 — Como a Ciência trabalha — 12

Bicho de goiaba, goiaba é? 13
   Generalização e elaboração de teoria . 15
Nosso desafio 17
Atividades 17

capítulo 2 — A vida e suas características — 18

As características dos seres vivos 19
   As substâncias químicas presentes
     nos seres vivos 20
   Metabolismo 21
   Organização celular 21
   Ciclo vital 23
A célula 26
   A descoberta da célula 28
   Como é a estrutura das células 29
Nosso desafio 31
Atividades 32

capítulo 3 — A origem dos seres vivos — 34

A ideia de geração espontânea
   (abiogênese) 35
Francesco Redi:
   a crença na biogênese 35
Louis Pasteur e o triunfo da biogênese.... 37
   O experimento de Pasteur 37
O surgimento de vida na Terra 37
   A hipótese de Oparin e Haldane 38
   O experimento de Miller e Urey 38
   Os primeiros seres vivos 39
Nosso desafio 41
Atividades 41

capítulo 4 — A evolução dos seres vivos — 43

Espécies fixas e imutáveis? 44
As espécies se modificam 45
   A teoria de Lamarck sobre a
     modificação das espécies 46
   A teoria de Darwin: mais convincente .. 47
   Evidências da evolução –
     registros fósseis 50
Nosso desafio 53
Atividades 54

capítulo 5
Biodiversidade e a classificação dos seres vivos — 55

A incrível diversidade dos seres vivos 56
A classificação dos seres vivos 56
   Os primeiros "grandes grupos" –
     os primeiros reinos 57
   Nem animais, nem vegetais: o que fazer? 57
   Novas descobertas, novo reino: Monera. 58
   A mais recente mudança: reino Fungi 58
   Os cinco reinos atuais 59
   Categorias de classificação
     e grau de semelhança 62
O nome científico dos seres vivos 65
Nosso desafio 67
Atividades 68
Leitura 70
Tecnews 71

Unidade 2
OS GRUPOS MAIS simples — 73

capítulo 6
Vírus — 74

Vírus: seres vivos ou não? 75
Reprodução dos vírus 76
Como nosso organismo combate os vírus ... 77
   Vacinação:
     um modo de imunização artificial .. 78
Doenças causadas por vírus 80
   Gripe e resfriado comum 80
   Sarampo e catapora 81
   Dengue 81
   AIDS 82
Nosso desafio 85
Atividades 86

Nutrição e respiração
   bacterianas 91
Reprodução das bactérias 91
A importância das bactérias 91
   Decomposição 92
   Fixação do nitrogênio 92
   Em associação com outros seres vivos .. 92
   Importância econômica 94
   Biotecnologia 95
Doenças causadas por bactérias 95
   Cólera 95
   Leptospirose 95
   Disenteria bacteriana (salmonelose) 96
   Tuberculose 96
Cianobactérias 98
Nosso desafio 99
Atividades 100

capítulo 7
Bactérias — 88

O reino Monera 89
A estrutura celular bacteriana 89
   A forma das bactérias 89

capítulo 8 — Fungos — 102

Características dos fungos 103
   Como os fungos se nutrem? 104
   A reprodução dos fungos 105
A importância dos fungos 106
   Decomposição 106
   Fermentação 106
   Produção de antibióticos 108
   Fonte de alimentos 108
   Associações benéficas: mutualismos ... 109
   Associação prejudicial: parasitismo 110
Nosso desafio 111
Atividades 112

capítulo 9 — Os protozoários e as algas — 114

Os protozoários 115
   Doenças causadas por protozoários 116
As algas 120
   A importância das algas 123
Nosso desafio 125
Atividades 126
Leitura 128
Tecnews 129

Unidade 3 — MUNDO animal — 131

capítulo 10 — Invertebrados I — 132

Poríferos 134
   A organização do corpo
     das esponjas 135
   Reprodução dos poríferos 137
Cnidários (ou celenterados) 138
   Reprodução dos cnidários 141
   Corais 142
Platelmintos 144
   Planária: platelminto de vida livre 145
   Doenças causadas por platelmintos 146
Nematelmintos 151
   Doenças causadas por
     nematelmintos 152
Anelídeos 157
   Características gerais das minhocas 159
Nosso desafio 162
Atividades 163

capítulo 11 — Invertebrados II — 165

Moluscos 166
   Organização geral do corpo
      dos moluscos 167
   Classificação dos moluscos 168
Artrópodes 172
   Características gerais dos artrópodes .. 173
   Classificação dos artrópodes 174
Equinodermos 184
Nosso desafio 188
Atividades 189

capítulo 12 — Peixes — 190

Introdução ao filo dos cordados 191
Peixes: cartilaginosos e ósseos 193
   Escamas e muco na pele dos peixes 194
   Digestão e alimentação 196
   Circulação, respiração e excreção 196
   Reprodução 198
   Sistema nervoso e órgãos
      dos sentidos 199
   Bexiga natatória: auxiliar na
      flutuação dos peixes ósseos 201
Nosso desafio 203
Atividades 204

capítulo 13 — Anfíbios — 206

Anfíbios, vertebrados de transição 207
Características gerais dos anfíbios 208
   Pele dos anfíbios 208
   Digestão e alimentação 210
   Circulação, respiração e excreção 210
   O esqueleto dos anfíbios 211
   Reprodução 212
   Sistema nervoso e órgãos dos sentidos 214
   Classificação dos anfíbios 216
Nosso desafio 217
Atividades 218

capítulo 14 — Répteis — 220

A conquista do meio terrestre
   pelos vertebrados 221
Características gerais dos répteis 221
   Pele dos répteis 222
   Digestão e alimentação 222
   Circulação, respiração e excreção 223
   O esqueleto dos répteis 224
   Reprodução 225
   Sistema nervoso e
      órgãos dos sentidos 227
A heterotermia e a conquista
   do meio terrestre pelos répteis 227
Classificação dos répteis 228
O que aconteceu com os dinossauros? 232
Nosso desafio 234
Atividades 235

capítulo 15 — Aves — 237

Os primeiros endotérmicos 238
Características gerais das aves 239
   Pele com penas:
      exclusividade das aves 240
   O esqueleto das aves......................... 241
   Digestão e alimentação..................... 242
   Respiração das aves 243
   Circulação e excreção 243
   Reprodução....................................... 244
   Sistema nervoso e órgãos dos sentidos... 246
Adaptações ao voo................................ 248
Classificação das aves............................ 249
Nosso desafio 252
Atividades... 253

capítulo 16 — Mamíferos — 255

Características gerais dos mamíferos....... 256
   Pele: presença de queratina,
      pelos e glândulas............................ 257
   Digestão e alimentação..................... 259
Respiração nos mamíferos 261
Circulação e excreção.......................... 262
Reprodução: presença
   de útero e placenta....................... 263
Sistema nervoso e
   órgãos dos sentidos....................... 264
Endotermia e controle
   da temperatura corporal 264
Classificação dos mamíferos................. 266
   Algumas ordens de mamíferos
      placentários 268
Nosso desafio 275
Atividades... 276
Leitura 278
Tecnews... 279

Unidade 4 — MUNDO VEGETAL — 281

capítulo 17 — Briófitas e pteridófitas — 282

Briófitas 283
   O pequeno tamanho dos musgos........ 284
   Reprodução sexuada
      dos vegetais 284
Pteridófitas... 286
   Samambaias, as pteridófitas
      mais conhecidas 288
Nosso desafio 291
Atividades... 292

Capítulo 18 — Gimnospermas — 294

As gimnospermas atuais........................ 295
   A distribuição geográfica
     das gimnospermas atuais 297
   Reprodução sexuada
     das gimnospermas 297
A importância das
   gimnospermas 300
Nosso desafio 301
Atividades 302

Capítulo 19 — Angiospermas I — 304

A organização do corpo
   de uma angiosperma 305
A raiz 306
   Raízes aéreas e raízes aquáticas........... 307
   Raízes modificadas 308
O caule 310
   Tipos de caule 311
A folha 316
   A folha em corte 318
   Folhas modificadas 321
A circulação de água e nutrientes
   nas plantas com tecidos condutores 323
Nosso desafio 325
Atividades 326

Capítulo 20 — Angiospermas II — 328

A causa do sucesso das angiospermas:
   flor e polinização 329
A flor 330
   Polinização 331
   Fecundação 332
Tipos de fruto 336
A dispersão das sementes 338
   A semente e a germinação.................. 340
Classificação das angiospermas 341
Nosso desafio 343
Atividades 344

Leitura 346
Tecnews 347
Bibliografia 348

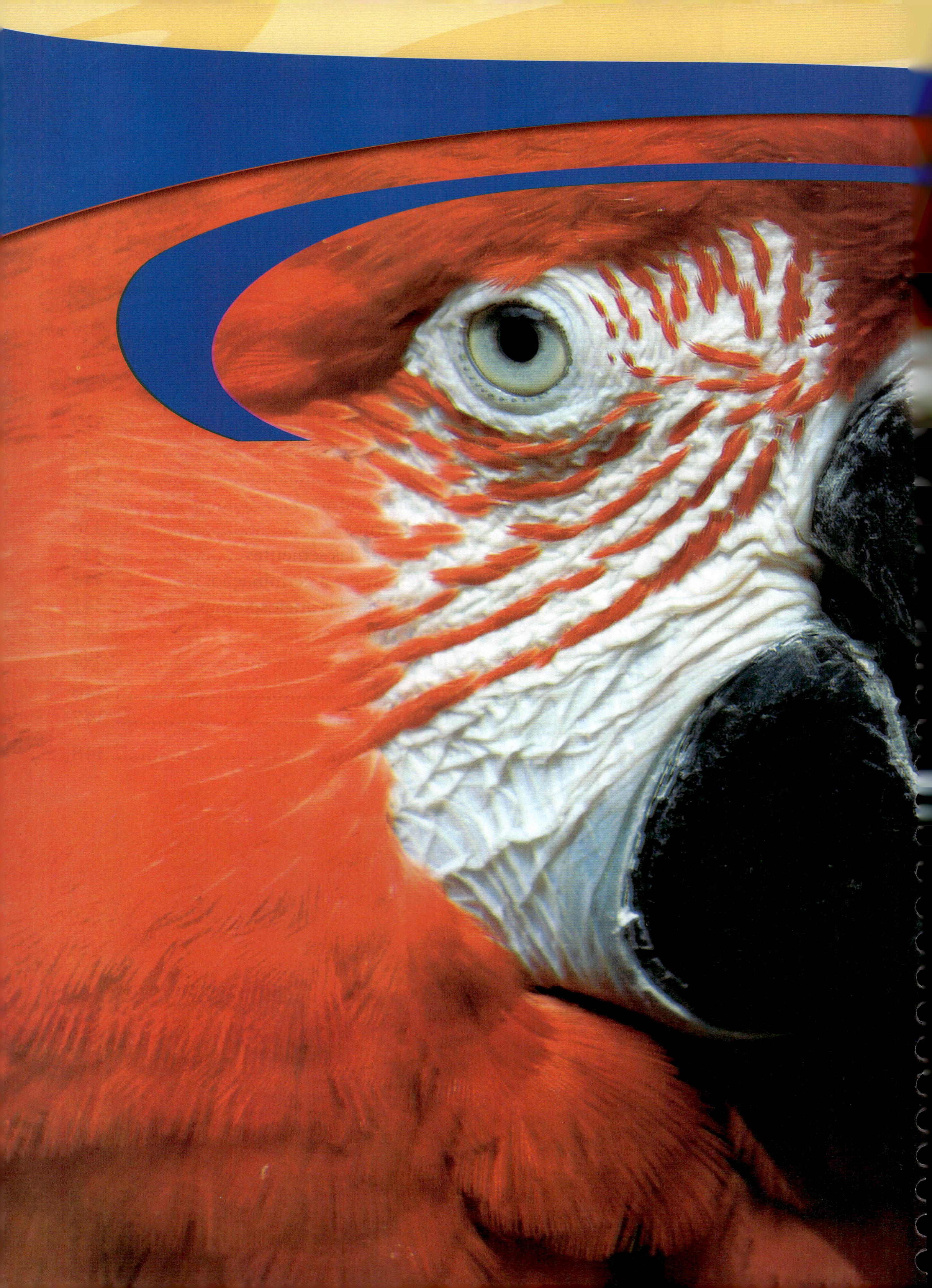

Unidade 1

VIDA: EXUBERÂNCIA E biodiversidade

A "vida" na exuberante Floresta Amazônica é de uma riqueza extraordinária. Árvores e muitas outras plantas de todos os tamanhos e espécies. Animais de todos os "tipos", alguns voando, outros pulando de galho em galho, muitos no chão da floresta, vários subindo e descendo dos troncos das árvores. Fungos e bactérias, embora não visíveis, decompondo as folhas, os galhos e restos de inúmeros outros seres vivos que se encontram amontoados no chão da floresta. De onde surgiu toda essa "vida"? Dizendo de outro modo, como surgiu essa riqueza em espécies, ou seja, essa *biodiversidade*, palavra tão na moda hoje em dia? Como caracterizar "vida"? Que contribuição pode nos dar a Ciência no esclarecimento da origem da "vida" e no seu desenvolvimento na Terra, gerando a beleza de *biodiversidade* que hoje constatamos? A resposta a essas e outras perguntas você poderá encontrar ao ler o conteúdo dos cinco capítulos desta unidade.

Capítulo 1

Como a Ciência trabalha

O celular não funciona?

Você percebe que o seu celular não funciona e logo pensa: "acho que é porque a bateria está descarregada". Como confirmar essa suspeita? Fácil, colocando a bateria do celular para carregar. Pronto, após certo tempo, ele volta a funcionar, confirmando que a bateria estava descarregada mesmo. Provavelmente, de cada 100 celulares que não ligam em 98 deles a causa deve ser a falta de carga na bateria. E nos outros dois, qual deve ser o problema? Que tal arriscar uma outra suposição? Será que a bateria não retém mais carga? Ou outra peça qualquer deixou de funcionar? Para saber a resposta é preciso investigar.

Ao constatar o problema no celular, desconfiar da causa que impedia o funcionamento e recorrer ao simples teste de recarregar a bateria e, assim, confirmar ou não a sua suspeita, você, sem perceber, adotou alguns dos procedimentos que os cientistas utilizam em seu trabalho. Esses procedimentos fazem parte do *método científico*, cujos detalhes você compreenderá ao ler este capítulo.

Antes, porém, você poderá perguntar: "afinal, que relação existe entre um telefone celular que não funciona e os assuntos que abordaremos neste livro?". É que você, ao estudar os grupos de seres vivos que existem nos diversos ambientes do nosso planeta, inclusive alguns que lhe são bem próximos, perceberá que muito do conhecimento que temos hoje dependeu, e ainda depende, do trabalho de inúmeros cientistas no esclarecimento da origem, da evolução e das características dos seres vivos que você conhecerá ao longo das próximas páginas.

Bicho de goiaba, goiaba é?

Com frequência, ao saborear uma goiaba madura, colhida diretamente do pé, encontramos pequenos "vermes" (na verdade, são formas jovens de insetos, chamadas *larvas*), movimentando-se no interior da polpa. As pessoas costumam dizer que aqueles bichinhos foram "gerados" pela goiaba. Será verdade? Como proceder para confirmar ou rejeitar tal afirmação? Essas perguntas têm tudo a ver com os procedimentos utilizados pelos cientistas que investigam as ocorrências relacionadas ao mundo dos seres vivos. Esses procedimentos fazem parte do **método científico**, uma série de passos seguidos pelos cientistas no esclarecimento dos mistérios da natureza. As etapas desse método são:

a) **Observação de algum fato ou ocorrência que chame a atenção do cientista.** No caso presente, o fato é: existem pequenas larvas na polpa da goiaba. Essa observação conduz a outro passo da investigação científica que é a *formulação ou elaboração de hipóteses* (suposições).

b) **Hipótese.** Nesse caso, são duas as hipóteses:
   1. as larvas são geradas espontaneamente pela goiaba;
   2. as larvas são geradas a partir do desenvolvimento de ovos depositados por insetos sobre o fruto.

Para testar essas hipóteses, o cientista deve passar à etapa seguinte de seu trabalho, que é *planejar e realizar um experimento controlado*.

Por meio da experimentação e dos resultados obtidos, o cientista poderá, então, aceitar ou rejeitar as hipóteses formuladas e dar prosseguimento ao seu trabalho.

Goiaba aberta em que se vê uma larva (também conhecida como bicho-da--goiaba).

c) **Experimentação (experimento controlado).** No caso presente, um experimento de fácil execução consiste em separar dois grupos de frutas em início de formação. As goiabas de um grupo serão envolvidas por um saquinho de papel, bem amarrado para evitar a visita de insetos. O outro grupo de goiabas deverá permanecer sem essa proteção.

Após o amadurecimento das frutas, o cientista deverá analisar o resultado do experimento e tirar suas conclusões.

NARISSARA BOONTAN/PANTHERMEDIA/KEYDISC

d) **Resultados obtidos.** Vamos imaginar dois resultados:
   1. larvas desenvolveram-se igualmente nos dois grupos de frutas selecionados (protegidos e não protegidos);
   2. larvas desenvolveram-se apenas no grupo de goiabas sem a proteção dos saquinhos.

Como já dissemos, os resultados levam o investigador a aceitar ou rejeitar hipóteses e prosseguir o seu trabalho a caminho de alguma *conclusão*.

e) **Conclusão.** Nessa etapa do trabalho científico, o que se poderia concluir a partir de cada um desses resultados?

Se o primeiro resultado fosse obtido, poderíamos concluir que as goiabas, de fato, geram espontaneamente as larvas.

No segundo caso, a conclusão seria outra: as larvas não são geradas espontaneamente pelas frutas, mas a partir do contato com insetos que sobre elas depositam seus ovos.

Você já deve ter conhecimento suficiente para saber que o resultado desse experimento é o segundo, e que as larvas se originam de ovos de insetos depositados sobre os frutos.

A *repetição do experimento* leva o cientista a confirmar suas conclusões.

f) **Repetição do experimento por outros cientistas.** Para que o trabalho do cientista tenha credibilidade, é preciso que experimentos semelhantes sejam efetuados por outros pesquisadores e que os resultados por eles obtidos sejam comparados.

EM CONJUNTO COM A TURMA!

Que outras situações da sua vida diária o fazem agir como um cientista? Converse com os seus colegas e descubram os tipos de ocorrências comuns nas suas casas, na escola, nos passeios, que o levam a adotar os procedimentos que você acabou de ler no texto.

Generalização e elaboração de teorias

Somente depois de os mesmos resultados terem sido obtidos por outros cientistas em experimentos iguais ou semelhantes, por exemplo, a partir de outros frutos, carne etc. onde se desenvolvam larvas, é possível chegar a uma *generalização*, isto é, afirmar que larvas de insetos surgem somente se fêmeas adultas neles depositarem seus ovos. Nos diversos campos do conhecimento científico, quando os mesmos resultados e conclusões são obtidos por meio da experimentação, pode-se partir para a elaboração de *teorias* ou *leis*, aceitas pela comunidade científica.

A **teoria** *é uma ideia, apoiada pelo conhecimento científico, que tenta explicar fenômenos naturais relacionados, permitindo fazer previsões sobre eles.* Ou seja, poderemos prever o que ocorrerá quando os mesmos fenômenos se apresentarem novamente.

Mas, é bom lembrar, teorias e leis podem ser reformuladas, quer dizer, pode ser que novas observações, seguidas de novas hipóteses e experimentos, produzam novos conhecimentos e conduzam a novas teorias e leis que substituam as anteriores.

Jogo rápido

1. No texto anterior, utilizou-se a expressão experimento controlado. Qual é a razão dessa expressão?
2. Afinal, a goiaba é mesmo importante para o desenvolvimento de larvas de moscas ou elas acabariam se formando mesmo sem a presença das frutas? Por quê? Justifique a sua resposta.

É SEMPRE BOM SABER MAIS!

Para trabalhar com pesquisa científica, são necessárias algumas qualidades, desejáveis em qualquer um de nós, mas indispensáveis aos homens de ciência. É preciso:

- ter desejo de conhecimento, isto é, ter uma curiosiade muito desenvolvida;
- não aceitar conclusões sem estarem acompanhadas dos experimentos e dos resultados que as comprovem;
- mudar os conceitos nos quais acredita, toda vez que lhe sejam apresentadas provas confiáveis contrárias;
- não desanimar diante de possíveis insucessos.

ESTABELECENDO CONEXÕES

Saúde

Um exemplo de cientista persistente

Ignác Semmelweis (1818-1865) nasceu na capital da Hungria, em uma família de classe média. Para contentar o pai, que queria que ele fosse advogado, frequentou o curso de Direito em Viena, na Áustria, mas, depois de casualmente assistir a uma aula de anatomia dada por um famoso professor de Medicina, resolveu mudar de carreira.

Formado em Medicina, Semmelweis tentou trabalhar com professores famosos, que, aliás, não faltavam em Viena. Por falta de oportunidade, não conseguiu. Acabou optando por ser médico obstetra (parteiro). Foi, então, que sua carreira e sua vida sofreram uma brusca mudança. Sua capacidade de observação, de juntar uma grande quantidade de fatos, e compará-los, foi decisiva. Foi capaz de associar as mortes por febre pós-parto (assustadoramente comuns naqueles tempos) ao precário atendimento que as pacientes recebiam dos médicos.

Ocorreu, então, um fato até certo ponto inesperado e doloroso que, no entanto, foi de grande importância para a investigação que Semmelweis vinha realizando. Um amigo seu, grande patologista, adoeceu e morreu depois de ter se ferido acidentalmente, após uma autópsia. Seu cadáver mostrava os mesmos achados encontrados em mulheres falecidas de febre pós-parto.

Ora, pensou Semmelweis, se a infecção generalizada resulta da inoculação de partículas de um cadáver, como acontecera com o amigo, então a febre pós-parto origina-se da mesma maneira. Mas, quem inoculava as partículas nas pacientes? Os médicos que as atendiam no parto, claro. Para evitar a doença era preciso remover tais partículas das mãos dos profissionais (que, é bom lembrar, não usavam luvas) mediante simples medidas de higiene.

Adaptado de: NULAND, S. B. *A Peste dos Médicos.* São Paulo: Cia. das Letras, 2005. p. 13.

Autópsia: Exame minucioso de um cadáver, realizado por especialista qualificado, para determinar o momento e a causa da morte.

Patologista: médico especialista no estudo de células, tecidos ou órgãos a fim de verificar se há mudanças que possam estar causando alguma doença ou mal-estar.

➢ Por que é necessário lavar as mãos antes de qualquer refeição? Qual o tipo de observação que justifica essa atitude?

Nosso desafio

Para preencher os quadrinhos de 1 a 5, você deve utilizar as seguintes palavras: experimentação, generalização, hipótese(s), observação, teorias ou leis.

À medida que você preencher os quadrinhos, risque a palavra que escolheu para não usá-la novamente.

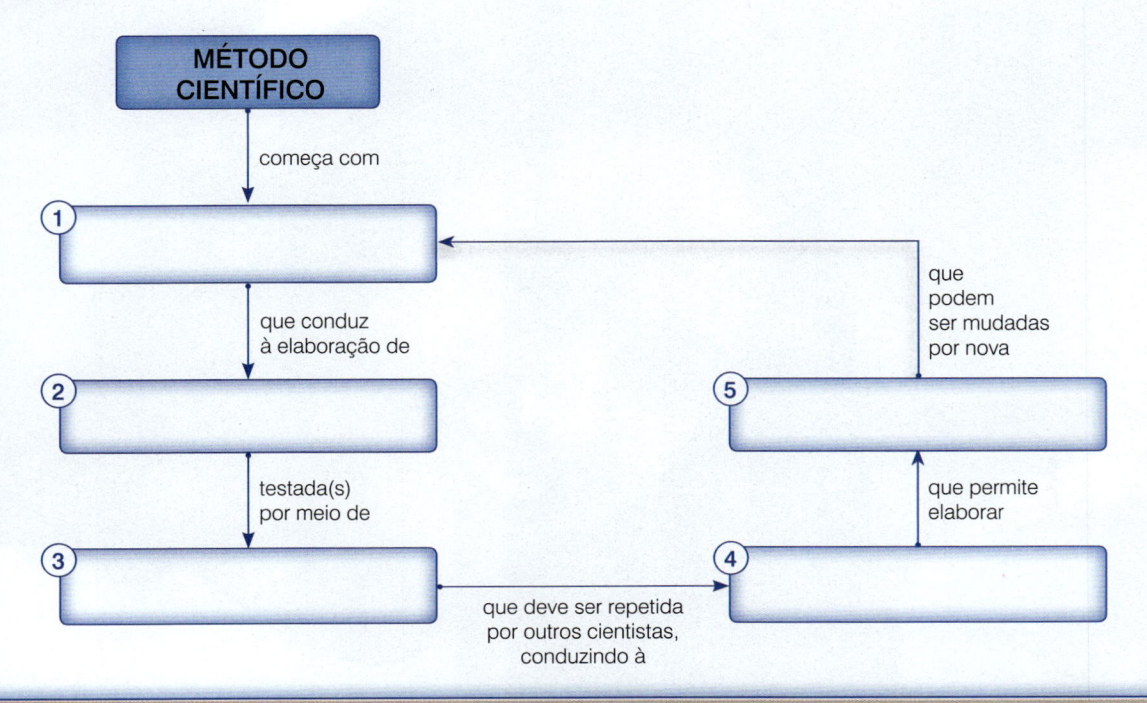

MÉTODO CIENTÍFICO

começa com ↓

1. _____

que conduz à elaboração de ↓

2. _____

testada(s) por meio de ↓

3. _____

que deve ser repetida por outros cientistas, conduzindo à →

4. _____

que permite elaborar ↑

5. _____

que podem ser mudadas por nova →

Atividades

1. Na casa de um estudante, havia uma planta que estava crescendo em um vaso de plástico, e que devia ser regada periodicamente para evitar que a planta murchasse e pudesse até morrer. Curioso, o estudante quis saber se havia perda de água a partir da terra do vaso, da própria planta ou de ambas.

   Para isso:

   1. embalou a planta e o vaso com um saco plástico transparente;

   2. no dia seguinte, percebeu que as paredes internas do saco plástico encontravam-se umedecidas, cheias de gotículas de água;

   3. supôs que a água poderia ter evaporado da terra ou poderia ser proveniente das folhas da planta.

   Com relação aos itens anteriores, responda:

   a. A que etapa do método científico se relaciona o item 2?

   b. A que etapa do método científico se relaciona o item 3?

   c. O procedimento adotado pelo estudante pode ser considerado um experimento controlado ou não? Justifique a sua resposta.

2. Agora que você aprendeu quais são as etapas do método científico, a partir da releitura da introdução desse capítulo ("O celular não funciona?"), aponte o que corresponde a:

   a. observação do fato;

   b. hipótese (suposição);

   c. experimentação (verificação da hipótese);

   d. resultado;

   e. conclusão e confirmação da hipótese.

capítulo 2

A vida e suas características

Você...

... anda, come, bebe, respira, ri, chora. Pessoas à sua volta nascem, envelhecem, morrem, em um processo chamado vida!

A preocupação dos seres humanos sempre esteve voltada para sua própria sobrevivência, sem se preocupar de maneira mais ativa com a preservação da biodiversidade. Agora, felizmente, já se nota um movimento no sentido de se preservar não só nossa espécie, mas também a vida do maior número delas possível. Da atitude que tomarmos de agora em diante depende o futuro de nosso planeta e a sobrevivência das espécies que nele habitam, inclusive da nossa.

Neste capítulo, você aprenderá a caracterizar os seres vivos e poderá compará-los com a matéria inanimada. Conhecerá também a célula, unidade fundamental dos organismos vivos, além de outros detalhes daquilo que mais estimamos: a VIDA.

As características dos seres vivos

Você já parou para se perguntar o que é vida? Essa é uma tarefa desafiadora e, frequentemente, qualquer conceituação a respeito do tema é muito complexa. Por isso, acreditamos que mais atraente do que conceituar vida, seja conhecer as **características gerais dos seres vivos**.

Um fato que nos chama a atenção é a grande variedade de formas de vida que existe em nosso planeta. Ao observarmos um vegetal simples, como um musgo, é difícil acreditar que ele tenha algo em comum com um mamoeiro. O mesmo ocorre ao compararmos uma vaca com um carrapato. A dificuldade é ainda maior quando comparamos o musgo e a vaca. A verdade é que a grande maioria dos seres vivos apresenta algumas características comuns. Entre elas, podemos citar a *composição química*, o *metabolismo*, a *organização celular* e a capacidade de *reprodução*.

O que têm em comum carrapato, vaca, mamoeiro e musgo, seres vivos tão distintos?
(Tamanho médio dos indivíduos quando adultos: carrapato, 2 mm; vaca, 1,5 m de altura; mamoeiro, de 2 a 10 m de altura e musgo, de 3 a 5 cm de altura.)

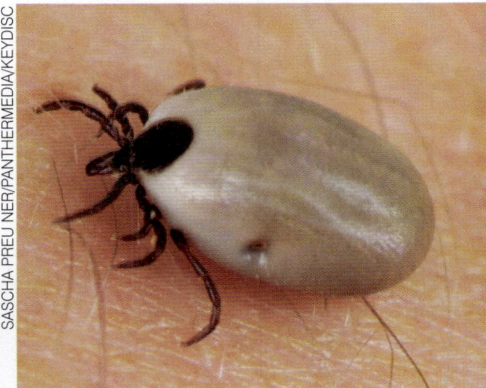

As substâncias químicas presentes nos seres vivos

Se você pegasse uma fatia de fígado, triturasse em um liquidificador, transformando-a em uma pasta homogênea e, a seguir, entregasse o caldo a um químico para que ele fizesse uma análise da composição química, sabe qual seria o resultado? Provavelmente, algo parecido com a tabela abaixo.

Componentes orgânicos	Componentes inorgânicos
• proteínas	• água
• ácidos nucleicos (DNA, RNA)	• sais inorgânicos
• açúcares (carboidratos)	
• gorduras (lipídios)	
• vitaminas	

Componentes orgânicos são aqueles nos quais a estrutura de suas moléculas é constituída de uma sequência variável de **átomos de carbono**, ligados entre si e a outros átomos, como, por exemplo, os de hidrogênio e oxigênio. Formam-se, assim, as *moléculas orgânicas* como, por exemplo, as de proteínas, carboidratos e ácidos nucleicos. Os compostos orgânicos encontrados nos seres vivos constituem também uma *característica exclusiva* desses organismos. Essas moléculas não fazem parte, por exemplo, de uma rocha.

A água é um *componente inorgânico* (formado apenas por hidrogênio e oxigênio) indispensável para a vida de qualquer ser vivo existente na Terra atual.

Dentre os sais inorgânicos podemos citar os que são formados por elementos químicos, como o sódio, o potássio, o ferro etc.

Jogo rápido

Se, no lugar da fatia de fígado, triturássemos grãos de feijão no liquidificador e analisássemos a composição do caldo obtido, o resultado seria o mesmo?

Provavelmente, o sal inorgânico que você mais conhece seja o sal de cozinha, ou cloreto de sódio, formado pelos elementos químicos sódio e cloro.

Metabolismo

Metabolismo é o nome dado ao conjunto de reações químicas que ocorrem nas células dos seres vivos a fim de manter todas as suas funções vitais. Desde os seres unicelulares mais simples, como as bactérias, até os mais complexos pluricelulares, como você, uma árvore ou um ratinho, ocorrem reações químicas extremamente semelhantes. Dessas reações participam diferentes tipos de substâncias orgânicas (como açúcares, gorduras, proteínas, DNA etc.) e outras inorgânicas (como a água, o oxigênio, os sais minerais). Para que essas reações químicas aconteçam, é necessária uma fonte de energia, sem a qual elas não se realizam. Essa energia é liberada a partir de reações químicas celulares que utilizam os alimentos orgânicos que os seres vivos consomem, como, por exemplo, a glicose.

A energia que utilizamos para nossas atividades é liberada a partir da glicose.

Organização celular

Se lhe perguntassem de que é composto o seu bichinho de estimação, você provavelmente diria que o animal possui muitos órgãos e estruturas que lhe permitem viver. Esta resposta está correta, mas uma procura mais detalhada dos componentes do animal mostraria que ele é formado por unidades básicas conhecidas como **células**.

A palavra célula é derivada do latim, *cellula*, e significa pequeno compartimento. Veja, ao lado, o esquema de uma célula animal.

A maioria das células é formada basicamente por três partes: membrana, citoplasma e núcleo. (Cores fantasia. Ilustração fora de escala.)

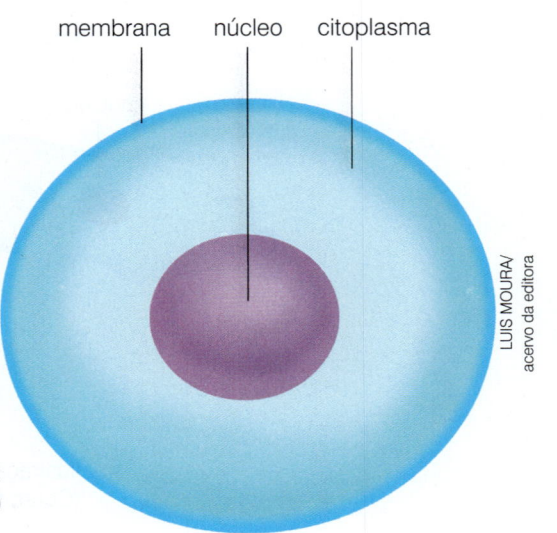

Toda célula pode ser comparada a uma fábrica com vários departamentos. Assim como na fábrica existe um muro com portões para a entrada e saída de pessoas e veículos, também a célula possui um envoltório, a *membrana* (cujo nome correto é **membrana plasmática**), que separa o meio interno do externo e permite a entrada e saída de substâncias. O **citoplasma** é o conteúdo interno da célula e nele estão mergulhadas várias **organelas** ou **orgânulos** (do latim, *organum* = órgão + *ulo* = = pequeno tamanho). Cada organela desempenha determinada função, assim como os vários setores de uma indústria.

A célula em geral possui um compartimento reservado à "diretoria", o **núcleo**, limitado por um envoltório e dentro do qual se encontra o material que dirige as atividades da célula, constituído principalmente por moléculas de DNA (ácido desoxirribonucleico).

Os seres vivos podem ser formados por apenas uma célula, como as amebas e as bactérias, por exemplo, e nesse caso são chamados **unicelulares**. Já os seres vivos, como os humanos, por exemplo, que são formados por várias células, são chamados **pluricelulares**.

Note que apesar de amebas e bactérias serem constituídas por uma única célula, há uma diferença entre esses dois seres unicelulares: a célula da ameba possui um núcleo diferenciado, isto é, envolvido por uma *membrana nuclear*; o mesmo não ocorre com a célula da bactéria. Nas bactérias, o material que comanda a célula (material genético) fica disperso no citoplasma. Seres vivos como as bactérias, que não possuem núcleo diferenciado são denominados **procariontes** (do grego, *pró* = antes + *kárion* = = núcleo + *óntos* = ser, criatura). Já a ameba e todos os demais seres celulares que possuem núcleo diferenciado são **eucariontes** (do grego, *eu* = propriamente dito, bom, verdadeiro).

Disperso: espalhado.

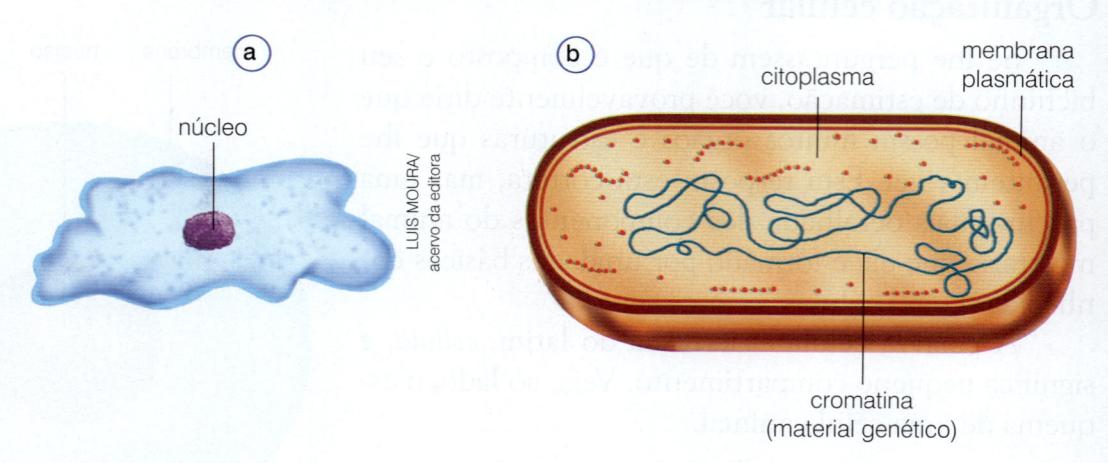

Ilustração (a) de uma ameba e (b) de uma bactéria.
(Cores-fantasia. Ilustrações fora de escala.)

Nos organismos pluricelulares, as células, de acordo com a sua função, encontram-se reunidas em outros **níveis de organização**:

- *tecidos* – reunião de células geralmente com a mesma forma e função. Exemplos: tecido nervoso, tecido ósseo, tecido muscular, tecido sanguíneo, tecido cartilaginoso etc.;
- *órgãos* – estruturas formadas pela reunião de vários tecidos. Exemplos: estômago, cérebro, osso, músculo, vasos sanguíneos etc.;
- *sistemas* – conjuntos de órgãos envolvidos com uma mesma função (sistema digestório, sistema circulatório, sistema locomotor, sistema reprodutor etc.);
- *organismo* – conjunto de sistemas que atuam de forma coordenada na manutenção das funções vitais. Exemplos: uma planta, um animal.

> **Fique por dentro!**
>
> Evite a confusão: quando nos referimos a um tecido, por exemplo, o *tecido ósseo*, estamos apenas considerando um agrupamento de células ósseas. Quando nos referimos a um *osso*, além de considerarmos o tecido predominante, que é o tecido ósseo, na composição do osso entram também sangue, nervos, revestimento externo (tecido sanguíneo, tecido nervoso, tecido epitelial). Portanto, todo osso é um *órgão*, isto é, um conjunto de tecidos.

Ciclo vital

Todos os seres vivos apresentam um ciclo de vida que, em geral, inclui as fases de **nascimento, crescimento, reprodução e morte**. Em condições normais, os seres vivos também são capazes de reagir a estímulos (luminosos, sonoros, de contato, por exemplo).

Este ciclo pode variar em duração, dependendo dos seres vivos que considerarmos. Para alguns, como as microscópicas bactérias, o ciclo vital dura poucos minutos. Em outros, como as gigantescas castanheiras-do-pará, o ciclo pode durar centenas de anos.

A duração do ciclo de vida não é igual para todos os seres vivos. (Cores-fantasia. Ilustração fora de escala.)

morte

reprodução

crescimento

fase adulta

Reprodução

Os seres vivos apresentam a capacidade de se reproduzir, ou seja, de produzir descendentes. Há duas modalidades de reprodução: a **assexuada** e a **sexuada**.

Na maioria dos seres vivos em que se verifica a reprodução sexuada, a produção de descendentes é iniciada pelo encontro de **gametas** (do grego, *gamos* = casamento), células sexuais produzidas pelos pais. O gameta masculino une-se ao feminino em um fenômeno conhecido como **fecundação**. Dessa união, forma-se o **zigoto** (do grego, *zigo* = par), que reúne o material genético, isto é, os cromossomos e genes contidos nos gametas. O zigoto é o ponto de partida para o desenvolvimento de um novo ser, que contém características de ambos os pais.

É interessante perceber que os descendentes de um processo de reprodução sexuada, embora semelhantes, não são exatamente iguais entre si, nem aos seus pais. Em uma família, filhos, pais e avós, embora mostrem semelhanças decorrentes da herança genética, são diferentes em algumas características. Ou seja, entre os descendentes de um processo de reprodução sexuada existe **variabilidade**.

Na reprodução assexuada, não há necessidade de produção, nem encontro de gametas. Apenas um indivíduo pode produzir vários descendentes, cópias idênticas de si mesmo. Na natureza, vários seres recorrem a esse tipo de reprodução. Nas bactérias, por exemplo, a partir de uma célula, em condições favoráveis e em cerca de 20 minutos, ocorre uma **bipartição**, gerando duas células com as mesmas características. Estas repetem o processo, originando-se quatro células, que logo serão oito, dezesseis, e assim por diante.

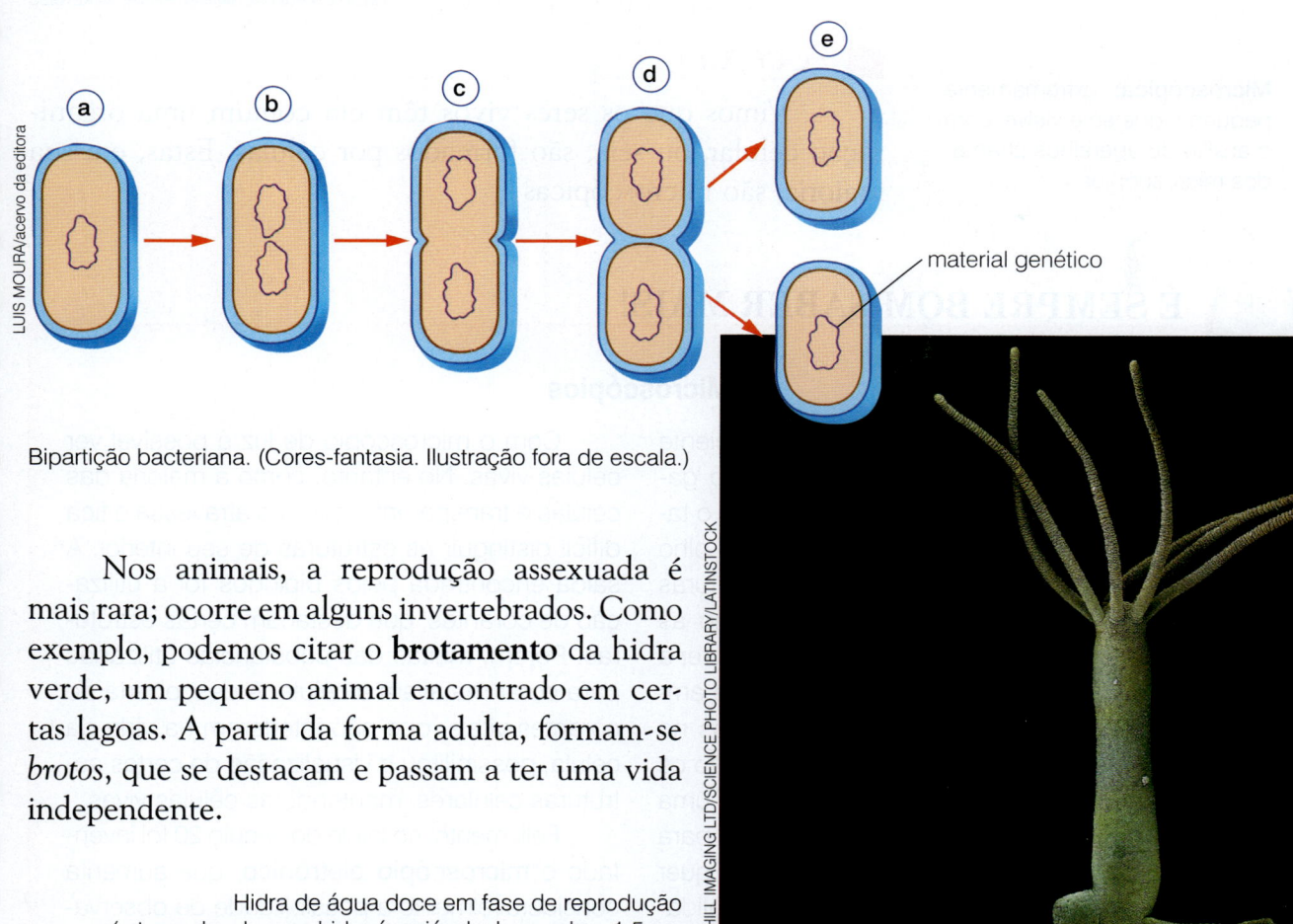

Bipartição bacteriana. (Cores-fantasia. Ilustração fora de escala.)

Nos animais, a reprodução assexuada é mais rara; ocorre em alguns invertebrados. Como exemplo, podemos citar o **brotamento** da hidra verde, um pequeno animal encontrado em certas lagoas. A partir da forma adulta, formam-se *brotos*, que se destacam e passam a ter uma vida independente.

Hidra de água doce em fase de reprodução (o tamanho de uma hidra é variável, chegando a 1,5 cm com os tentáculos distendidos). Observe o pequeno broto do lado direito do animal.

ESTABELECENDO CONEXÕES

Agricultura

Reprodução assexuada em vegetais

Entre os vegetais, a reprodução assexuada é uma modalidade de reprodução que o homem aproveita para multiplicar plantas que possuem qualidades de seu interesse e que deseja preservar. É o caso, por exemplo, da produção de plantas ornamentais, mandioca, cana-de-açúcar, árvore frutífera etc., reproduzidas a partir de ramos ou pedaços de caule.

Na mandioca, a reprodução assexuada consiste em plantar pedaços do caule (foto ao lado), que originarão raízes comestíveis (foto acima).

A célula

Microscópica: extremamente pequena; que só é visível com o auxílio de aparelhos chamados microscópios.

Vimos que os seres vivos têm em comum uma organização celular, ou seja, são formados por células. Estas, em sua maioria, são microscópicas.

É SEMPRE BOM SABER MAIS!

Microscópios

Certas células são grandes o suficiente para serem vistas pelos nossos olhos: o gameta feminino humano, por exemplo, tem o tamanho do ponto final desta frase. Mas o olho humano não é capaz de enxergar estruturas celulares de pequenas dimensões, como as células em geral. Para isso, é preciso recorrer a **microscópios**, valiosos instrumentos que ampliam o tamanho dos objetos. Inventados no século 17, os mais comuns atualmente são os **microscópios de luz**, que se utilizam de uma fonte de luz e de um conjunto de lentes para ampliar o tamanho das estruturas que se quer observar. Microscópios de luz de boa qualidade ampliam objetos até cerca de 1.200 vezes.

Com o microscópio de luz é possível ver células vivas. No entanto, como a maioria das células é transparente, a luz as atravessa e fica difícil distinguir as estruturas de seu interior. A saída encontrada pelos biólogos foi a utilização de corantes, que destacam certas estruturas. Porém, muitas das substâncias utilizadas para corar matavam a célula. A descoberta de corantes vitais, que não interferem na vida da célula, possibilitou a visualização de certas estruturas celulares, mantendo as células vivas.

Felizmente, no início do século 20 foi inventado o **microscópio eletrônico**, que aumenta consideravelmente a possibilidade de observação das estruturas. Nesse tipo de microscópio, além de complexas lentes, são utilizados feixes de elétrons. A imagem gerada por um microscópio eletrônico não pode ser vista diretamente, pois o feixe de elétrons é altamente energético. O objeto a ser "visto" com esse microscópio deverá ser tratado previamente com substâncias especiais e um finíssimo corte deve ser obtido com a utilização de lâminas de vidro ou diamante. Conclusão: é preciso fatiar o espécime que se quer "ver" e, logicamente, ele deverá estar morto. Em compensação, conseguem-se ampliações até cerca de 250.000 vezes!

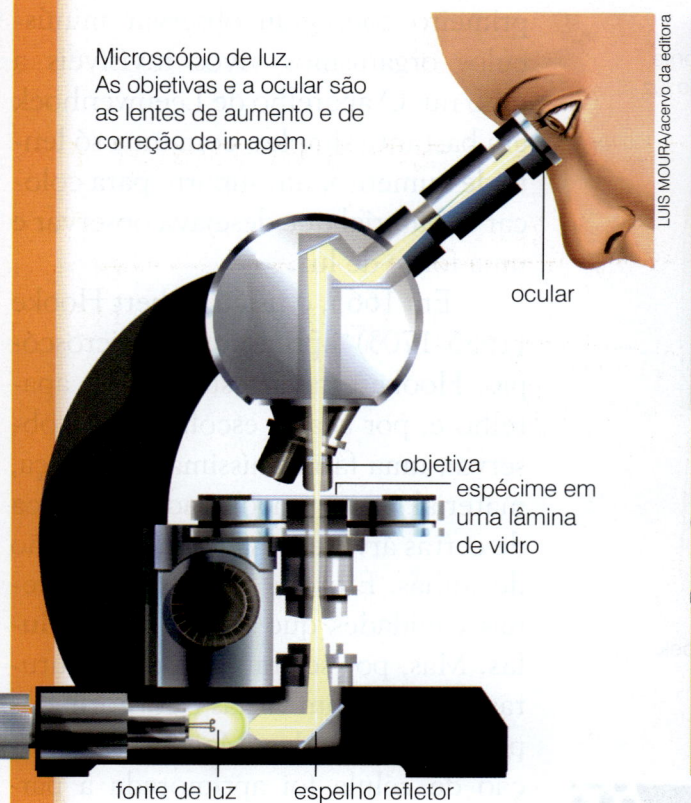

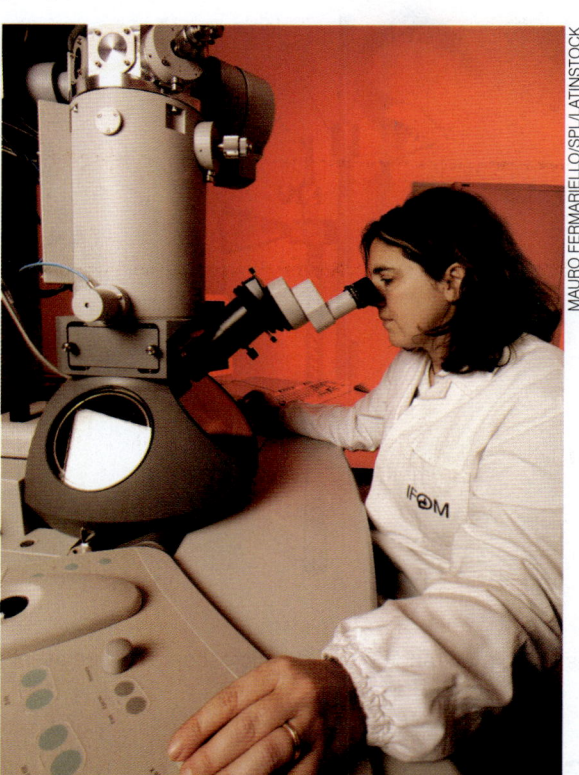

Microscópio de luz.
As objetivas e a ocular são as lentes de aumento e de correção da imagem.

ocular
objetiva
espécime em uma lâmina de vidro
fonte de luz
espelho refletor

Microscópio eletrônico.

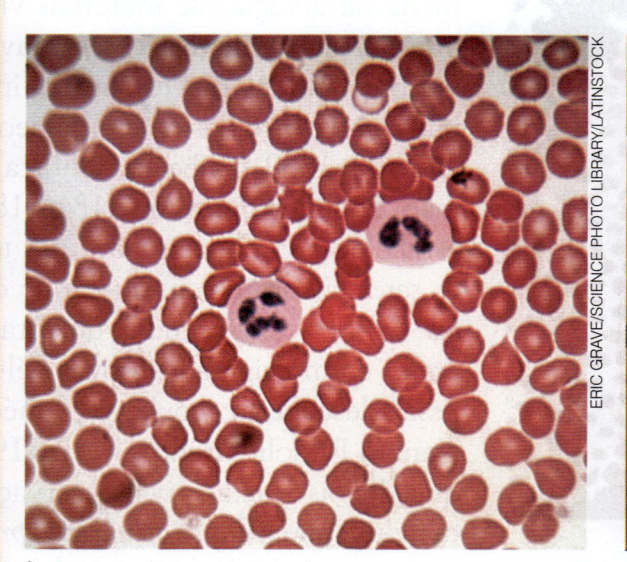

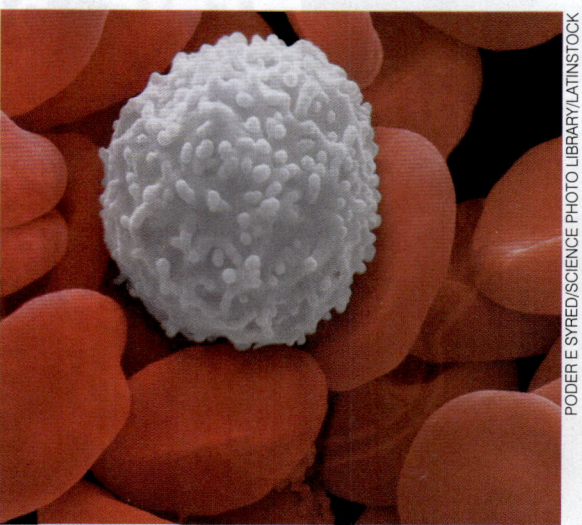

À esquerda, células de sangue humano vistas ao microscópio de luz (imagem ampliada 210 vezes), em que podem ser vistos os glóbulos vermelhos, células responsáveis pelo transporte de oxigênio e de gás carbônico, e dois glóbulos brancos, células responsáveis pela defesa de nosso organismo. À direita, glóbulos vermelhos e branco, vistos ao microscópio eletrônico (imagem ampliada 3.500 vezes).

A descoberta da célula

Pelos idos do século 17, o fabricante de tecidos e naturalista holandês Anton Van Leeuwenhoek (1632-1723), utilizando-se de um microscópio que ele mesmo produziu, foi quem primeiro conseguiu observar minúsculos organismos vivos invisíveis a olho nu. O aparelho de Leeuwenhoek era bastante simples, com uma só lente de aumento, um suporte para colocar o material que desejava observar e uma fonte de luz.

Em 1665, o físico Robert Hooke (1635-1703) aprimorou o microscópio. Hooke estava testando seu aparelho e, por acaso, escolheu para observar, uma fatia finíssima de cortiça, material *morto* encontrado na casca de certas árvores, usado na fabricação de rolhas. E o que viu foram pequenas cavidades que chamou de **células**. Mas, por se tratarem de estruturas mortas, eram vazias e contornadas por paredes rígidas. Mais tarde, a noção de célula foi aprimorada a partir da observação de materiais vivos, onde essas cavidades apresentavam-se preenchidas por estruturas internas como o citoplasma e o núcleo.

Em 1839, coube ao cientista alemão Theodor Schwann (1810-1882) estabelecer o conceito de que *todos os seres vivos são constituídos de células*. Faltava compreender, no entanto, como eram originadas novas células. Essa descoberta coube ao médico alemão Rudolf Virchow (1821-1902) que, depois de exaustivas observações, concluiu que *todas as células são provenientes de células preexistentes*.

Ilustração mostrando o uso do microscópio de Leeuwenhoek.

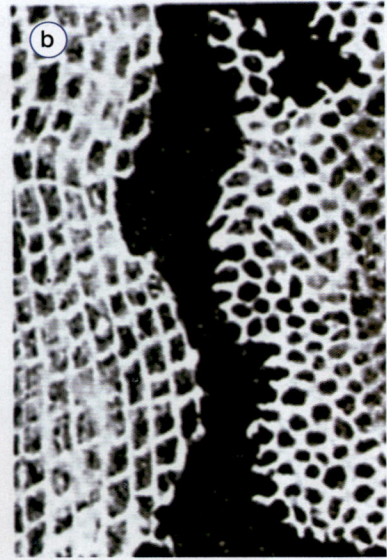

(a) O microscópio utilizado por Hooke e (b) desenho da cortiça observado por ele.

Preexistente: que já existiam antes.

Como é a estrutura das células

As células animais são revestidas apenas por uma membrana, a membrana plasmática. Já as células vegetais possuem, do lado externo dessa membrana, uma **parede** mais rígida, formada por várias camadas de uma substância chamada celulose.

O interior da célula é constituído por uma substância levemente espessa, chamada **citosol**, em que estão mergulhadas as várias **organelas**. É ao conjunto citosol e organelas que se dá o nome de **citoplasma**.

Entre as várias organelas que se encontram nas células, podemos citar:

- os **ribossomos**, corpúsculos granulares que correspondem aos "operários" da célula, sendo responsáveis pela produção de proteínas;
- as **mitocôndrias**, que atuam como "usinas de força", liberando a energia necessária ao funcionamento da "fábrica" celular;
- o **retículo endoplasmático**, uma rede de canalículos e sacos achatados que transportam ou armazenam substâncias produzidas pela célula;
- o **sistema golgiense**, considerado como um setor de embalagem e exportação de substâncias produzidas pelas células;
- os **cloroplastos**, orgânulos que contêm uma molécula denominada clorofila, encontrados nas células das partes verdes dos vegetais, onde ocorre a produção de alimentos e oxigênio por meio do processo de fotossíntese;
- os **vacúolos**, presentes apenas nas células vegetais, podem ser considerados estruturas de armazenamento.

Na descrição dos componentes de uma célula, dissemos que o núcleo é o compartimento da "fábrica" celular correspondente à diretoria. Nele, os dirigentes são representados por orgânulos denominados **cromossomos** (do grego, *croma* = = cor + *soma* = corpo), corpúsculos formados principalmente por moléculas de DNA (ácido desoxirribonucleico), o **ácido nucleico** que dirige as atividades celulares, sempre por meio de reações químicas. Dessas atividades químicas também resultam as características hereditárias dos seres vivos (cor dos olhos, tipo de cabelo, tipo sanguíneo etc.); por esse motivo, os ácidos nucleicos constituem o chamado **material genético** (do grego, *genesis* = origem) das células. Trechos dessas moléculas que contém uma informação genética constituem os **genes**.

> **Lembre-se!**
> Tanto a membrana plasmática como a parede celular vegetal possuem microscópicas aberturas que permitem a entrada e saída de substâncias.

> **Fique por dentro!**
> Os organismos procariontes não possuem cloroplastos nem mitocôndrias.

> **Fique por dentro!**
> Células de bactérias possuem parede celular, que não é de constituição celulósica, como nas células vegetais. Além disso, nas bactérias o material de comando celular (cromatina) fica mergulhado no citosol, o que ocorre também com os ribossomos, os únicos orgânulos presentes nessas células.

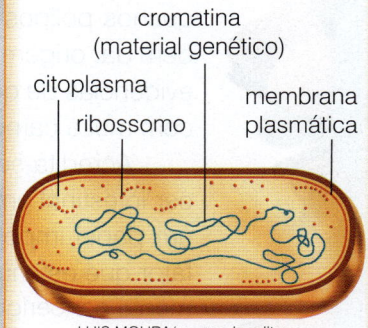

LUIS MOURA/acervo da editora

Esquema da estrutura celular bacteriana. (Cores-fantasia. Ilustração fora de escala.)

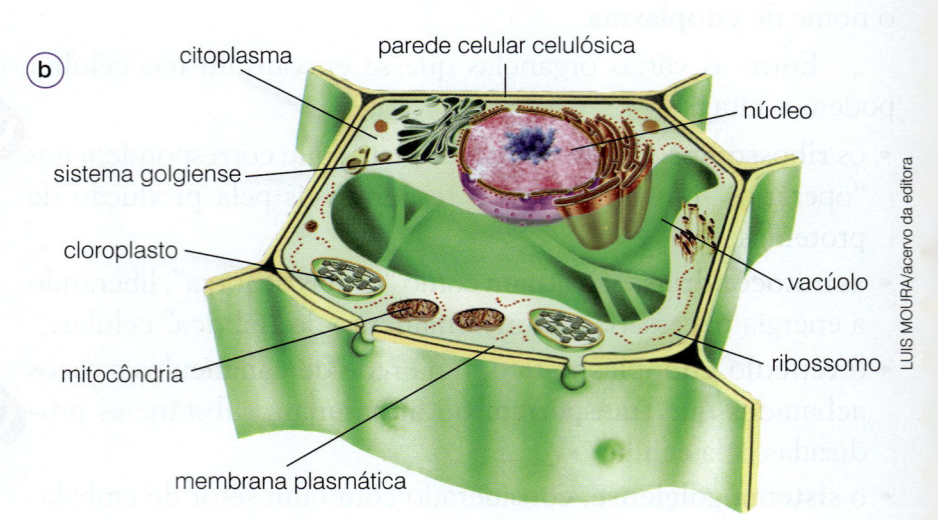

Ilustração dos modelos de células (a) animal e (b) vegetal. (Cores-fantasia. Ilustrações fora de escala.)

a) membrana plasmática; núcleo; retículo endoplasmático; ribossomo; citoplasma (hialoplasma e organelas); mitocôndria; sistema golgiense

b) citoplasma; parede celular celulósica; núcleo; vacúolo; ribossomo; membrana plasmática; mitocôndria; cloroplasto; sistema golgiense

ESTABELECENDO CONEXÕES

Como diminuir as chances de contrair câncer intestinal

Todos sabemos que o que resta de nossa alimentação, o que não é consumido nem guardado por nosso organismo, é eliminado sob a forma de fezes.

A partir dos 50 anos, é frequente aparecerem, sem distinção de sexo, pequenos pólipos no intestino humano. Apesar de benignos, esses pólipos podem dar origem a um câncer, cuja incidência é maior por volta dos 60 anos. Há evidências de que esse tipo de câncer tem base genética e também em dietas com muita carne vermelha, gorduras e pouca ingestão de fibras.

Acredita-se que uma dieta rica em vegetais favorece a prevenção de câncer intestinal em virtude de a celulose, presente na parede celular vegetal, ter um papel importante na promoção dos movimentos da parede do intestino, fator que estimula a eliminação, junto com as fezes, de substâncias potencialmente cancerígenas.

CAPÍTULO 2 • A vida e suas características   31

Nosso desafio

Para preencher os quadrinhos de 1 a 11, você deve utilizar as seguintes palavras: assexuada, células, ciclo vital, citoplasma, gametas, inorgânicas, membrana plasmática, organelas, orgânicas, reprodução, sexuada.

À medida que você preencher os quadrinhos, risque a palavra que escolheu para não usá-la novamente.

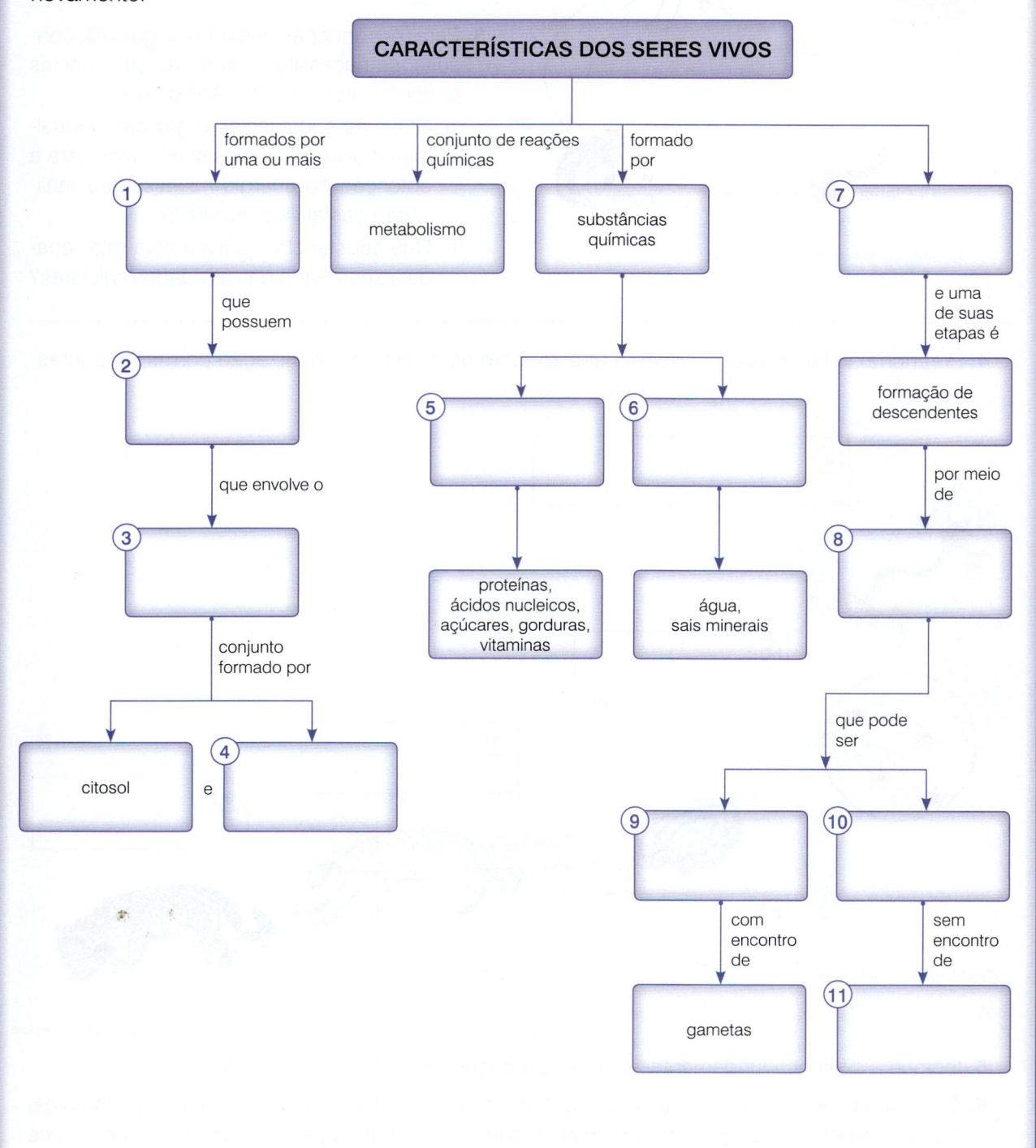

CARACTERÍSTICAS DOS SERES VIVOS

- formados por uma ou mais → (1)
- conjunto de reações químicas → metabolismo
- formado por → substâncias químicas
- (7)

(1) que possuem → (2) que envolve o → (3) conjunto formado por → citosol e (4)

substâncias químicas:
- (5) → proteínas, ácidos nucleicos, açúcares, gorduras, vitaminas
- (6) → água, sais minerais

(7) e uma de suas etapas é → formação de descendentes → por meio de → (8) que pode ser → (9) com encontro de → gametas / (10) sem encontro de → (11)

Atividades

1. O esquema a seguir representa as diversas fases do desenvolvimento do mosquito.

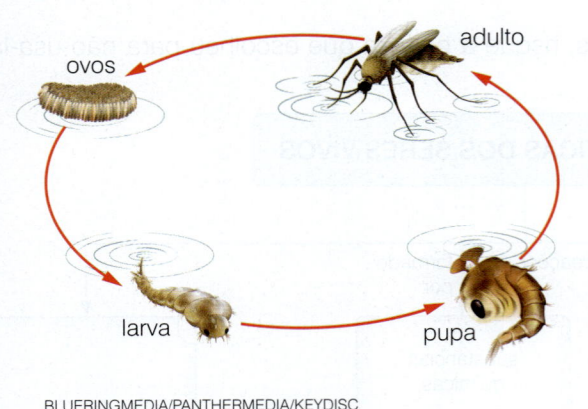

ovos — adulto — pupa — larva

BLUERINGMEDIA/PANTHERMEDIA/KEYDISC

A que característica dos seres vivos você relacionaria o esquema? Justifique a sua resposta.

2. Cite três características comuns aos seres vivos.

3. Para responder às questões seguintes, consulte, se necessitar, o item "As substâncias químicas presentes nos seres vivos".

a. Quais as substâncias orgânicas normalmente utilizadas pelos seres vivos para a obtenção da energia necessária à realização das atividades vitais?

b. Que substância orgânica esta relacionada ao comando das atividades celulares?

4. Preencha as lacunas do esquema abaixo, com os níveis de organização correspondentes.

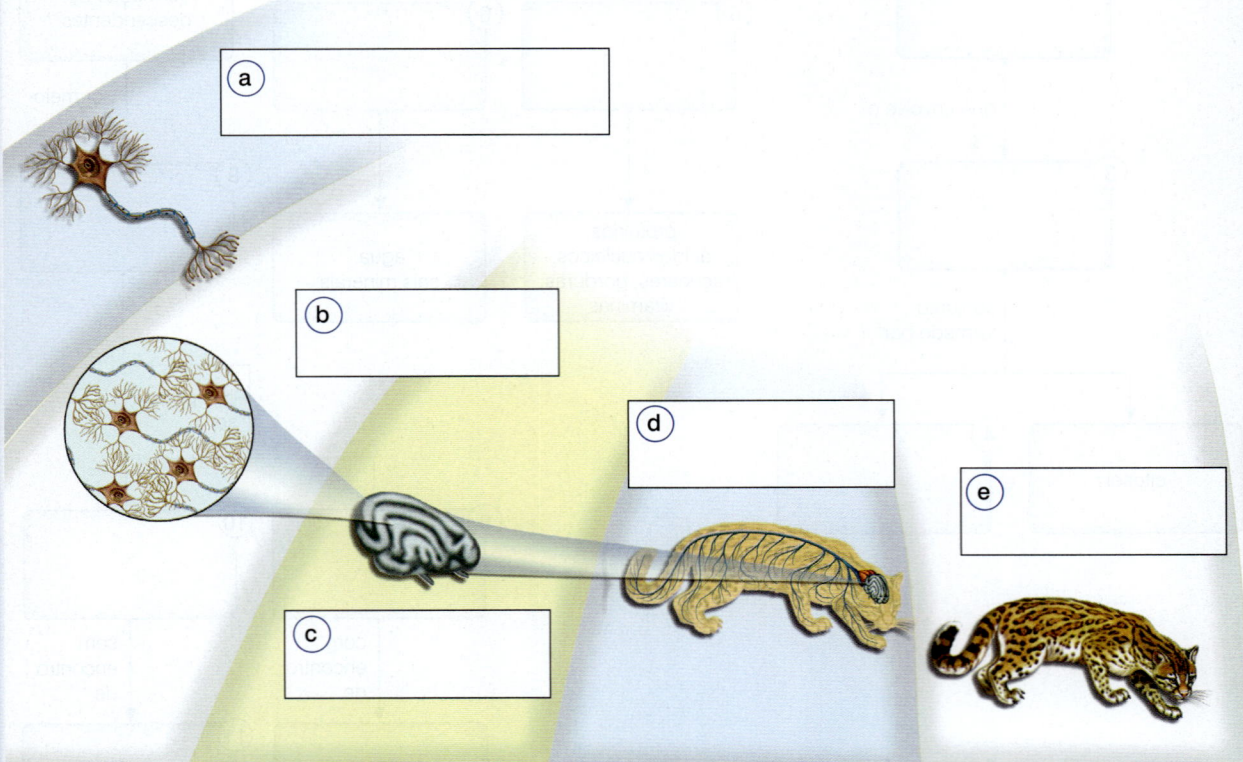

a.
b.
c.
d.
e.

LUIS MOURA/acervo da editora

5. Indique a diferença fundamental entre a reprodução sexuada e a assexuada.

6. Embora as variedades de mandioca possam se reproduzir sexuadamente, produzindo flores, frutos e sementes, os agricultores plantam mandioca enterrando pedaços do caule. Como você classificaria esse tipo de reprodução? Quais as vantagens desse procedimento? Qual a desvantagem de se cultivar esse vegetal a partir das sementes?

7. O esquema abaixo representa, em corte, uma célula, de acordo com o que se observa ao microscópio eletrônico.

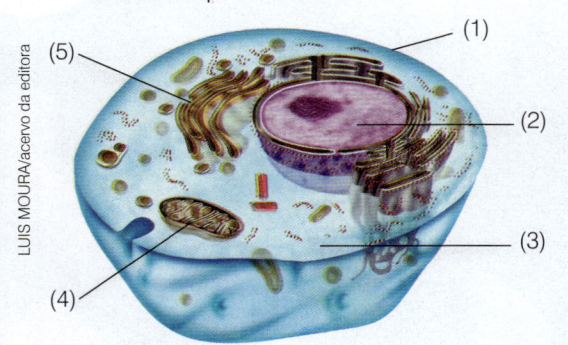

a. Identifique as estruturas apontadas.
b. Qual a função das estruturas apontadas pelas setas 4 e 5?

8. O esquema abaixo representa, em corte, uma célula vegetal.

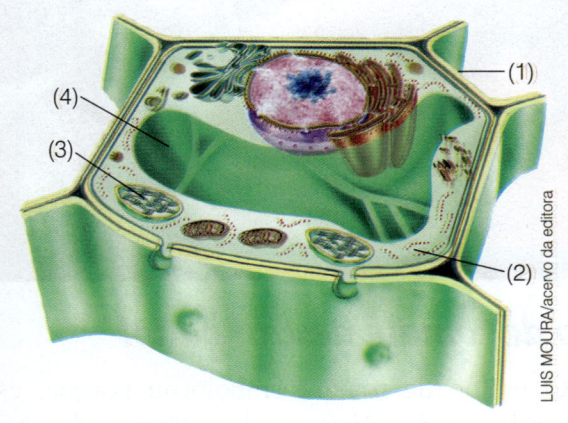

a. Identifique as estruturas apontadas pelas setas.
b. Quais são as estruturas que a diferenciam de uma célula animal?
c. Cite estruturas comuns às células animais e vegetais em geral.
d. Em que estruturas celulares são encontradas a clorofila e a celulose?

9. Observe as ilustrações a seguir, que representam, em (a) uma célula bacteriana e em (b) uma célula de vaca.

a. Cite dois componentes comuns à célula bacteriana e à célula animal.
b. Qual a diferença fundamental existente entre esses dois tipos de células?

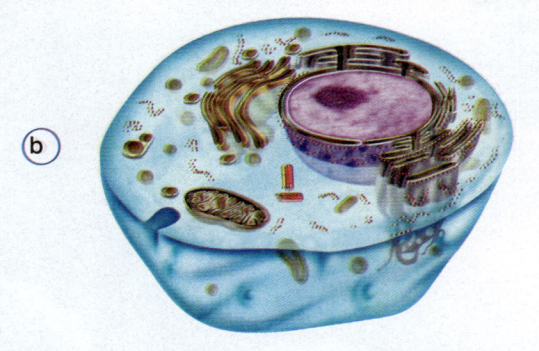

10. Ainda com relação aos esquemas da questão 9, responda:

a. Com relação à quantidade de células, a que categorias pertencem a bactéria e a vaca?
b. A bactéria é um ser eucarionte ou procarionte? E a vaca? Justifique a sua resposta.

11. "Os seres vivos microscópicos foram descobertos no século 17 pelo holandês Anton van Leeuwenhoek (1632-1723), com o auxílio de um microscópio primitivo que ele próprio construiu. Os minúsculos seres de Leeuwenhoek foram observados em água de chuva entre filamentos de algas microscópicas. Nos relatos enviados à Real Sociedade de Londres, *ele apresentou ao mundo a vida em outra dimensão*."

Extraído de: PEDROSO DIAS, R.J. *et al.*
Microscópicos e vorazes. *Ciência Hoje*,
Rio de Janeiro, v. 39, n. 230, p. 56, set. 2006.

a. Com relação à descoberta do pesquisador citado no texto acima, você poderia assegurar que todos os seres microscópicos que ele observou eram unicelulares? Justifique a sua resposta.
b. Qual o significado do trecho grifado: *ele apresentou ao mundo a vida em outra dimensão*?

A origem dos seres vivos

capítulo 3

Não deixe o vidro de molho de tomate destampado!

Converse com a sua mãe. Pergunte a ela se é verdade que não se deve deixar o vidro de molho de tomate destampado e, ainda, fora da geladeira. Certamente ela dirá que sim, pois se o vidro ficar aberto, depois de alguns dias o molho de tomate irá estragar e ficar embolorado, quer dizer, cheio de seres vivos que pertencem ao grupo dos fungos. Neste momento, você para e se pergunta: mas como o molho de tomate estragou? De onde veio o bolor? Será que surgiu do próprio molho de tomate?

A dúvida acerca da *origem dos seres vivos* vem despertando a curiosidade de vários cientistas há séculos. No fundo, é a mesma dúvida que tivemos no primeiro capítulo deste livro, sobre a origem das larvas de moscas na goiaba, lembra? Aqui a resposta também é a mesma. O molho de tomate embolorou porque, estando o vidro destampado, caíram nele, provenientes do ar, minúsculas células reprodutivas de fungos que, aproveitando os nutrientes existentes no molho, nele se desenvolveram e originaram o bolor.

Existe um princípio relativo a esse tema, que é o seguinte: *a vida somente se origina de vida preexistente*. Não existe outra possibilidade.

Neste capítulo, você tomará conhecimento sobre o trabalho de alguns cientistas que "suaram a camisa" ao tentar esclarecer como a vida se origina. Todas essas histórias reforçam a ideia de que o emprego correto de uma metodologia científica pode mudar o pensamento humano ao tentar buscar a verdade nas descobertas no campo das ciências.

A ideia de geração espontânea (abiogênese)

Até a metade do século 19 muita gente, incluindo cientistas, acreditava na possiblidade de surgir vida a partir de materiais não vivos, como o ar, a água parada, a terra, o lixo, a madeira, a carne podre, por exemplo.

Para isso, as substâncias deveriam conter um suposto **princípio ativo** ou **força vital**, isto é, uma capacidade responsável pela **geração espontânea** (ou abiogênese) de seres vivos.

Aristóteles, filósofo grego, há mais de 2.500 anos já defendia a existência do tal "princípio ativo". Embora conhecesse a origem de animais a partir de cruzamentos, e de plantas a partir de sementes, acreditava que muitos outros seres surgiam por geração espontânea.

Essas ideias, nunca comprovadas, faziam parte da crença na geração espontânea ou **abiogênese** (do grego, a = não + bio = = vida + $genesis$ = origem), ou seja, de que um novo ser vivo poderia surgir sem que fosse gerado por uma forma de vida preexistente.

Mas, já nessa época, a maioria dos cientistas aceitava que somente formas inferiores de vida, por exemplo, insetos e girinos, pudessem ser formados por geração espontânea. Faltava-lhes, ainda, uma observação mais profunda dos fatos da natureza.

> **Lembre-se!**
>
> *Geração espontânea* é a ideia de que substâncias não vivas, em condições favoraveis, possam gerar seres vivos.

É SEMPRE BOM SABER MAIS!

Camisa suja + grãos de trigo = camundongos. Isso é possível?

No século 17, Jean Baptiste Van Helmont (1577-1644), um médico belga, chegou até a escrever uma receita para produzir camundongos. Bastaria uma camisa suada em contato com grãos de trigo deixados em um lugar escuro; em 21 dias lá estariam os pequenos roedores. Para Van Helmont, o "princípio ativo" ou força geradora de vida era o suor. E ele achava estranho que ratos que ele imaginava terem surgido por geração espontânea fossem iguais aos que nasciam de cruzamentos entre ratos normais!

Francesco Redi: a crença na biogênese

O cientista italiano Francesco Redi (1626-1697) acreditava na **biogênese**, ou seja, que *a vida só era produzida por vida preexistente*. Em meados do século 17, pesquisando sobre a origem de moscas que apareciam em carnes em putrefação, Redi tentou provar que as larvas só apareciam se a carne fosse contaminada por ovos depositados pelos insetos que nela pousassem. Em seu experimento, Redi colocou pedaços de carne em frascos de boca larga, mantendo alguns abertos e outros tampados por uma gaze que não impedia a entrada de ar.

> **Gaze:** tecido de algodão, muito leve, cujos fios formam um reticulado fino.

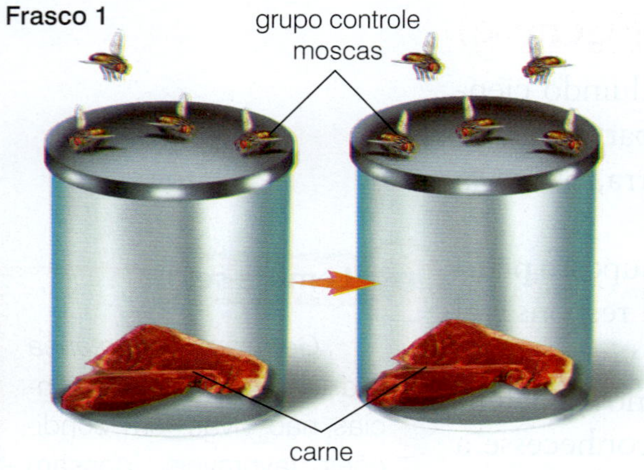

Moscas pousavam livremente na carne dos recipientes abertos e não demorou muito para que apenas a carne desses frascos ficasse cheia de larvas. O cheiro da carne podre também atraía moscas para os frascos tampados, mas lá não apareceram larvas.

O resultado do experimento de Redi confirmou a hipótese de que eram as moscas as responsáveis pelo aparecimento de larvas na carne em decomposição. Portanto, geração espontânea (ou abiogênese) não era uma explicação aceitável para o surgimento de seres vivos; a crença na abiogênese parecia derrotada. Porém, mais fatos estavam para surgir.

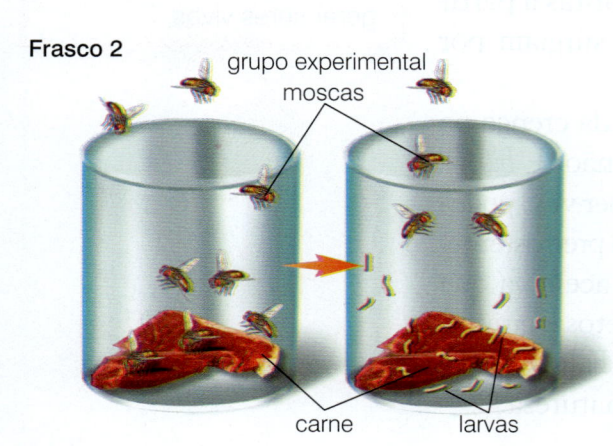

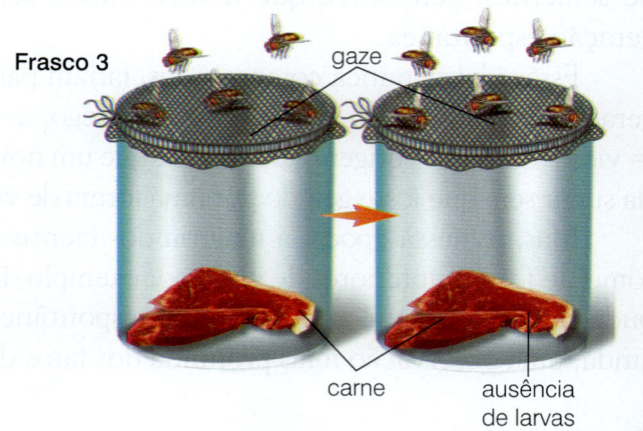

Experimento controlado realizado por Francesco Redi para invalidar as ideias sobre geração espontânea. Esta experiência confirmou a hipótese de que as moscas eram responsáveis pela presença de larvas na carne em decomposição.

Descubra você mesmo!

Por que será que, depois de aberto uma vez, além de manter o vidro de molho de tomate tampado, é recomendável colocá-lo na geladeira? E se o molho for fervido, qual seria o benefício no sentido de evitar que ele se estrague? Existe algum outro procedimento que poderia ser adotado para evitar que os alimentos estraguem? Busque informações em jornais, revistas ou na Internet. As pessoas de casa (avós, pais etc.) podem lhe ajudar e lhe ensinar como fazer para conservar alimentos em uma situação em que não puder contar, por exemplo, com a refrigeração.

Em 1745, John Needham (1713-1781), um padre inglês, colocava caldos nutritivos (de carne, de vegetais) em tubos de ensaio: aquecia-os, fechava-os cuidadosamente e reaquecia-os. Após alguns dias, os líquidos ficavam turvos, contaminados por inúmeros microrganismos. Para ele, essa era uma demonstração clara em favor da hipótese de que a vida tinha sido realmente produzida espontaneamente dentro dos caldos.

Needham foi contestado pelo padre naturalista italiano Lazzaro Spallanzani (1729-1799), que repetiu o experimento de Needham com uma importante diferença: os caldos nutritivos foram fervidos demoradamente, cerca de uma hora. Nessas condições, deixava de haver turvação nos tubos, o que parecia indicar que, realmente, a crença na geração espontânea estava com os dias contados. No entanto, os críticos diziam que, ao ferver o caldo, Spallanzani tinha destruído o *princípio vital* nele existente, princípio esse que era essencial para o surgimento de vida. A comprovação definitiva da biogênese viria a seguir.

Louis Pasteur e o triunfo da biogênese

Mentes brilhantes conduzem a descobertas maravilhosas. Foi o caso do grande cientista francês Louis Pasteur (1822-1895). Em 1860, ele elaborou um experimento que confirmou a hipótese da biogênese. Veja, a seguir, o procedimento desse grande cientista.

O experimento de Pasteur

Pasteur preparou, entre outros, um caldo contendo água, açúcar e lêvedos de cerveja (fungos), adicionando-o em frascos de gargalos longos.

Em seguida aqueceu e puxou os gargalos, recurvando-os para que tivessem o formato de um "pescoço de cisne". Os frascos com os caldos foram fervidos durante vários minutos e, ao esfriar, o ar poderia entrar livremente em todos eles.

O caldo que estava nos frascos "pescoço de cisne" permaneceu livre de contaminação. Por quê? A resposta é que, ao recurvar os "pescoços" dos frascos, Pasteur permitia a livre passagem do ar; os microrganismos e as partículas de poeira, porém, ficavam retidos na curva inferior do "pescoço", na água formada pela condensação do vapor, quando a temperatura baixava. Assim não contaminavam o caldo.

Pasteur comprovou, com esse experimento, o princípio de que, nas condições da Terra atual, *a vida somente surge a partir de vida preexistente*. Foi um golpe fatal na hipótese da abiogênese (ou geração espontânea).

O cientista francês Louis Pasteur fez importantes contribuições no campo da Medicina e da Química.

> **Jogo rápido**
>
> Que crença Pasteur pretendeu abolir definitivamente a respeito da origem dos seres vivos com o experimento que efetuou?

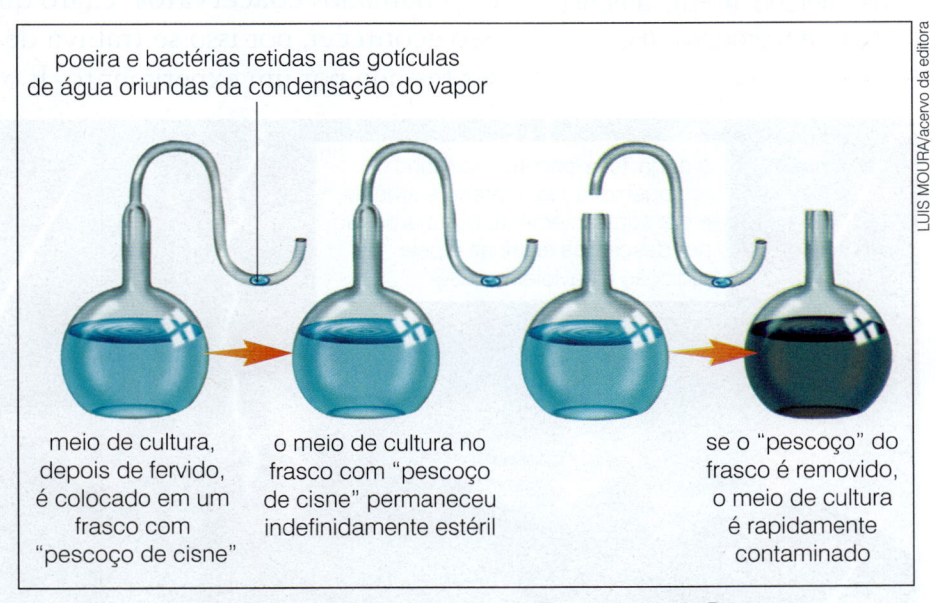

poeira e bactérias retidas nas gotículas de água oriundas da condensação do vapor

meio de cultura, depois de fervido, é colocado em um frasco com "pescoço de cisne"

o meio de cultura no frasco com "pescoço de cisne" permaneceu indefinidamente estéril

se o "pescoço" do frasco é removido, o meio de cultura é rapidamente contaminado

Experimento de Pasteur.

O surgimento de vida na Terra

Bem, falta esclarecer de que maneira as primeiras manifestações de vida teriam surgido na Terra. Embora, ainda hoje, seja um assunto cercado de muitas dúvidas, podemos dizer que, do ponto de vista da Ciência, há algumas evidências de como o processo teria ocorrido. Lembre-se que o método científico envolve a elaboração de hipóteses que devem ser sujeitas a comprovação, por meio de experimentos. É o que mostraremos a você a seguir.

A hipótese de Oparin e Haldane

Na década de 1920, o bioquímico russo Aleksander Ivanovich Oparin (1894-1980) e o geneticista inglês John Burdon S. Haldane (1892-1964), de maneira independente, propuseram a hipótese de que, inicialmente, a atmosfera da Terra seria formada por uma mistura de gases (metano, amônia e hidrogênio, entre outros) e muito vapor-d'água. Sendo continuamente atingida por descargas elétricas e atravessada por raios solares, teria havido a produção de determinados compostos orgânicos a partir dessas substâncias inorgânicas supostamente existentes na primitiva atmosfera terrestre.

O resfriamento gradual do planeta fez aparecer reservas de água no estado líquido (rios, lagos, oceanos). Graças aos violentos temporais que se abatiam sobre a Terra, os compostos orgânicos teriam sido levados aos oceanos primitivos, onde teriam formado um "caldo" de substâncias orgânicas, como se fosse uma "sopa quente", que constituiu o ponto de partida para a origem da vida, há cerca de 3,6 bilhões de anos. À medida que as primeiras proteínas se formaram, elas teriam se reunido com outras moléculas orgânicas em conjuntos cada vez maiores até se formarem aglomerados envoltos por uma espécie de membrana, chamados **coacervatos**. Claro que nunca ninguém viu tudo isso acontecer, por isso se tratava de uma hipótese, que deveria ser testada por um experimento. É o que veremos a seguir.

> **Fique por dentro!**
>
> Atualmente, acredita-se que a atmosfera primitiva da Terra teria composição diferente da imaginada por Oparin e Haldane. Seria constituída de gás carbônico (CO_2), monóxido de carbono (CO), nitrogênio (N_2) e vapor-d'água (H_2O), além de metano (CH_4), amônia (NH_3) e hidrogênio (H_2).

o ar da Terra primitiva continha hidrogênio, água, metano e amônia, e era constantemente bombardeado por descargas elétricas e pela radiação ultravioleta do Sol

fortes temporais arrastam aos oceanos primitivos os primeiros compostos orgânicos

O experimento de Miller e Urey

Em 1950, dois pesquisadores americanos, Stanley Lloyd Miller (1930-2007) e Harold Clayton Urey (1893-1981) montaram um aparelho no qual simularam as supostas condições da primitiva atmosfera terrestre.

Inicialmente, obtiveram com seu experimento substâncias orgânicas de pequeno tamanho que, com o passar do tempo, se combinaram formando substâncias orgânicas mais complexas, mergulhadas em um caldo que simulava a "sopa" imaginada por Oparin. Claro que não viram nada parecido com um coacervato subindo pelas paredes de vidro do aparelho! Mas, pelo menos, estava esclarecida a hipótese sugerida por Oparin e por Haldane para a formação das primeiras substâncias orgânicas complexas que teriam constituído o ponto de partida para a origem da vida na Terra.

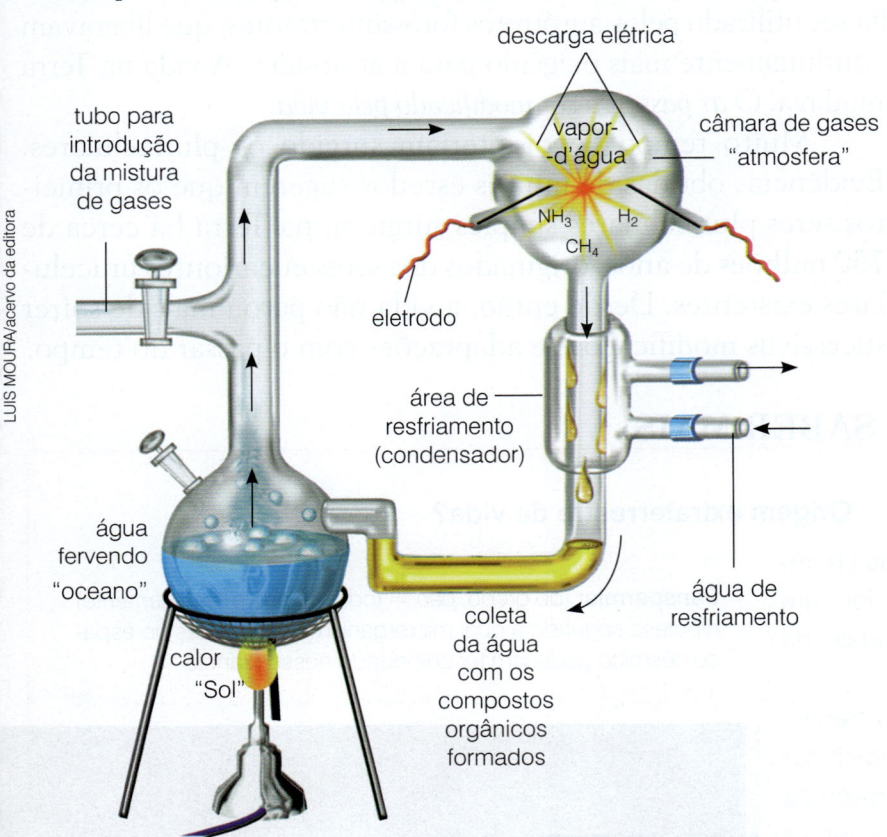

Experimento conduzido por Stanley Miler e Harold Urey. Observe que há uma câmara em que foram colocados vapor-d'água e gases (amônia, hidrogênio e metano), simulando a atmosfera nas etapas iniciais da vida na Terra. Essa câmara foi bombardeada por descargas elétricas (como se fossem raios). Um condensador com água resfriava os gases e provocava "chuvas". As gotas dessa "chuva", com quaisquer outras moléculas porventura formadas na "atmosfera", eram recolhidas para outra câmara, o "oceano primitivo", de onde eram coletadas periodicamente e analisadas.
(Cores-fantasia. Ilustração fora de escala.)

Os primeiros seres vivos

Admitindo-se como correta a hipótese de como teria surgido a vida na Terra, que você leu nos itens anteriores, fica a pergunta: quem teria surgido antes, os heterótrofos ou os autótrofos?

Tudo leva a crer que as primeiras formas de vida, a partir dos coacervatos, seriam semelhantes às bactérias atuais (procariontes). Rodeadas por um "caldo" repleto de alimento orgânico, essas formas de vida unicelular teriam um metabolismo extremamente simples. Obteriam energia das substâncias orgânicas, sem a participação do oxigênio, que ainda não existia na atmosfera terrestre. Portanto, admite-se que os primeiros seres vivos da Terra do passado teriam sido **heterótrofos** que não utilizavam o oxigênio em seu metabolismo.

Posteriormente, devido a modificações surgidas nos seres vivos primitivos, algo aconteceu que possibilitou a algumas formas de vida a capacidade de produzir o seu próprio alimento orgânico, a partir de gás carbônico e de água do ambiente, *utilizando a luz solar como fonte de energia*. Assim teriam surgido os primeiros seres **autótrofos** (fotossintetizadores), talvez formas primitivas semelhantes a algumas bactérias atuais. Isso deve ter ocorrido há cerca de 3,5 bilhões de anos. Essa atividade fotossintética resultou na liberação de oxigênio para a atmosfera, além de garantir alimento para os heterótrofos.

Novas modificações sofridas pelos seres vivos originaram outra modalidade de metabolismo, chamada *respiração aeróbia*, em que, na presença de oxigênio, compostos orgânicos dão origem a substâncias mais simples, como água e gás carbônico, com liberação de energia. Os seres que utilizavam o oxigênio eram mais eficientes na liberação de energia contida nos alimentos orgânicos. Por isso, os respiradores aeróbios começaram a predominar e passaram a constituir a maioria dos organismos heterótrofos. O gás carbônico por eles liberado na respiração podia ser utilizado pelos autótrofos fotossintetizantes, que liberavam continuamente mais oxigênio para a atmosfera. A vida na Terra mudava. *O ar passou a ser modificado pela vida.*

Muito tempo depois, teriam surgido os pluricelulares. Evidências obtidas de muitos estudos sugerem que os primeiros seres pluricelulares simples surgiram na Terra há cerca de 750 milhões de anos, originados dos seres eucariontes unicelulares existentes. Desde então, a vida não parou mais de sofrer sucessivas modificações e adaptações com o passar do tempo.

> **Lembre-se!**
> Eucariontes são organismos cujas células possuem um núcleo diferenciado.

É SEMPRE BOM SABER MAIS!

Origem extraterrestre da vida?

Svante August Arrhenius (1859-1927), cientista sueco, foi um dos primeiros a admitir a ideia de **panspermia cósmica**.

Na década de 1970, os cientistas Fred Hoyle e Chandra Wickramasinghe divulgaram uma controvertida teoria, denominada de *panspermia cósmica*, segundo a qual meteoros que bombardeavam a Terra teriam trazido microrganismos do espaço interestelar, dando origem à vida em nosso planeta, há cerca de 4 bilhões de anos. E, para eles, esse processo continua ocorrendo até hoje.

Essa teoria foi ressuscitada recentemente por astrônomos norte-americanos que acreditam que meteoritos originados de outros sistemas solares carregam formas simples de vida.

Adaptado de: *Revista New Scientist*, Londres, n. 2282. Mar. 2001. p. 4.

> **Panspermia:** (do grego, *pan* = todos + *spermia* = semente) hipótese segundo a qual microrganismos presentes no espaço cósmico poderiam ter colonizado nosso planeta.

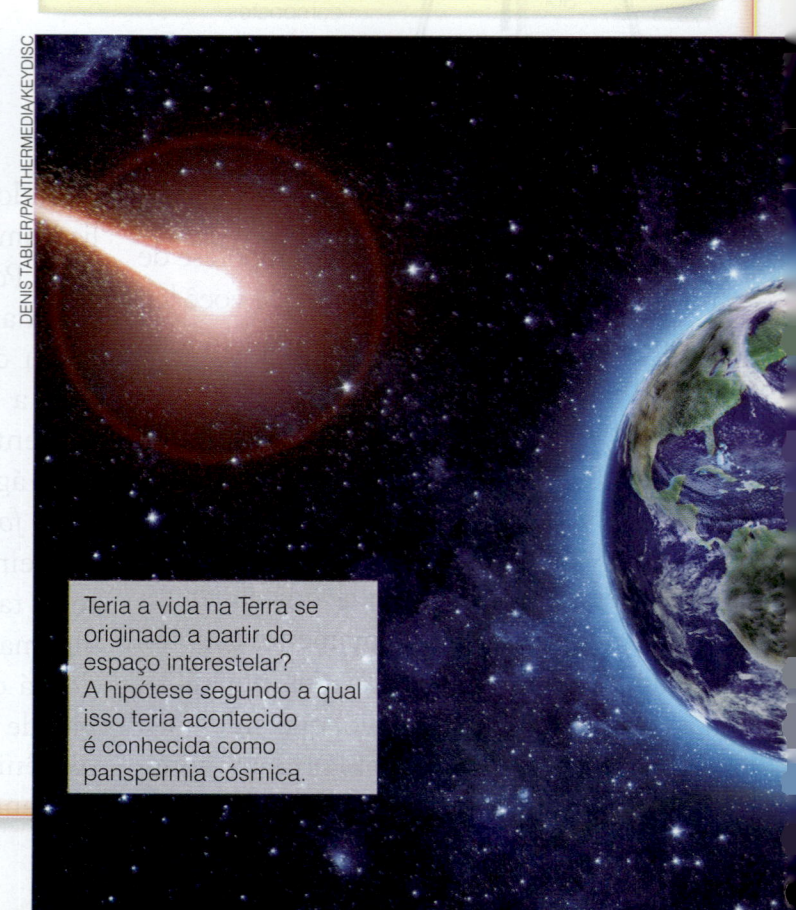

Teria a vida na Terra se originado a partir do espaço interestelar? A hipótese segundo a qual isso teria acontecido é conhecida como panspermia cósmica.

CAPÍTULO 3 • A origem dos seres vivos 41

Nosso desafio

Para preencher os quadrinhos de 1 a 4, você deve utilizar as seguintes palavras: geração espontânea (abiogênese), biogênese, coacervatos, panspermia cósmica.

À medida que você preencher os quadrinhos, risque a palavra que escolheu para não usá-la novamente.

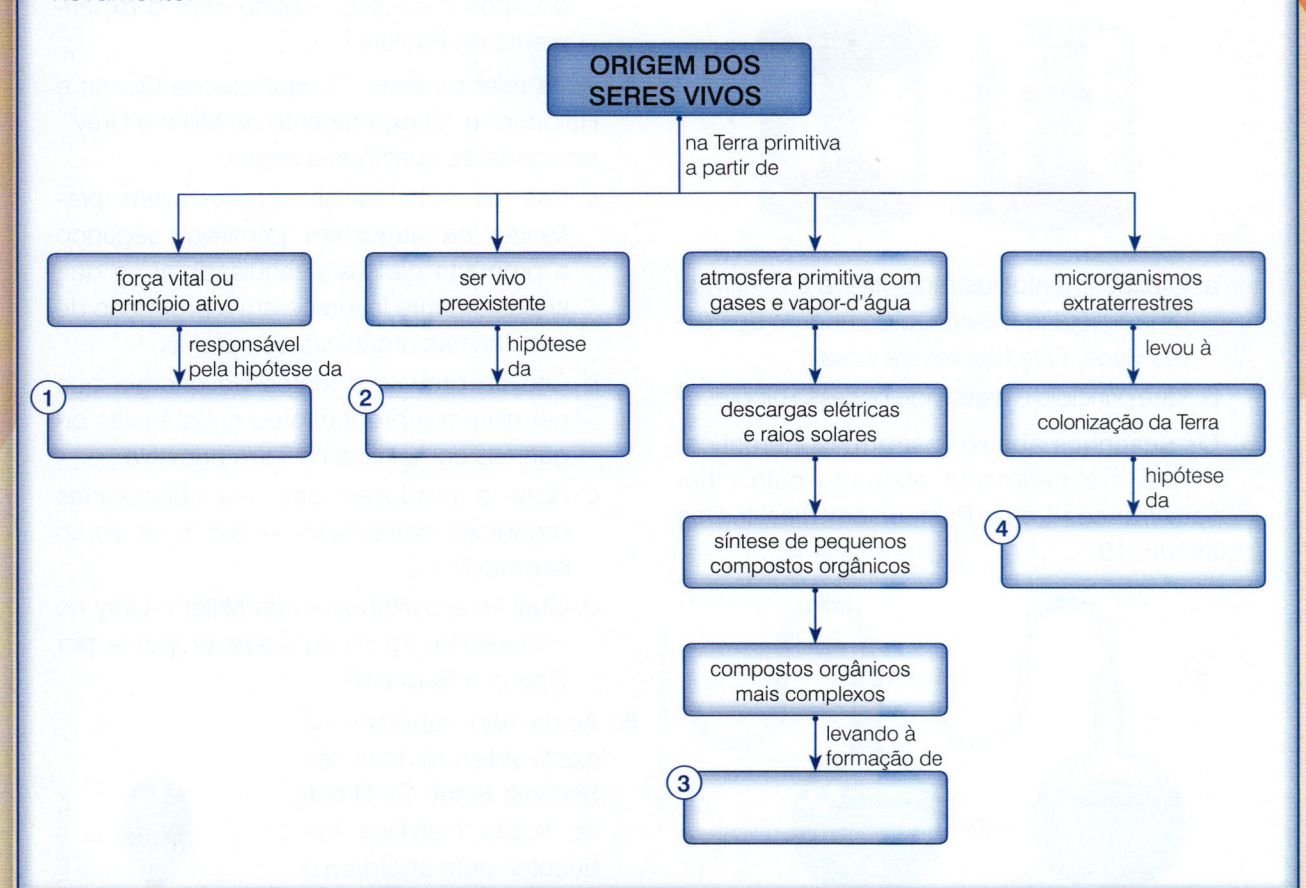

ORIGEM DOS SERES VIVOS

na Terra primitiva a partir de

- força vital ou princípio ativo → responsável pela hipótese da → **1**
- ser vivo preexistente → hipótese da → **2**
- atmosfera primitiva com gases e vapor-d'água → descargas elétricas e raios solares → síntese de pequenos compostos orgânicos → compostos orgânicos mais complexos → levando à formação de → **3**
- microrganismos extraterrestres → levou à → colonização da Terra → hipótese da → **4**

Atividades

1. Leia os dois textos a seguir:

Como obter escorpiões

"Escavar um buraco em um tijolo e colocar nele erva e serpente bem esmagada. Aplicar um segundo tijolo sobre o primeiro e expor ao sol. Alguns dias mais tarde, a serpente age como um fermento e nascerão pequenos escorpiões."

Van Helmont (1648)

Como obter ratos

"Comprimir uma camisa de mulher, de preferência um pouco suja, em um vaso com trigo. Ao fim de vinte e um dias, o fermento do suor feminino transforma o grão em ratos."

Van Helmont (1648)

a. Nos dois textos, fica implícita a ação de um agente responsável pela origem dos seres vivos citados. A que agente estamos nos referindo?

b. Os textos relacionam-se a uma hipótese que predominou até meados do século 17, sobre a origem dos seres vivos de organização mais complexa (ratos, escorpiões etc.). Qual é essa hipótese?

2. Os desenhos abaixo ilustram esquematicamente o experimento efetuado pelo cientista italiano Francesco Redi em meados do século 17.

a. O experimento ilustrado visava a confirmar uma hipótese a respeito da origem dos seres vivos. Que hipótese é essa?
b. Que princípio é defendido por essa hipótese?

3. Os desenhos abaixo ilustram esquematicamente o experimento efetuado pelo cientista francês Louis Pasteur em meados so século 19.

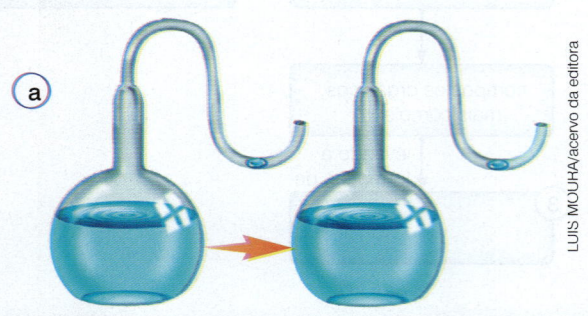

a) meio de cultura, depois de fervido, é colocado em um frasco com "pescoço de cisne" — o meio de cultura no frasco com "pescoço de cisne" permaneceu indefinidamente estéril

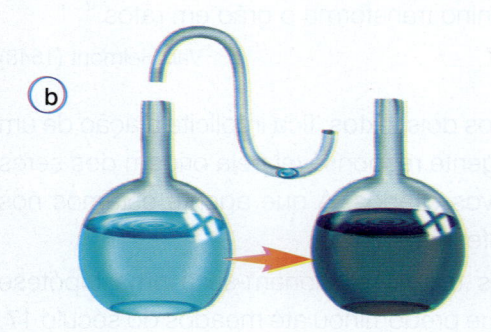

b) se o "pescoço" do frasco é removido, o meio de cultura é rapidamente contaminado

a. Explique em poucas palavras por que o caldo contido no recipiente com "pescoço de cisne" utilizado por Pasteur não ficou turvo, indicando contaminação.
b. Que princípio ficou firmemente estabelecido após o sucesso obtido com o experimento de Pasteur?

4. Após reler os itens: "A hipótese de Oparin e Haldane" e "O experimento de Miller e Urey", responda às questões a seguir.
a. Cite as substâncias que estavam presentes na atmosfera primitiva, segundo a proposta desses pesquisadores, e que supostamente favoreceram a produção de substâncias orgânicas complexas.
b. Cite as prováveis fontes de energia que permitiram a produção de substâncias orgânicas complexas na Terra primitiva.
c. Após a produção das tais substâncias orgânicas complexas, o que teria então ocorrido?
d. Qual foi a contribuição de Miller e Urey no esclarecimento da hipótese proposta por Oparin e Haldane?

5. Ainda não sabemos se existe vida fora do nosso Sistema Solar. Os filmes de ficção científica frequentemente abordam o tema incluindo personagens que possuem características dos seres que viveram ou vivem na Terra. O desenho ao lado é uma imagem figurativa a respeito de um provável ser extraterrestre.

Que condições ambientais deveriam ocorrer, que possibilitassem a origem da vida, na forma como a conhecemos, em outros planetas?

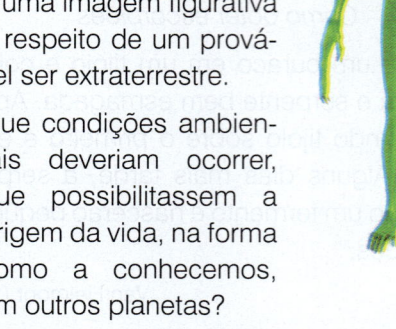

6. Os primeiros seres vivos que surgiram na Terra eram procariontes ou eucariontes, unicelulares ou pluricelulares? Justifique a sua resposta.

capítulo 4

A evolução dos seres vivos

A cauda dos macacos

Segurar-se com a longa cauda aos galhos de uma árvore é uma das habilidades de muitos macacos que vivem nas nossas matas. Será que a *necessidade* de alcançar folhas e frutos fez os macacos espicharem suas caudas *para*, assim, obterem seu alimento? Que tal pensar em outra hipótese? Quem sabe, alguma modificação genética, que ocorreu nos macacos ancestrais, tenha feito a cauda espichar e, assim, possibilitou aos seus portadores explorar um novo meio, escapando de predadores e obtendo os alimentos que lhes permitiram sobreviver sem competir com outros macacos, que continuavam a obter alimentos no solo? Sendo bem-sucedidos, os macacos de cauda longa se reproduziram e geraram uma linhagem com essa nova característica, que se mantém até hoje. Essa e outras dúvidas, relacionadas à origem das inúmeras adaptações presentes nos seres vivos da Terra atual, poderão ser respondidas por meio da leitura das páginas deste capítulo, relacionado às prováveis hipóteses de como teria ocorrido a evolução dos seres vivos.

ARIEL MARTIN/SHUTTERSTOCK

Você já deve ter visto um beija-flor inserindo o seu longo bico em uma flor colorida para coletar alimento, como mostra a imagem ao lado. Bonito mesmo é ver o flamingo rosa, como o da foto, abaixar a cabeça até o solo alagadiço em que vive para buscar seu alimento, com o bico que possui o formato adaptado para esse fim. Estes exemplos revelam a perfeita *harmonia*, o perfeito entrosamento entre estruturas existentes nos seres vivos e o modo como exploram os diferentes ambientes em que vivem. Do mesmo modo que você viu no exemplo da cauda dos macacos, na abertura do capítulo, estas estruturas constituem *adaptações* que favorecem a sobrevivência. Mas como elas surgiram?

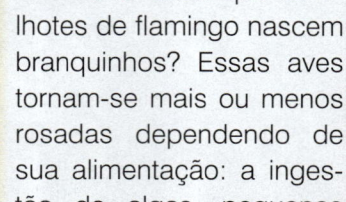

Fique por dentro!

Você sabia que os filhotes de flamingo nascem branquinhos? Essas aves tornam-se mais ou menos rosadas dependendo de sua alimentação: a ingestão de algas, pequenos camarões e outros animais que contêm caroteno, um tipo de pigmento orgânico de cor alaranjada, faz com que esses animais adquiram sua cor característica.

Espécies fixas e imutáveis?

Ao se observar a natureza e as diferentes espécies de seres vivos que nela habitam, a impressão que se tem é que elas sempre foram do mesmo jeito ao longo dos séculos. Por muito tempo, predominou a crença de que, uma vez criadas, as espécies não sofreriam modificações. Essa ideia – de que as espécies são *fixas* e *imutáveis* –, faz parte de uma corrente de pensamento denominada **fixismo**.

Imutável: que não muda; permanente; constante.

Essa corrente de pensamento de que as espécies são imutáveis, tendo sido criadas da forma como se encontram, tem como fundamento princípios religiosos que atribuem a um ente superior a criação das espécies. Ao criá-las com as adaptações adequadas a cada ambiente, colocou-as nos lugares certos e nunca mais as teria modificado. Essa corrente de pensamento, o **criacionismo**, é ainda aceita em muitos grupos sociais.

Neste livro, abordaremos a evolução dos seres vivos do ponto de vista da Ciência, nem questionando nem comentando crenças religiosas.

Este afresco pintado por Michelângelo no teto da Capela Sistina, Vaticano, entre 1508 e 1512, representa o momento em que Deus (à direita) dá alma ao recém-criado Adão (à esquerda) por meio do toque de seus dedos. Acredita-se que, nessa representação, Deus envolve Eva com seu braço esquerdo e sua mão toca o menino Jesus. O artista – Michelângelo Buonarrotti (1475-1564) – foi um dos grandes escultores do Renascimento, além de arquiteto, pintor e poeta.

■ As espécies se modificam

No século 19, porém, a convicção de que as espécies eram **imutáveis** começou a ser abalada. Evidências geológicas revelavam que *assim como os ambientes da Terra se modificam, o mesmo ocorre com as inúmeras espécies que neles habitam*. Fortalecia-se, assim, a crença na *transformação das espécies*. Os achados fósseis eram uma evidência de que, em um passado remoto, em outras eras geológicas, a Terra havia sido povoada por formas diferentes de vida, já extintas. Essa ideia estabelece que a vida tem uma longa e contínua história durante a qual os seres vivos foram se transformando e povoando a Terra. No entanto, era preciso explicar, com base na Ciência, de que modo isso ocorria.

Um longo caminho começou a ser percorrido no século 19 por cientistas que acreditavam na **evolução biológica**, ou seja, *nas*

> **Era geológica:** um longo intervalo de tempo geológico.

> **Jogo rápido**
>
> Grife o trecho do texto que contém o conceito de evolução biológica.

modificações dos seres vivos, que poderiam adaptá-los a possíveis alterações do ambiente. Para explicar as modificações e adaptações, foram propostas **teorias da evolução das espécies**. Duas delas ganharam grande destaque: a do cientista francês Jean-Baptiste Lamarck (1744-1829) e a do naturalista inglês Charles Robert Darwin (1809-1882).

> **Naturalista:** diz-se de quem estuda plantas, animais e minerais.

A teoria de Lamarck sobre a modificação das espécies

Em 1809, Lamarck propôs uma ideia lógica e cativante. Para ele, mudanças ocorridas no ambiente estimulariam o aparecimento ou a modificação de *características* ou *estruturas* dos seres vivos, que os levariam a adaptar-se às novas condições. As ideias de Lamarck estão contidas em duas leis formuladas por ele:

1º – a **Lei do Uso e Desuso**, que estabelecia que toda *estrutura corporal* ou *órgão* muito utilizado tenderia a se desenvolver. Se, ao contrário, em outra situação, o *órgão* deixasse de ser utilizado, ele poderia reduzir de tamanho e até desaparecer; e

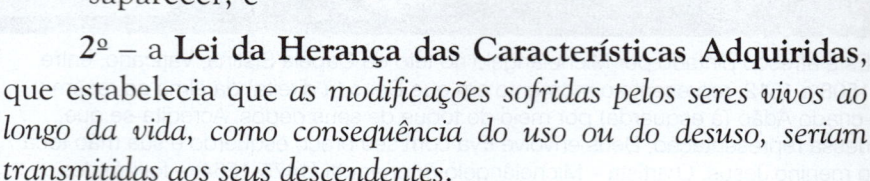

2º – a **Lei da Herança das Características Adquiridas**, que estabelecia que *as modificações sofridas pelos seres vivos ao longo da vida, como consequência do uso ou do desuso, seriam transmitidas aos seus descendentes.*

Segundo Lamarck, a "necessidade" de adaptação "forçaria" o aparecimento das novas características, que seriam mantidas pelo uso, tornando-se hereditárias. No entanto, nunca se comprovou que as características adquiridas fossem herdadas pelos descendentes, razão pela qual essa teoria de Lamarck **não** é mais aceita pelos cientistas.

Um exemplo pode nos ajudar a compreender como se aplicariam na natureza as leis propostas por Lamarck. Suponha que em algum momento no passado distante as girafas tivessem pescoço mais curto. Segundo as leis propostas por Lamarck, diante de uma possível mudança ambiental, por exemplo, provocada pela escassez de alimento no solo seco durante longos períodos, as girafas teriam sido forçadas a esticar o pescoço para alcançar folhas e brotos no alto das árvores. Esse esforço (uso constante do pescoço), durante várias gerações, teria provocado o alongamento gradual desse órgão. Por meio da reprodução,

Jean-Baptiste Lamarck.
CREATIVE COMMONS

> **Lembre-se!**
>
> Apesar de a explicação de Lamarck sobre as características adquiridas não ser mais aceita, esse cientista foi importante por ter proposto no início do século 19 que os seres vivos se modificam, não são imutáveis.

a característica adquirida, *pescoço comprido* seria *transmitida* aos descendentes, e depois de muitas gerações as girafas já nasceriam com os pescoços mais longos.

Segundo a teoria de Lamarck, o constante hábito de se alimentar das folhas das copas das árvores teria levado ao alongamento do pescoço das girafas.

A teoria de Darwin: mais convincente

Charles Darwin (1809-1882) partiu da Inglaterra em 27 de dezembro de 1831 para uma viagem de volta ao mundo a bordo do navio *Beagle*. Durante essa longa viagem (que durou cinco anos), as observações feitas por ele e as amostras que recolheu foram importantíssimas para uma mudança a respeito do pensamento sobre a modificação das espécies.

Darwin percebeu que algumas amostras de animais extintos apresentavam pontos em comum com outras de espécies ainda vivas e buscou achar uma explicação para isso: provavelmente, as espécies *teriam se modificado ao longo do tempo*. Também o inquietava o fato de existirem diferenças entre filhos de mesmo pai e de mesma mãe (a existência de *variabilidade* entre os descendentes), e por que alguns seres conseguem sobreviver em um ambiente (por que estão *mais adaptados?*) enquanto outros não.

> **Lembre-se!**
>
> Nunca se comprovou que as características adquiridas apenas pelo uso ou desuso de alguma estrutura fossem herdadas pelos descendentes, razão pela qual essa teoria de Lamarck **não** é aceita pelos cientistas.

Charles Darwin.

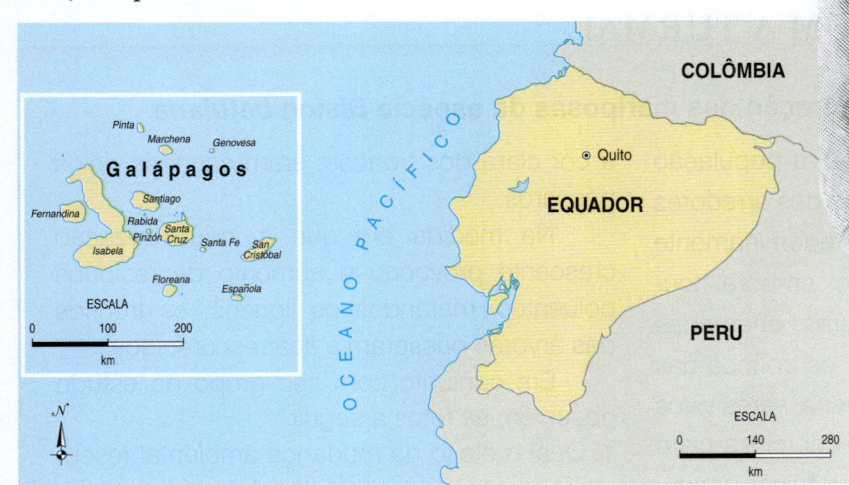

As ilhas Galápagos, pertencentes ao Equador, foram visitadas por Darwin em sua viagem de volta ao mundo. A análise de algumas espécies dessas ilhas inspirou sua teoria da evolução.

Em 1859, depois de mais de vinte anos de estudo, Darwin publicou um livro em que expunha sua teoria acerca da modificação das espécies.

Conhecida como **Teoria da Seleção Natural**, a teoria de Darwin propõe que:

- se os indivíduos de uma espécie não são iguais é porque ocorrem modificações, *que acontecem ao acaso*, que podem ser hereditárias;
- algumas dessas mudanças favorecem o ser vivo, tornando-o *mais adaptado* a um meio, facilitando sua sobrevivência, enquanto outras não;
- com isso, há uma espécie de **seleção natural**, em que os mais adaptados têm maior probabilidade de sobreviver e de se reproduzir;
- esse lento e permanente processo de modificação ao acaso, adaptação e seleção teria levado à modificação das espécies.

Fique por dentro!

O livro publicado por Darwin em 1859 tinha o título *A origem das espécies por meio da seleção natural*, mas é mais conhecido como, simplesmente, *A origem das espécies*.

LUIS MOURA/acervo da editora

Retomando o exemplo das girafas, como seria a explicação para seu pescoço tão longo, segundo a Teoria da Seleção Natural proposta por Darwin? No passado, nas espécies ancestrais às atuais girafas existiriam animais com pescoço mais longo e outros com pescoço mais curto, uma característica hereditária. Quando houve uma mudança no meio ambiente e o alimento ficou escasso, somente os indivíduos que apresentavam pescoço mais longo conseguiram se alimentar e sobreviver. Eles se reproduziram e geraram descendentes com essa característica (pescoço longo). Os demais, dotados de pescoço de pequeno tamanho, foram gradualmente eliminados.

EM CONJUNTO COM A TURMA!

A "mudança" de coloração das mariposas da espécie *Biston betularia*

Em meados do século 19, a população dessas mariposas nos bosques dos arredores de Londres era constituída predominantemente por mariposas de asas claras, embora houvesse algumas de asas escuras, chamadas de melânicas. Naquela época, os troncos das árvores eram cobertos por liquens, seres vivos simples que conferiam uma cor cinza-claro aos troncos. As mariposas melânicas (escuras), que neles pousavam, constrastando com a cor clara dos troncos, eram caçadas pelos pássaros.

Na medida em que a industrialização crescente provocou o aumento de resíduos poluentes, matandos os liquens, os troncos das árvores passaram a ficar escurecidos.

Em conjunto com seu grupo de estudo observem as fotos a seguir.

1. Qual o efeito da mudança ambiental (escurecimento do tronco das árvores) sobre a população de mariposas?

2. No século passado, com a adoção de medidas para reduzir a poluição ambiental, como a instalação de filtros nas chaminés das fábricas, os liquens voltaram a povoar os troncos das árvores. Que novas alterações puderam ser notadas na população de mariposas?

Mariposas da espécie *Biston betularia* pousadas sobre troncos de árvore de cores diferentes.

Seleção natural × seleção artificial

Darwin sabia que seria impossível efetuar experimentos de *seleção natural*, ou seja, experimentos relacionados a eventos ocorridos há milhares de anos, que viessem a comprovar sua hipótese. Foi então que teve a ideia de elaborar um *modelo* que simulasse a ação da natureza, recorrendo aos experimentos de **seleção artificial**. O que significa isso?

Há séculos, o homem percebeu que a *variabilidade* existente entre os descendentes de animais e plantas permitia-lhe selecionar os melhores, aprimorando e modificando as espécies de acordo com seus interesses. Pense, por exemplo, nas diversas variedades de cães, de gado e de plantas criadas pelo homem para melhor atender às suas necessidades. O próprio Darwin foi um grande criador de pombos-correio, e obtinha e selecionava variedades do mesmo modo que faziam os criadores de diversas variedades de animais e plantas. Assim, concluiu: *se o homem pode fazer essa seleção, ao modificar várias espécies de seu interesse em pouco tempo, a natureza, ao longo de milhões de anos e dispondo de uma ampla variabilidade entre os componentes de cada espécie, poderia fazer o mesmo.* Sua hipótese da seleção natural foi confirmada por meio de experimentos de seleção artificial.

É SEMPRE BOM SABER MAIS!

O que Darwin não sabia: qual é a origem da variabilidade?

Tanto Darwin quanto qualquer outra pessoa de seu tempo poderia perceber as diferenças que há entre os indivíduos de uma mesma espécie. Bastaria, por exemplo, olhar para as pessoas de uma mesma família. Porém, por falta de conhecimento científico, a origem dessa variabilidade não podia ser explicada naquela época.

Hoje, sabemos que o material genético (DNA) que faz parte de nossas células pode sofrer alterações, em sua estrutura molecular, as chamadas **mutações**. Essas mudanças podem fazer com que determinada característica hereditária passe a se manifestar de modo diferente. Dependendo das condições ambientais, as mutações podem ser favoráveis ou não aos indivíduos de uma espécie e aos seus descendentes.

Além disso, a reprodução sexuada origina indivíduos geneticamente diferentes, que reagem de modo diferente às diversas influências do meio em que vivemos. É sobre a *variabilidade* que a *seleção natural* atua.

ESTABELECENDO CONEXÕES

Saúde

Resistência de bactérias a antibióticos

Antibióticos são receitados por médicos toda vez que, por exemplo, uma pessoa possui sintomas de uma infecção bacteriana. É o que ocorre quando você consulta um médico e ele constata uma infecção com pus na garganta.

O antibiótico indicado nesse caso, diz o médico, tem que ser tomado durante determinado número de dias, em horários bem definidos.

Imagine que, ao tomar as primeiras doses, você melhore e decida suspender o tratamento. Alguns dias depois, a infecção na garganta retorna exigindo doses muito maiores do medicamento ou a troca por outro antibiótico mais poderoso. O que aconteceu?

Ao tomar o remédio, foram eliminadas as bactérias mais sensíveis ao medicamento, dando a impressão de melhora. No entanto, entre as bactérias devia haver algumas previamente resistentes, o que é de se esperar, pois entre bactérias de uma mesma espécie também há variabilidade. As bactérias mais resistentes somente são eliminadas depois de muitos dias expostas ao antibiótico.

Quando você parou de tomar o antibiótico, as bactérias mais resistentes foram selecionadas, proliferaram e a infecção retornou. O antibiótico não faz aparecer bactérias resistentes, apenas seleciona, na população, as que já são previamente resistentes.

Certamente, o uso inadequado e indiscriminado de antibióticos é uma das causas do reaparecimento com sintomas mais fortes de inúmeras doenças, como, por exemplo, a tuberculose.

Evidências da evolução – registros fósseis

Claro que é praticamente impossível *comprovar* de que modo, no passado, a evolução dos seres vivos ocorreu. Mas é possível recorrer a *evidências* de que as espécies se modificam ao longo do tempo e, mais do que isso, mostrar a existência de **ancestrais** comuns aos diversos grupos de seres vivos. Entre elas, vale citar os **registros fósseis**.

Descubra você mesmo!

Procure, em um dicionário, o significado das palavras *evidência* e *comprovar*.

Ancestral: termo relativo a antepassados ou antecessores.

Fósseis são restos ou vestígios de seres vivos de épocas remotas que ficaram preservados em rochas. Podem ser ossos, dentes, conchas, pedaços de caules, folhas ou até marcas, pegadas ou pistas, deixadas por seres vivos do passado. Por meio do estudo dos fósseis, os cientistas puderam concluir que o nosso planeta foi, no passado, habitado por seres diferentes dos atuais, que se modificaram ao longo do tempo.

Porém, ainda existem grandes mudanças sem explicações – espécies que surgem no registro fóssil sem que se tenha conhecimento das fases intermediárias da formação desses organismos.

Fóssil de *Archaeopteryx*, descoberto em 1860, a ave mais primitiva que se conhece.

Fóssil de trilobita, encontrado no Marrocos, África, datado de aproximadamente 400-360 milhões de anos atrás. Essa espécie de animal marinho encontra-se extinta.

É SEMPRE BOM SABER MAIS!

A Chapada do Araripe

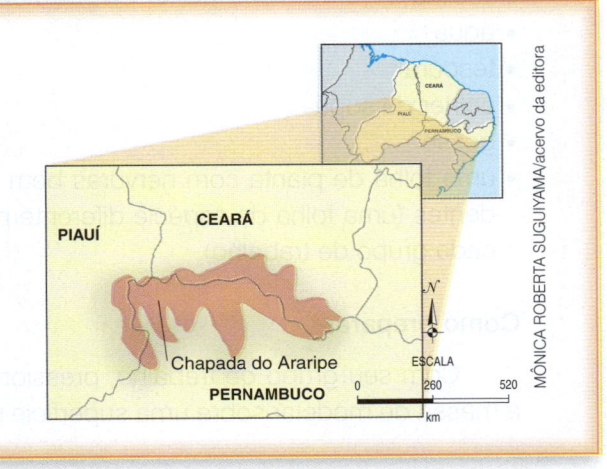

Desde o século 19, mais precisamente a partir de 1840, a Chapada do Araripe, que se encontra na divisa dos Estados de Ceará, Piauí e Pernambuco, começou a ser de interesse de pesquisadores, pois lá se encontram ricos depósitos de fósseis (de invertebrados, peixes, anfíbios, répteis, incluindo dinossauros), bem preservados em função do terreno sedimentar. Mais de um terço de todos os registros fósseis de pterossauros, primeiros vertebrados com capacidade de voar, foram encontrados no Araripe.

Os registros fósseis da Chapada do Araripe (alguns datam de 110 milhões de anos atrás) são mais uma evidência de que, no passado, os continentes americano e africano estiveram unidos, pois esses fósseis também são encontrados no Gabão, Nigéria e Guiné Equatorial (países da África Ocidental).

Fóssil de peixe (*Cladocyclus gardneri*), de 110 milhões de anos, encontrado na Chapada do Araripe (CE).

ENTRANDO EM AÇÃO!

Simulação de um registro fóssil

São considerados fósseis os registros de mais de 10.000 anos atrás, mas nesta atividade vocês simularão a formação de um "vestígio vegetal".

Material necessário

- massa de modelar
- um pedaço de cartolina (20 cm de comprimento x 5 cm de largura)
- fita adesiva
- vasilha
- água
- tesoura
- colher de sopa
- gesso
- uma folha de planta com nervuras bem evidentes (uma folha de espécie diferente para cada grupo de trabalho)

Como preparar

Com seu grupo de trabalho, pressionem a massa de modelar sobre uma superfície plana (mesa, bancada, entre outros) e coloquem a folha da planta sobre ela de modo que fique impressa a nervura da folha na massa de modelar. Importante: a nervura precisa ser bem evidente senão o registro não ficará nítido.

Façam um anel com a cartolina, unindo as pontas com a fita adesiva e encaixem esse anel sobre a massa com a folha.

A seguir, peguem a vasilha e misturem homogeneamente a água e o gesso. A proporção é de 1/2 copo de água para 5 colheres de gesso.

Retirem a folha vegetal do fundo do molde e coloquem a mistura dentro do anel de cartolina, de modo que cubra toda a área de impressão da nervura.

Esperem três dias para que a massa e o gesso sequem, depois retirem a cartolina e está pronto seu fóssil vegetal.

Disponível em: <http://www.pontociencia.org.br/experimentos-interna.php?experimento=640&FAZENDO+FOSSEIS#top>. *Acesso em:* 2 fev. 2014.

Nosso desafio

Para preencher os quadrinhos de 1 a 9, você deve utilizar as seguintes palavras: criacionismo, Darwin, evolucionismo, fixismo, Herança dos Caracteres Adquiridos, Lamarck, seleção natural, Uso e Desuso, variabilidade.

À medida que você preencher os quadrinhos, risque a palavra que escolheu para não usá-la novamente.

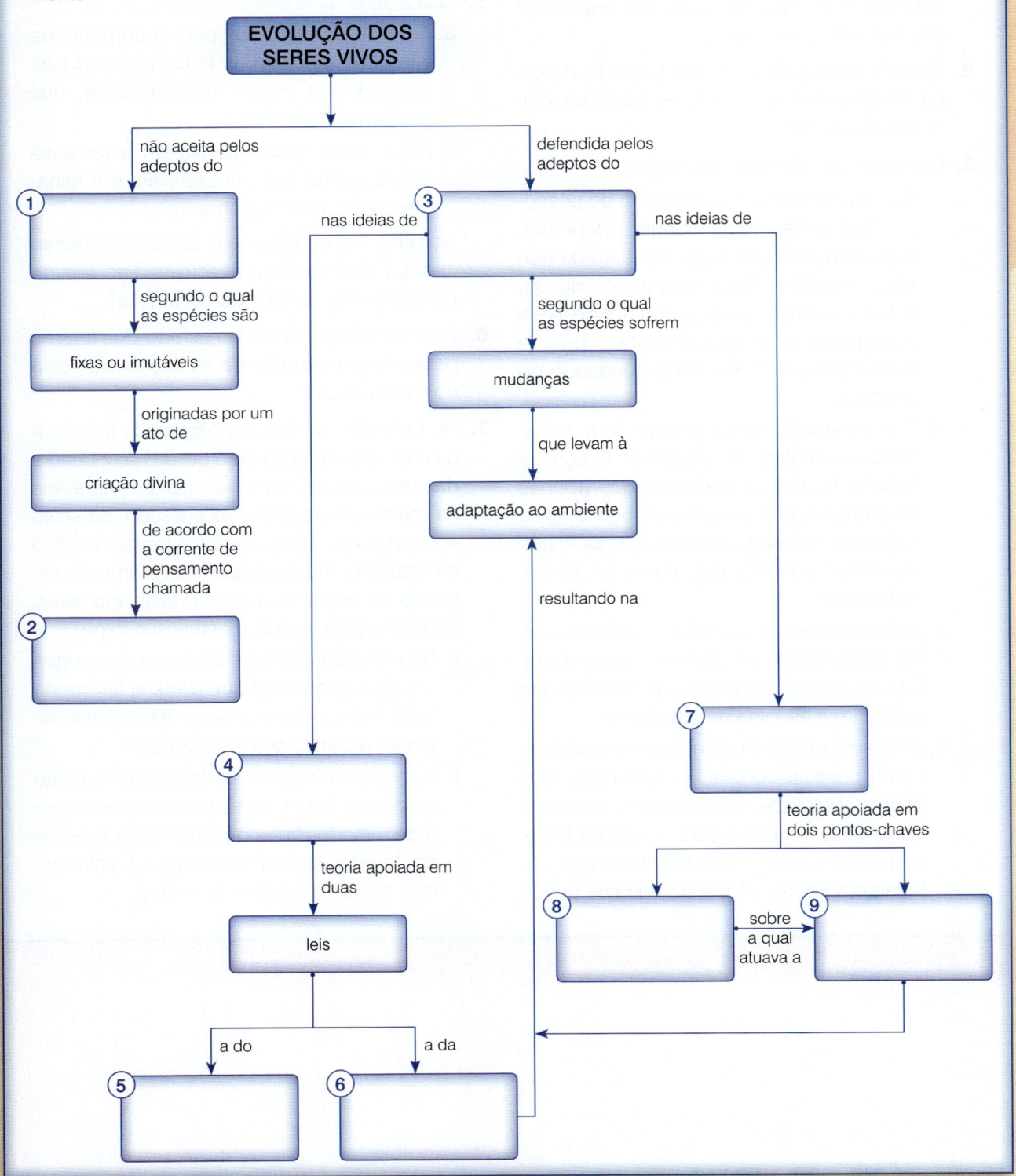

EVOLUÇÃO DOS SERES VIVOS

- não aceita pelos adeptos do → **1**
- segundo o qual as espécies são fixas ou imutáveis
- originadas por um ato de criação divina
- de acordo com a corrente de pensamento chamada → **2**

- defendida pelos adeptos do → **3**
  - nas ideias de → **4**
  - nas ideias de → (7)
- segundo o qual as espécies sofrem mudanças
- que levam à adaptação ao ambiente
- resultando na

4 → teoria apoiada em duas leis
- a do → **5**
- a da → **6**

7 → teoria apoiada em dois pontos-chaves
- **8** sobre a qual atuava a **9**

Atividades

1. Considere a frase: "Podemos contar agora tantas espécies quantas foram criadas no princípio", que foi dita pelo naturalista Carlos Lineu (1707-1778). Em sua opinião, esta frase refere-se ao *fixismo*, ao *criacionismo* ou à ocorrência de *transformação das espécies*? Justifique a sua resposta.

2. Quais foram os dois cientistas que se destacaram ao propor teorias de evolução biológica no século 19?

3. Considere as afirmações a seguir.
   I. "O uso constante e continuado do pescoço, faria o mesmo se alongar, adaptando a girafa a alcançar o seu alimento de maneira mais fácil. Ao ocorrer a reprodução, a característica pescoço comprido seria transmitida aos descendentes, que já nasceriam com o tamanho adequado do pescoço."
   II. "No passado, havia girafas com tamanhos diferentes de pescoço. Graças à existência dessa variabilidade, apenas as girafas que já tinham pescoço longo o suficiente conseguiam alcançar as folhas de ramos elevados das árvores e, assim, sobreviver."
   a. Ao ler a frase I, um estudante concluiu que ela expressava um conceito lamarckista. Cite as informações contidas no texto que justificam a escolha do estudante.
   b. O mesmo estudante concluiu que a afirmação II possuía conotação darwinista. Dos fatores evolutivos característicos da teoria darwinista, um deles está citado no texto, enquanto o outro é o que justifica a adaptação e a sobrevivência das girafas que já possuíam pescoço longo. Quais são esses fatores?

4. O que há de comum e de diferente entre as teorias de Lamarck e de Darwin?

5. Leia a série de frases a seguir.
   a. Antibióticos utilizados para o combate de infecções induzem as bactérias a adquirir resistência a esses medicamentos, que perdem sua eficiência.
   b. Gafanhotos verdes passaram a ter essa coloração de tanto viverem entre a folhagem verde de um gramado.

   As duas frases possuem conotação lamarckista. Como você as reescreveria no sentido de terem uma conotação darwinista?

6. Qual foi a importância do estudo dos fósseis para a compreensão da evolução biológica dos seres vivos?

7. No *Entrando em ação* da página 52, foi utilizada a mistura de água com gesso na cobertura das nervuras da folha que estavam impressas na massa de modelar. No passado, os seres vivos, ou seus restos, também devem ter sido cobertos por materiais que, supostamente, segundo os cientistas, teriam preservado esses restos ou, pelo menos, mantido sua forma.
   a. Na natureza dos tempos passados, sugira um tipo de material que poderia ter coberto os seres vivos ou partes deles, possibilitando, assim, a sua fossilização?
   b. Sugira uma provável explicação para o fato de que restos de seres vivos, cobertos por determinados tipos de materiais no passado, tenham sido preservados ou, pelo menos, mantido sua forma original.

capítulo 5
Biodiversidade e a classificação dos seres vivos

Como você faria?

Imagine que sua mãe foi ao supermercado e voltou carregada de compras. Ao chegar em casa, ela lhe pede ajuda para guardar os produtos. Como acomodar as compras na cozinha de sua casa?

Olhando os produtos que sua mãe trouxe, você percebe que pode separá-los em diversas categorias, segundo as características de cada um, como, por exemplo, produtos de limpeza, congelados, alimentos frescos etc. Pensando assim, é pouco provável que você guarde o sabão em pó junto com o frango e com o arroz. Você, certamente, utilizaria *critérios* para armazenar ordenadamente as compras.

É quase certo que você escolheria guardar o frango e outros produtos perecíveis na geladeira, já que eles se estragariam sem refrigeração. Da mesma forma, você separaria todos os produtos de limpeza, incluindo sabão, detergente, amaciante de roupas e água sanitária, acondicionando-os em separado dos alimentos e em local seguro e ventilado.

Em Biologia, fazemos algo semelhante com os seres vivos. Com base em suas características individuais, nós os classificamos em grandes grupos, cada um com suas subdivisões. É como se arrumássemos o grande armário da mãe natureza...

ANDRESR/SHUTTERSTOCK

A incrível diversidade dos seres vivos

Você já parou para pensar na infinidade de seres vivos existente no planeta? A diversidade biológica é enorme. Pense, por exemplo, na grande biodiversidade da Floresta Amazônica e no desafio de reconhecer cada ser vivo lá existente, muitos deles ainda desconhecidos pelos biólogos. Certamente, encontraremos várias características em comum em muitos deles, algumas mostrando um "parentesco" próximo, e outras apenas que têm algo em comum.

Para facilitar o estudo dos seres vivos, é importante agrupá-los em conjuntos facilmente identificáveis e que possam ser utilizados por qualquer pessoa que se dedique ao seu estudo. Cada vez que um novo ser vivo é descoberto, é preciso incluí-lo em algum dos grupos de classificação conhecidos. É por esse motivo que os biólogos adotam *sistemas de classificação*, como veremos neste capítulo, que procuram ordenar os seres vivos em categorias, de acordo com critérios de fácil compreensão e utilização. Assim, se um pesquisador se refere a um organismo conhecido e já catalogado no sistema universal de classificação biológica, cientistas do mundo inteiro poderão reconhecê-lo e, mais do que isso, saber quais são suas características gerais.

A classificação dos seres vivos

Classificar os organismos segundo normas que façam sentido nos auxilia a compreendê-los melhor, além de colocar alguma ordem no estudo da imensa biodiversidade. Atualmente, os seres vivos são classificados pelo que têm em comum, pelo seu "parentesco" durante a evolução (modificação das espécies), por sua anatomia e até mesmo pelas reações químicas do organismo.

Desde a Antiguidade, já se buscava agrupar os seres vivos conhecidos segundo critérios, que, como você lerá nas próximas páginas, variaram conforme o grau de conhecimento da época. O primeiro sistema de classificação de que se tem notícia foi proposto pelo filósofo grego Aristóteles (384-322 a.C.), que classificou os animais pelo modo como se reproduziam e se possuíam ou não sangue vermelho.

Como você poderá concluir da leitura das próximas páginas, a classificação dos seres vivos é uma "obra em construção", que pode ser ajustada à medida que novas descobertas são realizadas e novos critérios são estabelecidos.

Descubra você mesmo!

Converse com os seus colegas, pergunte a eles se colecionam objetos e qual o critério por eles utilizado na organização de suas coleções.

Aproveite e pergunte a quem cuida de sua casa qual o critério que utiliza na separação e classificação dos objetos como, por exemplo, os utensílios de cozinha (talheres, louças), as roupas de cama, os produtos de limpeza e assim por diante. Em cada um desses casos sempre há um ou mais critérios em que as pessoas se baseiam para organizar uma coleção ou os objetos de uso diário. Qual a vantagem de assim proceder?

Classificar: reunir, agrupar.

Fique por dentro!

Só se tem notícias de que Aristóteles classificou apenas os animais, mas um de seus alunos, Teofrasto, classificou as plantas segundo o modo de cultivo e como eram usadas.

Os primeiros "grandes grupos" – os primeiros reinos

Durante muito tempo, a classificação biológica dos seres vivos considerou a existência de apenas dois grandes grupos: o reino **Animal** e o reino **Vegetal**.

Na maioria dos casos, essa separação não apresentava problemas, pois ninguém teria dúvida em considerar, por exemplo, um jacaré como animal e uma orquídea como vegetal. O que importava eram os critérios utilizados naquela época para essa caracterização: *possibilidade de se locomover* e *modo de se nutrir*. Segundo esses dois critérios, animais seriam os organismos capazes de se locomover e heterótrofos, isto é, incapazes de produzir o seu próprio alimento, devendo obtê-lo pronto de outras fontes. Seriam classificados como vegetais os organismos sem a capacidade de locomoção (fixos) e autótrofos, ou seja, capazes de produzir o seu alimento orgânico a partir de substâncias simples obtidas do meio, da clorofila e da luz do Sol, em um processo conhecido como fotossíntese.

Classificação dos seres vivos, segundo os primeiros reinos

Reino Animal	Reino Vegetal
Organismos • capazes de se locomover • heterótrofos	Organismos • fixos • autótrofos

Nem animais, nem vegetais: o que fazer?

A partir da construção dos primeiros microscópios, foi possível constatar a existência de seres até então desconhecidos. Um deles foi um microrganismo conhecido como *Euglena*, que em presença de luz atua como autótrofo, sendo capaz de realizar fotossíntese; entretanto, quando colocada no escuro, é capaz de se alimentar como qualquer heterótrofo. Além disso, a euglena é móvel, graças a uma estrutura denominada flagelo, que lhe permite deslocar-se no meio aquático como se fosse um animal.

Outro caso é o dos cogumelos (fungos), que são fixos (como os vegetais), mas não fazem fotossíntese; além disso, alimentam-se de restos orgânicos, ou seja, são heterótrofos.

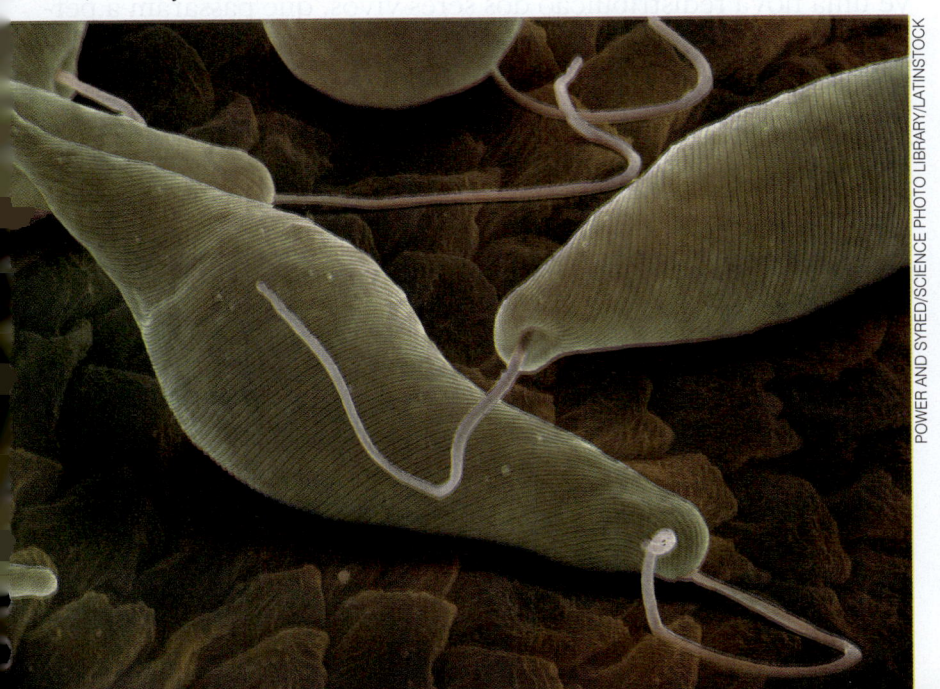

Euglena gracilis, do reino Protista. Observe, na foto, que esses protistas possuem um longo filamento, chamado flagelo, que os auxilia a se locomoverem. (Imagem obtida a partir de um microscópio eletrônico especial, chamado de "varredura", que mostra a superfície do que está sendo analisado. Colorida artificialmente. Imagem ampliada 1.520 vezes.)

Assim como as euglenas e os fungos, havia outros casos de seres vivos que não se enquadravam nem no reino Animal, nem no Vegetal. Então, apenas os critérios *possibilidade de se locomover* e *modo de nutrição* já não eram mais suficientes para classificar os seres vivos nos dois reinos propostos. Como os cientistas resolveram o impasse gerado por essas descobertas?

Tendo em vista a existência desses problemas, alguns cientistas decidiram criar, no século 19, um terceiro reino: **Protista** (que muitos autores preferem chamar de **Protoctista**). Nele foram incluídos todos aqueles seres vivos que não podiam ser considerados nem vegetais nem animais, como é o caso das euglenas, dos fungos, das bactérias e uma infinidade de outros seres vivos.

Novas descobertas, novo reino: Monera

Com o progresso da Ciência e a invenção de um novo tipo de microscópio, o eletrônico, pôde-se visualizar melhor a célula. Verificou-se, assim, que nas bactérias, que até então eram consideradas protistas, as células eram desprovidas de núcleo, ficando o material genético disperso no citoplasma. Criou-se o termo **célula procariótica** (do grego, *pró* = antes, primitivo + *kárion* = = núcleo) para designar essa organização celular primitiva. Todos os seres que possuíam célula procariótica, como as bactérias, foram, então, incluídos em um novo reino: o **Monera**. Nas células dos demais seres vivos, como você já sabe, há um núcleo organizado, isto é, com o material genético perfeitamente circundado por um envoltório nuclear membranoso ou membrana nuclear. Esse tipo de célula passou a ser chamado de **célula eucariótica** (do grego, *eu* = verdadeiro + *kárion* = núcleo).

A partir da descoberta dos organismos procariontes, houve uma nova redistribuição dos seres vivos, que passaram a pertencer a quatro reinos: Monera, Protista, Animal e Vegetal.

A mais recente mudança: reino Fungi

Novas descobertas, novos critérios e a classificação passou por ajustes. É o que ocorreu com os fungos (cogumelos e leveduras), anteriormente considerados componentes do reino Protista.

Por terem características próprias, entre elas a existência, na maioria de seus componentes, de filamentos conhecidos como hifas, a capacidade de decompor materiais orgânicos e absorver os nutrientes obtidos pela decomposição, decidiu-se separar os fungos dos demais seres vivos, criando-se um novo reino: o reino **Fungi** (reino dos *fungos*).

Lembre-se!

A *organização celular*, procariótica ou eucariótica, passou a ser utilizada como um critério adicional de classificação. Seres vivos como as bactérias, que não possuem núcleo diferenciado em suas células, são denominados *procariontes*. Todos os demais seres celulares que possuem núcleo diferenciado são *eucariontes*.

Os cinco reinos atuais

A partir de 1969, os biólogos passaram a considerar a existência de cinco reinos de seres vivos, que serão estudados nos próximos capítulos deste livro.

> **Jogo rápido**
>
> Pelo menos uma característica, exclusiva das bactérias, permite incluí-las no reino **Monera**. Qual é essa característica? Outra característica, presente em organismos pluricelulares como cogumelos e bolores, relacionada à organização filamentosa do corpo, permite incluí-los no reino **Fungi**. Qual é essa característica?

Os cinco reinos dos seres vivos

REINO MONERA

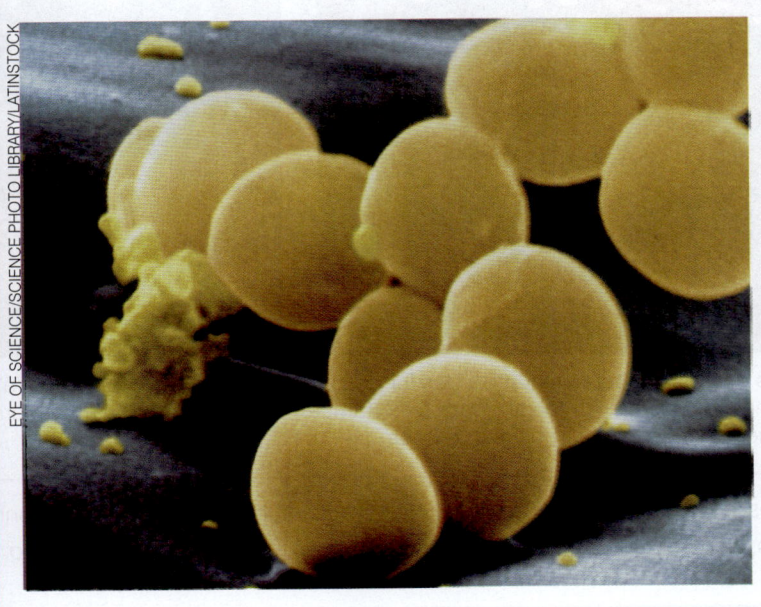

Seres com células procarióticas; bactérias e cianobactérias (antes chamadas algas azuis).

Bactéria *Staphylococcus aureus*, em geral presente em seres humanos sem causar maiores danos. (Fotografia obtida a partir de um microscópio eletrônico de varredura, colorida artificialmente. Imagem ampliada 25.000 vezes.)

REINO PROTISTA (PROTOCTISTA)

Seres com células eucarióticas, podendo ser unicelulares (muitas algas e todos os protozoários) ou pluricelulares (as demais algas).

Amoeba proteus, vista ao microscópio óptico. Organismo unicelular que se alimenta de protozoários menores e de bactérias. (Imagem ampliada 75 vezes.)

REINO FUNGI

A ele pertencem os seres popularmente conhecidos como fungos, todos dotados de células eucarióticas. São heterótrofos e sua nutrição é baseada na *absorção* de restos orgânicos decorrentes da atividade de decomposição da matéria orgânica. As leveduras são fungos unicelulares e os cogumelos são fungos pluricelulares.

Mais conhecidos representantes dos fungos são os chamados cogumelos (a), alguns deles venenosos. Mas fazem parte desse reino também os bolores (b) e as leveduras, utilizadas para fermentar (fazer crescer) pães e massas.

REINO ANIMALIA (ANIMAL)

Seres pluricelulares, dotados de células eucarióticas, popularmente conhecidos como animais. São heterótrofos e sua nutrição é baseada na ingestão de alimento.

Dentre as várias características que envolvem os representantes do reino Animalia, a presença ou não de coluna vertebral permite classificar os organismos desse reino em dois grandes grupos: os vertebrados e os invertebrados. Em (a) cobra naja, um vertebrado, em posição de defesa, e em (b), um molusco nudibrânquio, um invertebrado. (As najas adultam podem atingir até 5 m de comprimento e os nudibrânquios, de 2 a 8 cm.)

CAPÍTULO 5 • Biodiversidade e a classificação dos seres vivos 61

REINO PLANTAE (VEGETAL)

Seres pluricelulares dotados de células eucarióticas, fotossintetizadores, popularmente conhecidos como plantas ou vegetais. São autótrofos e sua nutrição é baseada na produção de matéria orgânica por fotossíntese. Musgos, samambaias, arbustos, árvores, pertencem a esse reino.

As plantas, como (a) a bananeira e (b) as margaridas, são seres autótrofos, isto é, capazes de produzir seu próprio alimento. (Bananeiras adultas atingem, em média, 6 m de altura e as margaridas, 30 cm.)

É SEMPRE BOM SABER MAIS!

Em que reino estão os vírus?

Os vírus, muitos deles causadores de doenças nos seres humanos, não se enquadram em nenhum dos reinos que relacionamos anteriormente. A razão é simples: nenhum vírus possui organização celular, todos são acelulares (a = sem, desprovido de).

Como a classificação em cinco reinos abrange apenas seres vivos dotados de células (uma ou várias), então, os vírus ficam fora dos reinos conhecidos. Dizemos que eles constituem um grupo à parte.

Representação artística dos vírus (a) ebola e (b) influenza, respectivamente causadores da febre ebola e da gripe. A febre ebola é uma doença muito séria, com alta taxa de mortalidade e entre seus sintomas incluem-se cansaço, febre, dor muscular, vômitos, diarreia e hemorragia interna. O vírus ebola é transmitido de humano para humano (também está presente em alguns outros animais como, por exemplo, morcegos) e se dá pelo contato direto com sangue, secreções ou fluidos do corpo de uma pessoa contaminada (e somente quando o paciente já demonstra os sintomas da doença). O vírus influenza causa febre e infecções do trato respiratório que se não forem adequadamente tratadas podem evoluir para um quadro mais sério. O vírus influenza é transmitido de pessoa para pessoa por meio das gotículas contaminadas expelidas quando o doente tosse ou espirra.

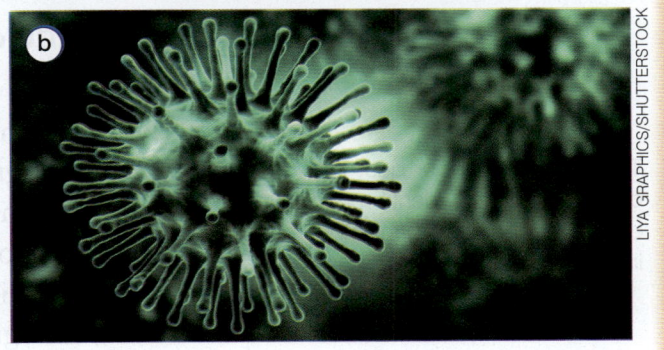

UNIDADE 1 • VIDA: EXUBERÂNCIA E BIODIVERSIDADE

EM CONJUNTO COM A TURMA!

Agora que já conhecemos como os seres vivos estão classificados, reúna seu grupo de trabalho e, juntos, encarem o desafio a seguir.

Para preencher os quadrinhos de 1 a 7, vocês devem utilizar as seguintes palavras: Animalia, eucariontes, Fungi, Monera, Plantae, procariontes, Protista.

À medida que preencherem os quadrinhos, risquem a palavra escolhida para não usá-la novamente.

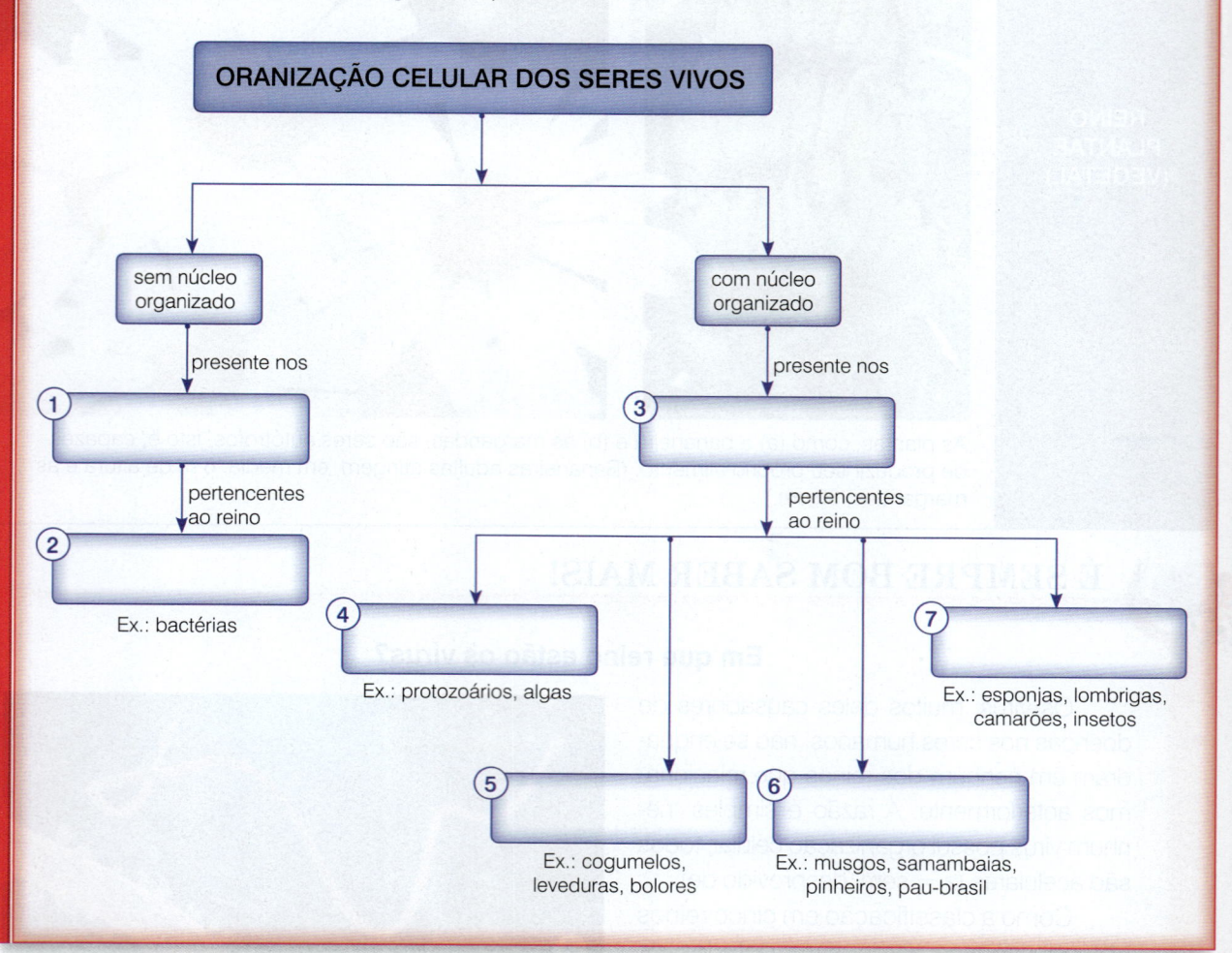

```
                    ORANIZAÇÃO CELULAR DOS SERES VIVOS
                              │
              ┌───────────────┴───────────────┐
              ▼                               ▼
       sem núcleo                      com núcleo
       organizado                      organizado
              │                               │
         presente nos                   presente nos
              ▼                               ▼
            [1]                             [3]
              │                               │
         pertencentes                    pertencentes
         ao reino                        ao reino
              ▼                               │
            [2]              ┌────────────────┼────────────────┐
         Ex.: bactérias      ▼                ▼                ▼
                            [4]              [5]              [6]              [7]
                     Ex.: protozoários,  Ex.: cogumelos,  Ex.: musgos,     Ex.: esponjas, lombrigas,
                          algas          leveduras,       samambaias,          camarões, insetos
                                         bolores          pinheiros, pau-brasil
```

Categorias de classificação e grau de semelhança

Os biólogos que se preocupam em ordenar a coleção de seres vivos trabalham em um ramo da Biologia conhecido como **Taxonomia** (do grego, *taxis* = ordem + *nomos* = lei). Esse trabalho consiste em reconhecer **espécies** semelhantes e agrupá-las em um **gênero**. Os gêneros que tiverem mais características comuns são reunidos em uma **família**. Famílias semelhantes, por sua vez, são agrupadas em uma **ordem**. Ordens semelhantes são reunidas em uma **classe**. Classes semelhantes são reunidas em um **filo**. E os filos com maior grau de semelhança são, finalmente, componentes de um **reino**, entre os cinco que descrevemos anteriormente.

Taxonomia: ciência que lida com a descrição, identificação e classificação dos organismos, individualmente ou em grupos.

CAPÍTULO 5 • Biodiversidade e a classificação dos seres vivos

Esquema de classificação do cão doméstico

Categoria	Descrição	Exemplos
Reino	**Animalia** — Pluricelulares, heterótrofos e eucariotos.	poríferos, cnidários, platelmintos, nematódeos, anelídeos, moluscos, artrópodes, equinodermos, cordados
Filo	**Chordata** — Apresentam coluna vertebral.	peixes, anfíbios, répteis, aves, mamíferos
Classe	**Mammalia** — Apresentam glândulas mamárias e pele com pelos.	carnívoros, roedores, primatas, pterissodáctilos, quirópteros, marsupiais, proboscídeos, desdentados, cetáceos, primatas
Ordem	**Carnivora** — Alimentam-se principalmente de carne, têm dentição forte, patas com 4 ou 5 dedos.	cão, lobo, urso, raposa, cão-guaxinim, gato, leão
Família	**Canidae** — Dentição adaptada para triturar osso, possuem cauda, andam na ponta dos pés.	cão, chacal, coiote, lobo, raposa, mabeco, cão-guaxinim
Gênero	*Canis* — Chacal, lobo, coiote e cão.	cão, chacal, coiote, lobo
Espécie	*Canis familiaris* — Cão doméstico.	cão

Fique por dentro!

Todas essas categorias de classificação – *espécie*, *gênero*, *família*, *ordem*, *classe*, *filo* e *reino* – são conhecidas como **categorias taxonômicas**.

É SEMPRE BOM SABER MAIS!

As "árvores" evolutivas

Com a compreensão de "como" a evolução biológica ocorre, os biólogos passaram a sugerir hipóteses para explicar a possível relação de parentesco entre os diversos grupos de seres vivos. Diagramas em forma de "árvore" – elaborados com dados de anatomia e embriologia comparadas, além de informações derivadas do estudo de fósseis – mostravam a hipotética origem de grupos a partir de supostos ancestrais.

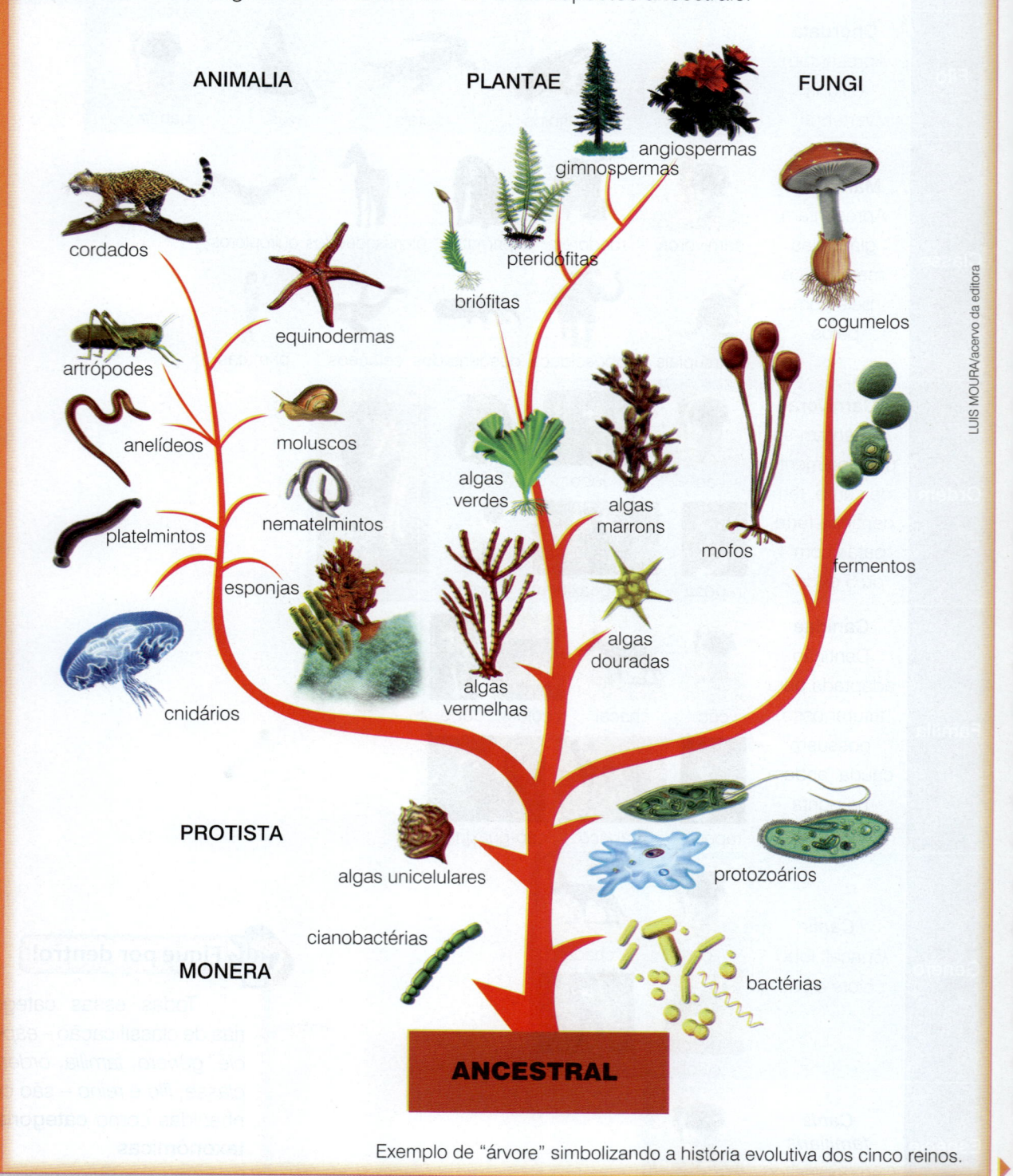

ANIMALIA
- cordados
- equinodermas
- artrópodes
- anelídeos
- moluscos
- platelmintos
- nematelmintos
- esponjas
- cnidários

PLANTAE
- angiospermas
- gimnospermas
- pteridófitas
- briófitas
- algas verdes
- algas marrons
- algas vermelhas

FUNGI
- cogumelos
- mofos
- fermentos

PROTISTA
- algas unicelulares
- protozoários

MONERA
- cianobactérias
- bactérias

ANCESTRAL

Exemplo de "árvore" simbolizando a história evolutiva dos cinco reinos.

Com o avanço da Ciência, ao dispor de um grande número de características comparativas mais confiáveis – anatômicas, embriológicas, funcionais, genéticas, comportamentais etc. – os biólogos passaram a representar a evolução dos seres vivos por meio de diagramas especiais (chamados *cladogramas*). Esses diagramas procuram estabelecer as relações entre diversos grupos de seres vivos, evidenciando as modificações que ocorreram ao longo do tempo na cadeia evolutiva.

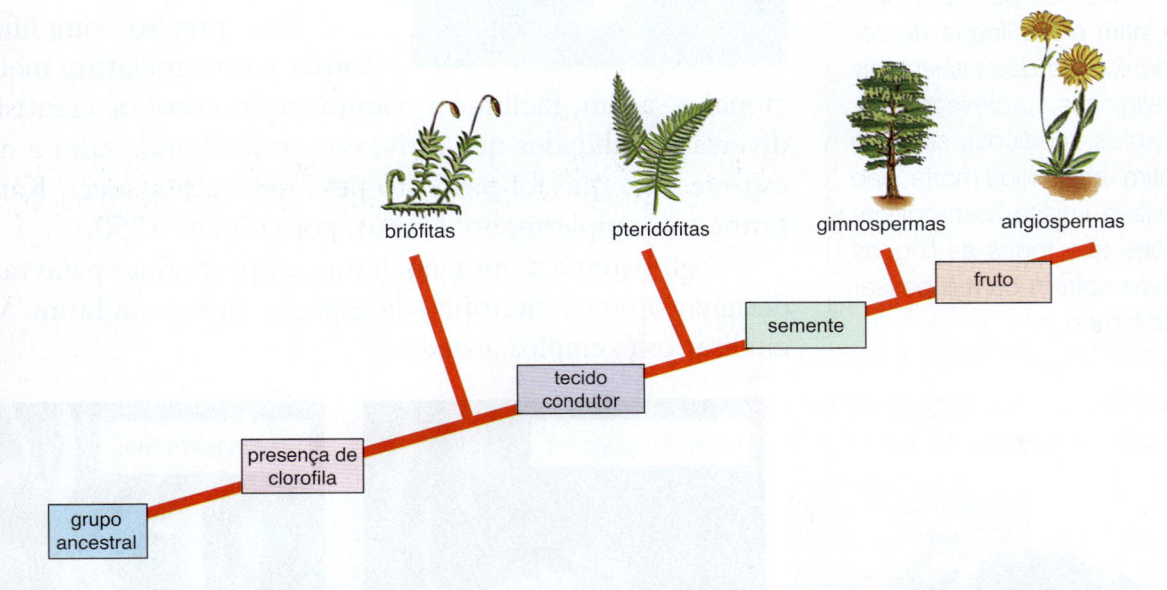

Diagrama mostrando a relação evolutiva existente entre os quatro grupos de plantas atualmente conhecidos. Note que a construção do diagrama mostra no início um suposto grupo ancestral. Os retângulos mostram as características que estão presentes a partir daquele ponto. Assim, "presença de clorofila" é característica dos quatro grupos, porém "tecido condutor" não ocorre nas briófitas, mas sim das pteridófitas em diante. "Sementes" só estão presentes a partir das gimnospermas e "fruto" só nas angiospermas.

O nome científico dos seres vivos

Os reinos de seres vivos são formados por uma infinidade de representantes, cada qual pertencente a determinada espécie ou "tipo" de ser vivo.

Uma **espécie** biológica, pode ser conceituada como *um conjunto de organismos semelhantes, capazes de se intercruzar livremente na natureza e produzir descendentes férteis*. Cada espécie de ser vivo é uma unidade básica no sistema de classificação biológica. Mas como nomear cada espécie?

Houve épocas em que os nomes científicos dados aos seres vivos da mesma espécie eram, na verdade, descrições longas e difíceis de memorizar. É o que ocorreu com uma espécie norte-americana semelhante ao nosso sabiá. Popularmente conhecida como tordo, a espécie foi batizada pelo naturalista inglês Mark Catesby, em 1740, com o nome científico *Turdus minor cinereo-albus non maculatus* (que significava: tordo pequeno

Karl Von Linné (1707-1778) ou, simplesmente, Lineu. (Gravura de C. E. Wagstaff.)

branco-acinzentado sem manchas). Acreditava que ao descrever o maior número de características possíveis o nome científico ficaria mais exato. Não deu certo. Antes de terminar de falar o nome, o passarinho teria voado!

Era preciso simplificar e tornar a nomenclatura mais funcional e, assim, facilitar a comunicação entre os cientistas de diversas localidades que estivessem trabalhando com a mesma espécie. É o que foi proposto pelo naturalista sueco Karl Von Linné (ou simplesmente Lineu), por volta de 1750.

Seu sistema de nomenclatura emprega duas palavras para designar o nome científico da espécie, ambas em latim. Vamos analisar os exemplos abaixo.

> **Lembre-se!**
>
> No tempo de Lineu, o latim era a língua de comunicação dos intelectuais (religiosos, professores, filósofos, médicos); sendo o latim uma língua morta, não estava sujeita às modificações que todas as línguas vivas sofrem com o passar do tempo.

Canis familiaris (cão doméstico)

Canis lupus (lobo)

Zea mays (milho)

> **Jogo rápido**
>
> *Canis lupus* e *Canis familiaris* são dois nomes científicos atribuídos, respectivamente, ao lobo e ao cão doméstico, duas espécies diferentes de canídeos. Como justificar a semelhança dos dois nomes, relativamente ao primeiro termo de ambos? Como é possível concluir que correspondem a duas espécies diferentes?

Nesses seres vivos a primeira palavra, *Canis* ou *Zea*, é um substantivo que indica o **gênero** ao qual o ser vivo pertence e sempre deve ser escrito com letra inicial maiúscula. A segunda palavra, *familiaris*, *lupus*, *mays*, geralmente é um adjetivo ou um termo modificador, isto é, que especifica o substantivo que o antecede e, junto dele, grafado com letra minúscula, indica a **espécie** a que queremos nos referir. Vamos fazer uma comparação: quando dizemos *garfo*, estamos usando um substantivo para nomear um gênero de utensílio de cozinha; dizendo *garfo de sobremesa* estamos nos referindo a determinada espécie de garfo.

Note bem: não faz sentido empregar apenas a segunda palavra (adjetivo) como nome de uma espécie de seres vivos. É o mesmo que usar "de sobremesa" sem se referir antes ao substantivo que identifica o objeto (garfo, colher, faca, por exemplo).

Repare que espécies com certas características em comum são colocadas no mesmo **gênero**. Isto quer dizer que um cão doméstico e um lobo têm muito mais características em comum se comparados a um milho. Da mesma forma, todas as espécies do gênero de utensílio "garfo" (de sobremesa, de peixe etc.) são mais parecidas se comparadas a qualquer espécie do gênero "colher".

Nosso desafio

Para preencher os quadrinhos de 1 a 5, você deve utilizar as seguintes palavras: categorias taxonômicas, classe, espécie, família, filo.

À medida que você preencher os quadrinhos, risque a palavra que escolheu para não usá-la novamente.

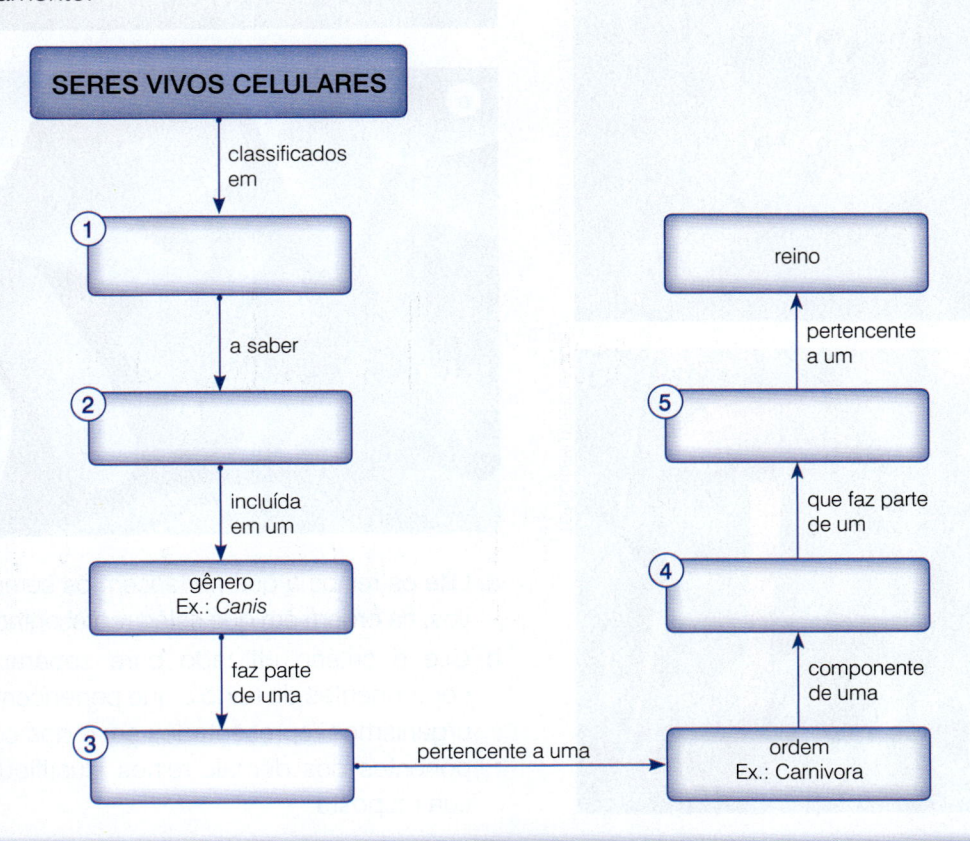

SERES VIVOS CELULARES

classificados em

1

a saber

2

incluída em um

gênero
Ex.: *Canis*

faz parte de uma

3 — pertencente a uma — ordem
Ex.: Carnivora

componente de uma

4

que faz parte de um

5

pertencente a um

reino

Atividades

1. Cite alguns tipos de coleção pessoal e os critérios utilizados em sua organização. Qual a vantagem dessas ordenações?

2. Cite a principal característica que justificou a separação das bactérias dos demais seres vivos e a sua inclusão em um reino próprio. Que reino é esse?

3. a. Sabendo que os organismos que pertencem aos reinos Animalia e Plantae são pluricelulares, cite a característica que os diferencia, usando o critério *tipo de nutrição*.

   b. Os componentes dos reinos Animalia, Plantae e Fungi são todos eucariontes. Considere as seguintes modalidades de nutrição: (1) ingestão; (2) decomposição e absorção e (3) produção de matéria-prima. Associe essas modalidades de nutrição aos componentes dos três reinos.

4. As fotos abaixo ilustram componentes dos cinco reinos de seres vivos que foram relacionados nesse capítulo.

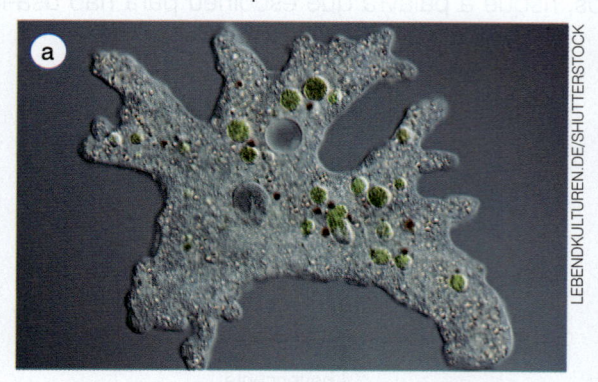

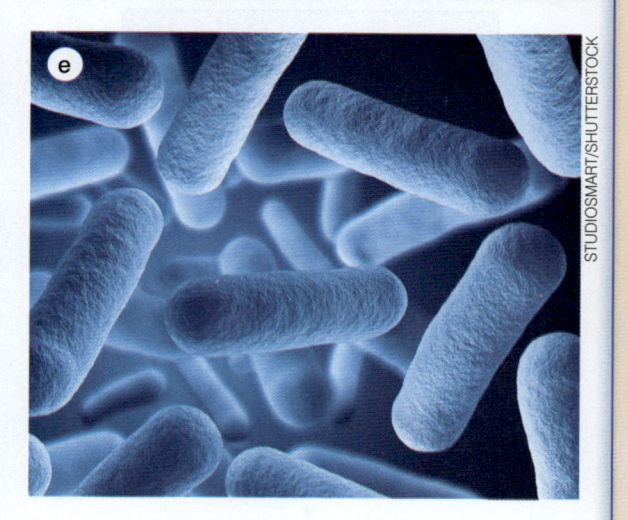

   a. Cite os reinos a que pertencem os seres vivos, na ordem em que estão representados.

   b. Cite o critério utilizado para separar os componentes do reino a que pertencem os organismos representados em *e* dos componentes dos demais reinos. Justifique a sua resposta.

5. Observe o quadro abaixo e indique, justificando, qual o organismo mais relacionado à cigarra e ao lobo.

Nome popular / Categoria	Abelha	Lobo	Cigarra	Coiote
Reino	Animalia	Animalia	Animalia	Animalia
Filo	Arthropoda	Chordata	Arthropoda	Chordata
Classe	Insecta	Mammalia	Insecta	Mammalia
Ordem	Hymenoptera	Carnivora	Orthoptera	Carnivora
Família	Apidae	Canidae	Tettigonidae	Canidae
Gênero	Apis	Canis	Scuddeia	Canis
Espécie	Apis mellifera	Canis lupus	Scuddeia furcata	Canis latrans

6. O homem e o chimpanzé pertencem ao filo Chordata. Na tabela abaixo constam as categorias taxonômicas do homem e do chimpanzé.

	Homem	Chimpanzé
Reino	Animalia	Animalia
Filo	Chordata	Chordata
Classe	Mammalia	Mammalia
Ordem	Primates	Primates
Família	Hominidae	Pongidae
Gênero	Homo	Pan
Espécie	Homo sapiens	Pan troglodytes

Utilize os dados da tabela, além de outras informações que julgar necessárias, para responder aos itens abaixo.

a. Quais as categorias taxonômicas comuns a essas duas espécies?

b. Que estrutura desses organismos justifica a sua inclusão na mesma classe?

7. Os nomes científicos abaixo referem-se a espécies de orquídeas:

a. Cattleya intermedia
b. *Laelia crispata*
c. *Oncidium gracile*
d. *Cattleya aurantiaca*
e. Laelia gouldiana
f. *Oncidium hastatum*

Utilizando os seus conhecimentos sobre o assunto, responda:

a. Sem precisar repetir os nomes científicos (cite apenas a letra), quais deles **não** estão redigidos conforme as regras de nomenclatura binomial que você aprendeu? Justifique a sua resposta.

b. Após a necessária correção na grafia, quantos gêneros e quantas espécies de orquídea você reconhece na lista?

8. Cão ou cachorro, *chien*, *perro*, *dog*, são nomes populares do cão doméstico em alguns países.

a. Que nome científico é utilizado pelos cientistas do mundo inteiro ao se referirem aos cães domésticos, que permite reconhecê-los como uma espécie, separando-os de uma outra espécie qualquer?

b. Qual a vantagem de se utilizar um nome científico ao nos referirmos aos seres vivos de uma espécie?

c. Considere o nome científico do lobo, que é *Canis lupus*. É correto dizer que o nome do gênero é *Canis* e o da espécie é *lupus*? Justifique a sua resposta.

9. O cavalo pertence à espécie *Equus caballus* e o jumento, à espécie *Equus asinus*. Do cruzamento entre essas espécies nascem burros e mulas, que são estéreis. Por que cavalos e jumentos não são classificados como seres da mesma espécie?

Leitura
Você, desvendando a Ciência

Biodiversidade brasileira

O Brasil é um país de proporções continentais: seus 8,5 milhões km² ocupam quase a metade da América do Sul e abarcam várias zonas climáticas – como o trópico úmido no Norte, o semiárido no Nordeste e áreas temperadas no Sul. Evidentemente, essas diferenças climáticas levam a grandes variações ecológicas, formando zonas biogeográficas distintas ou biomas: a Floresta Amazônica, maior floresta tropical úmida do mundo; o Pantanal, maior planície inundável; o Cerrado de savanas e bosques; a Caatinga de florestas semiáridas; os campos dos Pampas; e a floresta tropical pluvial da Mata Atlântica. Além disso, o Brasil possui uma costa marinha de 3,5 milhões km², que inclui ecossistemas como recifes de corais, dunas, manguezais, lagoas, estuários e pântanos.

A variedade de biomas reflete a enorme riqueza da flora e da fauna brasileiras: o Brasil abriga a maior biodiversidade do planeta. Esta abundante variedade de vida – que se traduz em mais de 20% do número total de espécies da Terra – eleva o Brasil ao posto de principal nação entre os 17 países megadiversos (ou de maior biodiversidade).

Além disso, muitas das espécies brasileiras são endêmicas, e diversas espécies de plantas de importância econômica mundial – como o abacaxi, o amendoim, a castanha do Brasil (ou do Pará), a mandioca, o caju e a carnaúba – são originárias do Brasil.

Mas não é só: o país abriga também uma rica sociobiodiversidade, representada por mais de 200 povos indígenas e por diversas comunidades – como quilombolas, caiçaras e seringueiros, para citar alguns – que reúnem um inestimável acervo de conhecimentos tradicionais sobre a conservação da biodiversidade. (...)

Produtos da biodiversidade respondem por 31% das exportações brasileiras, com destaque para o café, a soja e a laranja. As atividades de extrativismo florestal e pesqueiro empregam mais de três milhões de pessoas. A biomassa vegetal, incluindo o etanol da cana-de-açúcar, e a lenha e o carvão derivados de florestas nativas e plantadas respondem por 30% da matriz energética nacional – e em determinadas regiões, como o Nordeste, atendem a mais da metade da demanda energética industrial e residencial. Além disso, grande parte da população brasileira faz uso de plantas medicinais para tratar seus problemas de saúde.

Disponível em: <http://www.mma.gov.br/biodiversidade/biodiversidade-brasileira>. Acesso em: 21 jul. 2015.

Por meio da leitura do texto, percebe-se que o Brasil é considerado um país megadiverso, ou seja, rico em biodiversidade e com muitas espécies endêmicas (endemismo). Além disso, é um país dotado de inúmeros biomas, dentre os quais se destacam as Florestas Amazônica e Atlântica, além da Caatinga e dos Cerrados. Considerando-se essas informações:

a. Qual o significado de biodiversidade? De que modo o clima e as condições físicas do nosso país podem ser relacionadas a essa condição de megadiversidade?

b. O que significa "endemismo", relativamente a espécies? O que pode ser feito no sentido de se manter e preservar as espécies endêmicas típicas do nosso país?

TecNews
O que há de mais moderno no mundo da Ciência!

Primeiro passo para a vida sintética?

O cromossomo é uma organela celular na qual se encontra o material genético de uma célula, de modo geral representado por uma ou várias moléculas de DNA, o ácido desoxirribonucleico. No DNA está contida a informação que regula as atividades vitais de um organismo. Utilizando uma linguagem moderna, tecnológica, o DNA contém o "programa" ou "programas" que fazem funcionar uma célula. E estes programas foram resultantes de um longo processo de evolução dos seres vivos.

Pela primeira vez, "um grupo de cientistas da Universidade Johns Hopkins, EUA, criou um cromossomo totalmente sintético de um organismo eucarionte, ou seja, que possui muitas células complexas com núcleo, como as de seres humanos, animais e plantas. O organismo em questão é a levedura (fungo) *Saccharomyces cerevisiae*".

Qual será a utilidade de tal procedimento tecnológico desenvolvido pelos cientistas? Quem sabe, ao montar um cromossomo sintético, peça por peça, seja possível no futuro produzir substâncias úteis para a humanidade, tais como medicamentos, biocombustíveis, produtos para limpeza de poluentes ou matérias-primas que possibilitem a produção de outras substâncias úteis.

A Ciência não tem limites. O futuro parece ser promissor para a nossa e as outras espécies e, quem sabe, para o ambiente terrestre.

Informações extraídas de: LOPES, R. J. Cientistas criam cromossomo sintético. *Folha de S.Paulo,* São Paulo, 28 mar. 2014. Caderno Ciência + Saúde, p. C8.

CLICK E ABASTEÇA AS IDEIAS

Veja nossa sugestão de *links* sobre o assunto e abasteça suas ideias!
- http://info.abril.com.br/noticias/ciencia/2014/03/cientistas-desenvolvem-primeiro-cromossomo-totalmente-sintetico.shtml
- http://www1.folha.uol.com.br/ciencia/2014/03/1432094-cientistas-criam-cromossomo-sintetico.shtml

PESQUISANDO...

Com seus colegas de turma relembre as etapas do método científico.

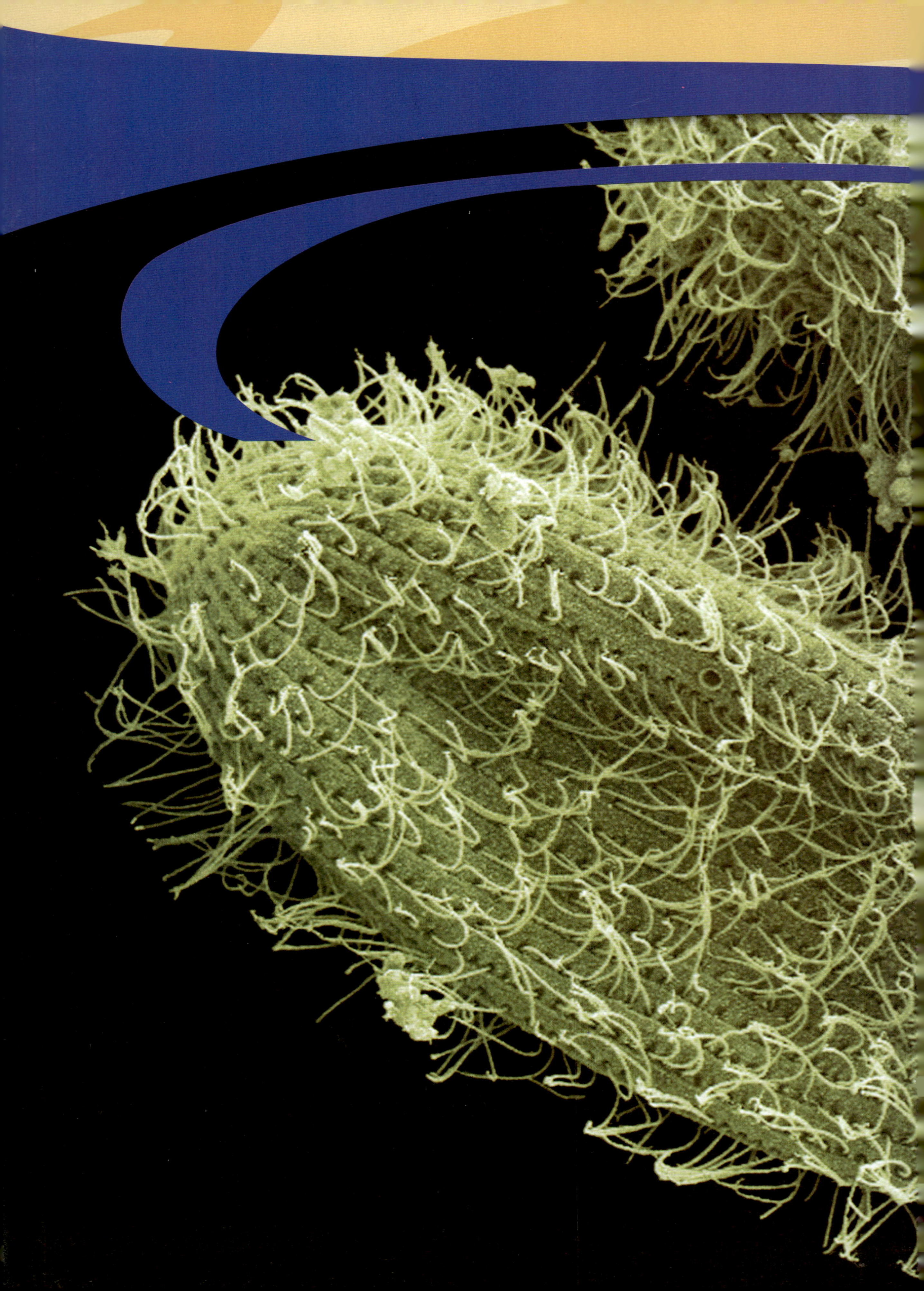

Unidade 2

OS GRUPOS MAIS *simples*

Vírus, bactérias, fungos, protozoários e algas são os grupos de seres vivos que você conhecerá ao ler os capítulos desta unidade. Representantes de alguns desses grupos são causadores de doenças no ser humano. É o caso dos que pertencem aos grupos vírus, bactérias, fungos e protozoários. Outros, porém, são benéficos. É o caso, por exemplo, dos que pertencem ao grupo das algas, que, ao executarem fotossíntese, contribuem de maneira marcante para a saúde dos ecossistemas mundiais.

capítulo 6

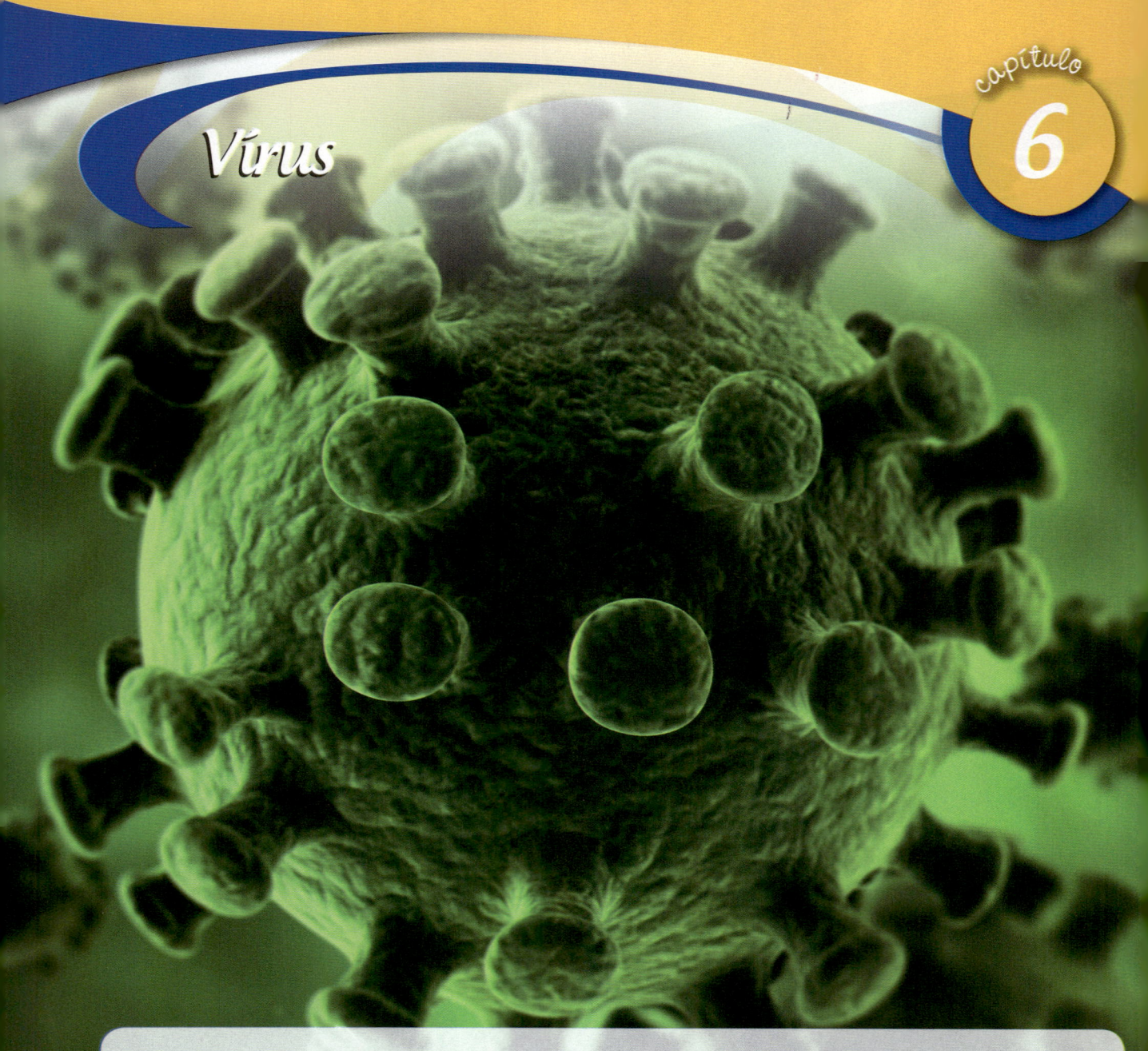

Vírus

Diferentes de todos os outros organismos

Você está gripado de novo! Mas, não acabou de tomar a vacina contra a gripe? Pois é, a gripe é uma doença causada por vírus. E os vírus são seres extremamente simples, comparados aos outros seres vivos. Para começar, são acelulares, o que quer dizer que sua organização não tem como base uma célula. Para se reproduzirem, precisam entrar em uma célula e utilizar todo o equipamento que ela possui. É claro que isso acaba provocando a morte da célula hospedeira. Para piorar, o material genético do vírus é altamente sujeito a mutações. Isso quer dizer que, a qualquer momento, são gerados novos vírus, dotados de novas mensagens genéticas. E, por isso, novas vacinas contra os vírus da gripe têm que ser produzidas, no sentido de prevenir a ocorrência da doença nas pessoas. Vai ver, uma possibilidade é que sua gripe tenha sido causada por um vírus mutante, contra o qual a vacina que você tomou não funcionou. Pode ser.

Ao ler as páginas deste capítulo você terá várias informações sobre os vírus, suas características e as doenças que causam. E, o mais importante, saberá como atuar para preveni-las.

Vírus: seres vivos ou não?

O que é preciso saber para responder a essa pergunta? Primeiro, comparar os vírus com os seres vivos celulares. Nestes, lembre-se que a célula possui alguns componentes fundamentais e obrigatórios: membrana plasmática, citoplasma e material genético de comando. Desses três componentes, os vírus possuem apenas um: moléculas de material genético, representado por um dos tipos de ácidos nucleicos (DNA ou RNA), protegido por um envoltório de proteína. Quer dizer, os vírus são conjuntos organizados de moléculas, sem, no entanto, apresentar organização celular. Dizendo de outro modo, são **acelulares**.

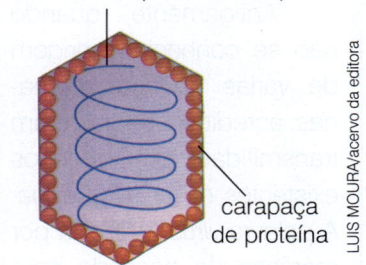

Estrutura de um vírus.

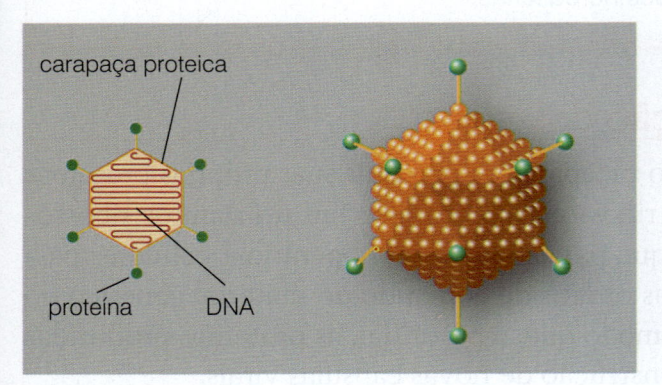

adenovírus

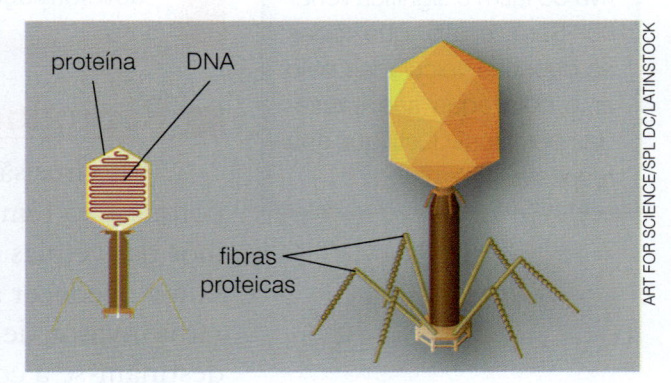

bacteriófago T4

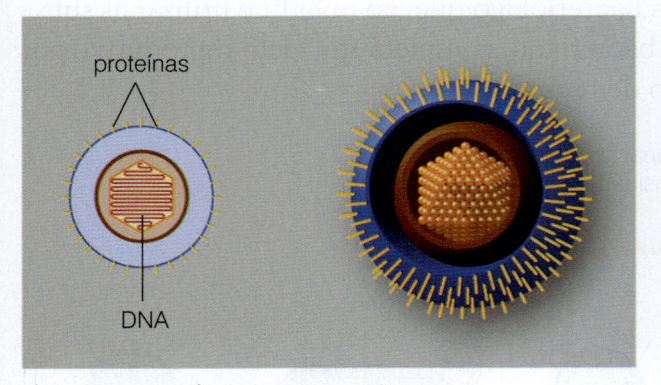

vírus da herpes (à direita, em corte)

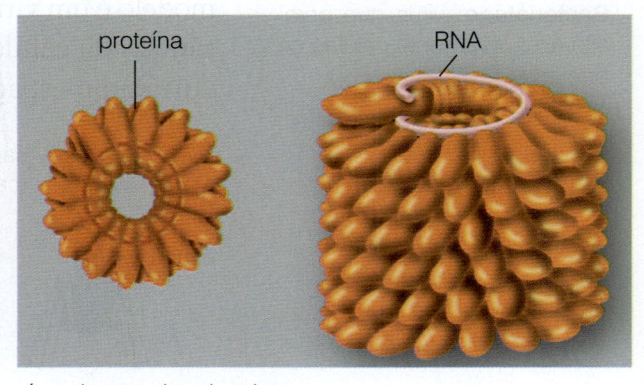

vírus do mosaico do tabaco

Ilustração mostrando alguns tipos de vírus, sendo vistas sua estrutura interna e sua forma exterior. Vírus não afetam apenas seres humanos – podem afetar plantas, como o caso do vírus do mosaico do tabaco; bactérias, como o bacteriófago T4, e animais, como o adenovírus (que causa, principalmente, doenças no trato respiratório) e o vírus da herpes.

> **Lembre-se!**
> Nos seres vivos celulares, o DNA é o material genético de comando. Nos vírus, o material genético pode ser o DNA ou o RNA.

O segundo conhecimento necessário refere-se à existência ou não de metabolismo próprio e à capacidade de reprodução. Os vírus não possuem metabolismo próprio e nem conseguem se reproduzir de forma autônoma, características que são próprias dos seres vivos celulares. O metabolismo e a reprodução dos vírus ocorrem somente quando estão no interior de uma célula.

Autônoma: por si só.

Jogo rápido

Antigamente, quando não se conhecia a origem de várias doenças humanas, acreditava-se que eram transmitidas por venenos existentes no ar e na água. A palavra *vírus*, utilizada por médicos do passado para explicar a possível causa de enfermidades humanas, deriva do latim e significa *veneno*. Será, então, que todas as doenças veiculadas pelo ar e pela água são causadas por vírus? Justifique sua resposta.

Neste caso, tomam-na "de assalto", utilizam o seu equipamento para se multiplicar e a destroem ao final do processo, em um quadro arrasador. Por isso, dizemos que os vírus são **parasitas intracelulares obrigatórios**.

É SEMPRE BOM SABER MAIS!

Ácidos nucleicos

O DNA ou ADN (ácido desoxirribonucleico) e o RNA ou ARN (ácido ribonucleico) são as moléculas que constituem o material genético, isto é, o conjunto de genes que armazenam as informações hereditárias.

Reprodução dos vírus

Os vírus são incapazes de produzir suas próprias proteínas porque não têm ribossomos. Para esse fim utilizam os ribossomos das células que parasitam. Esses "operários" celulares passam a obedecer as ordens de comando do material genético do vírus invasor, de modo que, a partir daí, as proteínas produzidas destinam-se à construção de novas cápsulas virais.

O esquema abaixo explica como os vírus se reproduzem. O modelo é um vírus bacteriófago que, ao invadir e utilizar as substâncias da célula bacteriana, completa seu ciclo reprodutivo em curtíssimo espaço de tempo.

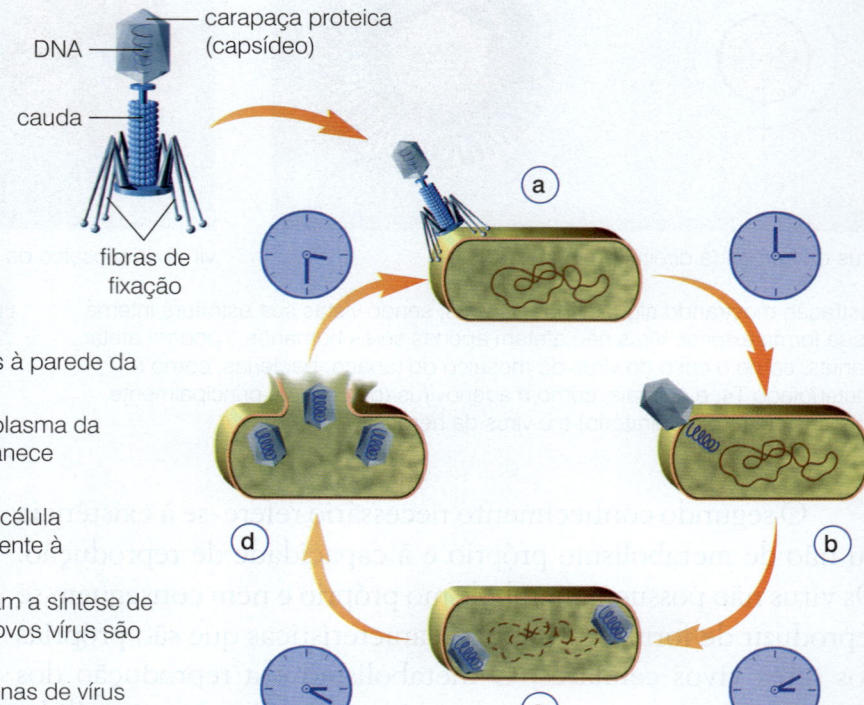

Bacteriófago: vírus que parasita exclusivamente células de bactérias.

- DNA
- carapaça proteica (capsídeo)
- cauda
- fibras de fixação

a) As fibras de fixação prendem o vírus à parede da bactéria (célula hospedeira)

b) Apenas o DNA viral penetra no citoplasma da bactéria; a carapaça do vírus permanece do lado de fora.

c) O DNA viral assume o comando da célula parasitada e duplica-se sucessivamente à custa do DNA da bactéria.
Os ribossomos das bactérias efetuam a síntese de proteínas para as cápsulas virais; novos vírus são montados.

d) A célula bacteriana é rompida, dezenas de vírus são liberados e novas células podem ser invadidas.

Como nosso organismo combate os vírus

Quando um computador é atacado por um vírus, prontamente acionamos um programa antivírus que, de modo geral, o reconhece e elimina. Do mesmo modo, nosso corpo tem mecanismos de defesa para detectar e combater os vírus que o contaminam.

No envoltório dos vírus existem substâncias (em geral, moléculas de proteínas) que são prontamente reconhecidas como *estranhas* ao nosso organismo. Essas substâncias são **antígenos** (do grego, *anti* = contra + *genos* = gerar, produzir), assim chamados por estimularem o organismo infectado a produzir uma reação de defesa contrária a eles. A reação contrária é feita por meio da produção de substâncias específicas de combate, denominadas **anticorpos**. Anticorpos são moléculas de proteínas produzidas por células de defesa (glóbulos brancos) que fazem parte do sistema de defesa do nosso organismo.

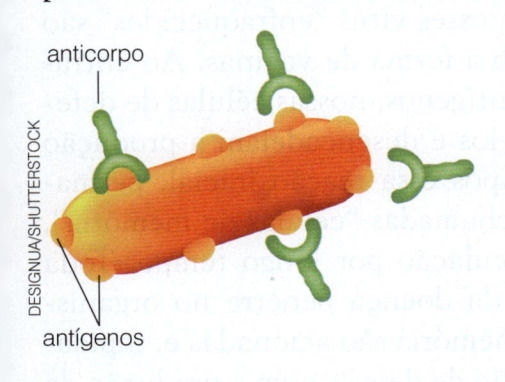

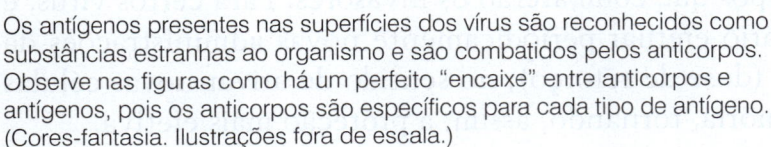

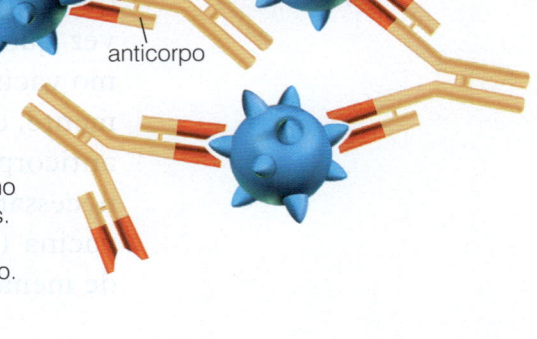

Os antígenos presentes nas superfícies dos vírus são reconhecidos como substâncias estranhas ao organismo e são combatidos pelos anticorpos. Observe nas figuras como há um perfeito "encaixe" entre anticorpos e antígenos, pois os anticorpos são específicos para cada tipo de antígeno. (Cores-fantasia. Ilustrações fora de escala.)

ESTABELECENDO CONEXÕES — Cotidiano

Aleitamento materno

Com certeza você já ouviu falar da importância do aleitamento materno durante os primeiros meses de vida do bebê. Mas por que o leite materno é tão importante nessa fase da vida?

No leite materno existem inúmeros anticorpos que são passados para o bebê e, com isso, lhe dão uma maior proteção contra possíveis doenças. Desta forma, a amamentação é um tipo de imunização natural.

Vacinação: um modo de imunização artificial

Os computadores possuem programas antivírus em permanente funcionamento. É uma tática utilizada pelos programadores para a prevenção de ataques de programas estranhos que poderiam comprometer o funcionamento das máquinas. Do mesmo modo, os cientistas desenvolveram a estratégia da vacinação, que protege as pessoas do ataque de vírus e de outros microrganismos. Nesse procedimento, a meta é "ensinar" nossas células de defesa a prontamente reconhecerem as substâncias estranhas (antígenos) componentes dos invasores.

A técnica de produção de vacinas consiste, inicialmente, em criar os vírus em células apropriadas, encontradas em embriões que se desenvolvem, por exemplo, em ovos de galinha. Obtidos os vírus, pode-se "enfraquecê-los", para que não sejam capazes de causar doença ou, então, extrair as substâncias correspondentes aos antígenos virais. Adicionados em líquidos apropriados, esses vírus "enfraquecidos" são administrados às pessoas sob a forma de vacinas. Ao entrarem em contato com esses antígenos, nossas células de defesa "aprendem" a reconhecê-los e desencadeiam a produção de anticorpos protetores. Após essa reação inicial, permanecem em nosso sangue as chamadas "células de memória", que persistem em nossa circulação por longo tempo. Toda vez que o agente causador da doença penetra no organismo vacinado, as células de memória são acionadas e, rapidamente, desencadeiam a reação de defesa, com a produção de anticorpos que combaterão os invasores. Para certos vírus, é necessário efetuar periodicamente novas administrações da vacina (dose de reforço), no sentido de ativar novas células de memória, tornando, assim, a proteção mais efetiva.

É SEMPRE BOM SABER MAIS!

O soro possui finalidade curativa. A vacina é preventiva

Para a produção de anticorpos contra a toxina do tétano, por exemplo, utilizam-se animais.

Inoculam-se doses pequenas da toxina tetânica no cavalo que, em resposta, produz os anticorpos. Esses anticorpos do sangue do cavalo são extraídos e com eles prepara-se o **soro** que poderá ser injetado nas pessoas, quando necessário (veja a figura) a seguir. Note que os anticorpos não foram produzidos pela pessoa ferida.

A duração dos anticorpos (presentes no soro) no organismo da pessoa que os recebe é pequena, limitando-se ao tempo necessário para inativar as toxinas produzidas pelas bactérias.

O soro, portanto, possui finalidade curativa e não preventiva.

Esse mecanismo também é usado contra venenos de cobras, escorpiões e aranhas.

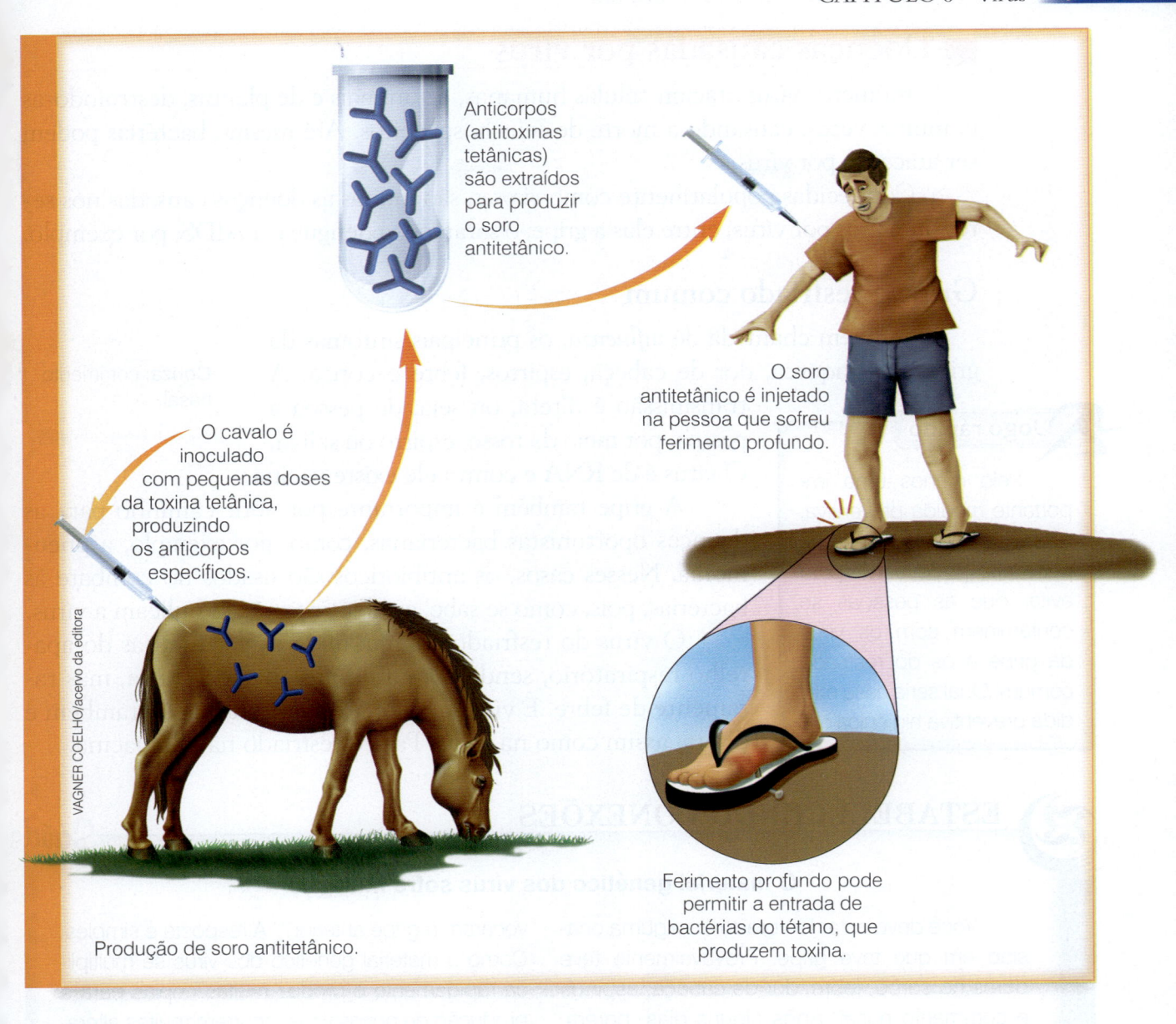

CAPÍTULO 6 • Vírus

Anticorpos (antitoxinas tetânicas) são extraídos para produzir o soro antitetânico.

O cavalo é inoculado com pequenas doses da toxina tetânica, produzindo os anticorpos específicos.

O soro antitetânico é injetado na pessoa que sofreu ferimento profundo.

Ferimento profundo pode permitir a entrada de bactérias do tétano, que produzem toxina.

Produção de soro antitetânico.

ESTABELECENDO CONEXÕES

Saúde

Campanhas de vacinação contra gripe

Todos os anos o Ministério da Saúde promove campanhas de vacinação contra várias viroses. Dentre elas, destaca-se a da prevenção da gripe em pessoas idosas. As defesas do organismo naturalmente enfraquecidas, sobretudo em pessoas dessa faixa etária, ficam sobrecarregadas ao combaterem os vírus da gripe e, por isso, prevenir-se contra ela é fundamental, evitando, assim, a invasão por microrganismos oportunistas, notadamente bactérias que causam pneumonias.

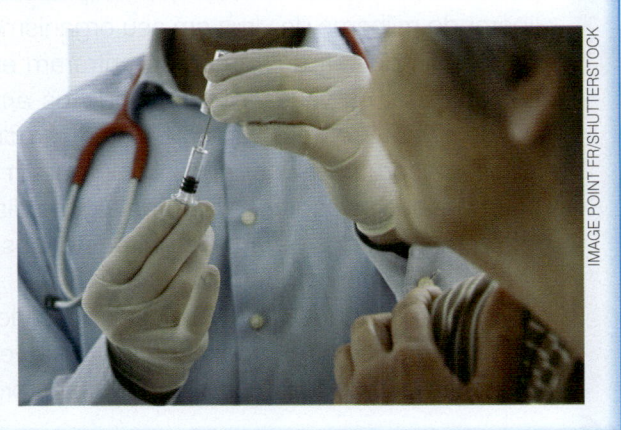

Doenças causadas por vírus

Inúmeros vírus atacam células humanas, de animais e de plantas, destruindo-as e, muitas vezes, causando a morte de seus hospedeiros. Até mesmo bactérias podem ser atacadas por vírus.

Conhecidas popularmente como *viroses*, são muitas as doenças causadas nos seres humanos por vírus, entre elas a gripe, o sarampo, a dengue e a AIDS, por exemplo.

Gripe e resfriado comum

Também chamada de *influenza*, os principais sintomas da gripe são fraqueza, dor de cabeça, espirros, febre e coriza. A transmissão é direta, ou seja, de pessoa a pessoa, por meio da tosse, espirro ou saliva. O vírus é de RNA e contra ele existe vacina.

Coriza: corrimento nasal.

Jogo rápido

Pelo menos uma importante medida preventiva, relativa a hábitos higiênicos pessoais, pode servir para evitar que as pessoas se contaminem com os vírus da gripe e os do resfriado comum. Qual seria essa medida preventiva higiênica?

A gripe também é importante por abrir caminho para as doenças oportunistas bacterianas, como, por exemplo, a pneumonia. Nesses casos, os antibióticos são usados no combate às bactérias, pois, como se sabe, antibióticos não se aplicam a vírus.

O vírus do resfriado comum afeta as partes altas do aparelho respiratório, sendo comum a presença de coriza, mas raramente de febre. É vírus de DNA e sua transmissão também é direta, assim como na gripe. Para o resfriado não há vacina.

ESTABELECENDO CONEXÕES

Saúde

O material genético dos vírus sofre mutação

Você deve estar lembrado de alguma ocasião em que teve gripe. Provavelmente teve dores no corpo, febre, dor de cabeça, espirros e corrimento nasal. Após alguns dias, porém, você melhorou. Vamos entender como se processou a cura da gripe.

Ao invadirem o seu corpo, os vírus da gripe atacaram células e nelas se multiplicaram, liberando milhares de vírus em seu organismo. Células de defesa do seu corpo entraram em contato com os vírus, reconhecendo os *antígenos virais*. Progressivamente, foram produzidos *anticorpos específicos* que iniciaram o combate aos invasores. Ao fim de alguns dias de combate, todos os vírus foram destruídos e você, afinal, imunizado, ficou curado.

A pergunta que você deve estar pensando em fazer é: "— Por que peguei gripe outra vez, se já estava imunizado contra os vírus que provocaram a gripe anterior?" A resposta é simples. Como o material genético dos vírus se multiplica rapidamente e produz muitas cópias para a produção de novos vírus, ocorrem muitas alterações ("erros" de cópias), que são chamadas de *mutações*. É como se digitássemos rapidamente um texto no computador e cometêssemos erros. Claro que percebemos a maioria desses erros e os corrigimos. Mas alguns acabam passando. Com os vírus ocorre o mesmo. Muitas mutações permanecem e passam a fazer parte dos novos vírus mutantes. Algumas delas correspondem a novas informações e, portanto, a novos antígenos. Por isso, cada vez que você fica gripado, provavelmente os vírus que ingressaram em você eram diferentes dos anteriores. Isso implica nova produção de anticorpos, que culmina em nova imunização. Daí porque há necessidade de vacina contra a gripe a cada ano.

Sarampo e catapora

Tanto no sarampo como na catapora surgem manchas ou vesículas avermelhadas na pele, além de febre e dor de cabeça.

No sarampo, além desses sintomas ainda ocorre uma secreção ocular com pus. Sua transmissão é direta, de pessoa a pessoa, por meio de gotículas de saliva e espirros que eliminam secreções das vias respiratórias. Segundo o Ministério da Saúde, é uma das principais causas de morte de crianças até dois anos no Brasil.

A catapora, também chamada de varicela, causa também vômitos e muita coceira. Sua transmissão ocorre por meio de gotículas de saliva e utensílios contaminados. Assim como o sarampo, é altamente contagiosa.

Existem vacinas tanto para o sarampo como para a catapora e elas fazem parte do Calendário Nacional de Vacinação.

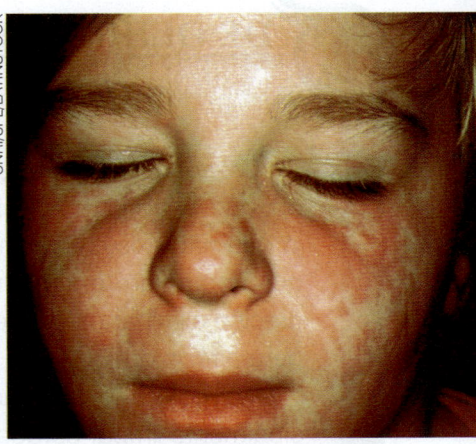

A transmissão do sarampo ultrapassa o período de incubação, que é de 6 a 10 dias, e só cessa até, aproximadamente, 4 dias depois de surgirem as manchas avermelhadas na pele.
Estas se distribuem pelo corpo todo e desaparecem depois de uma semana.

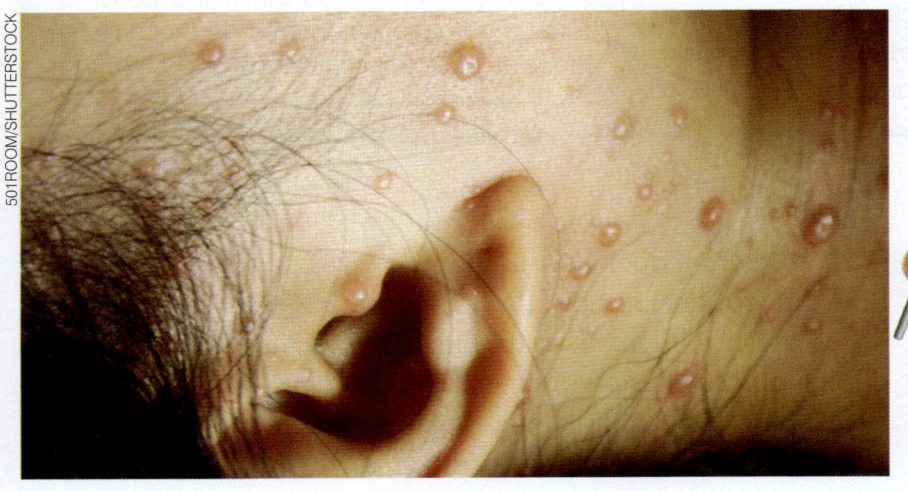

O período de incubação da catapora é de 10 a 20 dias. As vesículas que se formam na pele não devem ser estouradas, a fim de evitar a contaminação por bactérias. As bolhas secam, transformando-se em crostas, e o paciente é contagioso desde o período de incubação até que se formem as crostas.

Descubra você mesmo!

Procure no site do Ministério da Saúde o Calendário Nacional de Vacinação e verifique se há recomendação de alguma vacina para sua faixa etária.

Dengue

A transmissão da dengue se dá pela picada do mosquito *Aedes aegypti* e os principais sintomas são febre (que pode passar dos quarenta graus Celsius), fraqueza, falta de apetite, dores de cabeça, nos músculos, nas juntas e nos olhos, além de manchas avermelhadas por todo o corpo.

Podem ocorrer hemorragias na gengiva e no nariz, em caso de uma segunda infecção por outra variedade do vírus.

A dengue hemorrágica é doença séria, que pode levar à morte. Como não há vacina até o momento para a dengue, o mais importante é a prevenção, que deve contar com a colaboração, não só das entidades governamentais, mas principalmente da população.

DE OLHO NO PLANETA

Ética & Cidadania

Prevenção da dengue

A ação mais simples para prevenção da dengue é evitar o nascimento do mosquito, já que não existem vacinas ou medicamentos que combatam a contaminação. Para isso, é preciso eliminar os lugares que eles escolhem para a reprodução.

A regra básica é não deixar a água, principalmente limpa, parada em qualquer tipo de recipiente.

Como a proliferação do mosquito da dengue é rápida, além das iniciativas governamentais, é importantíssimo que a população também colabore para interromper o ciclo de transmissão e contaminação. Para se ter uma ideia, em 45 dias de vida, um único mosquito pode contaminar até 300 pessoas. (...)

É bom lembrar que o ovo do mosquito da dengue pode sobreviver até 450 dias, mesmo se o local onde foi depositado o ovo estiver seco. Caso a área receba água novamente, o ovo ficará ativo e pode atingir a fase adulta em um espaço de tempo entre 2 e 3 dias. Por isso é importante eliminar água parada e lavar os recipientes com água e sabão.

Disponível em: <http://www.combateadengue.com.br/prevencao-da-dengue/>. Acesso em: 10 jul. 2015.

➤ Sabendo que a erradicação da dengue depende de ações diretas da população, o que você sugere para diminuir a possibilidade de desenvolvimento do mosquito *Aedes aegypti*, transmissor da doença?

AIDS

A AIDS é doença causada pelo vírus da imunodeficiência humana, conhecido por HIV. O vírus ataca o sistema de defesa do organismo. Com isso, há baixa produção de anticorpos, o que favorece o desenvolvimento de doenças oportunistas, que se instalam com facilidade no organismo debilitado.

É doença sexualmente transmissível (DST) para a qual existem medicamentos que podem melhorar a qualidade de vida dos portadores, mas ainda não há cura. Assim, novamente, o mais importante é a prevenção, já que não há vacina, nem se conhecem até o momento mecanismos para sua cura.

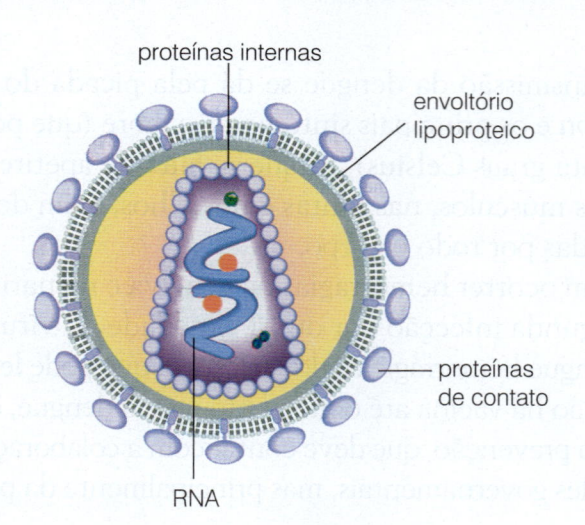

Esquema do vírus HIV. Pelas proteínas de contato o vírus liga-se à célula que será infectada.

É SEMPRE BOM SABER MAIS!

Formas de contágio pelo HIV

Como o HIV, vírus causador da AIDS, está presente no sangue, sêmen, secreção vaginal e leite materno, a doença pode ser transmitida de várias formas:

- sexo sem camisinha – pode ser vaginal, anal ou oral;
- de mãe infectada para o filho durante a gestação, o parto ou a amamentação – também chamada de transmissão vertical;
- uso da mesma seringa ou agulha contaminada por mais de uma pessoa;
- transfusão de sangue contaminado com o HIV;
- instrumentos que furam ou cortam não esterilizados.

Evitar a doença não é difícil. Basta usar camisinha em todas as relações sexuais e não compartilhar seringa, agulha e outro objeto cortante com outras pessoas. O preservativo está disponível na rede pública de saúde. Caso não saiba onde retirar a camisinha, ligue para o Disque Saúde (136).

Disponível em: <http://www.aids.gov.br/pagina/formas-de-contagio>. *Acesso em:* 10 jul. 2015.

ESTABELECENDO CONEXÕES

Saúde

A esperança de uma vacina contra o HIV/AIDS

Existem perguntas difíceis de responder. Uma delas é por que ainda não existe uma vacina contra o HIV se, para muitas outras viroses, já existem? Uma possível resposta: é uma questão de tempo. Para muitas viroses, a elaboração de uma vacina foi facilitada pelo pronto reconhecimento dos antígenos virais e pelo tipo de célula que o vírus ataca. Veja, por exemplo, o caso do vírus da gripe. Ataca células de revestimento das vias respiratórias. Uma vez que novos vírus são liberados após multiplicação nessas células, eles são prontamente reconhecidos pelas células de defesa do nosso organismo que, em curto espaço de tempo, providenciam a produção de anticorpos que os combaterão. É preciso entender, ainda, que um tipo de célula de defesa é fundamental no comando e controle de todas as demais: é o linfócito do tipo T, um tipo de glóbulo branco, que atua como se fosse "comandante de um batalhão". É o que coordena o trabalho das demais células de defesa, aquele que emite mensagens químicas que resultarão no sucesso do combate aos invasores.

Ocorre que o vírus HIV invade justamente a célula que não deveria ser atacada, ou seja, a célula comandante, o linfócito T. É como se destruíssemos o comandante do batalhão de defesa. Os comandados não sabem como combater por conta própria os invasores e, assim, com o tempo o indivíduo sucumbe.

Outra dificuldade é relativa à alta taxa de mutação do vírus HIV. Nossas células de defesa não sabem, ainda, lidar com tantas variantes. A verdade é que nosso sistema imunitário não sabe, por ora, lidar com o HIV. Claro que já conhecemos alguns antígenos de algumas variedades do vírus, já conhecemos o material genético (genes) que os produzem, mas, ainda, não se descobriu como proceder para combatê-los.

Doenças causadas por vírus

Doença viral	Características
Caxumba	Inchaço de glândulas salivares situadas sob a pele do rosto abaixo da orelha. Transmissão direta, de pessoa a pessoa, por gotículas de saliva e utensílios contaminados (talheres, copos). Existe vacina.
Crista de galo (vírus HPV)	Verrugas em órgãos genitais; DST; câncer de órgãos genitais e do colo uterino. Há vacina.
Febre amarela	Pele amarelada (icterícia), febre alta, dores de cabeça e musculares, náuseas. Afeta fígado, rins, coração e outros órgãos. Transmissão pela picada do mosquito *Aedes aegypti*. Existe vacina.
Hepatites	São inflamações do fígado causadas por vários tipos de vírus. As principais são as hepatites A, B e C. A pele e a conjuntiva ocular (o "branco" dos olhos) ficam amareladas (icterícia), fezes claras. A – contágio por água e alimentos contaminados pelas fezes humanas. Repouso e alimentação adequada; regride normalmente. B – contágio por transfusões de sangue contaminado e relações sexuais. Pode provocar cirrose ou câncer de fígado. C – transmissão como na hepatite B. Pode não apresentar sintomas, e provocar cirrose e câncer de fígado. Vacinas para a hepatite A e B apenas.
Herpes	Há mais de um tipo; afeta a boca (herpes labial), órgãos genitais (herpes genital), nervos da face e do tronco e globo ocular. Transmissão direta de pessoa a pessoa. Não há vacina, mas há medicamentos que atenuam os sintomas.
Poliomielite (paralisia infantil)	Os vírus atacam os nervos que inervam a musculatura, incapacitando-a de executar movimentos. Existe vacina (Sabin) administrada por via oral. Transmissão direta por meio da saliva, secreções respiratórias, alimentos e objetos contaminados.
Raiva (hidrofobia)	Em geral, a transmissão se faz pela saliva de cães e morcegos hematófagos contaminados. Afeta o sistema nervoso e, se não tratada, é fatal, pois provoca paralisia dos músculos respiratórios e morte por asfixia.
Rubéola	Febre, mal-estar, manchas vermelhas na pele, durante 3 a 5 dias. Transmissão direta, de pessoa a pessoa, por meio da saliva. Na gravidez, o vírus pode passar para o feto e causar lesões e morte fetal. Existe vacina. Não se recomenda vacinar mulheres grávidas, pois há risco, embora pequeno, de ocorrência de anomalias no feto. A orientação é que a mulher não engravide até 3 meses após a vacinação.

EM CONJUNTO COM A TURMA!

Até agora falamos em vírus como agentes causadores de doenças. Mas eles também têm sido usados como aliados: é o caso dos baculovírus.

Com seu grupo de trabalho, pesquisem sobre essa categoria de vírus:
- Que organismos eles infectam?
- O que causa essa infecção aos organismos infectados?
- Há benefício para os seres humanos do uso desses vírus como agentes infectantes?
- Há algum benefício para os seres humanos ao utilizarem esses vírus como agentes infectantes?

Nosso desafio

Para preencher os quadrinhos de 1 a 8, você deve utilizar as seguintes palavras: acelulares, *Aedes aegypti*, dengue, doenças, hepatites, intracelulares, proteínas, RNA.

À medida que você preencher os quadrinhos, risque a palavra que escolheu para não usá-la novamente.

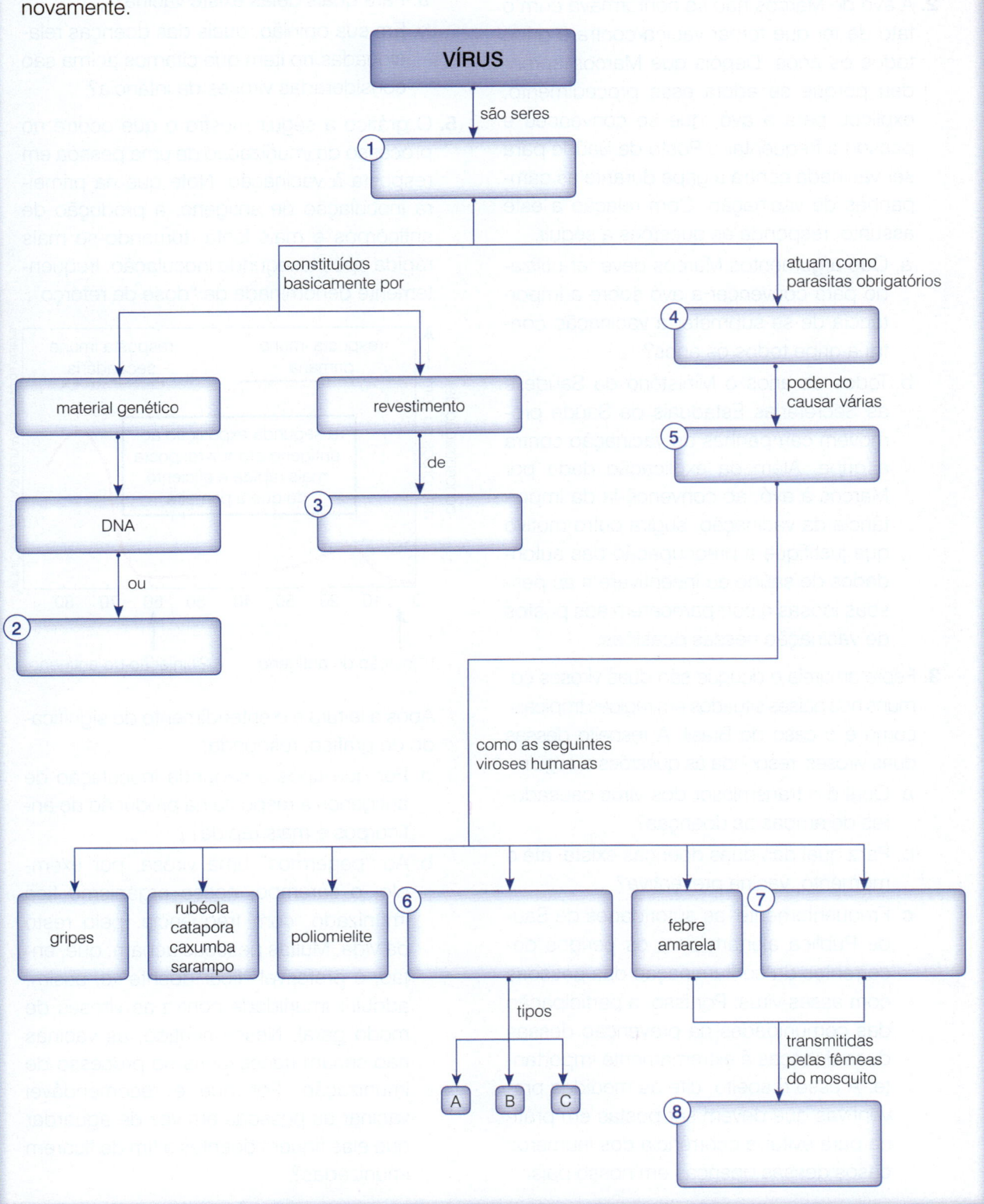

VÍRUS

são seres

1 _____

constituídos basicamente por → material genético; revestimento

material genético → DNA ou **2** _____

revestimento de → **3** _____

atuam como parasitas obrigatórios → **4** _____

podendo causar várias → **5** _____

como as seguintes viroses humanas:
- gripes
- rubéola, catapora, caxumba, sarampo
- poliomielite
- **6** _____ (tipos A, B, C)
- febre amarela
- **7** _____

transmitidas pelas fêmeas do mosquito → **8** _____

Atividades

1. Se você tivesse que escolher uma palavra para caracterizar apenas os vírus, diferenciando-os dos outros seres vivos, qual seria?

2. A avó de Marcos não se conformava com o fato de ter que tomar vacina contra a gripe todos os anos. Depois que Marcos aprendeu porque se adota esse procedimento, explicou para a avó, que se convenceu e passou a frequentar o Posto de Saúde para ser vacinada contra a gripe durante as campanhas de vacinação. Com relação a este assunto, responda as questões a seguir.
   a. Que argumentos Marcos deve ter utilizado para convencer a avó sobre a importância de se submeter à vacinação contra a gripe todos os anos?
   b. Todos os anos o Ministério da Saúde e as Secretarias Estaduais da Saúde promovem campanhas de vacinação contra a gripe. Além da explicação dada por Marcos à avó, ao convencê-la da importância da vacinação, sugira outro motivo que justifique a preocupação das autoridades de saúde ao incentivarem as pessoas idosas a comparecerem aos postos de vacinação nessas ocasiões.

3. Febre amarela e dengue são duas viroses comuns nos países situados em regiões tropicais, como é o caso do Brasil. A respeito dessas duas viroses, responda às questões a seguir.
   a. Qual é o transmissor dos vírus causadores de ambas as doenças?
   b. Para qual das duas doenças existe, até o momento, vacina preventiva?
   c. Frequentemente, as autoridades de Saúde Pública alertam para os perigos decorrentes da contaminação das pessoas com esses vírus. Por isso, a participação das comunidades na prevenção dessas duas doenças é extremamente importante. A esse respeito, cite as medidas preventivas que devem ser postas em prática para evitar a ocorrência dos inúmeros casos dessas doenças em nosso país.

4. Faça um levantamento das doenças que você estudou no item "Doenças causadas por vírus", página 84, e responda:
   a. Para quais delas existe vacina?
   b. Em sua opinião, quais das doenças relacionadas no item que citamos acima são consideradas viroses da infância?

5. O gráfico a seguir mostra o que ocorre no processo de imunização de uma pessoa em resposta à vacinação. Note que na primeira inoculação de antígeno, a produção de anticorpos é mais lenta, tornando-se mais rápida após a segunda inoculação, frequentemente denominada de "dose de reforço".

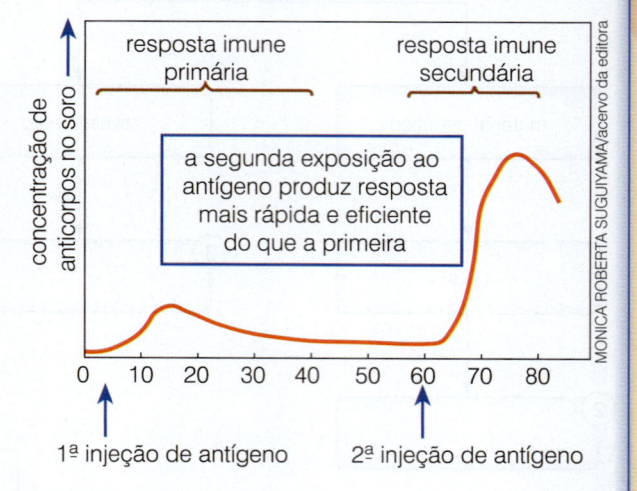

   Após a leitura e o entendimento do significado do gráfico, responda:
   a. Por que após a segunda inoculação de antígenos a resposta na produção de anticorpos é mais rápida?
   b. Ao "pegarmos" uma virose, por exemplo, o sarampo, nosso organismo fica imunizado, com frequência, pelo resto da vida. Muitas pessoas acham, que, então, é preferível "ficar doente" e, assim, adquirir imunidade contra as viroses de modo geral. Nesse sentido, as vacinas não seriam necessárias no processo de imunização. Por que é recomendável vacinar as pessoas em vez de aguardar que elas fiquem doentes a fim de ficarem imunizadas?

Muitas diarreias são provocadas por um tipo de vírus chamado *rotavírus*, que se instalam no intestino e são eliminados pelas fezes. Contaminam praias, águas de rios e hortaliças regadas com água contaminada.

6. a. O que deve ser feito – em termos de Saúde Pública – no sentido de se evitar a contaminação das praias e outros locais de recreação com essas e outras doenças que são veiculadas pelas fezes contaminadas?

    b. Consulte o item "Doenças causadas por vírus", página 84, e cite as duas outras viroses (uma delas afeta o fígado das pessoas e a outra provoca lesões nos nervos que inervam a musculatura) cujos vírus causadores também são veiculados pelas fezes contaminadas.

    c. Qual virose, citada na resposta ao item b, é motivo de campanhas de vacinação periódica no sentido de se evitar novos e lamentáveis casos da doença? Como é denominada a vacina utilizada nessas campanhas e por que via ela é administrada?

7. Relativamente à AIDS, considerada doença sexualmente transmissível (DST),

    a. cite a sigla por meio da qual o vírus causador dessa doença é conhecido;

    b. cite algumas atitudes preventivas que podem colaborar para diminuir a incidência dessa doença.

Você percebeu que os componentes do grupo dos vírus possuem algumas particularidades exclusivas. Recordando o que você leu nos itens iniciais deste capítulo, responda os itens das questões **8**, **9** e **10**.

8. a. Como é organizado, simplificadamente, o "organismo" de um vírus, como, por exemplo, o bacteriófago T4?

    b. Qual o tipo de material genético presente nos vírus atualmente conhecidos?

9. a. O que significa dizer que os vírus são "parasitas intracelulares obrigatórios"?

    b. Sabe-se que os vírus não possuem organelas conhecidas como ribossomos, importantes participantes do processo de síntese de proteínas. Então, como é que os vírus produzem suas proteínas, no interior de uma célula hospedeira?

10. a. De maneira geral, que método os cientistas utilizam para cultivar vírus, por exemplo, os da gripe, para serem utilizados na produção de vacinas?

    b. Afinal, depois de tudo o que você leu neste capítulo, qual a sua opinião: vírus podem ou não ser considerados seres vivos? Justifique sua resposta.

Navegando na net

Visite o Portal do Ministério da Saúde, endereço eletrônico

<http://portalsaude.saude.gov.br/>

e conheça mais detalhes sobre as doenças estudadas neste capítulo, principalmente mais detalhes sobre a dengue e a AIDS. (*Acesso em:* 10 jul. 2015.)

capítulo 7

Bactérias

O que o iogurte tem a ver com bactérias?

Você já teve diarreia alguma vez? Diarreia é uma alteração intestinal, de modo geral provocada por contaminação dos alimentos que consumimos. Frequentemente, as diarreias são causadas por bactérias que produzem toxinas lesivas às células intestinais. E o nosso organismo não está adaptado a esse tipo de bactérias. Qual é a solução? Muitas vezes, recorre-se a antibióticos que, embora atuem sobre essas bactérias, também acabam eliminando as chamadas bactérias benéficas, que fazem parte da "flora" bacteriana normalmente existente no intestino.

Uma solução milenar que ajuda a combater os efeitos maléficos das bactérias prejudiciais que invadem nosso intestino consiste em ingerir alimentos contendo microrganismos benéficos que ajudam a reconstituir a chamada "flora" intestinal normal. Um desses alimentos é o iogurte. Ele é produzido a partir da ação de determinadas bactérias (entre elas os lactobacilos) sobre o leite.

Neste capítulo, conheceremos detalhes sobre os componentes do reino Monera, entre eles as bactérias.

O reino Monera

O reino Monera é formado por **bactérias** e **cianobactérias**, seres muito simples cuja característica mais marcante é o fato de não apresentarem um núcleo diferenciado.

O estudo das bactérias e das cianobactérias revela sua grande importância para a saúde e a economia. Além disso, sem elas, muitas espécies animais e vegetais não sobreviveriam.

Se as bactérias deixassem de existir, talvez não houvesse muitas doenças, mas as atividades vitais da Terra "parariam", cadáveres se amontoariam, lixo seria acumulado... Será que as bactérias poderiam deixar de existir?

A estrutura celular bacteriana

Perceba como é a célula de uma bactéria com formato de bastão, cujo esquema abaixo baseia-se em foto obtida com o uso de um microscópio eletrônico, instrumento que permite visualizar estruturas microscópicas com muitos detalhes.

Lembre-se que a célula bacteriana é *procariótica*, isto é, *não possui núcleo organizado*. Seu *material genético* – representado por uma molécula de DNA em forma de anel – fica disperso no *citoplasma*. Além desse material genético principal, existem pequenas moléculas de DNA soltas, que constituem os *plasmídios*. *Ribossomos* são as únicas organelas encontradas e atuam na síntese das proteínas bacterianas. O envoltório fundamental da célula é a *membrana plasmática*, circundada por uma *parede celular*, mais espessa, de reforço e proteção.

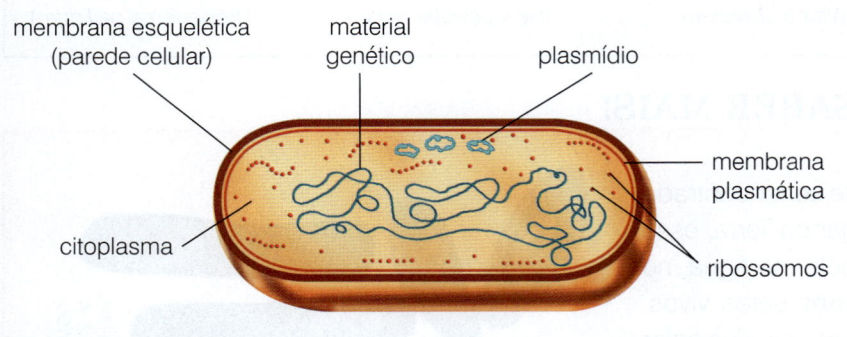

Estrutura celular bacteriana. (Cores-fantasia. Ilustração fora de escala.)

> **Lembre-se!**
>
> *Membrana plasmática*, *citoplasma*, *ribossomos* e *material genético* (DNA) são os componentes comuns a qualquer célula, procariótica ou eucariótica. A diferença entre células procarióticas e eucarióticas é a presença, nestas últimas, de um núcleo organizado, rodeado por membrana.

A forma das bactérias

Bactérias são seres invisíveis a olho nu. Para observá-las, é necessário o uso de microscópios. Com os comuns, do tipo que utilizamos em laboratórios de Ciências, é possível ter uma noção pouco precisa desses seres, visualizando-se, de maneira geral, apenas a forma externa da célula. Empregando-se aparelhos mais complexos, como o microscópio eletrônico, certos detalhes internos e externos ficam mais visíveis, como, por exemplo, a existência de ribossomos mergulhados no citoplasma.

UNIDADE 2 • OS GRUPOS MAIS SIMPLES

O esquema abaixo mostra as formas comuns de células bacterianas: cocos, bacilos, espirilos, vibriões.

Descubra você mesmo!

Observe a figura com as diferentes formas das bactérias e deduza o que significam os prefixos "estafilo" e "estrepto". Depois, recorra a um dicionário para confirmar o que esses prefixos indicam.

COCOS

- **Estafilococo** (*Staphylococcus aureus*)
- **Estreptococo** (*Streptococcus pyogenes*)
- **Diplococo** (*Streptococcus pneumoniae*)
- **Tétrade**
- **Sarcina** (*Sarcina ventriculi*)

BACILOS

- **Estreptobacilo** (*Bacillus anthracis*)
- **Bacilo flagelado** (*Salmonella typhi*)
- **Bacilo em esporo** (*Clostridium botulinum*)

OUTRAS

- **Vibrião** (*Vibrio cholerae*)
- **Espirilo** (*Helicobacter pylori*)
- **Espiroqueta** (*Treponema pallidum*)

As diferentes formas das bactérias. O nome coco é derivado do grego *kókkos* e significa grão (observe seu formato esférico); bacilo é derivado do latim *bacillum* e significa vareta, bastão. Costuma-se dizer que os vibriões se parecem com pequenas vírgulas e as espiroquetas, com saca-rolhas.

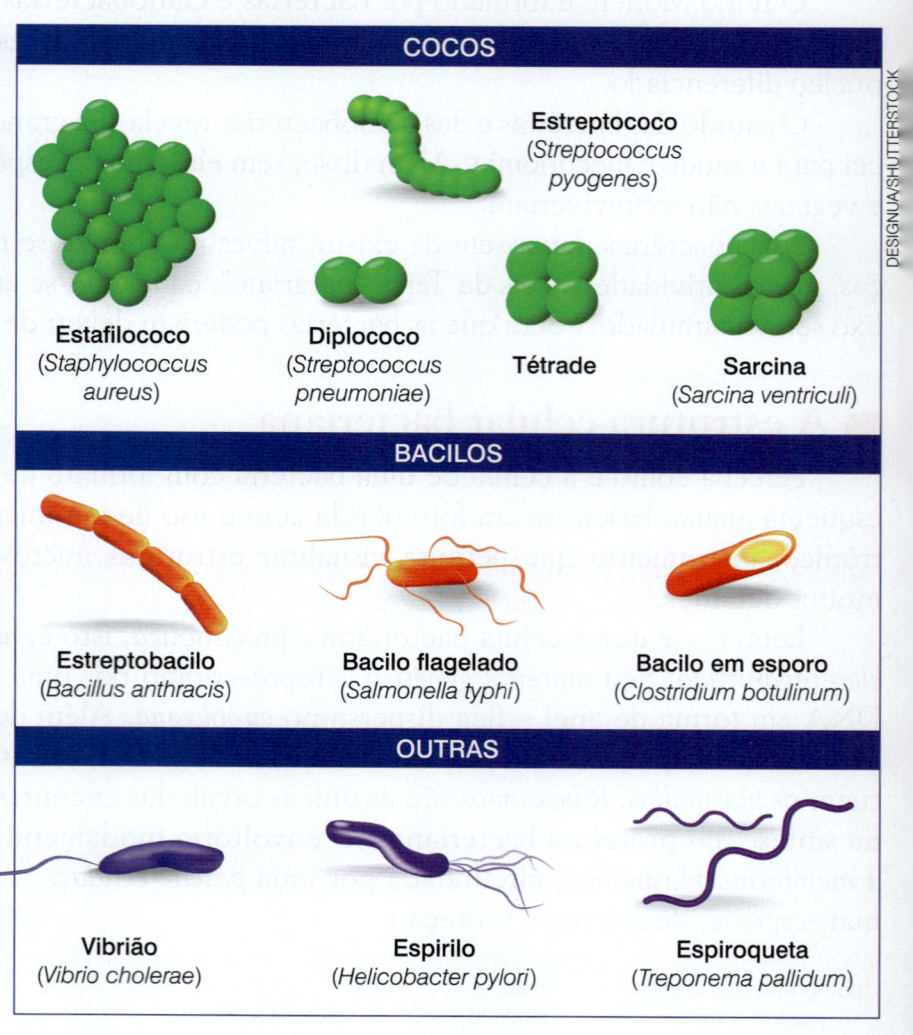

É SEMPRE BOM SABER MAIS!

Se há um grupo que pode ser encontrado em praticamente qualquer lugar da Terra, esse é o das bactérias. No ar, no solo, na água, no interior e na superfície de outros seres vivos, no interior da crosta terrestre, no gelo das calotas polares e no mais profundo dos mares são encontradas bactérias.

Sob condições desfavoráveis (temperatura elevada, desidratação), bactérias formam *esporos* (do grego, *spora* = semente). São formas de resistência que podem se manter em um estado de vida latente (aparentemente sem vida) durante anos. Os esporos estão por toda a parte e, encontrando condições favoráveis, voltam à forma celular ativa.

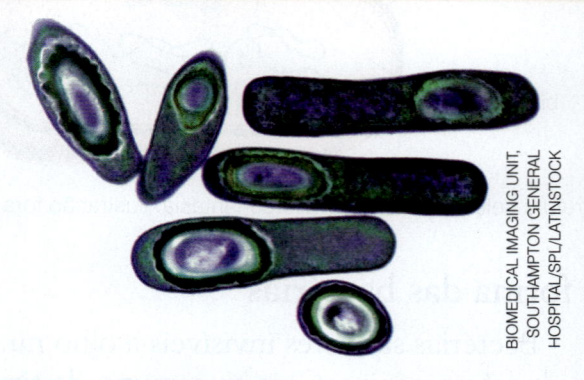

Bactéria *Clostridium difficile*, integrante da flora intestinal humana. Essa bactéria forma esporos (na foto, os discos ovalados), que são muito resistentes ao calor e aos antibióticos. É uma das causas mais frequentes de infecção hospitalar. (Imagem colorida artificialmente, obtida a partir de um microscópio eletrônico. Ampliação: 7.400 vezes.)

■ Nutrição e respiração bacterianas

Bactérias autótrofas são mais raras e produzem seu alimento orgânico utilizando a energia proveniente da luz do Sol ou de outras fontes de energia, liberada a partir de reações químicas. As que utilizam a luz solar como fonte de energia são fotossintetizantes, processo que conta com a participação, entre outras, de moléculas específicas de clorofila bacteriana.

As que não produzem o seu alimento orgânico e precisam obtê-lo de outras fontes são chamadas **bactérias heterótrofas**. A grande maioria vive basicamente da decomposição de materiais orgânicos, encontrados no ambiente; algumas espécies obtêm seu alimento associando-se a outros seres vivos.

Nas chamadas **bactérias aeróbias**, as atividades metabólicas celulares são executadas na presença de oxigênio, do mesmo modo que ocorre na maioria dos animais, incluindo os seres humanos. Há, no entanto, inúmeras **bactérias anaeróbias**, nas quais o metabolismo ocorre na ausência de oxigênio.

> **Fique por dentro!**
>
> Atividades metabólicas que produzem energia para a manutenção dos processos vitais são mais eficientes quando há participação do oxigênio. A quantidade de energia liberada nessas reações é maior.

■ Reprodução das bactérias

É surpreendente a velocidade de multiplicação das bactérias. Para se ter uma ideia do que estamos dizendo, se você, de manhã, estiver bem de saúde e, de repente, à tarde, apresentar dor de garganta, com pus, pode estar certo de que lá existem bactérias que se multiplicaram rapidamente a partir das poucas bactérias que invadiram sua garganta. É simples entender o porquê.

Se uma bactéria invadir a sua garganta e encontrar condições ideais, ela agride as suas células, obtém delas o alimento necessário e em cerca de 20 minutos se divide em duas. Mais vinte minutos e as duas bactérias viram quatro, as quatro produzem oito e assim, sucessivamente, até a sua garganta se encher de bactérias. Qual o princípio que permite essa multiplicação desenfreada? É a facilidade com que ocorre a divisão da célula bacteriana, que ilustramos no esquema ao lado. É uma reprodução por **divisão binária**, ou seja, a partir de uma bactéria formam-se duas. Leia as legendas que acompanham o esquema para entender esse processo de divisão.

■ A importância das bactérias

Apesar da aparente simplicidade da célula bacteriana, ela executa uma infinidade de tarefas metabólicas importantes tanto para o ambiente como para o homem, como você verá a seguir.

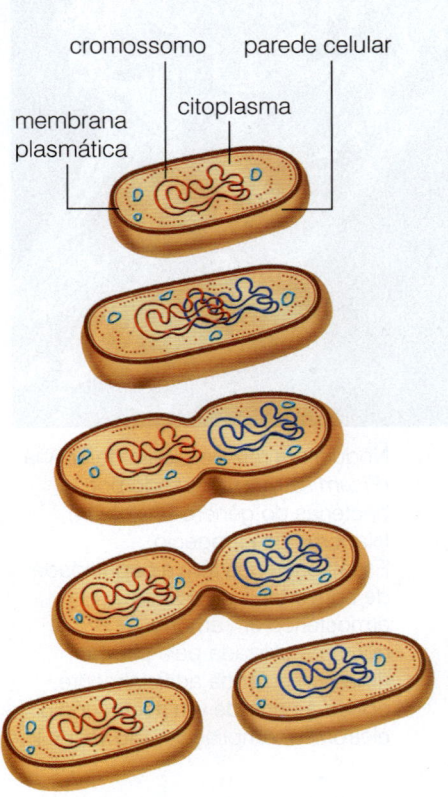

No início do processo de divisão binária, a célula bacteriana aumenta de volume e duplica seu material genético.

À medida que a célula bacteriana se alonga, os cromossomos se separam e, gradativamente, a membrana plasmática e a parede celular dividem as duas células.

Decomposição

A decomposição da matéria orgânica é um dos importantes papéis ecológicos das bactérias. Esse processo é efetuado tanto aeróbia como anaerobiamente. É uma atividade que libera diversos tipos de nutrientes minerais e orgânicos que, de outra maneira, não poderiam ser devolvidos para a biosfera, impossibilitando a construção do corpo de outros seres vivos. Sem a decomposição da matéria orgânica a vida não teria continuidade.

Fixação do nitrogênio

Algumas espécies de bactérias são capazes de efetuar a *fixação biológica de nitrogênio atmosférico*. Destacam-se as bactérias do gênero *Rhizobium*, que são encontradas em nódulos existentes em raízes de algumas plantas como, por exemplo, feijão e soja. Por meio de uma simples reação química, essas bactérias unem moléculas de nitrogênio (N_2) com moléculas de hidrogênio (H_2), resultando moléculas de amônia (NH_3). A amônia, então, é aproveitada pelas plantas para a produção de compostos orgânicos nitrogenados, como aminoácidos, proteínas e ácidos nucleicos. Essa atividade é tão importante que pesquisadores brasileiros conseguiram modificar geneticamente algumas espécies de bactérias fixadoras, tornando-as capazes de viver também em raízes de plantas de cana-de-açúcar, com evidentes ganhos no cultivo dessas plantas. Nenhum ser vivo de organização mais complexa, como as plantas ou animais, consegue fazer isso.

Nódulo em raiz de planta de ervilha (*Pisum sativum*) causado por bactérias do gênero *Rhizobium*, fixadoras de nitrogênio. Essas bactérias têm a capacidade de converter o nitrogênio atmosférico em amônia, que será utilizada pela planta. (Imagem colorida artificialmente, obtida a partir de um microscópio eletrônico. Ampliação: 140 vezes.)

Em associação com outros seres vivos

Um grupo particular de bactérias heterótrofas é o que vive em simbiose no interior de outros seres vivos, sem causar prejuízos. É o que ocorre no estômago dos animais ruminantes (bois, búfalos, cabras, ovelhas, camelos, lhamas). Nesse caso, o alimento ingerido pelos animais, principalmente a celulose contida nos vegetais, é digerido pelas bactérias e os produtos ricos em energia resultantes da digestão (moléculas de glicose) são aproveitados por elas e também pelos animais que as hospedam. Estes protegem as bactérias ao abrigá-las em seu interior e, ao mesmo tempo, fornecem a elas muitas substâncias úteis ao metabolismo bacteriano. É uma troca mútua entre as duas espécies, característica de uma associação simbiótica do tipo *mutualismo*.

Simbiose: associação entre dois ou mais seres vivos.

ESTABELECENDO CONEXÕES

Saúde

Nossa flora intestinal

Pode-se dizer que a única fase em que estamos livres de bactérias é no útero. Depois, nosso contato e convívio com elas aumentam com o passar do tempo.

Algumas estimativas indicam que o organismo humano é formado por algo em torno de 10 trilhões de células (o número 1 seguido de 13 zeros), porém o número de bactérias que o habitam pode chegar a 100 trilhões! Ou seja, 10 vezes o número de nossas células! É isso mesmo: existem mais bactérias em nosso corpo do que células humanas! Há quem afirme que se pudéssemos juntar todas essas bactérias e pesá-las teríamos aproximadamente 1,25 kg delas.

A relação entre nosso organismo e a flora intestinal, que é o conjunto das bactérias presentes em nosso intestino, é benéfica para ambos. As bactérias colaboram em nossos processos de digestão e reabsorção de alguns nutrientes, além de, por competição, auxiliarem na defesa de nosso organismo contra microrganismos causadores de algumas doenças. Já as bactérias se beneficiam do abrigo, pois – não se sabe ao certo como – nossos anticorpos não as veem como elementos prejudiciais e, com isso, não são importunadas e podem habitar nosso organismo tranquilamente.

Adaptado de: <http://www.estadao.com.br>.
Acesso em: 16 abr. 2012.
AINSWORTH, C. I am legion. *New Scientist*,
London, n. 2.812, p. 42-45,
14 May, 2011.

DE OLHO NO PLANETA

Sustentabilidade

Bactérias e metano

No estômago dos ruminantes, como já dissemos, existe uma comunidade de microrganismos, muitos deles pertencentes a diferentes espécies de bactérias anaeróbias. Elas digerem a celulose existente nos vegetais que constituem o alimento dos animais, resultando moléculas de glicose. Ao utilizarem a glicose em seu metabolismo anaeróbio, as bactérias produzem o gás metano (CH_4), que é expelido pelos ruminantes na eructação (ato de arrotar).

Outras espécies de bactérias, também anaeróbias, vivem em aterros sanitários e, ao utilizarem o alimento orgânico existente nesses locais, liberam enormes quantidades desse mesmo gás. Esse biogás é hoje considerado um potente gás causador do efeito estufa, na medida em que sua capacidade de reter o calor gerado pela luz do Sol é cerca de vinte e uma vezes maior que a do gás carbônico. Como é um excelente combustível, existem inúmeros projetos que visam utilizá-lo, por exemplo, na geração de eletricidade e calor.

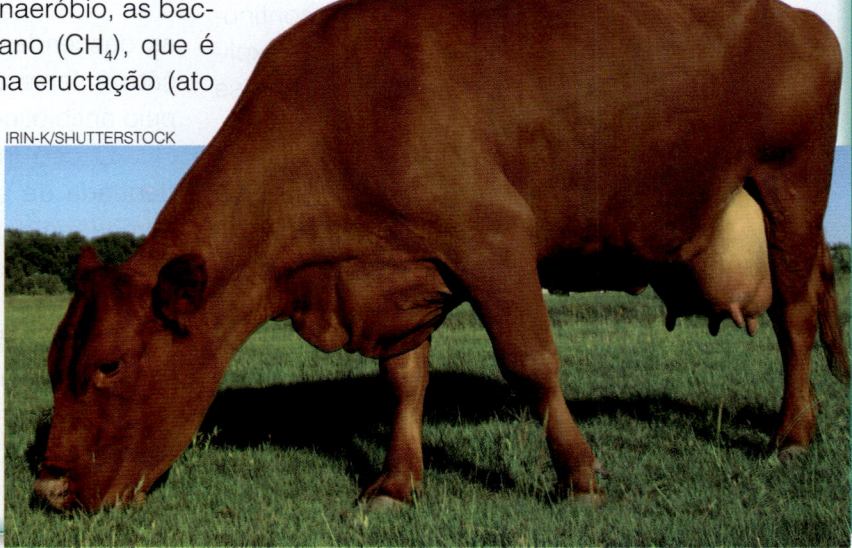

IRIN-K/SHUTTERSTOCK

Importância econômica

O homem aprendeu a utilizar bactérias em seu proveito. Um bom exemplo é o que você viu na abertura deste capítulo. Por meio de um processo conhecido como **fermentação láctica**, as bactérias conhecidas como *lactobacilos* transformam o leite em coalhada ou iogurte. Os lactobacilos decompõem o açúcar natural do leite, a *lactose*, e, a partir dele, produzem um composto orgânico mais simples, o *ácido láctico*, que dá o sabor azedo ao iogurte ou à coalhada. Ao quebrarem a lactose, essas bactérias obtêm energia para suas atividades vitais.

As bactérias também são importantes na fabricação de antibióticos, substâncias úteis no tratamento de infecções causadas por outras espécies de bactérias, que podem ocorrer tanto em seres humanos como em animais de criação.

O mesmo processo de fermentação é utilizado para a produção de vinagre. Originalmente, o vinagre era produzido a partir da fermentação do vinho, mas hoje em dia também pode ser produzido a partir da fermentação de sucos de fruta, como, por exemplo, maçã ou morango.

Fique por dentro!

Os antibióticos são produzidos tanto por algumas espécies de bactérias como também por algumas espécies de fungos.

ESTABELECENDO CONEXÕES

Saúde

Às vezes, o antibiótico não mais funciona

Você deve saber que, muitas vezes, os antibióticos não funcionam adequadamente e as bactérias que causam a doença continuam no organismo do doente. Uma das explicações para isso é que as bactérias que se quer combater são resistentes ao antibiótico. Por exemplo, muitas bactérias são resistentes à penicilina. Isso ocorre porque essas bactérias, de modo geral, produzem substâncias que destroem a penicilina, impedindo-a de atuar sobre elas.

Frequentemente, a resistência das bactérias aos antibióticos é decorrente de mutações no material genético desses microrganismos. Como as bactérias se multiplicam rapidamente, as mutações são passadas para as descendentes, gerando uma população mutante que não é mais combatida pelo antibiótico.

O uso indiscriminado e de forma inadequada de antibióticos tem sido apontado como uma das causas de seleção de bactérias resistentes: caso esse medicamento não seja administrado em quantidade correta, e pelo tempo certo, pode ocorrer que sobreviva uma bactéria resistente. Ao se multiplicar, essa bactéria gerará uma população de bactérias resistentes e o antibiótico anteriormente administrado não terá mais efeito.

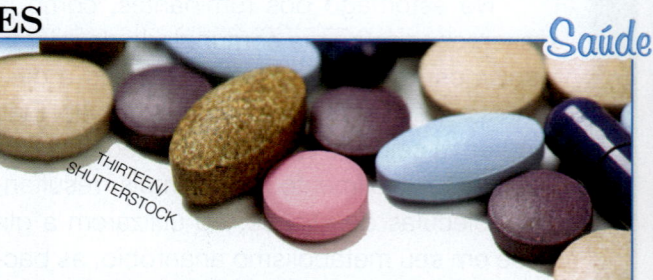

Biotecnologia

Modificando geneticamente algumas espécies de bactérias, o homem passou a utilizá-las como "fábricas" de substâncias de uso medicinal. Esse procedimento é feito com a introdução de determinado gene (pedaço de DNA) humano em plasmídios (pequenos anéis de material genético) presentes no citoplasma das células bacterianas. Ao incorporar esse gene, as bactérias passam a produzir substâncias úteis à espécie humana. Por exemplo, a introdução de um gene humano que comanda a produção de insulina faz com que as bactérias produzam esse hormônio, que é empregado no tratamento de pessoas diabéticas.

■ Doenças causadas por bactérias

Embora existam bactérias que beneficiem o ser humano e o ambiente, as que provocam doenças são, e sempre foram, extremamente preocupantes. Para muitas delas, os mecanismos de prevenção, principalmente os relacionados a eficientes medidas de saneamento básico, são medidas mais do que suficientes para evitá-las.

Cólera

O cólera é uma doença causada pela bactéria *Vibrio cholerae*, que se manifesta como uma grave infecção intestinal, com diarreia intensa e desidratação.

A doença é transmitida pela água e por alimentos contaminados, moscas, ou mesmo pelo contato com pessoas infectadas. O tratamento inclui reposição de líquidos e antibióticos.

O saneamento básico é a melhor prevenção, com tratamento adequado da água e rede de esgotos.

Leptospirose

É uma doença causada por bactérias do gênero *Leptospira*. Essa doença afeta rins, fígado e provoca o amarelecimento da pele (icterícia). Sua transmissão ocorre pelo contato com água contaminada com urina de ratos que contêm as bactérias e o tratamento inclui uso de antibióticos.

Para prevenir-se da leptospirose é importantíssimo evitar contato com água de enchentes. O saneamento básico, com eliminação de focos de roedores, também ajuda na prevenção.

> **Jogo rápido**
>
> Abaixo, bactérias do gênero (a) *Leptospira* e (b) *Salmonella*, causadoras das doenças leptospirose e disenteria bacteriana. Qual a forma dessas bactérias?
>
> SEBASTIAN KAULITZKI/SHUTTERSTOCK 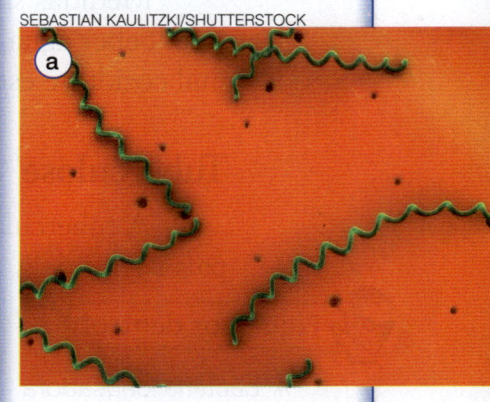
>
> (a)
>
> ROMANENKO ALEXEY/SHUTTERSTOCKS
>
> (b)

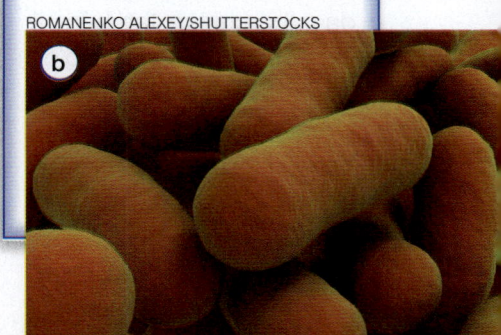

DE OLHO NO PLANETA

Ética & Cidadania

Enchentes e leptospirose

Todos os anos, em algumas regiões do país, o excesso de chuvas provoca o transbordamento de rios e córregos, causando inundações. E com as inundações, a urina dos ratos, presentes nos bueiros, esgotos ou até mesmo nas casas, se mistura com a água das enchentes. Em contato com essas águas, as pessoas se arriscam a contrair leptospirose: as bactérias podem penetrar por algum ferimento da pele ou até mesmo pelas mucosas, como as da boca e do nariz, por exemplo.

Também se pode contrair leptospirose em córregos, lixo e entulho contaminados, ou até mesmo limpando ralos sem a devida proteção.

Estudos mostram que as bactérias do gênero *Leptospira* podem resistir por semanas em local quente e úmido.

➢ Não só o governo precisa fazer a parte dele, cuidando de evitar ao máximo as causas da leptospirose, mas nós também precisamos colaborar. O que você e sua família poderiam fazer para tentar diminuir a transmissão dessa doença?

Disenteria bacteriana (salmonelose)

Náuseas, vômitos, diarreia líquida, dor abdominal e febre são os sintomas típicos da disenteria bacteriana, causada por bactérias do gênero *Salmonella*. Essas bactérias são transmitidas por alimentos (notadamente ovos) e água contaminados.

O tratamento inclui correção da desidratação e antibióticos são administrados só em casos graves.

Medidas simples e eficazes podem ser tomadas para prevenir-se da salmonelose: beber água tratada, lavar as mãos antes das refeições, não ingerir ovos crus ou mal cozidos e esterilizar verduras, frutas e legumes.

Tuberculose

A tuberculose é uma das doenças mais antigas de que se tem notícia – não há país isento dela. Também chamada de "tísica", essa doença é causada pela bactéria *Mycobacterium tuberculosis*.

A tuberculose mais frequente é a pulmonar (afeta os pulmões), e causa febre, dor no peito, tosse com muito muco. Mas ela também pode afetar outros órgãos, como rins, intestinos e ossos.

Sua transmissão se dá pessoa a pessoa, por meio da saliva e do escarro (expelido pela tosse, por exemplo) contaminados. O tratamento é feito com antibióticos.

A melhor forma de se prevenir da tuberculose é por meio de vacinação (vacina BCG).

Fique por dentro!

A bactéria causadora da tuberculose também é conhecida como "bacilo de Koch" em homenagem ao pesquisador alemão Robert Koch, que a identificou em 1882.

Outras doenças bacterianas de importância nos seres humanos

Doença bacteriana	Características
Coqueluche	Agente causador: *Bordetella pertussis*. Sintomas: afeta o sistema respiratório, principalmente em crianças, com tosse intensa (muitas vezes denominada de tosse comprida), guincho (ruído que acompanha a tosse), catarro e vômitos. Transmissão: gotículas expelidas pela tosse e que contêm bactérias. Tratamento: cuidados gerais, reduzir estímulos que induzem à tosse, reidratação e antibióticos, se necessário. Prevenção: vacinação.
Difteria ou crupe	Agente causador: *Corynebacterium diphteriae*. Sintomas: atinge preferencialmente crianças até dez anos de idade. Principal sintoma é o aparecimento de placas com pus na garganta. Laringite e rinite diftérica também podem ocorrer. Transmissão: contato com portadores da bactéria. Tratamento: soro antidiftérico, que neutraliza a toxina produzida pelas bactérias. Eventualmente, antibióticos. Prevenção: existe vacina antidiftérica.
Gonorreia	Agente causador: *Neisseria gonorrhoeae*. Sintomas: afeta órgãos genitais, pênis por exemplo, com pus espesso e amarelado que sai pela uretra. Transmissão: é doença sexualmente transmissível. Tratamento: antibióticos. Prevenção: uso de preservativos.
Meningite bacteriana	Agente causador: *Neisseria meningitidis*. Sintomas: afeta meninges (membranas que envolvem órgãos do sistema nervoso central). Manchas avermelhadas na pele. Havendo lesões de órgãos do sistema nervoso central, ocorrem sequelas graves. Transmissão: contato com portadores da bactéria. Tratamento: antibióticos. Prevenção: existe vacina preventiva.
Tétano	Agente causador: *Clostridium tetani*. Sintomas: toxina tetânica liberada pela bactéria (que é anaeróbia obrigatória) em ferimentos profundos provoca contração generalizada da musculatura corporal. Contaminação: ferimentos profundos causados por objetos contaminados com esporos (formas de resistência) da bactéria. A paralisia dos músculos respiratórios pode provocar a morte. Tratamento: sedativos, relaxantes musculares, antibióticos, soro antitetânico. Prevenção: evitar contato com locais suspeitos de conterem esporos tetânicos. Existe vacina antitetânica.

ESTABELECENDO CONEXÕES

Cotidiano

É hora de escovar os dentes!

Assim como tomar banho e lavar os cabelos, escovar os dentes é um dos hábitos de higiene mais saudáveis que devemos adotar. Nossos dentes são responsáveis pela mastigação e trituração dos alimentos, e também auxiliam na articulação das palavras e na estética. Afinal de contas, um sorriso bonito pode ser nosso melhor cartão de visitas.

Devemos escovar os dentes pelo menos três vezes ao dia e depois das principais refeições. Cada escovação deve durar pelo menos dois minutos e os movimentos da escova nos dentes e margem da gengiva devem ser curtos e suaves. Procure prestar atenção nos movimentos e não esqueça nenhuma superfície dos dentes. Comece com as faces externas, voltadas para as bochechas, e depois siga para as superfícies dos dentes posteriores que usamos para mastigar os alimentos. Por fim, escove bem as faces internas, voltadas para a língua e para o palato (céu da boca). Comece esta sequência pelo arco superior e depois faça os mesmos movimentos nos dentes inferiores. Ao final da escovação, escove também a língua, procurando eliminar as bactérias que ali se alojam e que podem deixar este músculo com uma camada esbranquiçada.

Não podemos nos esquecer de limpar também as superfícies dos dentes que não são alcançadas pela escova. É nessa hora que entra em ação o fio dental. Ele deve ser usado na última escovação do dia e vai higienizar as faces interproximais, isto é, aquelas entre os dentes.

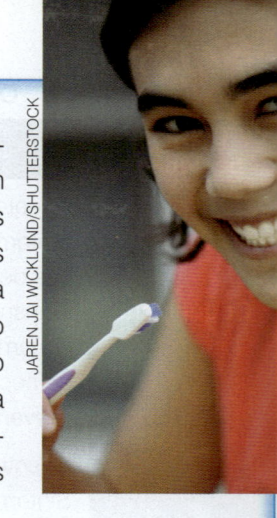

Pronto! Seguindo este roteirinho simples, você conseguirá manter sua saúde bucal em dia, mantendo seu sorriso sempre bonito e saudável.

Cianobactérias

Cianobactéria do gênero *Nostoc*. Filamentosa, essa cianobactéria tem a capacidade de fixar nitrogênio atmosférico, o que auxilia na fertilização do solo. (Imagem colorida artificialmente, obtida com microscópio eletrônico. Ampliação: 200 vezes.)

Cianobactérias constituem um grupo de bactérias habitantes de água doce, salgada, ou do solo e troncos de árvores de bosques extremamente úmidos. Por muito tempo foram chamadas de algas azuis ou cianofíceas. Mas, diferentemente das algas, que são eucariontes, as cianobactérias são procariontes, como qualquer bactéria.

Possuem moléculas de clorofila dispersas no citoplasma. Isso lhes permite realizar fotossíntese. É muito comum encontrar cianobactérias em represas, lagoas e lagos poluídos com restos orgânicos (fezes, restos de alimento). É que a decomposição dessa matéria orgânica, por bactérias decompositoras, libera nutrientes minerais na água, principalmente nitrogenados e fosfatados, que as cianobactérias aproveitam. A rápida multiplicação desses organismos deixa a água, muitas vezes, esverdeada.

É SEMPRE BOM SABER MAIS!

O nome cianobactérias é derivado do grego, *kyanós,* que significa azul escuro. Essa denominação foi dada porque essas bactérias possuem, além de clorofila, um pigmento azulado em suas células. Quanto ao nome cianofíceas, a terminação "fíceas" deriva do grego e significa algas, que, por muito tempo, foi o grupo de organismos no qual essas bactérias eram classificadas.

Lembre-se de que as algas são eucariontes enquanto as cianobactérias são procariontes.

CAPÍTULO 7 • Bactérias   99

Nosso desafio

Para preencher os quadrinhos de 1 a 10, você deve utilizar as seguintes palavras: aeróbias, anaeróbias, autótrofas, bipartição, decompositores, doenças, heterótrofas, núcleo organizado, procariontes, simbiose.

À medida que você preencher os quadrinhos, risque a palavra que escolheu para não usá-la novamente.

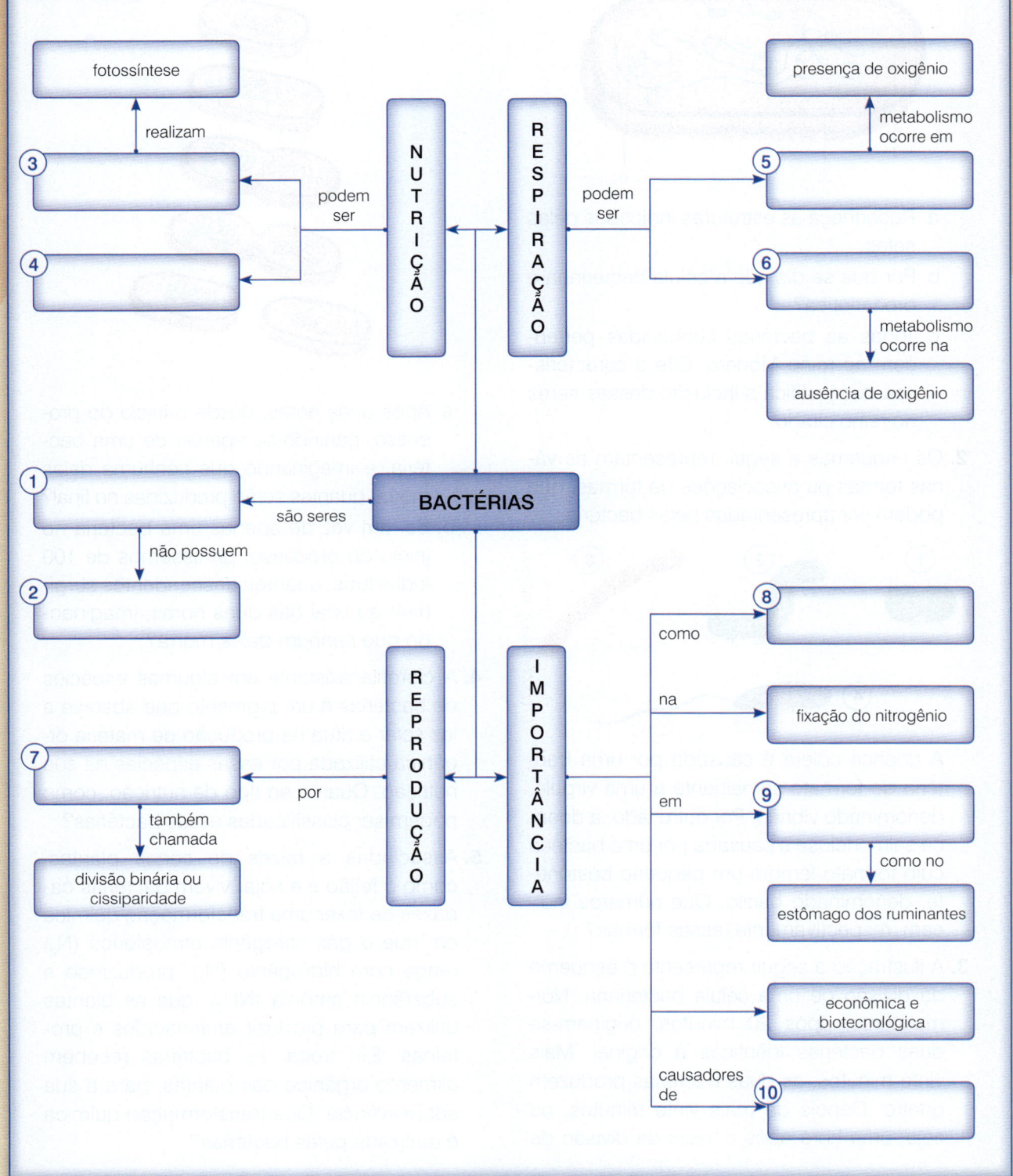

BACTÉRIAS

- são seres → (1) ___
  - não possuem → (2) ___
- NUTRIÇÃO — podem ser:
  - (3) ___ → realizam → fotossíntese
  - (4) ___
- RESPIRAÇÃO — podem ser:
  - (5) ___ → metabolismo ocorre em → presença de oxigênio
  - (6) ___ → metabolismo ocorre na → ausência de oxigênio
- REPRODUÇÃO — por → (7) ___ → também chamada → divisão binária ou cissiparidade
- IMPORTÂNCIA:
  - como → (8) ___
  - na → fixação do nitrogênio
  - em → (9) ___ → como no → estômago dos ruminantes
  - econômica e biotecnológica
  - causadores de → (10) ___

Atividades

1. A ilustração a seguir representa o esquema de uma célula bacteriana, feito com base em uma foto obtida ao microscópio eletrônico.

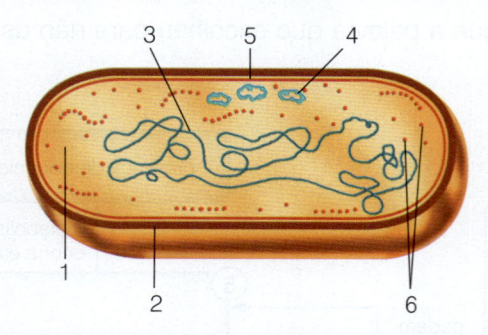

a. Reconheça as estruturas indicadas pelas setas.

b. Por que se diz que a célula bacteriana é procariótica?

c. Todas as bactérias conhecidas pertencem ao reino Monera. Cite a característica que justifica a inclusão desses seres no reino citado.

2. Os esquemas a seguir representam as várias formas ou associações de formas, que podem ser apresentadas pelas bactérias.

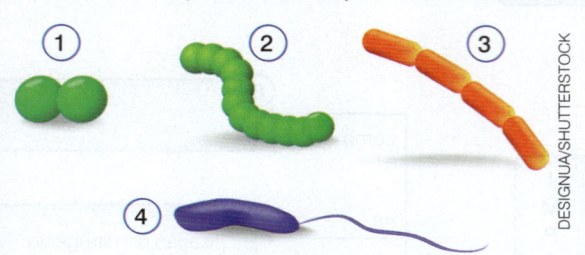

A doença cólera é causada por uma bactéria de formato semelhante a uma vírgula, denominado vibrião. Por outro lado, a doença salmonelose é causada por uma bactéria cujo formato lembra um pequeno bastonete, denominado bacilo. Que números indicam, respectivamente, essas formas?

3. A ilustração a seguir representa o esquema da divisão de uma célula bacteriana. Normalmente, após 20 minutos, originam-se duas bactérias idênticas à original. Mais vinte minutos, as duas bactérias produzem quatro. Depois de mais vinte minutos, ou seja, uma hora após o início da divisão da primeira bactéria, serão oito as descendentes, todas idênticas em relação à primeira bactéria que iniciou o processo de divisão. De posse desses dados, responda:

a. Após duas horas, desde o início do processo, partindo-se apenas de uma bactéria, e imaginando que nenhuma delas morra, quantas serão produzidas no final?

b. Se, em vez de apenas uma bactéria no início do processo, partíssemos de 100 indivíduos, quantos descendentes surgiriam ao final das duas horas, imaginando que nenhum deles morra?

4. A clorofila existente em algumas espécies de bactérias é um pigmento que absorve a luz solar e atua na produção de matéria orgânica utilizada por essas espécies na sua nutrição. Quanto ao tipo de nutrição, como podem ser classificadas essas bactérias?

5. Associadas a raízes de certas plantas, como o feijão e a soja, vivem bactérias capazes de fazer uma transformação química em que o gás nitrogênio atmosférico (N_2) reage com hidrogênio (H_2), produzindo a substância amônia (NH_3), que as plantas utilizam para produzir aminoácidos e proteínas. Em troca, as bactérias recebem alimento orgânico das plantas, para a sua sobrevivência. Que transformação química é realizada pelas bactérias?

6. É verdade que algumas espécies de bactérias causam doenças no homem e, por essa razão, devem ser evitadas e combatidas. No entanto, aprendemos a lidar com inúmeras outras espécies que são úteis, por exemplo, na indústria de transformação de alimentos, para a produção de medicamentos e para o aumento da produtividade de certos vegetais. Releia o item *A importância das bactérias* e, em seguida, cite exemplos da utilização delas:
   a. na indústria de transformação de alimentos.
   b. na produção de substâncias de uso medicinal.

7. Consulte o item "Doenças causadas por bactérias" e responda:
   a. Para quais das doenças relacionadas existe vacina preventiva?
   b. Quais são as duas doenças em que as bactérias afetam o intestino?
   c. Considere as seguintes palavras: 1) infecção pulmonar, 2) transmissão por urina de rato contaminada, 3) infecção intestinal, 4) vacina BCG, 5) diarreias intensas. Indique os números que se relacionam às doenças: leptospirose, tuberculose e cólera.

8. Em inúmeros arrozais é frequente o encontro de cianobactérias associadas às plantas de arroz. Essa associação proporciona uma vantagem para o cultivo do cereal, graças a um processo executado pelas cianobactérias, que é o mesmo realizado pela bactéria *Rhizobium*, que se associa a raízes de plantas de feijão e soja.
   a. A que processo realizado pelas bactérias o texto se refere?
   b. Cianobactérias são dotadas de clorofila, que lhes permite realizar um importante processo que utiliza a luz solar, gás carbônico e água, com produção de alimento orgânico e liberação de gás oxigênio. Qual é esse processo?

9. Medidas de saneamento básico são fundamentais no processo de promoção de saúde e qualidade de vida da população. Muitas vezes, a falta de saneamento está relacionada com o aparecimento de várias doenças. Nesse contexto, um paciente deu entrada em um pronto atendimento relatando que há 30 dias teve contato com águas de enchente, molhando pés e pernas, sem ter havido, no entanto, ingestão ou contato da água com a boca. Ainda informa que nesta localidade não há rede de esgoto e drenagem de águas pluviais, que a coleta de lixo é inadequada, além de existirem muitos ratos de esgotos. Ele apresentava os seguintes sintomas: febre alta, dor de cabeça intensa e dores musculares.

   Disponível em: http://portal.saude.gov.br. Acesso em: 27 fev. 2012. Adaptado.

   a. Considerando os sintomas descritos e as condições sanitárias da localidade em que houve o contato com águas de enchente, a que doença bacteriana o texto acima mais provavelmente se refere, dentre as seguintes: salmonelose, leptospirose, tuberculose, cólera?
   b. Justifique sua resposta, com base apenas nas informações do texto.

10. Lavar as mãos é sempre importante – antes das refeições e após usar o banheiro, principalmente. E também nos prédios e navios de turismo, após apoiar as mãos no corrimão das escadarias. Apesar desses cuidados, uma bactéria costuma frustrar as melhores medidas preventivas. Essa bactéria tem apropriadamente o nome de *Clostridium difficile*. Na revista "Infection, Control and Hospital Epidemiology" do mês de janeiro de 2014, um estudo mostra que uma de cada quatro mãos de médicos ou enfermeiros estava contaminada por **esporos** de *C. difficile*, após atenção a pacientes com diarreia.

    ABRAMCZYCK, J. Uma bactéria difícil. *Folha de S. Paulo*, 11 jan. 2014. Caderno Saúde + Ciência, p. C7.

    Utilizando as informações contidas no texto:
    a. Qual o significado do termo **esporos**, utilizado para as bactérias?
    b. Considerando que a bactéria descrita no texto é causadora de diarreia, que órgãos humanos são por ela normalmente infectados?

Fungos

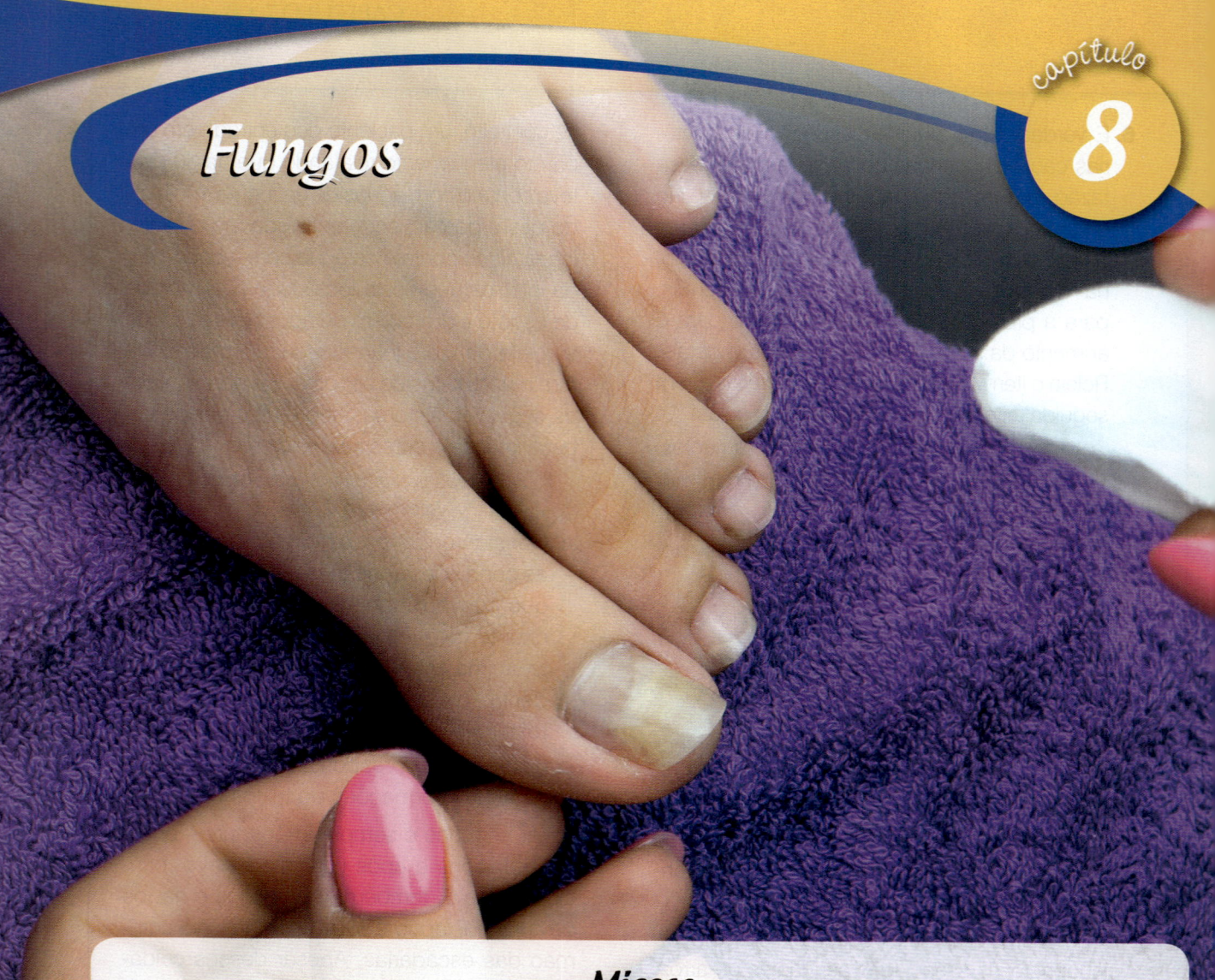

capítulo 8

Micose

Quem não gosta de ter as unhas sempre arrumadas e bonitas? As unhas em boas condições são atraentes e têm a função não apenas de enfeitar, mas também de proteger as extremidades dos dedos.

Principalmente nas épocas quentes do ano, como o verão, existe uma maior propensão de a grande vilã da saúde das unhas atacar: a *micose*. Isso acontece mais no calor porque a transpiração aumenta muito e também porque há um contato maior com a água (por exemplo, da piscina e do mar), fazendo com que a pele fique úmida por mais tempo. E é essa combinação de umidade e calor, associada à existência de matéria orgânica abundante, que favorece o aparecimento das antiestéticas micoses.

As micoses são causadas por diferentes gêneros de fungos, tema deste nosso capítulo, que vivem e se alimentam de uma proteína presente nas unhas, na pele e nos cabelos: a queratina. Nas unhas, as micoses são principalmente identificadas por modificarem sua cor e seu aspecto, tornando-as escurecidas ou mesmo espessadas.

Em alguns casos, pode haver o descolamento das extremidades e até o "esfarelamento" das unhas. O tratamento da micose de unha é geralmente demorado e inclui compostos antifúngicos em comprimidos ou associados a esmaltes terapêuticos. O crescimento de uma nova unha geralmente requer um longo tempo, já que uma unha normal e sadia cresce, no máximo, 2 mm por mês.

CAPÍTULO 8 • Fungos 103

Estamos rodeados de fungos por todos os lados. Em ambientes de temperatura e umidade elevadas, grande quantidade de matéria orgânica e baixa luminosidade, eles são muito abundantes.

Como alimentos, para a produção de pão e bebidas, como um tipo de remédio, há muito o ser humano aprendeu a utilizar os fungos. Assim como as bactérias, os fungos também são os principais agentes de decomposição da matéria orgânica, contribuindo de maneira importante para a reciclagem de nutrientes minerais. Mas essa sua característica também traz alguns prejuízos, pois o bolor (um tipo de fungo) estraga alimentos, paredes, armários e sapatos, além de um sem-número de objetos.

Sem-número: em grande quantidade.

Os fungos também são causadores de doenças, conhecidas como **micoses**.

Características dos fungos

O reino Fungi é constituído de espécies unicelulares ou pluricelulares, mas todas são eucariontes. Os fungos unicelulares são conhecidos como **leveduras**, e o mais comum deles é o fermento biológico utilizado para a produção de pães. Já os pluricelulares mais conhecidos são os **bolores** (ou mofo), os **cogumelos** e as **orelhas-de-pau**.

Mofo (ou bolor) em pão.

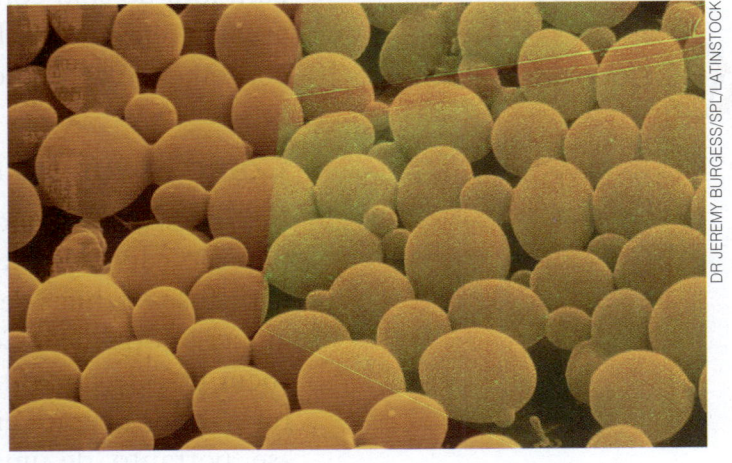

Saccharomyces cerevisiae, fungo unicelular, uma conhecida levedura. (Imagem obtida com microscopia eletrônica de varredura. Colorida artificialmente. Ampliação: 980 vezes.)

Fungo do tipo orelha-de-pau em árvore. (*Ganoderma lucidum*, mede de 10 a 30 cm.)

Armillaria gallica, um fungo do tipo cogumelo, mede de 3 a 10 cm.

Os fungos pluricelulares possuem uma característica que os diferencia de todos os demais seres vivos. Seu corpo é formado por inúmeros filamentos, as **hifas**, cada uma delas constituída por uma fileira de células. Cada célula é envolvida por uma **parede celular** não celulósica.

Esquema simplificado de uma hifa. (Cores-fantasia.)

Esquema da estrutura de um fungo pluricelular. (Cores-fantasia. Ilustração fora de escala.)

A reunião de hifas constitui um **micélio**. No cogumelo esquematizado ao lado, o **micélio nutridor**, aquele que obtém alimento para o fungo, fica no solo, enquanto o micélio que cresce para fora do solo constitui o chamado **corpo de frutificação** e atua na reprodução. Então, nos cogumelos comestíveis o que se consome é o corpo de frutificação.

Fique por dentro!

A palavra micélio deriva do grego *mykes*, que significa cogumelo ou fungo.

Como os fungos se nutrem?

Nos fungos, não há cloroplastos, o que quer dizer que eles **não** são capazes de executar fotossíntese; são, portanto, **heterótrofos**. As hifas se misturam às partículas do solo ricas em alimento orgânico. Como as partículas da matéria orgânica possuem grande tamanho e não podem ingressar nas células das hifas, estas liberam enzimas digestivas sobre o alimento. Trata-se, portanto, de uma digestão fora das células (**extracelular**). O alimento já digerido é absorvido e utilizado como fonte de energia e para a construção de novas hifas.

É SEMPRE BOM SABER MAIS!

Fungos podem fazer respiração aeróbia ou fermentação

O alimento digerido e absorvido pelas hifas é utilizado como fonte de energia. Mas como isso ocorre?

No interior da célula dos fungos, além da presença de um núcleo organizado há no citoplasma as mitocôndrias. Estas atuam no processo de **respiração celular aeróbia**, ou seja, na respiração celular que ocorre com o uso de oxigênio. E é no processo de respiração celular que as ligações das moléculas de glicose, ricas em energia, sofrem modificações fazendo com que a energia liberada possa ser utilizada pelo organismo vivo.

Alguns fungos, no entanto, vivem em ambiente em que não há oxigênio. Como, então, conseguem energia para seu metabolismo? Esses fungos, como, por exemplo, as leveduras, utilizam um processo chamado **fermentação** para conseguir energia a partir das moléculas de glicose.

A reprodução dos fungos

Você se lembra de que, no começo deste capítulo, falamos que há fungos unicelulares e pluricelulares. Os fungos unicelulares se dividem por **brotamento**, ou seja, formando pequenos "brotos" que, posteriormente, se separam.

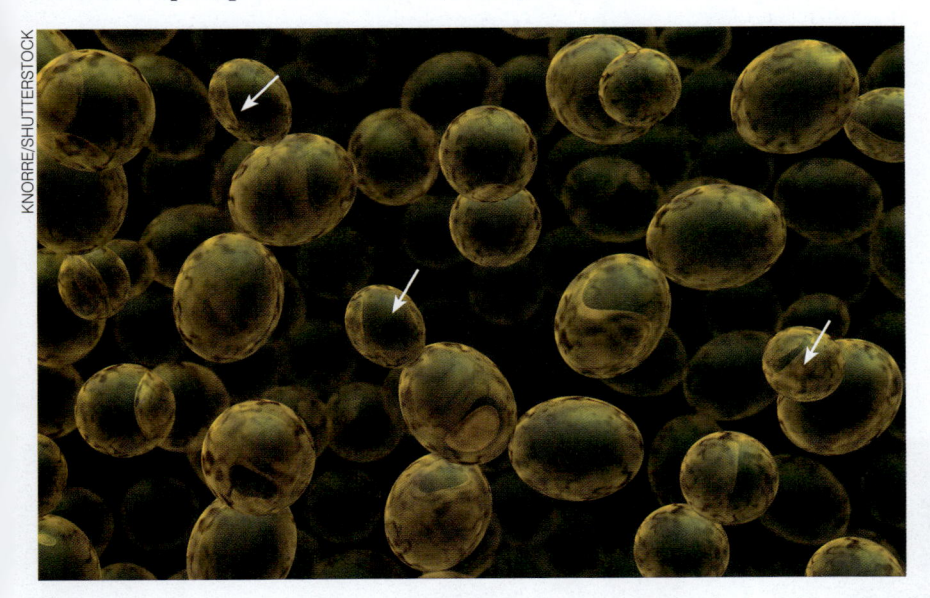

Ilustração de reprodução de levedura por brotamento. As setas destacam a formação de três brotos (também chamados **gêmulas**). (Cores-fantasia.)

No caso dos fungos pluricelulares, algumas hifas do corpo de frutificação dão origem a inúmeras células microscópicas, denominadas **esporos**, que se espalham pelo meio. Encontrando condições favoráveis, esses esporos desenvolvem novos fungos.

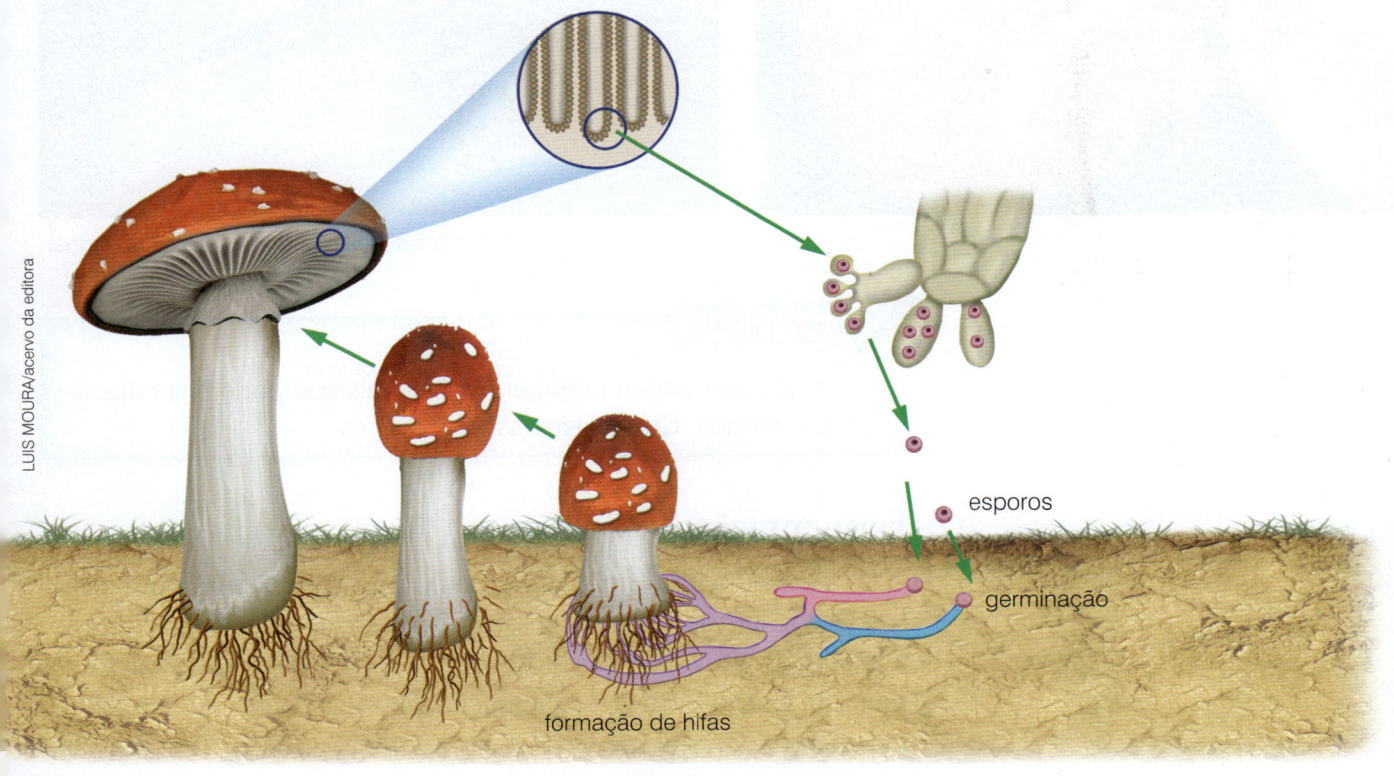

esporos

germinação

formação de hifas

Reprodução em fungos pluricelulares. Os esporos, encontrando condições favoráveis, se desenvolvem em novos fungos.

A importância dos fungos

A ação dos fungos como decompositores, fermentadores, na produção de antibióticos, em associação com outros organismos e até mesmo como alimentos são positivas para os seres humanos, porém os fungos também podem ser parasitas, causadores de doenças, tanto em animais como em vegetais.

Decomposição

A atividade decompositora dos fungos pode até causar prejuízos ao homem, que, anualmente, perde alimentos, móveis de madeira, lentes de máquinas fotográficas, roupas, e vê paredes emboloradas, mofadas, estragadas por fungos.

No entanto, a ação decompositora de fungos e de bactérias sobre a matéria orgânica é muito importante, pois com isso ocorre a reciclagem de nutrientes minerais na biosfera terrestre.

> **Fique por dentro!**
>
> O organismo que se nutre de matéria orgânica morta é um **saprófago** (do grego, *saprós* = morte + *fagos* = que se alimenta de).

Alimentos e azulejos embolorados (mofados).

> **Jogo rápido**
>
> Cabe ao homem proteger os materiais que podem ser atacados por fungos. Como fazer isso?

Fermentação

A produção de pão e álcool combustível é feita com a utilização do fermento *Saccharomyces cerevisiae*. Do mesmo modo, a produção de vários tipos de cerveja e de vinho, uma atividade milenar, conta com a participação de variedades de fungos do mesmo gênero, que realizam a fermentação com os açúcares disponíveis nos materiais utilizados.

CAPÍTULO 8 • Fungos

ESTABELECENDO CONEXÕES — Cotidiano

A fermentação do pão

A massa do pão é feita com farinha de trigo, água, margarina ou manteiga, sal, açúcar e fermento biológico (levedura).

Misturado à massa do pão, inicialmente o fermento digere o amido existente na farinha de trigo em várias moléculas de glicose, atividade que é executada fora das células, sob a ação de enzimas. Em seguida, as células do fungo absorvem moléculas de glicose e as utilizam no processo de **fermentação**, que ocorre sem a presença de oxigênio, resultando álcool etílico, que evapora, e gás carbônico, que faz crescer a massa.

Depois de misturar bem os ingredientes para o pão, deixa-se a massa "descansar" para que possa "crescer". É durante esse período que ocorre a fermentação e o gás carbônico resultante da ação da levedura forma pequenas bolhas na massa (observe que elas podem ser vistas no pote transparente), fazendo-a aumentar de volume.

DE OLHO NO PLANETA — Sustentabilidade

A produção do etanol

Você já aprendeu que a queima dos combustíveis fósseis, como petróleo, por exemplo, aumenta na atmosfera os gases de efeito estufa, além de serem combustíveis não renováveis, isto é, sua formação em nosso planeta é tão lenta que, praticamente, ao usarmos esses combustíveis estamos acabando com suas reservas.

Uma alternativa para os veículos automotores é o uso, em lugar da gasolina (um derivado do petróleo), do etanol produzido a partir de milho, cana-de-açúcar ou até mesmo beterraba.

Para a produção desse biocombustível, no Brasil as usinas utilizam a sacarose (um açúcar) presente na cana-de-açúcar. Depois que o caldo da cana é extraído e passa por um processo de "limpeza", são acrescentadas leveduras. As células do fungo inicialmente liberam enzimas que digerem a sacarose até moléculas de glicose. Em seguida, absorvem as moléculas de glicose e, sem a presença de oxigênio, realizam a fermentação, com produção de gás carbônico (que não é aproveitado) e álcool, utilizado como biocombustível.

Produção de antibióticos

A penicilina, substância que salvou e continua salvando muitas vidas, é produzida por fungos do gênero *Penicillium*, principalmente da espécie *Penicillium chrisogenum*. Sua descoberta ocorreu casualmente, a partir de 1929, pelo pesquisador inglês Alexander Fleming, que trabalhava no Hospital Saint Mary, em Londres. Ele percebeu em uma das culturas de bactérias, que estava criando em placas de vidro, a presença de um bolor esverdeado e que, ao seu redor, não cresciam bactérias. Reconheceu o bolor como sendo pertencente ao gênero *Penicillium* (no caso, *Penicillium notatum*) e concluiu que o micélio devia ter produzido alguma substância que se espalhara pelo meio, matando as bactérias mais próximas.

Os antibióticos são utilizados em caso de infecção bacteriana, mas é preciso saber qual deles, de fato, consegue acabar com a infecção. No recipiente acima foi colocada uma substância adequada, como uma gelatina, para que uma bactéria (*Bacillus anthracis*) pudesse se desenvolver. Depois, cinco pastilhas de diferentes antibióticos foram acrescentadas a esse meio para testar quais seriam efetivos contra essa espécie de bactéria. A região límpida em torno das pastilhas mostra que todos os antibióticos testados têm potencial para matar essa espécie de bactéria.

Fonte de alimentos

Champignon, *shiitake*, trufa, são tipos de cogumelos utilizados pelo homem em sua alimentação.

Lembre-se!

Embora muitos cogumelos sejam utilizados pelo homem como alimento, é preciso cuidado na seleção dos que são comestíveis. Isso porque várias espécies produzem toxinas que, se ingeridas, podem causar a morte. Se em uma caminhada ou excursão ao campo você encontrar cogumelos, não os colha para comer, eles podem conter substâncias prejudiciais à saúde.

Queijos do tipo *brie*, *camembert*, *roquefort* e gorgonzola são produzidos com a utilização de fungos do gênero *Penicillium*, que dão a consistência e o sabor característico a esses tipos de queijo.

Na produção dos queijos (a) *roquefort* e (b) *camembert*, participam fungos do gênero *Penicillium*.

Associações benéficas: mutualismos

Os fungos participam de duas importantes associações benéficas do tipo *mutualismo* com outros seres vivos, conhecidas como **liquens** e **micorrizas**.

> **Lembre-se!**
> *Mutualismo* é uma associação entre indivíduos de espécies diferentes, em que há benefício para ambos.

- **Liquens** – são associações formadas entre fungos e alguns tipos de algas unicelulares, encontradas sobre troncos de árvores e rochas. Os fungos fornecem água e sais minerais às algas, que, em troca, graças à fotossíntese, fornecem alimento orgânico e gás oxigênio.

Microscopia eletrônica mostrando corte do líquen *Parmelia sulcata*. As algas (bolinhas verdes) realizam fotossíntese e produzem os nutrientes que são absorvidos pelas hifas dos fungos (em bege) que envolvem as algas. Por sua vez, os fungos absorvem minerais das águas das chuvas. (Imagem colorida artificialmente. Ampliação: 450 vezes.)

DE OLHO NO PLANETA — Ética & Cidadania

Liquens e poluição atmosférica

Se você mora em uma grande cidade e não encontra liquens nas árvores, isso não é um bom sinal, pois sua ausência é considerada um excelente indicador de poluição atmosférica por gases. Os liquens são incapazes de "excretar" as substâncias tóxicas que absorvem, porém são extremamente sensíveis a gases poluentes liberados por indústrias e veículos movidos a derivados de petróleo, especialmente ao dióxido de enxofre (SO_2).

➤ Que medidas poderiam ser tomadas para melhorar a qualidade do ar das cidades?

Líquen crescendo sobre casca de árvore. Essa espécie de líquen, *Xantoria parientina*, mede de 2,5 cm a 7,5 cm.

- **Micorrizas** – nesse caso, os fungos associam-se a raízes de plantas. Além de atuarem na decomposição da matéria orgânica existente no solo, a grande vantagem que conferem às plantas é o aumento da capacidade de absorção de nutrientes minerais pelas raízes. Em troca, recebem da planta proteção e alimento orgânico, essencial para a sua sobrevivência.

Microscopia eletrônica de corte de micorriza. Na imagem, as hifas do fungo (em laranja) são vistas no córtex da raiz de uma planta. O fungo fornece nutrientes à planta que ela não pode conseguir sozinha, além de água e minerais, e recebe alimento produzido pela planta. (Imagem colorida artificialmente. Ampliação: 2.200 vezes.)

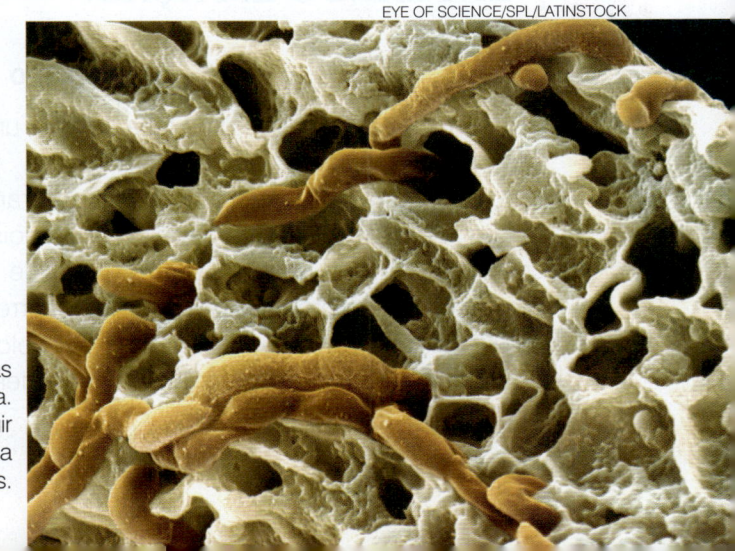

Associação prejudicial: parasitismo

Muitas espécies de fungos são parasitas. Nas plantas, acarretam consideráveis prejuízos, por exemplo, em laranjeiras (causando o escurecimento das folhas), nas folhas do cafeeiro e da soja ("ferrugem") e nas espigas de milho, que são totalmente destruídas por um fungo cujo corpo de frutificação se assemelha a carvão.

Nos animais, destaca-se o parasitismo que afeta várias espécies de anfíbios, como os sapos, provocando o declínio de suas populações. Nos seres humanos, sobressaem-se as **micoses**, como as que afetam as unhas e a pele, e a **candidíase** ou **sapinho**, causada pelo fungo *Candida albicans*, que afeta boca, faringe e até mesmo os pulmões.

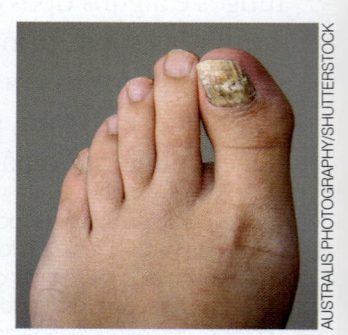

Espiga de milho atacada pela doença carvão do milho, causada pelo fungo *Ustilago maydis*. A doença tem esse nome porque dentro dos "gomos" cinza que se formam há inúmeros esporos de cor preta.

Micose em unha do pé.

EM CONJUNTO COM A TURMA!

Uma associação bem frequente

Micoses que afetam a pele dos pés são popularmente conhecidas como **frieiras**. É comum em pessoas que transpiram muito nos pés, usam calçados fechados e não secam corretamente o espaço entre os dedos após o banho.

Para muitas micoses, como as que afetam as unhas, o tratamento é de longa duração, feito com medicamentos antifúngicos que devem ser administrados sob supervisão médica. Do mesmo modo que você viu no caso das doenças causadas por vírus e bactérias, a prevenção também é a melhor atitude para se evitar as doenças causadas por fungos.

Com seu grupo de trabalho discutam que medidas conhecem e que poderiam implantar para que não ocorra a disseminação de micoses. Vocês também podem complementar a discussão pesquisando sobre o assunto na biblioteca de sua escola ou visitando o site do Ministério da Saúde no endereço eletrônico <http://bvsms.saude.gov.br/bvs/dicas/254_micoses.html>. (*Acesso em:* 10 jul. 2015.)

ENTRANDO EM AÇÃO!

Observação de bolores no pão

Você vai precisar de uma fatia de pão, um saco plástico e um pires.

Deixe a fatia de pão em um pires durante um dia à temperatura ambiente. Depois, coloque-a em um saco plástico e aguarde o seu embolamento. Assim que isso ocorrer, registre a cor, ou cores, existentes no bolor. Se dispuser de um microscópio, você poderá colocar, com um pincel, pequenos fragmentos do bolor em uma lâmina de vidro e observar o conteúdo do bolor.

➢ Caso a reprodução do bolor seja bem-sucedida, deverão ser observadas minúsculas esferas, correspondentes às células que possibilitam a reprodução do fungo. Como são denominadas essas células?

CAPÍTULO 8 • Fungos

Nosso desafio

Para preencher os quadrinhos de 1 a 12, você deve utilizar as seguintes palavras: antibióticos, brotamento, decompositores, doenças, esporulação, etanol, fermentação, heterótrofos, matéria orgânica, pluricelulares, respiração aeróbia, unicelulares.

À medida que você preencher os quadrinhos, risque a palavra que escolheu para não usá-la novamente.

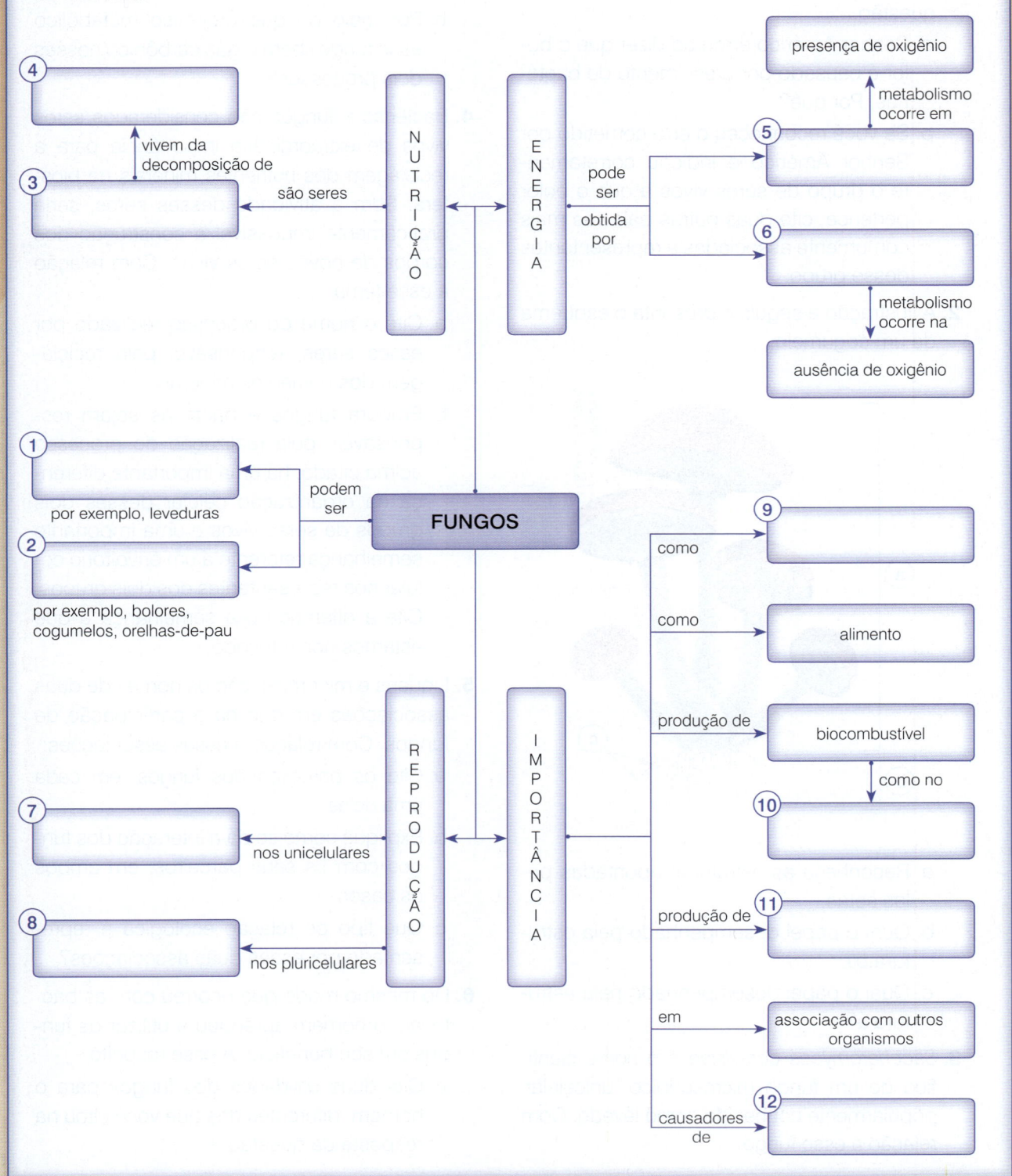

- 1 — por exemplo, leveduras
- 2 — por exemplo, bolores, cogumelos, orelhas-de-pau
- 3 — vivem da decomposição de
- 4
- 5 — metabolismo ocorre em presença de oxigênio
- 6 — metabolismo ocorre na ausência de oxigênio
- 7 — nos unicelulares
- 8 — nos pluricelulares
- 9 — como
- 10 — como no (biocombustível)
- 11 — produção de
- 12 — causadores de

FUNGOS: NUTRIÇÃO, ENERGIA, REPRODUÇÃO, IMPORTÂNCIA

Importância: como alimento; produção de biocombustível; em associação com outros organismos.

Atividades

1. Ao ver um mamão cheio de bolor no mercado, Senhor Américo exclamou: "Não vou comprar esta fruta porque está cheia de bactérias que fizeram crescer esse bolor". Com relação à situação descrita no texto da questão:
   a. Senhor Américo errou ao dizer que o bolor é causado por crescimento de bactérias. Por quê?
   b. Se você reconheceu o erro cometido por Senhor Américo e indicou corretamente o grupo de seres vivos a que o bolor pertence, cite duas outras palavras mais comumente associadas a representantes desse grupo.

2. A ilustração a seguir, representa o esquema de um cogumelo:

   a. Reconheça as estruturas apontadas pelas setas.
   b. Qual o papel desempenhado pela estrutura *b*?
   c. Qual o papel desempenhado pela estrutura *a*?

3. *Saccharomyces cerevisiae* é o nome científico de um fungo microscópico, unicelular, popularmente conhecido como lêvedo. Com relação a esse fungo:
   a. Cite as duas principais utilizações desse fungo, uma delas relacionada à produção de um alimento amplamente consumido pelo homem e a outra baseada na transformação do açúcar de cana.
   b. Por meio de que processo metabólico esse fungo libera o gás carbônico nesses dois processos?

4. Bactérias e fungos são considerados seres vivos de extraordinária importância para a reciclagem dos nutrientes minerais na biosfera. Sem a atividade desses seres, seria praticamente impossível a construção dos corpos de novos seres vivos. Com relação a esse tema:
   a. Cite o nome do processo realizado por esses seres, responsável pela reciclagem dos nutrientes minerais.
   b. Embora fungos e bactérias sejam responsáveis pela realização do processo acima citado, há uma importante diferença na organização celular desses dois grupos de seres vivos e uma importante semelhança referente a um envoltório celular nos representantes dos dois grupos. Cite a diferença e a semelhança a que estamos nos referindo.

5. Líquens e micorrizas são os nomes de duas associações em que há a participação de fungos. Com relação a essas associações:
   a. Cite os parceiros dos fungos, em cada uma delas.
   b. Explique como se dá a interação dos fungos com os seus parceiros, em ambos os casos.
   c. Que tipo de relação ecológica é representado por essas duas associações?

6. Do mesmo modo que ocorreu com as bactérias, o homem aprendeu a utilizar os fungos em seu benefício. A esse respeito:
   a. Cite duas utilidades dos fungos para o homem, diferentes das que você citou na resposta da questão 3.

b. Com relação aos prejuízos causados por alguns fungos à saúde humana, qual é a denominação geral dada às doenças por eles causadas? Cite pelo menos dois locais em que os fungos costumam se desenvolver no organismo humano.

c. Que tipo de relação ecológica existe entre os fungos causadores de doenças nas plantas e nos animais?

7. Dia desses, um paciente sentiu uma forte dor de garganta e, como estava com febre, decidiu ir ao médico. O médico constatou que o paciente estava com a garganta inflamada, cheia de pus, e lhe receitou penicilina. Voltando para casa, ele disse à esposa que o médico tinha receitado penicilina, um remédio produzido por bactérias para matar as bactérias que inflamavam a sua garganta. A partir das informações fornecidas pelo texto e dos seus conhecimentos sobre o assunto, corrija a informação fornecida pelo paciente, relativa à origem da penicilina.

8. O exercício seguinte é uma adaptação de uma questão proposta em um exame vestibular de acesso à Universidade Estadual de Campinas (Unicamp – SP). Leia com atenção e elabore as respostas.

Fungos crescem sobre alimentos, formando colônias de várias colorações visíveis a olho nu (bolor ou mofo). Em um experimento, um meio de cultura à base de amido (um polissacarídeo de reserva energética encontrado, por exemplo, na farinha de trigo), foi preparado sob fervura e distribuído nos frascos I a IV, nas seguintes condições:

I. tampado imediatamente;
II. tampado depois de frio;
III. tampado depois de frio por plásticos com furos;
IV. destampado.

a. Em que frasco, teoricamente, se espera que um maior número de colônias se desenvolva? Por quê?

b. Por que os fungos crescem em locais em que existe matéria orgânica?

9. Quando o fungo *Ustilago maydis* invade uma planta de milho, provocando o surgimento de gomos cinza escuros semelhantes a carvão ("carvão do milho"), suas hifas penetram nas células da planta hospedeira, que são ricas em nutrientes que favorecem o desenvolvimento do fungo. Essa atividade prejudica a formação de espigas pela planta de milho.

Os gomos cinza escuros que se exteriorizam da espiga correspondem ao micélio reprodutor do fungo, ou seja, as hifas que produzem as células reprodutoras.

a. Como é denominado o conjunto representado pelo micélio reprodutor do fungo e que forma os gomos conhecidos como "carvão do milho", citados no texto?

b. O micélio reprodutor é responsável pela produção de células reprodutoras que certamente estão presentes nos gomos citados no texto. Como são denominadas essas células reprodutoras?

10. Observando com um microscópio comum o micélio nutridor de um cogumelo que se desenvolvia na beira de um rio, um pesquisador anotou as seguintes características presentes nas hifas:

I. Células dotadas de parede celular.
II. Presença de núcleo organizado nas células.
III. Presença de mitocôndrias e ausência de cloroplastos.

Uma pessoa, ao ver o pesquisador observando o cogumelo, exclamou: "Ah, mas que planta bonita, não"? Ao que o pesquisador respondeu: "Não, meu caro amigo, não é uma planta, mas um fungo".

Considerando as informações acima, responda:

a. Que características permitiram ao pesquisador justificar à pessoa que o ser vivo que estava estudando era um fungo?

b. O cogumelo observado é um ser eucarionte ou procarionte? Autótrofo ou heterótrofo? Justifique sua resposta.

capítulo 9
Os protozoários e as algas

O mar... é bonito, é bonito, e rico!!

Como é bom ir à praia, não é mesmo? Pôr os pés na areia, tomar um banho de mar e, depois sentar e admirar as ondas, que vão e vêm. O que ninguém imagina é que a água do mar é uma admirável residência para inúmeras espécies de peixes, mariscos, ostras, caramujos, polvos, tartarugas, baleias, protozoários e ... algas! Sim, algas. Muitas delas são visíveis, macroscópicas, de diversas cores e são atiradas pelas ondas na areia.

O que pouca gente sabe é que a água do mar também é residência para um enorme grupo de algas microscópicas, visíveis apenas com o uso de um bom microscópio. Componentes do chamado *fitoplâncton* e capazes de realizar fotossíntese, essas microalgas possuem uma importância ecológica extraordinária. Admite-se que cerca de 50% da fotossíntese mundial seja por elas realizada. O que significa dizer que elas são excelentes absorvedoras de gás carbônico e liberadoras de gás oxigênio para a água do mar e para a atmosfera. Além disso, constituem o ponto de partida, ou, como se costuma dizer, a base das teias alimentares oceânicas. É esse grupo de seres vivos, juntamente com o dos protozoários, que você conhecerá, ao ler as páginas deste capítulo.

SHUTTERSTOCK

CAPÍTULO 9 • Os protozoários e as algas   **115**

O reino Protista (ou Protoctista) inclui os protozoários e as algas, organismos dotados de células eucarióticas.

■ Os protozoários

Todos os protozoários (do grego, *protos* = primeiro + + *zoon* = animal) são unicelulares e heterótrofos. Muitos vivem livremente na natureza e outros são parasitas causadores de graves doenças nos seres humanos. A maioria dos seres pertencentes a esse grupo se locomove utilizando estruturas apropriadas a essa finalidade, como é o caso de amebas, paramécios e tripanossomos, enquanto outros não possuem qualquer estrutura de locomoção, como os plasmódios.

SENTIDO DO DESLOCAMENTO

núcleo

pseudópode

Ilustração de emissão de pseudópodes por uma ameba. (Cores-fantasia.)

As amebas se deslocam lentamente por meio da emissão de **pseudópodes**, que são expansões da célula que vão sendo projetadas e que possibilitam o deslocamento do protozoário.

Mas as amebas não utilizam os pseudópodes apenas para locomoção – eles são empregados também para a captura de alimentos, em um processo chamado **fagocitose**. Nesse tipo de captura, os pseudópodes rodeiam o alimento e o englobam.

Jogo rápido

O texto ao lado contém duas características que podem ter sido utilizadas para a inclusão dos protozoários no reino Animal, nas antigas classificações dos seres vivos. Identifique essas duas informações.

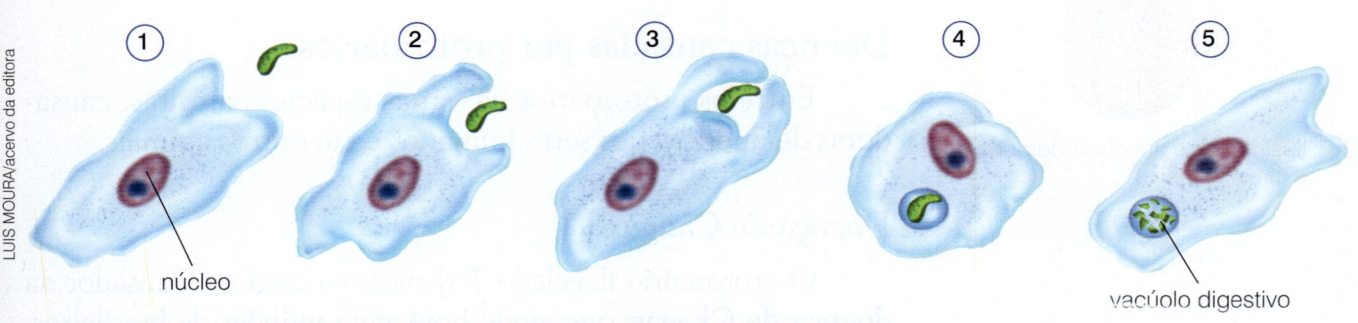

① ② ③ ④ ⑤

núcleo

vacúolo digestivo

Os alimentos capturados pelos pseudópodes da ameba são digeridos no interior do seu citoplasma (digestão intracelular). (Cores-fantasia. Ilustrações fora de escala.)

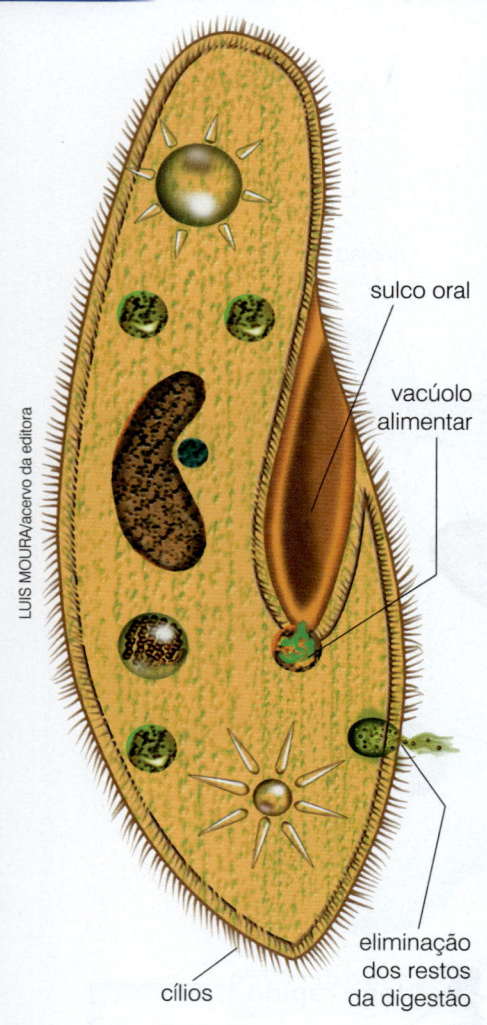

Outra forma de locomoção dos protozoários é por meio de **cílios**, como, por exemplo, no caso do paramécio. Esses pequeníssimos fios que surgem do interior do citoplasma possibilitam a locomoção das células em meio líquido. A movimentação dos cílios também faz com que o alimento presente no meio líquido chegue até o sulco oral, por onde o alimento é ingerido.

Cílios são mais curtos e mais numerosos do que **flagelos**, que são outra forma de locomoção dos protozoários em meio líquido. Pertencem ao grupo dos flagelados os tripanossomos e as leishmanias.

Assim como os cílios, o flagelo também auxilia na captura do alimento.

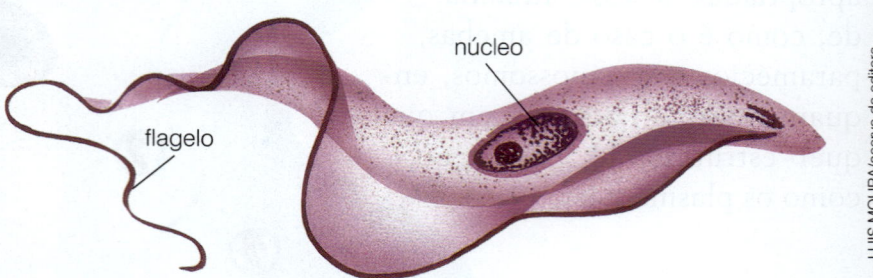

Ilustração de um paramécio. (Cores-fantasia.)

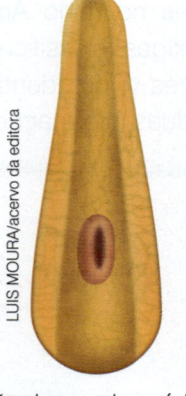

Ilustração de um tripanossomo. Compare esta imagem com a ilustração do paramécio e observe como o flagelo (do latim, *flagellum* = chicote) é muito mais longo do que os cílios.

Nos protozoários em que não há mecanismo de locomoção, como nos plasmódios, eles se deslocam pela movimentação do próprio líquido do meio em que se encontram. São parasitas de células de outros organismos, entre eles os seres humanos.

Como os protozoários são unicelulares, a célula que os constitui deve realizar todas as funções vitais: digestão de alimentos, eliminação de resíduos, trocas gasosas de respiração, transporte e reprodução.

Quanto à reprodução, o processo mais frequente é o de **divisão binária** ou **bipartição** (reprodução assexuada), mas há algumas formas de ciliados que apresentam reprodução sexuada.

Doenças causadas por protozoários

Entre os protozoários há várias espécies parasitas, causadoras de doenças nos seres humanos e em outros animais.

Ilustração de um plasmódio. (Cores-fantasia.)

Doença de Chagas

O protozoário flagelado *Trypanosoma cruzi* é o causador da **doença de Chagas**, que ainda hoje afeta milhões de brasileiros. Acompanhe, pelo esquema, o ciclo dessa doença.

CAPÍTULO 9 • Os protozoários e as algas

Ciclo da doença de Chagas.

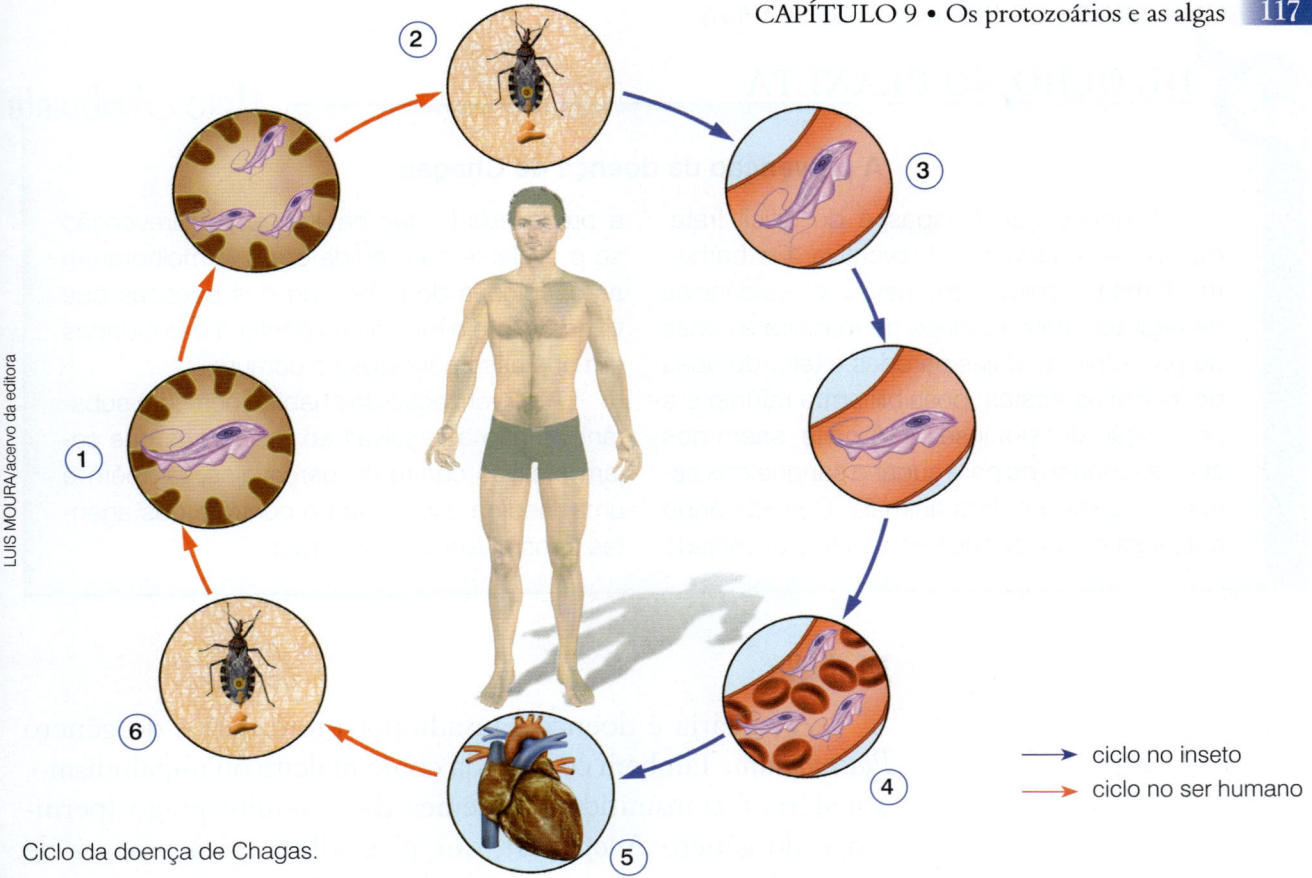

→ ciclo no inseto
→ ciclo no ser humano

1. O parasita multiplica-se no intestino de percevejos (insetos), os barbeiros, assim chamados por picarem, à noite, a pele delicada do rosto das pessoas.
2. Ao mesmo tempo em que se alimentam de sangue, os barbeiros defecam e liberam os tripanossomos.
3. Coçando-se, a pessoa favorece o ingresso de tripanossomos em células da pele ou da mucosa ocular, nas quais se multiplicam.
4. Após alguns dias, rompem as células e espalham-se, por meio da corrente sanguínea, invadindo outros órgãos, como, por exemplo, o coração e a musculatura da parede do esôfago e do intestino.
5. No coração, provocam inúmeras lesões e destroem as células musculares cardíacas. O coração comprometido reduz a sua capacidade de impulsionar o sangue, caracterizando, ao longo do tempo, um quadro de insuficiência cardíaca. Ao destruírem a musculatura da parede do tubo digestório, dificultam o trânsito dos alimentos e das fezes.
6. Ao picarem uma pessoa ou animal contaminado pelos tripanossomos, os barbeiros se infestam e podem transmitir os protozoários para outros organismos.

Outra via de contaminação é a transfusão de sangue contendo o parasita. Daí a importância do controle do sangue nos bancos de sangue. Alimentos contaminados pelo contato com barbeiros (caldo de cana, açaí etc.) também transmitem a doença.

Barbeiro (*Triatoma infestans*), transmissor da doença de Chagas.

DE OLHO NO PLANETA

Meio Ambiente

A prevenção da doença de Chagas

A doença de Chagas é de difícil tratamento. Não há vacina preventiva. Os barbeiros habitam chiqueiros, paióis e residências de regiões rurais, ranchos de madeira e casas de pau-a-pique, cujas paredes e teto, dotadas de inúmeras frestas, possibilitam o refúgio e a procriação desses insetos. À noite, saem dos seus esconderijos para sugar o sangue dos seres humanos e outros animais. Considerando que essa é uma doença geralmente associada à precariedade das habitações, a prevenção só é eficiente na medida em que melhorarem as condições de habitação das pessoas que vivem no meio rural ou na periferia das cidades em que essa parasitose é comum.

A pulverização das habitações com substâncias não agressivas ao meio, mas que sejam efetivas contra os percevejos, também é uma medida eficaz para o controle dos agentes transmissores (barbeiros).

Malária

A malária é doença causada por protozoários do gênero *Plasmodium*. Também conhecida como maleita ou impaludismo, a malária é transmitida pela fêmea do mosquito-prego (pernilongo do gênero *Anopheles*), que pica o homem à procura de sangue. Veja o esquema do ciclo da malária a seguir.

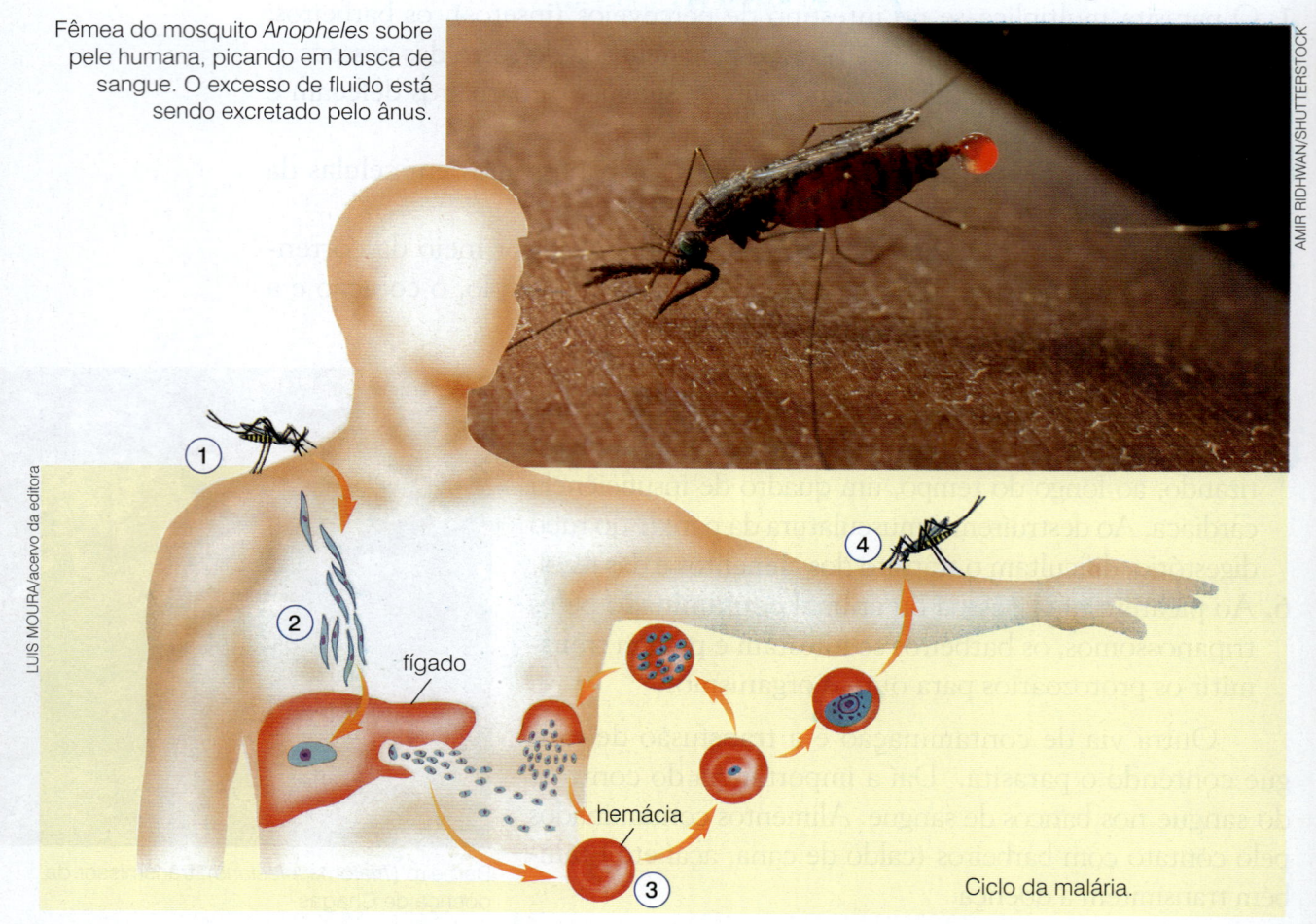

Fêmea do mosquito *Anopheles* sobre pele humana, picando em busca de sangue. O excesso de fluido está sendo excretado pelo ânus.

Ciclo da malária.

1. Ao picar um indivíduo sadio, o mosquito introduz nele os plasmódios.
2. De início, os plasmódios se multiplicam nas células do fígado humano. A seguir, rompem as células do fígado, atingem o sangue e penetram em glóbulos vermelhos (hemácias).
3. Depois de se reproduzirem nessas células, elas se rompem e os novos plasmódios são liberados juntamente com toxinas que provocam febre e tremedeira, os sintomas típicos dessa doença.
4. O ciclo do plasmódio completa-se quando os parasitas são sugados do sangue pela fêmea do pernilongo. No estômago do inseto, após a ocorrência de uma reprodução sexuada, os plasmódios se multiplicam e migram para as glândulas salivares do mosquito, de onde passarão para a corrente sanguínea do próximo indivíduo picado.

É SEMPRE BOM SABER MAIS!

Somente as fêmeas dos mosquitos alimentam-se de sangue, no qual encontram nutrientes essenciais para a formação de seus ovos. Os ovos são depositados em água parada e limpa, onde se desenvolvem as larvas que, posteriormente, transformam-se em insetos adultos. Os machos nutrem-se da seiva retirada de vegetais.

As febres geralmente ocorrem de 48 em 48 horas, tempo que o parasita leva para se reproduzir assexuadamente nos glóbulos vermelhos (da invasão até a destruição de novos glóbulos).

ESTABELECENDO CONEXÕES

Saúde

Prevenção da malária

Por hora, não há vacina preventiva contra os plasmódios. A prevenção depende da adoção de algumas medidas, principalmente nas regiões em que a malária é comum:

- evitar aproximar-se de lagos, córregos, igarapés etc. nas horas do dia em que os pernilongos são mais ativos, ou seja, ao entardecer e ao amanhecer;
- instalar telas (mosquiteiros) em barracas, cabanas e residências;
- eliminar a água acumulada em recipientes onde se desenvolvem as larvas dos pernilongos;
- recorrer ao controle biológico, utilizando espécies de peixes que se alimentam das larvas dos pernilongos;
- pulverizar inseticidas não agressivos ao meio ambiente, mas efetivos contra os barbeiros.

Leishmaniose

A leishmaniose visceral e a leishmaniose cutânea são doenças causadas por protozoários flagelados do gênero *Leishmania*.

Na leishmaniose visceral, o protozoário afeta o fígado e o baço, e os principais sintomas são febre, anemia e perda de peso. A leishmaniose cutânea causa a doença conhecida como úlcera de Bauru, que afeta pele e cartilagens (nariz, laringe), provocando graves lesões.

O transmissor dos protozoários é o inseto mosquito-birigui, também conhecido como mosquito-palha. A prevenção depende do controle dos insetos transmissores e da adoção de medidas que evitem a sua proliferação, que costuma ocorrer no solo das matas contendo muito material orgânico.

Toxoplasmose

A toxoplasmose é uma doença comum nos trópicos causada pelo *Toxoplasma gondii*, que tem em animais domésticos, como os gatos, os seus principais reservatórios. O homem adquire a doença ao inalar cistos do parasita – presentes nas fezes secas dos gatos – ou ao ingerir alimentos contaminados com esses cistos, que foram transportados para os alimentos por moscas e baratas.

Na maioria dos casos, a toxoplasmose não produz sintomas. Porém, em alguns indivíduos, especialmente com o sistema imunológico comprometido, a toxoplasmose pode provocar sérios danos no sistema nervoso ou mesmo a morte.

Outras doenças de importância nos seres humanos causadas por protozoários

Doença	Características
Amebíase ou disenteria amebiana	Agente causador: *Entamoeba histolytica*. Sintomas: cólicas abdominais e disenteria. Transmissão: por meio da água, verduras e mãos contaminadas. Prevenção: hábitos de higiene pessoal (lavar as mãos) e saneamento básico (fornecimento de água tratada e redes de coleta e tratamento de esgoto).
Giardíase	Agente causador: *Giardia lamblia*. Sintomas: cólicas abdominais, diarreias e fraqueza. Transmissão: por meio da água e alimentos contaminados. Prevenção: hábitos de higiene pessoal (lavar as mãos) e saneamento básico (fornecimento de água tratada e redes de coleta e tratamento de esgoto).
Tricomoníase	Agente causador: *Trichomonas vaginalis*. Sintomas: coceira, ardor e corrimento vaginal. Transmissão: doença sexualmente transmissível (DST). Prevenção: uso de preservativos e tratamento dos portadores do parasita.

■ As algas

A grande maioria das algas não é visível, sendo constituída de espécies microscópicas que vivem mergulhadas na água e possuem extraordinária importância para o nosso planeta. O motivo é simples de entender: todas as algas são *autótrofas*; em suas células existem *cloroplastos*, organelas responsáveis pela *fotossíntese*. Por meio desse processo, elas retiram o gás carbônico do ar e devolvem oxigênio, além de produzirem matéria orgânica.

Em tempos de intensificação do aquecimento global, causado pela liberação excessiva de gás carbônico para a atmosfera, a contribuição das algas é extraordinária. Há quem diga que elas são responsáveis por cerca de 50% da fotossíntese executada em nossa biosfera.

Dentre as espécies componentes do grupo das algas muitas são unicelulares e vivem isoladas, outras são unicelulares e se agrupam em colônias de diversos formatos e inúmeras espécies são pluricelulares, mas não formam tecidos verdadeiramente

> **Jogo rápido**
>
> Nos primeiros sistemas de classificação dos seres vivos, pelo menos duas características teriam sido utilizadas como critério de inclusão de um cogumelo e de uma alga marinha pluricelular de grande porte em um mesmo reino. Quais poderiam ter sido essas duas características?

CAPÍTULO 9 • Os protozoários e as algas

organizados. Trata-se, portanto, de um grupo bastante heterogêneo. Existe, porém, uma característica comum a todas elas: são autótrofas, possuem o pigmento clorofila e realizam fotossíntese no interior de cloroplastos.

Muitas vezes, como veremos a seguir, a cor da alga é devida a um pigmento predominante, que mascara a cor verde da clorofila.

Dentre os principais grupos de algas, as popularmente conhecidas como **diatomáceas** são as mais abundantes no meio aquático, tanto marinho como de água doce. São em sua maioria unicelulares, com poucas coloniais. A célula é rodeada por uma carapaça de sílica.

Diatomáceas são um grupo de algas com mais de 10.000 espécies. (Imagem vista ao microscópio óptico, colorida artificialmente. Ampliação: 50 vezes.)

As **clorofíceas**, conhecidas como **algas verdes**, podem ser unicelulares, coloniais e pluricelulares. Podem ser encontradas no mar, na água doce e em meio terrestre úmido. Algumas espécies associam-se a fungos na constituição dos liquens.

Pluricelulares e macroscópicas, as **feofíceas** são as também chamadas **algas pardas**. A maioria é marinha e nos mares de regiões temperadas são componentes das florestas marinhas, conhecidas como *kelps*. Muitas espécies são comestíveis.

Fique por dentro!

A terminação *fíceas*, que faz parte do nome dos grupos de algas, é derivada do grego *phykos*, que significa alga.

Ulva, também conhecida como alface-do-mar, é uma alga verde comestível. Pode atingir até 60 cm.

Alga parda (*Fucus vesiculosus*). Medem cerca de 60 cm.

As **euglenofíceas** são todas unicelulares, de coloração verde. A maioria vive em água doce. Há espécies que se alimentam de partículas orgânicas existentes na água e também fazem fotossíntese. As euglenas pertencem a esse filo.

As **pirrofíceas**, também chamadas de **dinoflagelados**, são todas unicelulares, sendo a maioria marinha. A *Noctiluca* é uma espécie que emite luz ao ser atritada (bioluminescência).

Também pluricelulares, porém de tamanho menor do que as feofíceas, são as **algas vermelhas**, as **rodofíceas**. A maioria é marinha. De algumas espécies extrai-se o *ágar*, substância utilizada para a confecção de meios de cultivo. Algumas espécies de algas vermelhas são comestíveis.

Noctiluca scintillans, um dinoflagelado marinho bioluminescente. (Imagem vista ao microscópio óptico. Ampliação: 200 vezes.)

O ágar, substância extraída de algas vermelhas do gênero *Gelidium*, é uma espécie de gelatina muito adequada para servir como meio de cultura em laboratório. Na foto, o ágar (em amarelo) foi utilizado para cultivo de bactérias (em verde).

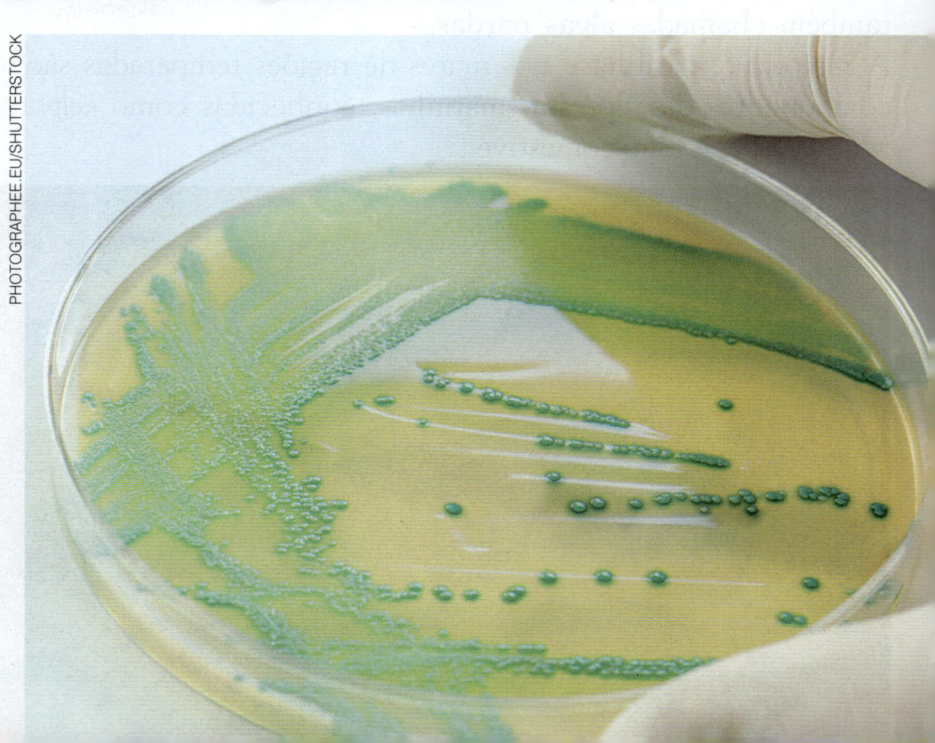

ESTABELECENDO CONEXÕES

História

Algas comestíveis

Cada país tem em sua culinária pratos que lhe são característicos. E, naturalmente, isso também acontece com o Japão, país da Ásia formado por um conjunto de ilhas. Com um território em que cerca de 75% da superfície é montanhosa (possui mais de 60 vulcões ativos) e apenas 14% do território pode ser utilizado para a agricultura, os produtos que vêm do mar passam a ter grande importância.

Entre os vários pratos da culinária japonesa estão os peixes crus fatiados (*sashimi*), arroz e, entre outros, os chamados *sushis*: rolinhos de arroz com vinagre, recheados, envolvidos por um tipo de alga, conhecida como nori.

Mas esse prato tem sua origem em um tempo remoto no Japão, em uma época em que os pescadores enfrentavam o problema de como conservar o que era pescado. Para isso, depois de limpar os peixes, os salgavam e os envolviam com arroz, que fermentava e azedava, conservando o peixe. Isso podia manter o pescado por até 3 anos em condições de ser consumido, mas não o arroz.

Foi apenas no século XVII, com a introdução do vinagre no arroz, que o sushi passou a ser preparado e consumido como o conhecemos hoje.

No tradicional *sushi* japonês, as folhas feitas com alga (a) são recheadas com arroz e vegetais ou peixes (b), enroladas, e cortadas em pequenas porções (c) para serem servidas.

A importância das algas

Importância ecológia

O **fitoplâncton** é uma comunidade formada principalmente por microalgas que flutuam livremente ao sabor das ondas. São importantes produtoras de alimento orgânico (autótrofas fotossintetizantes) e liberam oxigênio para a água e atmosfera. Formam a base das cadeias alimentares aquáticas, o chamado "pasto marinho", que constitui o alimento dos consumidores primários

Jogo rápido

Embora tenham sido colocadas no mesmo reino, nos primeiros sistemas de classificação dos seres vivos, atualmente as algas e os fungos se encontram em reinos separados. Em sua opinião, qual foi o principal critério utilizado para essa separação.

> **Fique por dentro!**
>
> Cerca de 90% do gás oxigênio da atmosfera terrestre é produzido pelas algas do fitoplâncton por meio da fotossíntese.

> **Jogo rápido**
>
> É comum atualmente dizer-se que as algas do fitoplâncton atuam no sequestro de gás carbônico atmosférico. Que benefício para a biosfera essa atividade pode proporcionar e em que importante processo o gás carbônico absorvido é utilizado?

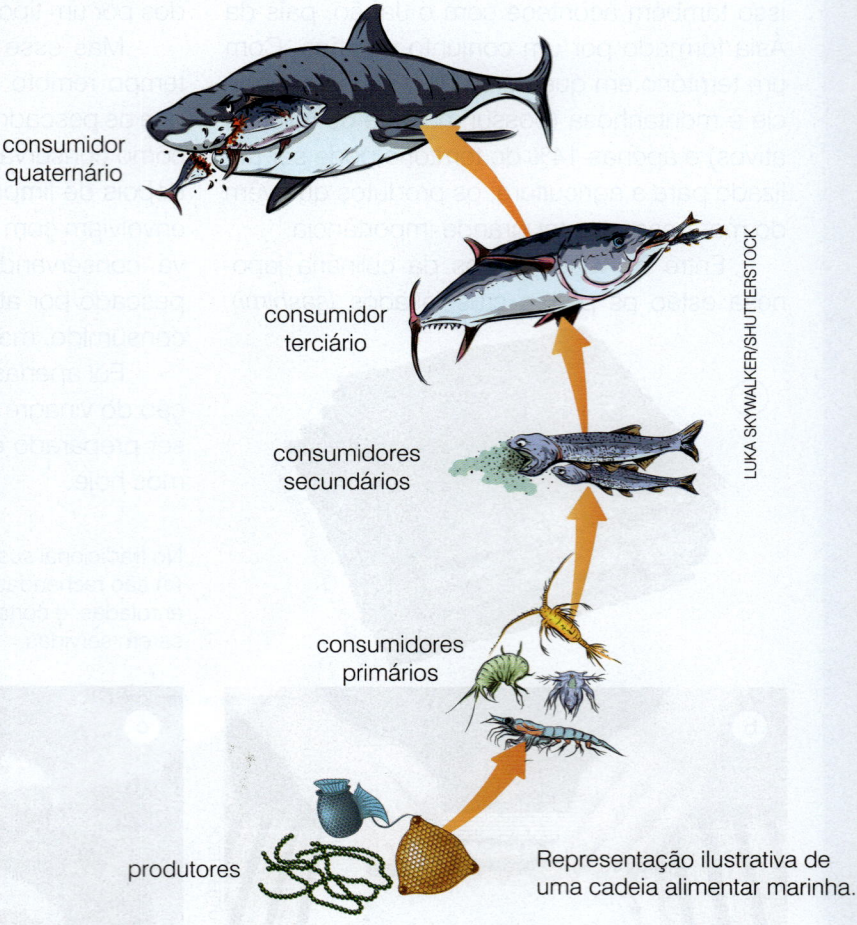

dos ecossistemas aquáticos, que, por sua vez, são o alimento para consumidores secundários, e assim por diante até o topo das cadeias alimentares. Isso significa que todo o "pescado" que nos alimenta (crustáceos, peixes etc.) depende direta ou indiretamente das algas do fitoplâncton.

consumidor quaternário

consumidor terciário

consumidores secundários

consumidores primários

produtores

Representação ilustrativa de uma cadeia alimentar marinha.

Importância alimentar, industrial e agrícola

Diversas algas de grande tamanho são comestíveis, principalmente as pardas, as vermelhas e as verdes. Em países como o Japão, existem diversos criadouros de algas para essa finalidade. Além disso, *alginatos* (derivados de algas pardas) são utilizados como espessantes de alimentos (sorvetes, geleias e balas, por exemplo), de corantes e cosméticos.

A substância conhecida como *ágar*, derivada da parede celular de algas vermelhas (rodofíceas), é utilizada na indústria farmacêutica para a confecção de cápsulas de medicamentos e como laxante. Também é usada como meio de cultura para fungos e bactétias.

Algumas espécies de algas são ricas em elementos químicos como iodo, cálcio, cobre, ferro e zinco, muito utilizados na produção de adubos.

> **Espessante:** substância que dá consistência, que engrossa.

CAPÍTULO 9 • Os protozoários e as algas

Nosso desafio

Para preencher os quadrinhos de 1 a 15, você deve utilizar as seguintes palavras: **algas, amebas, autótrofas, cílios, doença de Chagas, heterótrofos, malária, pardas, plasmódios, protozoários, pseudópodes, tripanossomos, unicelulares, verdes, vermelhas**.

À medida que você preencher os quadrinhos, risque a palavra que escolheu para não usá-la novamente.

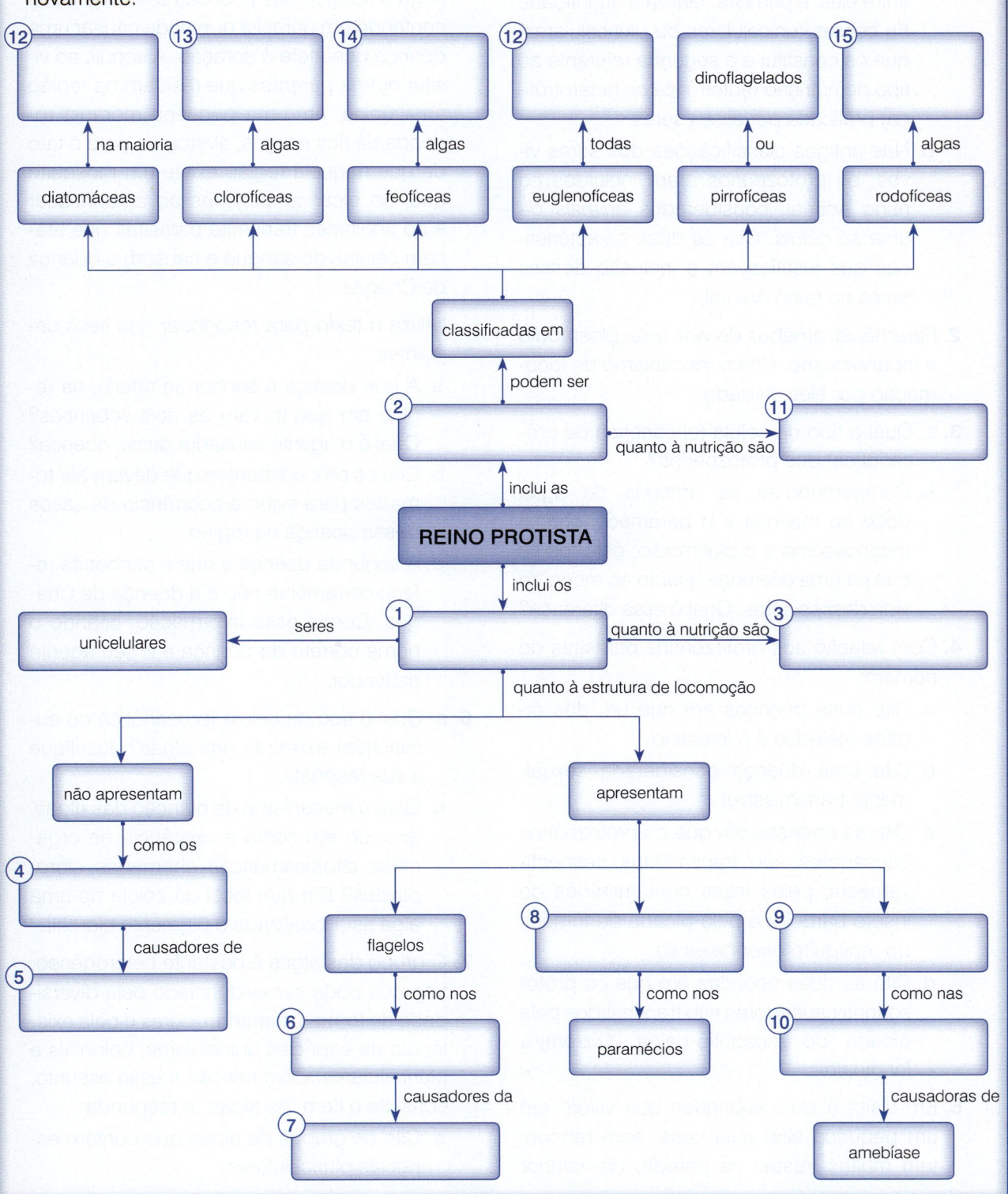

- (12) ← na maioria — diatomáceas
- (13) ← algas — clorofíceas
- (14) ← algas — feofíceas
- (12) ← todas — euglenofíceas
- dinoflagelados ← ou — pirrofíceas
- (15) ← algas — rodofíceas

↓ classificadas em

(2) — podem ser → (11) quanto à nutrição são

↑ inclui as

REINO PROTISTA

↓ inclui os

unicelulares ← seres — (1) — quanto à nutrição são → (3)

↓ quanto à estrutura de locomoção

- não apresentam
  - como os → (4)
  - causadores de → (5)
- apresentam
  - flagelos — como nos → (6) — causadores da → (7)
  - (8) — como nos → paramécios
  - (9) — como nas → (10) — causadoras de → amebíase

125

Atividades

1. O reino Protista é constituído de dois grandes grupos de seres vivos, o dos protozoários e o das algas. Com relação a esses dois grupos:
   a. Cite as duas diferenças básicas existentes entre eles, a primeira relativa à quantidade de células (unicelulares ou pluricelulares) que os constitui e a segunda referente ao tipo de nutrição (autotrófica ou heterotrófica) praticada por esses seres.
   b. Nas antigas classificações dos seres vivos, os protozoários eram incluídos no reino Animal, considerados *animais de uma só célula*. Cite as duas características que justificavam a inclusão desses seres no reino Animal.

2. Paramécio, amebas de vida livre, plasmódio e tripanossomo. Cite o mecanismo de locomoção por eles utilizado.

3. a. Qual o tipo de célula (eucariótica ou procariótica) dos protozoários?
   b. Comparando-se as amebas de água doce ou marinha e o paramécio com o tripanossomo e o plasmódio, percebe-se que há uma diferença quanto ao modo de vida desses seres. Qual é essa diferença?

4. Com relação aos protozoários parasitas do homem:
   a. Cite duas doenças em que um dos órgãos afetados é o intestino.
   b. Cite uma doença considerada sexualmente transmissível.
   c. Cite as doenças em que os protozoários causadores são transmitidos, respectivamente, pelas fezes contaminadas do inseto barbeiro e pela picada de fêmeas do mosquito *Anopheles sp*.
   d. Cite as duas doenças em que os protozoários causadores são transmitidos pela picada do mosquito-palha, *Lutzomyia longipalpis*.

5. Em visita a dois sobrinhos que vivem em um pequeno sítio cuja casa, sem reboco, tem muitas frestas na parede, um senhor disse a eles para tomarem cuidado porque na região em que residem vive um inseto chamado barbeiro, que durante o dia se esconde nos buracos da parede e à noite suga o sangue das pessoas e elimina fezes contendo um parasita que pode causar uma doença que afeta o coração. A seguir, ao visitar outros parentes que residem na região amazônica, em uma pequena moradia rodeada de rios e lagos, alertou-os para o fato de que naquela região existe um mosquito que, ao picar as pessoas ao amanhecer e ao anoitecer, transmite parasitas que atacam células do sangue e causam a doença de Chagas.

Utilize o texto para responder aos itens seguintes:
   a. A que doença o senhor se referiu, na região em que moram os dois sobrinhos? Qual é o agente causador dessa doença?
   b. Cite os procedimentos que devem ser tomados para evitar a ocorrência de casos dessa doença na região.
   c. A segunda doença a que o senhor se referiu certamente não é a doença de Chagas. Corrija essa informação, citando o nome correto da doença e o seu agente causador.

6. a. Qual o tipo de célula (procariótica ou eucariótica) existente nas algas? Justifique a sua resposta.
   b. Qual o mecanismo de nutrição das algas, levando em conta a existência de organelas citoplasmáticas chamadas cloroplastos? Em que local da célula de uma alga está localizada o pigmento clorofila?

7. O grupo das algas é bastante heterogêneo, fato que pode ser evidenciado pela diversidade de formas, tamanho, cores e pela existência de espécies unicelulares, coloniais e pluricelulares. Com relação a esse assunto, consulte o item "As algas" e responda:
   a. Cite os grupos de algas que contêm espécies pluricelulares.

b. Cite os grupos de algas que contêm espécies unicelulares.

c. Em qual dos grupos que você citou as células são envolvidas por uma carapaça de sílica?

8. De modo geral, as algas vivem em ambientes aquáticos marinhos e de água doce, podendo ser encontradas também em ambientes terrestres úmidos. No ambiente marinho, as algas pluricelulares macroscópicas de modo geral fixam-se às rochas ou no fundo do mar. As algas unicelulares e coloniais, componentes do fitoplâncton, vivem livremente na água, flutuando ao sabor das ondas. Baseando-se nessas informações e utilizando os seus conhecimentos sobre o assunto, responda:

   a. Considerando que as algas são autótrofas fotossintetizantes, até que profundidade elas podem ser encontradas na água do mar?

   b. O fitoplâncton constitui uma população ou uma comunidade de algas? Justifique a sua resposta.

   c. Algumas espécies de algas podem ser encontradas em locais úmidos de matas, bosques e florestas. Nesses locais, também é comum encontrar algas que se juntam a fungos, constituindo uma associação que costuma se fixar na casca das árvores. Como é denominada essa associação?

9. O fitoplâncton é constituído, de modo geral, por inúmeras espécies de microalgas que vivem livres na água, sendo por ela transportadas passivamente. Essas microalgas dependem da existência de nutrientes minerais dissolvidos na água contendo, principalmente, os elementos nitrogênio e fósforo, indispensáveis para a síntese de substâncias componentes das células e para a multiplicação das algas. A esse respeito, responda:

   a. Qual a importância do fitoplâncton para os ecossistemas aquáticos?

   b. De que modo o fitoplâncton pode ser benéfico para a vida dos demais seres vivos da biosfera?

10. A principal importância das algas, principalmente as microscópicas, unicelulares e coloniais, é a ecológica. No entanto, muitas espécies, sobretudo de algas macroscópicas, são utilizadas pelo homem para outras finalidades. Quais são elas?

Considere o esquema a seguir, que representa algumas relações alimentares – teia alimentar – entre espécies que vivem em um lago de região equatorial e utilize-o para responder às questões 11 e 12.

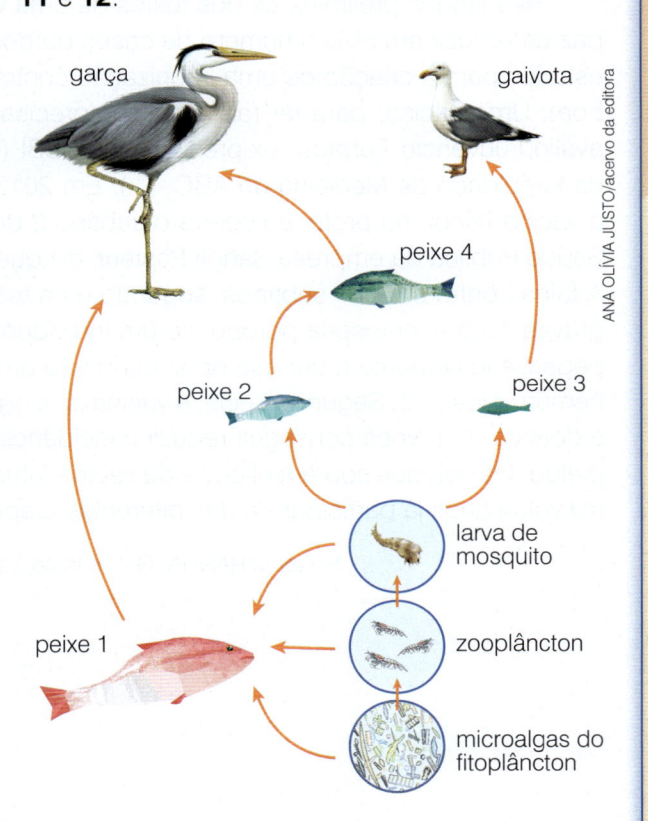

11. a. Que papel é desempenhado pelas microalgas do fitoplâncton nessa teia alimentar?

    b. Dentre os consumidores, indique os que ocupam um único nível trófico?

    c. Indique os níveis tróficos ocupados pelo peixe 1 e pela garça.

12. a. Imaginando que a larva de mosquito origine um pernilongo do sexo feminino, que protozoário esse pernilongo poderia transmitir, caso estivesse contaminado por esse protozoário?

    b. A que doença humana o item a dessa questão se refere?

Leitura
*Você, **desvendando** a Ciência*

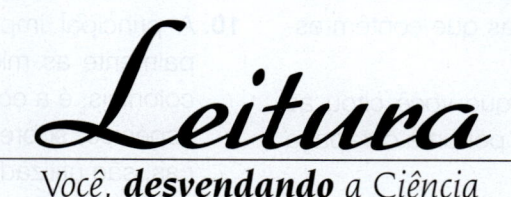

Uma vacina contra a dengue?

Resultados preliminares dos testes de uma vacina contra a dengue mostraram que ela foi capaz de reduzir em 56% o número de casos da doença. Foi a cobertura mais alta já conseguida nos estudos para a criação de uma imunização contra o vírus. (...). "É um começo, mas ainda não está bom. Uma vacina, para ter razão de ser, precisa ter uma cobertura mais alta do que esses 56%, avaliou Juvencio Furtado, ex-presidente da SBI (Sociedade Brasileira de Infectologia) e professor da Faculdade de Medicina do ABC. (...). Em 2012, em um teste ainda mais preliminar na Tailândia, a vacina falhou na proteção contra o subtipo 2 da dengue. (...). A médica Lucia Bricks, diretora de Saúde Pública da empresa Sanofi Pasteur, diz que o problema na Tailândia foi muito específico. (...). A falha contra um dos subtipos, segundo uma teoria epidemiológica, poderia levar a quadros mais graves. Isso aconteceria porque, se um indivíduo que já teve contato com o vírus pela imunização pegasse justamente a dengue do subtipo não protegido, haveria mais chance de ocorrer a dengue hemorrágica. (...). Segundo Lucia, a vacina já atingiu seu objetivo principal, que era a proteção contra a doença. (...). Você conseguir reduzir a incidência da doença em mais de 50% é muito bom", completou. Os estudos sobre a eficácia da vacina, atualmente na fase 3, continuam. Ao todo, mais de 40 mil voluntários já participaram das diferentes etapas, sendo vários deles no Brasil.

Fonte: MIRANDA, G. Em teste, vacina protege contra dengue. *Folha de S.Paulo*, São Paulo, 29 abr. 2014. Caderno saúde + ciência, p. C9.

Pesquise quais as fases que devem ser ultrapassadas para que uma vacina possa ser aprovada para aplicação em seres humanos.

TecNews
O que há de mais moderno no mundo da Ciência!

Evitar obesidade e diabetes tipo 2 com bactérias?

Sim. É o que revela um estudo realizado por cientistas europeus com a bactéria *Akkermansia muciniphila*, que vive no muco que recobre o revestimento intestinal de camundongos e seres humanos. A quantidade em níveis razoáveis dessa espécie de bactéria pertencente à microbiota intestinal é fundamental à prevenção de obesidade e diabetes tipo 2. Segundo os cientistas, quantidades baixas de indivíduos dessa espécie de bactéria possuem forte relação com o desenvolvimento daquelas duas situações.

Outra observação importante é que alimentos que contêm probióticos – dotados principalmente de bactérias benéficas ao organismo – parecem elevar a quantidade de indivíduos de *A. muciniphila*. Os pesquisadores relatam que o tratamento de camundongos obesos e diabéticos com essa bactéria resultou na melhora dos distúrbios metabólicos que conduzem a essas duas alterações fisiológicas nos animais. Destacam que, para a obtenção desses resultados, é preciso utilizar bactérias vivas, uma vez que a utilização de bactérias mortas, ou seus produtos metabólicos, não conduz a melhoras dos distúrbios metabólicos que conduzem a essas duas situações. Por fim, é destacado que os resultados obtidos constituem uma esperança em um procedimento que utiliza bactérias colonizadoras intestinais na prevenção e tratamento de obesidade e diabetes tipo 2, inclusive em seres humanos.

Fonte: EVERARD, A. *et al*. *Cross-talk between* Akkermansia muciniphila *and intestinal epithelium controls diet-induced obesity*.
Disponível em: <www.pnas.org/content/110/22/9066.short>.
Acesso em: 3 set. 2015.

CLICK E ABASTEÇA AS IDEIAS

Veja nossa sugestão de *link* sobre o assunto e abasteça suas ideias!
- http://veja.abril.com.br/noticia/saude/bacterias-intestinais-podem-ter-relacao--com-obesidade-e-diabetes/

INVESTIGANDO...

Com seus colegas de classe pesquise as possíveis relações entre obesidade e diabetes.

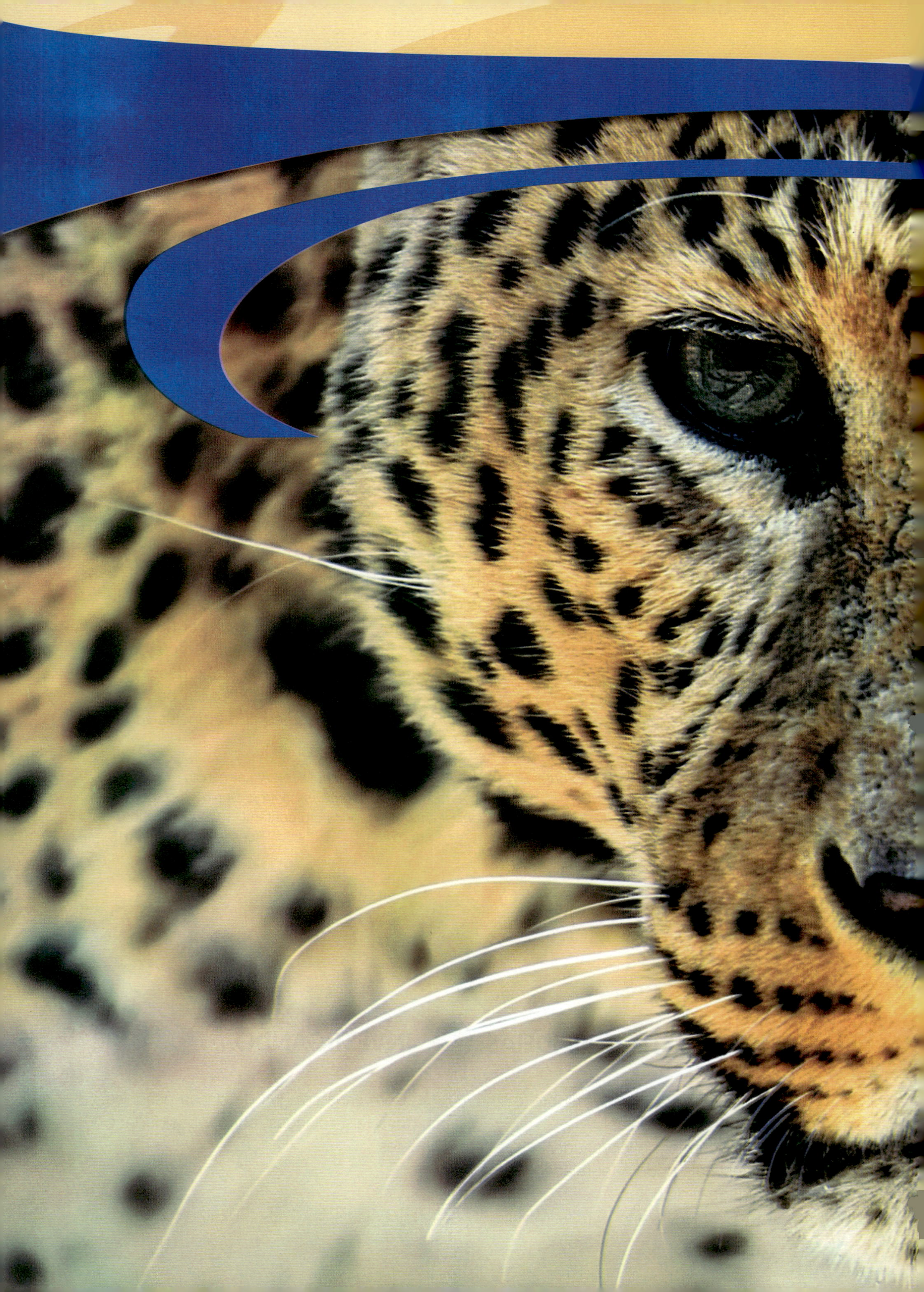

Unidade 3

MUNDO
animal

Nesta unidade, estudaremos os componentes do reino Animal, um dos maiores e mais conhecidos das pessoas. Como vivem os animais, em que ambientes são encontrados e de que modo contribuem para a manutenção da estabilidade dos locais que habitam, qual a importância dos diversos grupos animais na comunidade em que estão presentes, de que maneira favorecem a sobrevivência dos seres humanos e de outros animais, são algumas das perguntas que você poderá responder, ao ler as páginas dos próximos capítulos.

Invertebrados I

capítulo 10

Você consegue imaginar?

Imagine que você tenha lombrigas no seu intestino. O que elas estão fazendo ali? Uma coisa é certa: elas estão se aproveitando do alimento digerido que existe no seu intestino, sem ter nenhum trabalho de digeri-lo, já que ele já vem pronto para elas aproveitarem, consumirem, crescerem e ... se reproduzirem e gerarem muitos e muitos descendentes, que tentarão penetrar em outras pessoas para fazer o mesmo.

Então, você está criando lombrigas, que o estão parasitando. Afinal, como é que as lombrigas entraram no seu intestino? Será que você as conseguiu com os alimentos que ingeriu? Será que as frutas e verduras de que você se alimenta e a água que você bebe tem algo a ver com isso? E como evitar que novas lombrigas entrem no seu e no intestino de outras pessoas? Essas e outras perguntas você poderá responder ao ler as páginas deste capítulo, dedicado ao estudo dos animais invertebrados e, logicamente, das lombrigas.

CAPÍTULO 10 • Invertebrados I

Os organismos pertencentes ao reino Animalia são todos pluricelulares e, como já sabemos, heterótrofos e eucariontes.

Para facilitar seu estudo, podemos agrupá-los em **invertebrados** ou **vertebrados**, segundo a ausência ou presença de coluna vertebral.

Entre as várias características dos seres vivos, e isso inclui os do reino Animalia, está o seu comportamento: eles podem ser de **vida livre** ou **sésseis**, isto é, fixos a um substrato.

Outra característica desses seres é a forma de seu corpo, podendo ser totalmente irregulares, ou seja, **assimétricos**, ou apresentar uma estrutura corpórea externa com partes praticamente iguais, isto é, com *simetria*. Mas o que é essa tal simetria?

Principais filos que compõem o reino Animalia

Invertebrados	Vertebrados
• Porifera	• Chordata
• Cnidaria	
• Platyhelminthes	
• Nematoda	
• Mollusca	
• Annelida	
• Arthropoda	
• Echinodermata	

Nos animais assimétricos, o corpo possui forma irregular.

Simetria (do grego, *syn* = junto + *metron* = medida) é o modo ou maneira como se dispõem as partes do corpo de um objeto, de um animal, de uma flor, de um fruto, de uma edificação, de um veículo, em relação a eixos ou planos usados como referência, avaliando a semelhança entre as diversas partes que compõem o objeto de estudo.

Na **simetria radial**, as partes do corpo arranjam-se como fatias que se repetem igualmente ao redor de um eixo central vertical. Qualquer plano que passe por esse eixo divide o objeto em duas partes correspondentes isto é, simétricas.

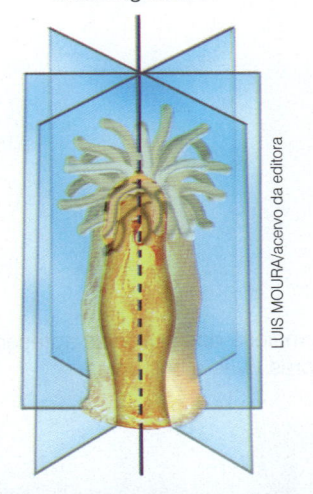

eixo longitudinal

Na simetria radial, as partes do corpo se repetem ao redor de um eixo central.

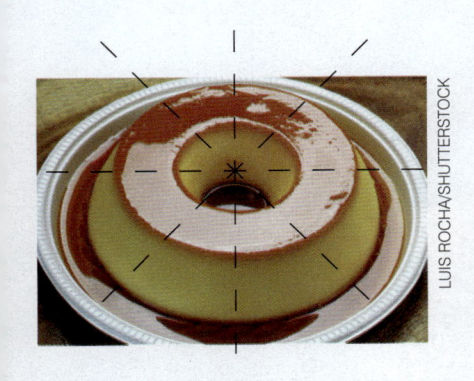

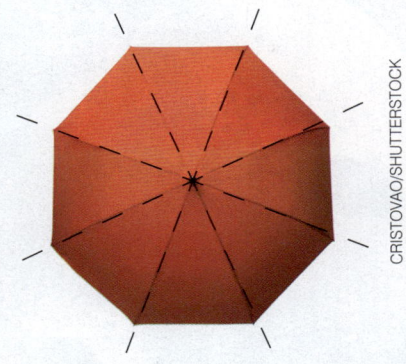

Um pudim ou bolo feito em forma circular, um copo, um guarda-chuva, uma laranja, uma maçã, uma medusa, um pólipo, uma estrela-do-mar etc., têm simetria radial. Nas fotos acima, as linhas tracejadas indicam planos de simetria.

A maioria dos animais tem **simetria bilateral**. Neste caso, um único plano os divide em duas metades (ou dois lados) simétricas – o **lado direito** e o **lado esquerdo**. Ainda como consequência da simetria bilateral, o corpo apresenta as superfícies *dorsal* (dorso) e *ventral* (ventre) e as *extremidades anterior* e *posterior*.

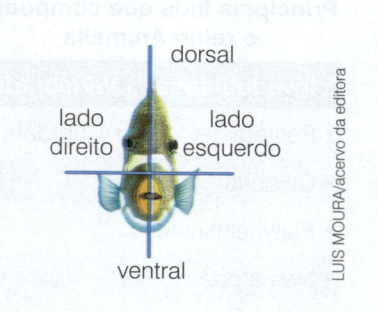

Na simetria bilateral, um plano imaginário determina no organismo os lados direito e esquerdo e outro plano imaginário determina as superfícies dorsal e ventral.

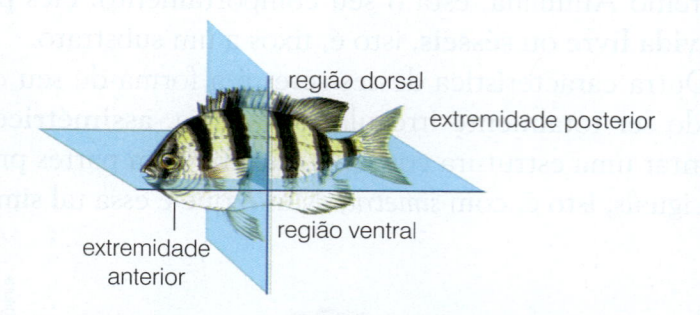

Poríferos

As esponjas fazem parte do filo dos *poríferos*, animais que podem viver como espécies isoladas ou agrupadas em colônias. Apresentam o corpo perfurado por inúmeros poros pelos quais a água penetra e circula em cavidades ou canais e câmaras internas. Esta característica, ser portador de poros, determinou o nome desse grupo de animais, poríferos (do latim, *porus* = poro + + *ferre* = portador).

Os poríferos são os animais pluricelulares de organização mais simples, não possuindo nenhum órgão. No corpo das esponjas existem apenas conjuntos de células que realizam algumas funções específicas, garantindo-lhes, a nutrição, a construção do esqueleto, a reprodução.

A maioria das esponjas apresenta cores vivas e brilhantes.

As esponjas são organismos exclusivamente aquáticos, principalmente marinhos. Poucas são as espécies de água doce. Prendem-se a rochas, corais, objetos submersos. Na fase adulta, as esponjas são animais fixos (sésseis ou sedentários); na fase jovem, apresentam-se como larvas ciliadas nadantes, que dispersam a espécie no meio aquático.

As esponjas variam muito de tamanho, desde poucos milímetros até animais com cerca de um metro de altura e um metro de diâmetro.

A organização do corpo das esponjas

As esponjas são formadas por poucos tipos celulares. Veja abaixo, no esquema do corpo de um porífero, que externamente ele está revestido por uma camada de células achatadas. Revestindo o lado interno você observa uma camada de células que apresentam uma estrutura parecida a um colarinho ao redor de um flagelo, filamento longo capaz de se movimentar. Essas células, exclusivas dos poríferos, são conhecidas como **coanócitos** (coano = colarinho).

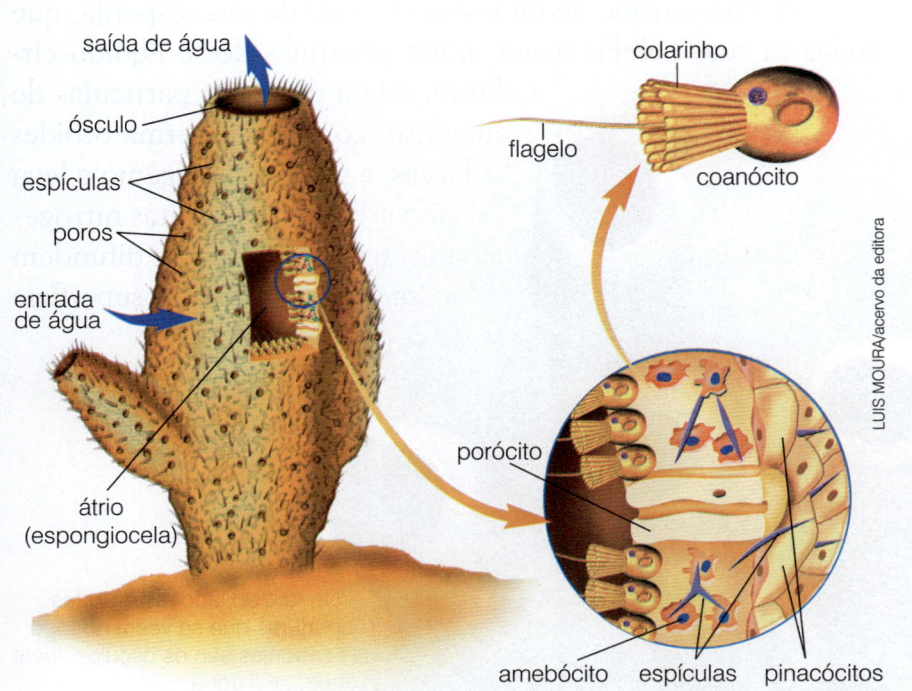

A foto mostra a esponja *Callyspongia plicifera*. Em forma de vaso, suas cores variam do rosa ao roxo azulado, com a superfície externa extremamente ondulada. Em média, essa espécie atinge 45 cm de altura.

Esquema do corpo de um porífero. Observe os tipos de células presentes. À direita, detalhe de um coanócito, célula flagelada que promove o fluxo contínuo de água no corpo, captura partículas de alimentos e inicia a digestão intracelular. (Cores-fantasia. Ilustrações fora de escala.)

Lembre-se!

Os coanócitos são células exclusivas dos poríferos, isto é, não existem em nenhum outro grupo de animais pluricelulares conhecidos até hoje.

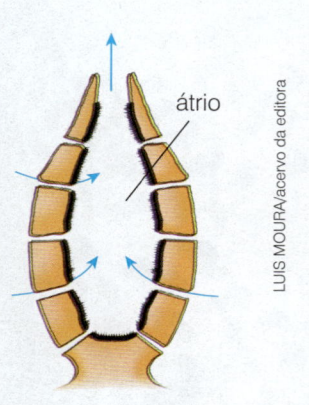

Entre a camada de células externas e a camada de coanócitos, existe uma camada gelatinosa, onde se encontram **amebócitos**, células móveis, parecidas com amebas, que realizam várias tarefas, entre as quais podemos destacar a formação do esqueleto (as **espículas**) que sustenta o corpo das esponjas.

Finalmente, note ainda que, entre as células da parede, existem células cilíndricas com um canal central, os **porócitos**, formando os poros por onde a água penetra no corpo das esponjas.

Como as esponjas adultas são **imóveis** e não podem sair à procura do alimento, elas possuem adaptações para fazer com que a água penetre em seus corpos, trazendo partículas de alimento. Esse papel é exercido pelos coanócitos.

Os flagelos dos coanócitos, em contínuo movimento, provocam a formação de uma corrente de água que penetra pelos poros, passa para a cavidade interna (**átrio** ou **espongiocela**) e sai por um ou mais orifícios de saída, chamados **ósculos**. Essa corrente de água traz pequenos seres vivos e partículas orgânicas (alimento), que são capturados pelos coanócitos para serem digeridos. Note, portanto, que a digestão é exclusivamente **intracelular**, não havendo a presença de uma cavidade digestória. Então, podemos dizer que os poríferos são animais **filtradores**, ou seja, o alimento é retirado da água circulante, ficando retido como se a esponja fosse um filtro.

O alimento parcialmente digerido pelos coanócitos é lançado na camada gelatinosa, onde amebócitos concluem a digestão e transportam os nutrientes às outras células do organismo, uma vez que não há sistema especial de transporte.

A água invade de tal forma o corpo de uma esponja, que todas as suas células ficam muito próximas desse líquido circulante. Além de trazer partículas de alimento, conduzir espermatozoides e larvas, a água traz oxigênio e leva o gás carbônico e excretas nitrogenadas (resíduos), que se difundem facilmente por toda a superfície do corpo animal.

A água e os alimentos penetram nas esponjas pelos poros e atingem os canais ou câmaras internas flageladas. Filtrada pelos coanócitos, a água atinge o átrio e abandona a esponja por um ou por diversos ósculos.

Na foto ao lado, as grandes aberturas que se veem no topo das esponjas são os ósculos, local por onde sai a água.

ESTABELECENDO CONEXÕES

Cotidiano

Esponjas de banho

O esqueleto de algumas esponjas é formado por uma fina rede de uma proteína chamada espongina que é preservada após a morte do animal. Esse esqueleto confere à esponja uma textura macia. Por isso, foi muito usado como esponja de banho ou para limpeza e polimento de objetos.

Estas esponjas eram retiradas do mar, no golfo do México, no Caribe e no Mediterrâneo e a coleta excessiva chegou a colocar muitas delas em risco de extinção. Atualmente elas são menos comercializadas, pois existem esponjas sintéticas (produzidas a partir de poliuretano, um tipo de plástico), muito mais baratas. Com isso o uso das esponjas naturais diminuiu drasticamente, o que evitou a extinção destes animais. As esponjas de banho não existem nas costas do Brasil.

Haliclona, espécie de esponja cujo esqueleto de espongina, um tipo de proteína, era usado como esponja de banho. Chega a atingir 1 m de altura.

Reprodução dos poríferos

A reprodução das esponjas pode ser sexuada ou assexuada. Na **reprodução sexuada**, os poríferos produzem gametas (espermatozoides e óvulos). A maioria das esponjas é hermafrodita (o mesmo indivíduo produz os dois tipos de gametas), no entanto não existe autofecundação, visto que, em uma mesma esponja, a produção dos gametas ocorre em momentos diferentes.

Os espermatozoides, células flageladas móveis, abandonam a esponja levados pelas correntes de água que passam por ela, e são conduzidos ao encontro dos óvulos, dentro do corpo de outras esponjas da mesma espécie. Ocorrida a fertilização, a célula-ovo se desenvolve, originando uma larva ciliada que abandona a esponja, nada durante certo tempo e depois fixa-se em um substrato, transformando-se em um indivíduo adulto.

A **reprodução assexuada** ocorre por um processo chamado **brotamento**: um conjunto de células em divisão forma uma saliência ou broto. O broto poderá separar-se originando novo indivíduo ou permanecer ligado ao corpo da esponja que lhe deu origem. Neste caso, o animal passa a constituir uma colônia.

Cortando-se uma esponja em pedaços, cada pedaço poderá originar um novo indivíduo. Sempre que a **regeneração** resulta na formação de dois ou mais indivíduos, passa a ser considerada outra forma assexuada de reprodução da espécie.

Autofecundação: processo em que a fecundação ocorre entre gametas produzidos pelo mesmo indivíduo.

Larva: fase jovem no desenvolvimento de alguns animais e fisicamente bem diferente do adulto.

Lembre-se!

As esponjas apresentam o mais alto de grau de regeneração do mundo animal.

Cnidários (ou celenterados)

Os cnidários ou celenterados constituem um filo com uma variedade muito grande de organismos, como, por exemplo, as águas-vivas, as caravelas, os belíssimos corais, as anêmonas-do-mar e as hidras.

Os cnidários vivem exclusivamente em ambiente aquático, principalmente no mar. As hidras são praticamente os únicos representantes de água doce (lagoas e lagos). Os cnidários podem viver isoladamente ou em colônias.

Medusa. Na face inferior (ou oral) veem-se os tentáculos em cujo centro se situa a boca.

Anêmona-do-mar. A boca ocupa o centro da face superior (ou oral) e é rodeada por tentáculos.

Os corais são colônias, geralmente encontradas em oceanos de águas quentes (entre 20 °C e 28 °C).

CAPÍTULO 10 • Invertebrados I 139

O nome **celenterado** (do grego, *koilos* = cavidade + *enteron* = intestino) está relacionado à existência, pela primeira vez na escala evolutiva, de uma cavidade digestória.

O corpo de um celenterado lembra um saco oco: a cavidade interna digestória possui uma única abertura, a **boca**; não existe ânus, de modo que a boca serve tanto de entrada de alimentos quanto para a saída de resíduos (dejetos) da digestão.

O nome **cnidário** deve-se à existência de um tipo de célula exclusiva do filo, o **cnidócito** (do grego, *knide* = urtiga + *kytos* = célula). Essas células estão espalhadas nos tentáculos desses animais e são especializadas na captura de presas e na defesa contra agressores. Repare na figura abaixo que dentro do cnidócito existe uma cápsula, chamada **nematocisto**, dotada de um filamento enrolado. Quando o cnidócito é estimulado, o filamento é projetado para fora e injeta na presa uma toxina que atua como um veneno paralisante. Os cnidários são, portanto, animais predadores, mas também servem de presas para peixes, tartarugas, estrelas-do-mar, lulas etc.

Fique por dentro!

Tubo digestório com uma única abertura é chamado de tubo digestório **incompleto**.

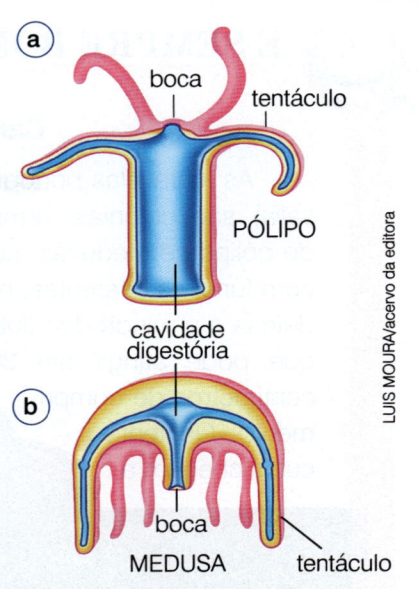

Os cnidários possuem duas formas básicas: (a) de pólipo (indivíduos fixos) e (b) de medusa (organismos livre-natantes). Em ambas, a boca está rodeada por tentáculos, que auxiliam na captura das presas. Observe nas figuras acima que a cavidade digestória só possui uma abertura para o exterior. (Cores-fantasia. Ilustrações fora de escala.)

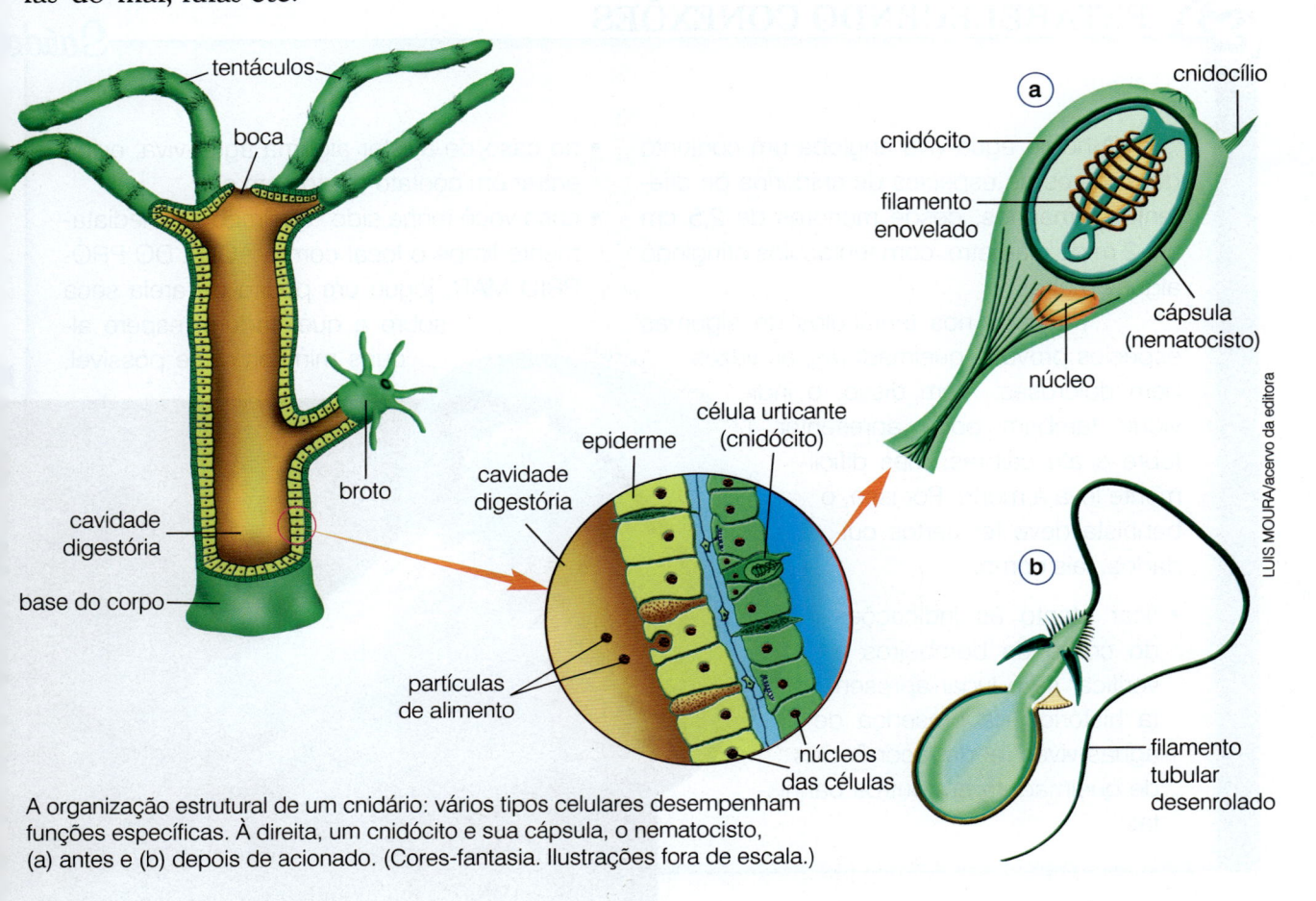

A organização estrutural de um cnidário: vários tipos celulares desempenham funções específicas. À direita, um cnidócito e sua cápsula, o nematocisto, (a) antes e (b) depois de acionado. (Cores-fantasia. Ilustrações fora de escala.)

É SEMPRE BOM SABER MAIS!

Caravela-portuguesa: outro perigo das praias

As caravelas-portuguesas (gênero *Physalia*) são colônias formadas por conjuntos de pólipos e medusas muito transformados e com funções diferentes: nutrição, reprodução, defesa e um indivíduo flutuador cheio de gás, que pode atingir até 30 centímetros de comprimento. Os tentáculos chegam a atingir até 20 metros de comprimento e produzem queimaduras se tocados.

Vivem em alto-mar e eventualmente chegam às praias conduzidas por ventos e correntes marítimas.

Bonita, atraente e perigosa, a caravela-portuguesa é uma colônia flutuante, formada por um conjunto de indivíduos altamente modificados, com funções diversas: flutuar, defender, capturar presas, digerir e reproduzir.

ESTABELECENDO CONEXÕES

Saúde

O nome água-viva engloba um conjunto de milhares de espécies de cnidários de diferentes tamanhos, desde menores de 2,5 cm até 2 m de diâmetro, com tentáculos atingindo alguns metros.

Encostar nos tentáculos de algumas espécies provoca queimaduras, às vezes bem dolorosas. Além disso, o indivíduo também pode apresentar febre e até cãibras, mas dificilmente leva à morte. Por isso, o banhista deve ter certos cuidados, tais como:

- ficar atento às indicações do corpo de bombeiros e verificar se o lugar apresenta histórico da presença de águas-vivas e de ocorrências de queimadura em outros banhistas;
- no caso de avistar alguma água-viva, evitar entrar em contato direto com ela;
- caso você tenha sido "queimado", imediatamente limpe o local com a ÁGUA DO PRÓPRIO MAR; jogue um pouco de areia seca sobre a queimadura, espere alguns minutos e, se possível,

retire devagar a camada de areia sobre o local queimado. Além disso, é fundamental não se automedicar e procurar ajuda médica.

Atenção: nunca lave o ferimento com água de torneira, pois ela ativa a explosão dos nematocistos.

Não toque nos tentáculos de uma água-viva, mesmo que você a encontre morta na praia; ainda assim os nematocistos (cápsulas urticantes presentes nos cnidócitos) podem liberar as toxinas.

Reprodução dos cnidários

Os celenterados podem apresentar tanto reprodução assexuada quanto sexuada.

A **reprodução assexuada** ocorre por brotamento e, em geral, naqueles cnidários que apresentam a forma de pólipo, como as hidras, por exemplo. Assim como nas esponjas, se o broto se desprender forma-se um novo animal isolado; porém, se não se desprender, então forma-se uma colônia.

O processo de regeneração também pode levar à reprodução, nesse caso, assexuada. Se uma hidra for cortada em dois pedaços, cada um regenerará as partes que faltam até se formar um animal completo.

Quanto à **reprodução sexuada**, desenvolvem-se gônadas (testículo e ovário) e formam-se gametas. Após a fecundação, a célula-ovo se desenvolve em uma **larva** e esta, após certo tempo de crescimento, origina um indivíduo adulto.

Brotamento em hidra (*Hydra vulgaris*), espécie de cnidário que só apresenta a forma de pólipo. As hidras adultas atingem a altura de 1,5 cm. (Imagem vista ao microscópio óptico de campo escuro.)

> **Lembre-se!**
>
> Na reprodução sexuada dos cnidários, o desenvolvimento é **indireto**, pois há a formação de **larva**.

Corais

Os organismos que formam os corais são pequenos pólipos com tentáculos curtos, que formam agrupamentos coloniais. Cada pólipo constrói ao redor de si um esqueleto rico em carbonato de cálcio e todos os esqueletos se unem, originando uma grande formação calcária, um **recife de coral**. Os recifes são ecossistemas que agregam uma incrível biodiversidade: neles, inúmeros seres vivos encontram abrigo.

Depois que os animais morrem, o esqueleto da colônia permanece; então, o que popularmente chamamos de coral é o esqueleto externo do animal.

Fique por dentro!

Os esqueletos dos corais eram usados na confecção de peças de joalheria, principalmente os corais vermelhos do Mar Mediterrâneo. Quase extintos, sua extração é hoje proibida.

Jogo rápido

Que tipo de simetria ocorre nos cnidários, considerando-se a organização do corpo dos seus representantes?

Dependendo da espécie, a forma do coral varia muito; alguns parecem arbustos, outros lembram penas coloridas e outros, ainda, lembram um cérebro, como o da foto ao lado.

A cor dos corais é variada e belíssima e deve-se a pigmentos produzidos por eles mesmos. Com muita frequência, porém, algas microscópicas que vivem no interior do pólipo também contribuem para seu colorido.

DE OLHO NO PLANETA

Sustentabilidade

Recifes de coral e aquecimento global

Os recifes são encontrados nas regiões tropicais do planeta, nos oceanos, em águas rasas (até 60 m de profundidade) e quentes (de 20 a 28 °C). São frequentes no Caribe, no Oceano Índico e no Pacífico Tropical. Um dos recifes mais famosos é a Grande Barreira de Corais da Austrália, que se estende por cerca de 1.800 km de comprimento e entre 300 a 2.000 m de largura! Há aproximadamente 50 milhões de anos que os corais trabalham para a construção desse gigantesco recife.

No Brasil, não há recifes como os australianos; os maiores estão no arquipélago de Abrolhos, a aproximadamente 100 km da costa da Bahia. Atualmente é um parque nacional marinho. Em toda costa do nordeste brasileiro há formações de recifes.

As crescentes emissões de gases de estufa, notadamente o gás carbônico, podem colocar em risco os recifes de corais, pois a elevação da temperatura da água dos oceanos acima de certo limite faz com que, por motivos ainda não bem compreendidos, os pólipos dos corais expulsem as algas que com eles vivem e acabem morrendo. Como consequência, muitas áreas dotadas de recifes sofrem um processo de "branqueamento", revelador do dano, muitas vezes irreversível, que acomete esses ecossistemas.

Novamente, é preciso tomar medidas efetivas no sentido de conter o aquecimento global a fim de manter a sobrevivência de muitas espécies que estão sendo visivelmente afetadas.

➢ A sustentabilidade da vida no planeta depende de todos nós. Que medidas você poderia sugerir à comunidade para NÃO contribuir com o aquecimento global?

O branqueamento de corais tem sido atribuído ao aquecimento das águas oceânicas e à consequente morte das algas que se encontram em simbiose com a colônia.

UNIDADE 3 • MUNDO ANIMAL

EM CONJUNTO COM A TURMA!

Reúna seu grupo de trabalho e preencham os quadrinhos com as respostas aos itens a seguir.

1. Células exclusivas dos poríferos, caracterizadas pela presença de um colarinho e um flagelo.
2. Tipo de reprodução assexuada dos poríferos, em que pedaços do animal podem originar um novo indivíduo, sendo, por isso, considerada como uma forma de reprodução assexuada.
3. Células exclusivas dos cnidários, especializadas na captura de presas e na defesa contra agressores.
4. Nome dado aos indivíduos de um grupo animal ou vegetal capaz de produzir os dois tipos de gametas, espermatozoides e óvulos, como é o caso da maioria das esponjas e das hidras.
5. O mesmo que fixo ou séssil, hábito das esponjas adultas e, em geral, dos pólipos dos cnidários.
6. Nome do agrupamento colonial formado por pequenos pólipos com tentáculos curtos, fixos sobre uma base esquelética de carbonato de cálcio.
7. Representantes dos cnidários em água doce, que se apresentam apenas na forma de pólipos.
8. Nome que se dá a um tubo digestório com uma única abertura, a boca, no qual ocorre digestão extracelular.

Cruzadinha com a palavra-chave **CNIDÁRIO** na coluna vertical:
1. _ _ _ _ _ C _ _ _ _ _ _ _ _
2. _ _ _ _ N _ _ _ _
3. _ _ _ _ I _ _ _ _
4. _ _ _ _ _ _ _ D _ _ _ _ _
5. _ _ _ _ _ Á _ _ _
6. _ _ _ _ _ R _ _ _ _ _
7. _ _ _ _ I _ _ _ _
8. _ _ _ _ _ _ O _ _ _ _ _ _

Lembre-se!

Vermes são animais que, quando adultos, apresentam corpo fino, achatado ou roliço, invertebrado, sem patas. Alguns podem apresentar apêndices para a locomoção.

Fazem parte desse grupo os platelmintos, os nematelmintos e os anelídeos.

Platelmintos

Platelmintos (do grego, *platys* = achatado + *helminthos* = verme) são vermes de corpo achatado com simetria bilateral.

O filo dos platelmintos engloba representantes de vida livre, que vivem em ambiente aquático ou terrestre úmido. Nesses ambientes, os platelmintos mais conhecidos são as **planárias**, que você pode encontrar escondidas sob folhas ou pedras.

CAPÍTULO 10 • Invertebrados I — 145

Há também platelmintos de vida parasitária, principalmente de vertebrados (peixes, anfíbios, répteis, aves e mamíferos), incluindo o homem. Os parasitas humanos mais conhecidos são o *Schistosoma mansoni*, causador da esquistossomose e as *tênias*, algumas conhecidas popularmente como *solitárias*, causadoras da teníase ou da cisticercose.

> **Descubra você mesmo!**
> Com o auxílio de livros, relembre o que são animais "parasitas".

Planária (*Dugesia tigrina*), platelminto com aproximadamente 2 cm de comprimento, vista ao microscópio óptico.

Tênia (*Taenia solium*), platelminto parasita também conhecido como solitária. (Imagem obtida com microscópio eletrônico e ampliada 25 vezes.)

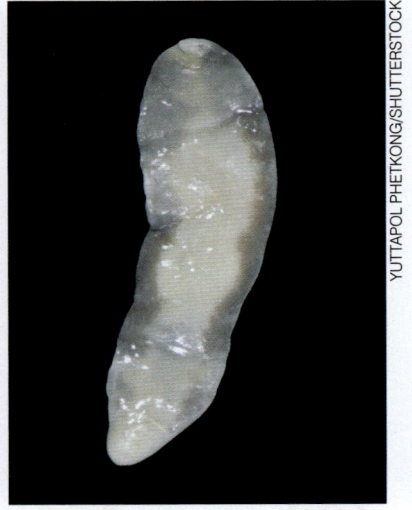

Fascíola (*Fasciolopsis buski*), platelminto que parasita o intestino e chega a 7,5 cm de comprimento.

Planária: platelminto de vida livre

Para conhecer a organização do corpo dos platelmintos estudaremos a planária de água doce, que mede cerca de 2 cm de comprimento e 0,5 cm de largura e vive em águas limpas e calmas de lagoas e riachos de pequena profundidade, próximo à vegetação do fundo.

Na região anterior do animal, destaca-se a cabeça onde se encontram dois "olhos simples", chamados de **ocelos**. Presentes na cabeça, os ocelos permitem a percepção de claro e escuro, sem, no entanto, formar imagens.

Nos animais, a simetria bilateral surge pela primeira vez nos platelmintos.

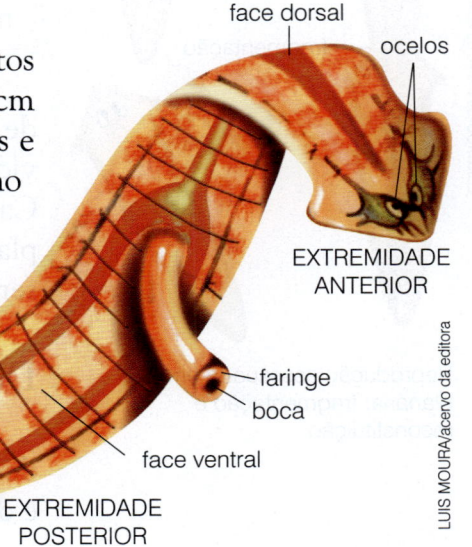

(face dorsal, ocelos, EXTREMIDADE ANTERIOR, faringe, boca, face ventral, EXTREMIDADE POSTERIOR)

Jogo rápido

Que tipo de simetria ocorre nas planárias, considerando que elas possuem região anterior e posterior e faces dorsal e ventral?

No meio do corpo, na região ventral, há um orifício, a boca, ligada a uma faringe que só é projetada para fora quando o animal se alimenta. A planária é carnívora, alimenta-se de pequenos seres, como protozoários, larvas de insetos ou restos de animais, por exemplo.

A planária desliza suavemente sobre plantas e rochas submersas graças ao movimento constante de cílios presentes em toda a epiderme da região ventral, que possui células produtoras de muco, que favorece a locomoção.

Reprodução das planárias

As planárias são hermafroditas, isto é, os gametas masculinos e femininos são produzidos pelo mesmo indivíduo. Mas não há autofecundação. A **reprodução sexuada** desses animais ocorre por fecundação cruzada: dois indivíduos copulam e trocam espermatozoides. Em seguida, os parceiros se separam e os espermatozoides fecundam os óvulos. Com isso formam-se vários ovos que, uma vez liberados, originam *diretamente* novas planárias, isto é, nas planárias não existe fase larvária.

Na reprodução sexuada, duas planárias se posicionam de modo que os poros genitais se coloquem em contato.

Lembre-se!

Nos platelmintos, o desenvolvimento é **direto**, pois não se formam larvas.

A capacidade de regeneração das planárias é muito grande. Esses animais também são capazes, espontaneamente, de dividir transversalmente o seu corpo para formar dois indivíduos. Cada parte regenera o resto do organismo, formando-se novas planárias. Desse modo, a capacidade regenerativa também pode ser considerada uma forma de **reprodução assexuada**.

Reprodução assexuada em planária: fragmentação e reconstituição.

Doenças causadas por platelmintos

Algumas espécies de platelmintos são parasitas e causam doenças em animais e no homem. É o caso da esquistossomose e da teníase.

Esquistossomose

A esquistossomose é uma doença causada pelo parasita *Schistosoma mansoni*, um platelminto de sexos separados. A fêmea do esquistossomo é mais longa e fina que o macho (cerca de 1,0 cm de comprimento). Na época do acasalamento, o macho dobra-se e forma um sulco ou um canal, onde a fêmea se aloja. Ambos possuem ventosas na extremidade anterior do corpo para facilitar a fixação no hospedeiro.

Os adultos vivem nos vasos sanguíneos que unem o fígado ao intestino. Os ovos são microscópicos e apresentam uma estrutura típica, um espinho lateral. A fêmea inicia a postura dos ovos (mais de 1.000 por dia), que rompem os pequenos vasos da parede intestinal e passam para a cavidade desse órgão. Os ovos são eliminados para o meio exterior por meio das fezes.

Em meio apropriado, como em uma lagoa, açude ou represa, os ovos transformam-se em larvas ciliadas microscópicas, chamadas **miracídios**, que vivem somente algumas horas e nadam à procura de um hospedeiro, um caramujo do gênero *Biomphalaria* que habita a água doce limpa e calma. No caramujo, no prazo de 20 a 30 dias, os miracídios transformam-se em larvas, também ciliadas, chamadas **cercárias**, que abandonam esse hospedeiro. As cercárias, também microscópicas, nadam ativamente até encontrarem seu próprio hospedeiro, o homem; caso contrário, morrem em aproximadamente 3 dias. Essas larvas penetram através da pele e, da corrente sanguínea, chegam ao fígado, onde se transformam em adultos, fechando o ciclo.

> **Lembre-se!**
>
> A penetração das cercárias através da pele produz irritação e coceira. Por esse motivo, as lagoas infestadas são chamadas "lagoas de coceira" e o ditado popular "se nadou e depois coçou, é porque pegou" refere-se ao modo mais frequente de se adquirir a doença.

Ciclo da esquistossomose.
(Cores-fantasia. Ilustração fora de escala.)

UNIDADE 3 • MUNDO ANIMAL

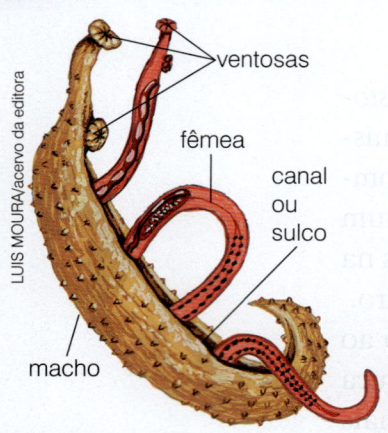

Casal de *Schistosoma mansoni*.

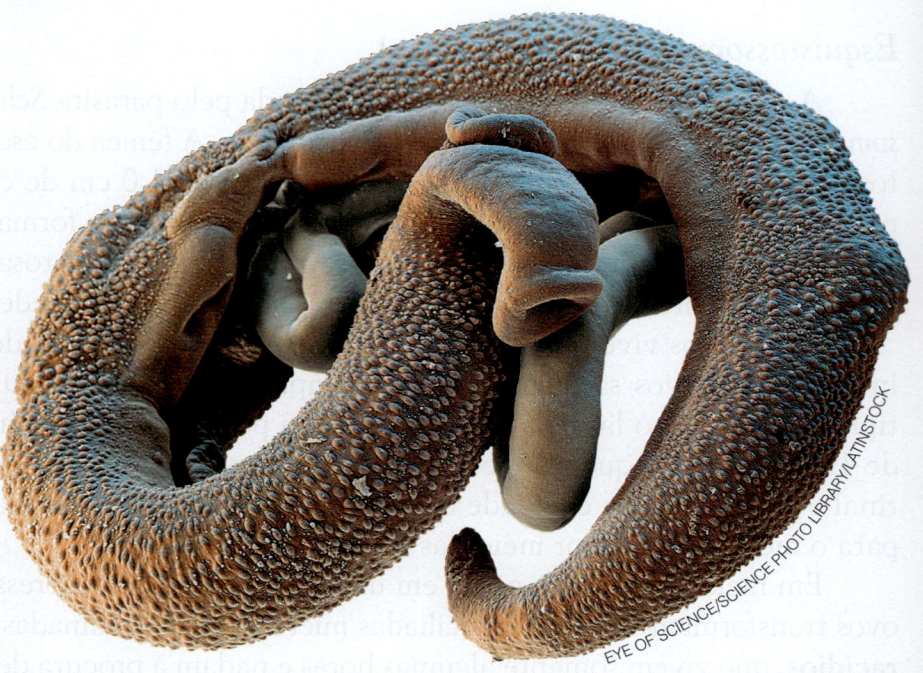

(labels: ventosas, fêmea, canal ou sulco, macho)

Fique por dentro!

A esquistossomose é popularmente conhecida como xistosa, "barriga-d'água" ou "doença do caramujo".

O esquema e a foto mostram um casal de *Schistosoma mansoni* em acasalamento. A fêmea está alojada em um canal formado pelo corpo do macho. (Foto obida com microscopia eletrônica. Ampliação: 75 vezes.)

Caramujo do gênero *Biomphalaria*, hospedeiro intermediário das larvas de esquistossomo.

É SEMPRE BOM SABER MAIS!

Hospedeiro intermediário e hospedeiro definitivo

Alguns parasitas, entre eles o *Schistosoma mansoni*, por exemplo, em seu ciclo de vida passam por hospedeiros diferentes: o primeiro, enquanto se encontram na fase de larva, uma fase intermediária no ciclo de vida do animal, por isso mesmo chamado de **hospedeiro intermediário**, e o segundo quando, então, os parasitas se tornam adultos, chamado de **hospedeiro definitivo**.

No *Schistosoma mansoni*, o hospedeiro intermediário, que abriga a fase de larva desse parasita, é o caramujo do gênero *Biomphalaria*, enquanto o ser humano, que abriga o parasita na fase adulta, é o hospedeiro definitivo.

A profilaxia da esquistossomose inclui:

- a construção de fossas e rede de esgoto (saneamento básico), evitando que as fezes contaminem o meio ambiente;
- a eliminação dos caramujos, por meio do uso de substâncias químicas (controle químico) ou de animais que se alimentam de caramujos (controle biológico), como peixes, patos, cágados, entre outros, a fim de interromper o ciclo;
- além disso, evitar nadar ou lavar roupas em represas, lagoas ou açudes contaminados.

Profilaxia: prevenção.

Teníase

A *Taenia solium* (tênia do porco) está associada a duas doenças: *teníase* e *cisticercose*. O parasita tem a forma de uma longa fita achatada, em que é possível identificar uma minúscula cabeça (cerca de 1 mm de diâmetro), o **escólex**, dotada de ventosas e ganchos, adaptações que fixam o parasita à parede intestinal. Segue-se um número muito grande de segmentos chamados **proglotes** ou **proglótides**. As proglotes crescem (até cerca de 1 cm de comprimento), amadurecem e cumprem sua única função, que é a de reprodução. São tão numerosas que esse verme pode medir até 10 m de comprimento!

A tênia é hermafrodita; em cada proglote existem testículos e ovários. A reprodução ocorre por autofecundação.

Teníase é o nome da doença causada pela presença de uma tênia adulta no intestino humano, que se prende à parede desse órgão por meio de ventosas e ganchos do escólex. Normalmente, só uma tênia desenvolve-se no intestino, razão do nome popular, **solitária**.

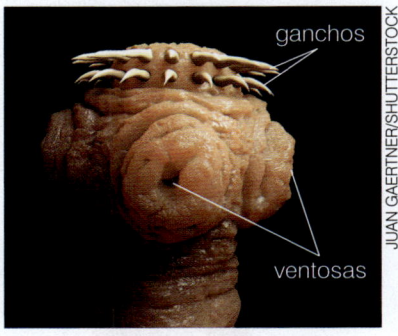

Na imagem acima, de uma cabeça de *Taenia solium*, podem ser vistos ganchos e ventosas que auxiliam o parasita a se prender ao hospedeiro. (Imagem ampliada 40 vezes.)

Fique por dentro!

Há várias espécies de tênias; duas são as mais frequentes entre nós: a *Taenia solium*, também conhecida como tênia do porco, e a *Taenia saginata*, a tênia do boi. Além da diferença quanto ao hospedeiro intermediário (porco ou boi), somente o escólex de *Taenia solium* possui ganchos. A cabeça da *Taenia saginata* (tênia do boi) só apresenta ventosas.

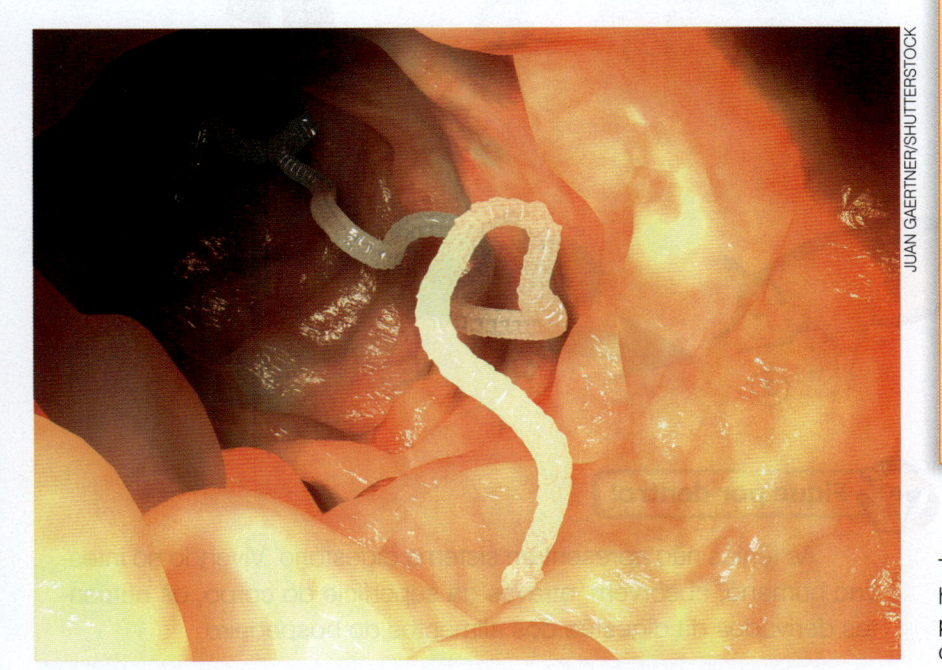

Tênia presa pelo escólex a intestino humano. Observe as dezenas de proglotes que formam o corpo do animal.

Jogo rápido

Cite pelo menos duas medidas que podem impedir a ocorrência de teníase nas pessoas.

Após a autofecundação as proglotes grávidas, isto é, repletas de ovos são eliminadas para o exterior por meio das fezes. Esses ovos microscópicos, podem contaminar o solo, a água e as hortaliças. O porco, criado fora dos chiqueiros, pode ingerir os ovos que, chegando ao intestino, liberam embriões que atravessam o revestimento intestinal e chegam ao sangue. Cada embrião, ao fixar-se na musculatura, no sistema nervoso ou sob a pele, transforma-se em uma larva chamada **cisticerco**.

Ao ingerirmos carne de porco crua ou mal cozida contendo cisticercos, estes, ao chegarem ao intestino, rompem-se, fixam-se na parede intestinal e desenvolvem-se em tênias adultas.

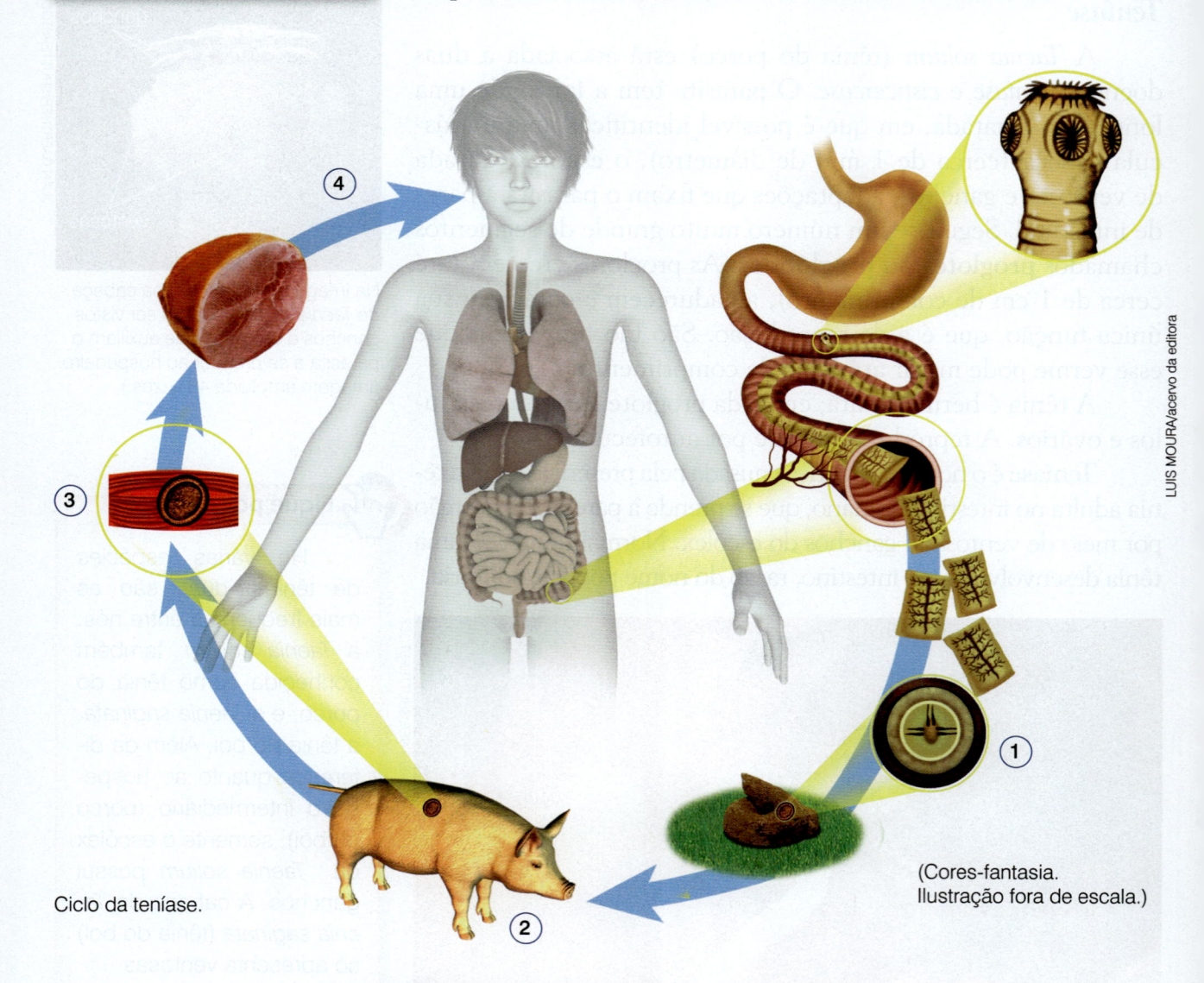

Ciclo da teníase.

(Cores-fantasia. Ilustração fora de escala.)

Fique por dentro!

As tênias não apresentam sistema digestório. Vivendo no intestino humano, absorvem, através da superfície do corpo, os nutrientes derivados da digestão dos alimentos do hospedeiro.

Cisticercose

O ser humano pode ingerir ovos da tênia em verduras mal lavadas ou por meio das mãos contaminadas pelas próprias fezes. Como acontece nos porcos, os embriões microscópicos atravessam a parede intestinal e são levados pela corrente sanguínea para diversos locais do corpo, entre os quais a musculatura e o sistema nervoso (cérebro, medula, nervo óptico), onde se transformam em larvas, os **cisticercos**. O caso mais grave ocorre quando a larva se aloja no sistema nervoso, causando uma doença chamada **neurocisticercose**.

> **Jogo rápido**
>
> Não ingerir carne de porco contendo cisticercos evita a possível ocorrência imediata de teníase ou de cisticercose?

As principais medidas preventivas para a teníase e a cisticercose compreendem:

- saneamento básico (construção de rede de esgoto ou fossas sanitárias);
- educação sanitária (adquirir hábitos de higiene pessoal, como lavar as mãos após defecação; higiene alimentar, como o consumo de hortaliças bem lavadas);
- criação de porcos isolados do contato com fezes humanas;
- inspeção da carne nos matadouros;
- comer carne suína e bovina bem cozidas ou previamente congeladas (5 graus centígrados abaixo de 0 °C por, no mínimo, 4 horas).

É SEMPRE BOM SABER MAIS!

Teníase e neurocisticercose: qual a diferença?

Ambas são doenças causadas pelo mesmo verme parasita, porém em fases diferentes do ciclo de vida.

Na **teníase**, o homem apresenta uma tênia adulta no intestino e é adquirida quando o indivíduo come carne de porco contaminada com cisticercos (larvas).

A **neurocisticercose** é a doença na qual o indivíduo apresenta a larva cisticerco no cérebro ou em outras partes do sistema nervoso (nervos, medula). Neste caso, o paciente ingeriu, como fazem os porcos, os ovos da tênia, que podem se fixar em alguns órgãos, como o cérebro, por exemplo.

Nematelmintos

Os nematelmintos (do grego, *nêma, atos* = fio, filamento + *helminthos* = verme), também conhecidos como nematoides, agrupam os vermes de corpo alongado e cilíndrico, com pontas afiladas.

Estes animais têm grande capacidade de adaptação a diversos ambientes. Podem viver no solo, na água doce, nos oceanos, nas regiões geladas e até mesmo em fontes quentes onde a temperatura da água pode atingir 50 °C.

> **Jogo rápido**
>
> Que nome é utilizado para caracterizar o tubo digestório de animais que possuem boca e ânus?

Embora a maioria dos representantes seja de vida livre, há um grande número de espécies parasitas de praticamente todos os tipos de plantas e animais.

Os nematelmintos apresentam uma importante novidade evolutiva: pela primeira vez, um animal apresenta um **tubo digestório completo**, ou seja, com duas aberturas independentes: boca e ânus.

A reprodução é **sexuada**; os sexos são geralmente separados (machos e fêmeas). Após a cópula, as fêmeas eliminam grande quantidade de ovos, dos quais emergem jovens muito parecidos com os adultos, porém muito menores.

Doenças causadas por nematelmintos

Das muitas espécies de nematelmintos parasitas, cerca de uma dúzia tem importância médica.

Ascaridíase

A lombriga da espécie *Ascaris lumbricoides* é um parasita humano que causa a **ascaridíase**. É um verme de sexos separados, em que o macho, menor que a fêmea, tem a extremidade posterior em forma de gancho, adaptando-o para prender-se à fêmea durante o acasalamento. A fêmea é um pouco mais longa e espessa que o macho.

As lombrigas adultas habitam o intestino do homem. Após o acasalamento e a fertilização dos óvulos, milhares de ovos são eliminados para o meio exterior por meio das fezes. Os ovos são muito resistentes, podendo durar até 10 anos no solo.

Para o homem adquirir o parasita, deverá ingerir alimentos ou água contaminados com ovos contendo embriões. Uma vez ingeridos os ovos, as fases jovens microscópicas libertam-se, atravessam a parede intestinal e caem na circulação sanguínea. Pelo sangue, chegam ao coração e migram para os pulmões. Dois ou três meses depois, sobem pelas vias do aparelho respiratório (brônquios, traqueia, laringe e faringe). Chegando à faringe, podem seguir dois caminhos: serem eliminadas com a expectoração (tosse) ou serem deglutidas, dirigindo-se novamente ao intestino, onde, em dois ou três meses, atingem a maturidade sexual, fechando o ciclo.

> **Fique por dentro!**
>
> A lombriga é encontrada em todos os países do mundo e parasita em torno de 30% da população mundial. No Brasil, estima-se que 40 milhões de pessoas são afetadas pelo parasita.

Ascaris lumbricoides, nematoide causador da ascaridíase. O tamanho desses parasitas, quando adultos, varia de 15 a 35 cm.

CAPÍTULO 10 • Invertebrados I

Ciclo da ascaridíase.

(Cores-fantasia. Ilustração fora de escala.)

Em pequenas infecções, com poucos vermes, o homem praticamente não apresenta nenhum sintoma. Porém, nas infecções em que dezenas de vermes podem estar presentes, os sintomas são graves e incluem desnutrição, perturbações intestinais e infecção pulmonar.

A prevenção inclui:

- saneamento básico (rede de água, coleta e tratamento de esgotos);
- educação sanitária, como lavar bem as mãos, lavar adequadamente frutas e verduras;
- consumir água tratada e filtrada.

Jogo rápido

Cite duas medidas preventivas que podem evitar a contaminação por ovos de lombriga.

Ancilostomose (amarelão)

O *Ancylostoma duodenale* e o *Necator americanus* parasitam o homem provocando *ancilostomose*, doença conhecida popularmente como *amarelão*, *opilação* ou *ancilostomíase*. Trata-se de vermes de sexos separados, em que o macho e a fêmea têm cerca de 1 cm de comprimento. Uma característica marcante dos parasitas é a presença na boca de dentículos ou placas cortantes, que os adaptam a raspar a parede do intestino delgado, retirando dos ferimentos sangue para se alimentar.

Ancylostoma duodenale, em que se podem ver estruturas semelhantes a dentículos. (Imagem obtida por microscopia eletrônica. Ampliação: 130 vezes.)

Jogo rápido

Como justificar a uma pessoa que, ao visitar uma região rural, não deve caminhar descalço no sentido de evitar a contaminação por vermes do amarelão?

Os adultos vivem no intestino delgado, fixando-se em diversos pontos da parede do órgão. Após a fecundação, a fêmea produz um número muito grande de ovos que são eliminados para o exterior por meio das fezes. Os ovos, em 24 horas, desde que o solo esteja em condições favoráveis (solo úmido e quente), transformam-se em larvas.

A infestação ocorre através da pele. Se um indivíduo estiver descalço e pisar no local onde se encontra o parasita, a larva atravessa a pele e cai na circulação sanguínea. A partir daí seguem o mesmo caminho das fases jovens de lombriga: coração, pulmões, vias aéreas superiores podendo causar sintomas de bronquite ou pneumonia. Assim como acontece na ascaridíase, as larvas podem ser eliminadas para o exterior (expectoração) ou deglutidas. Neste caso, dirigem-se ao intestino, onde, em torno de um mês, atingem a maturidade sexual, fechando o ciclo.

O parasita fere a parede intestinal provocando perda de sangue (hemorragia). Essa perda de sangue pode causar anemia, principalmente nos casos de nutrição deficiente em proteínas e ferro. A palidez característica dos estados de anemia originou o nome popular da doença, amarelão. Em crianças, há perda de apetite, que pode retardar o desenvolvimento físico e mental, diminuindo a capacidade de aprendizado, além de prejudicar o funcionamento de todos os órgãos do corpo. Diarreias, dores abdominais, náuseas e vômitos também são sintomas das lesões intestinais.

Ciclo da ancilostomíase.
(Cores-fantasia. Ilustração fora de escala.)

As medidas preventivas são as mesmas da ascaridíase (lombriga). Além disso, no caso específico do amarelão, o uso de calçados para evitar o contato dos pés com o solo e a proteção das mãos ao mexer na terra evitam a entrada do parasita.

> **Fique por dentro!**
>
> Estima-se que mais de 400 milhões de pessoas encontram-se infectadas pelos vermes causadores do amarelão em todas as regiões tropicais do mundo.

Oxiuríase ou enterobíase

Esta doença é causada pelo *Enterobius vermicularis*, nematoide que vive no intestino grosso do ser humano. As fêmeas medem de 8 a 12 mm de comprimento e são maiores que os machos.

É característica dessa verminose a coceira intensa na região anal, local em que as fêmeas fecundadas se rompem e liberam os ovos. Causa inquietação, irritabilidade, insônia. As crianças reinfestam-se ao coçar a região anal e levar as mãos à boca.

Parasita *Enterobius vermicularis*, causador da oxiuríase, visto ao microscópio óptico.

Como medida preventiva, temos que:

- a higiene pessoal é fundamental, assim como a limpeza em ambientes onde moram pessoas afetadas, pois os ovos presentes em roupas e lençóis espalham-se facilmente por todos os locais da casa;
- recomenda-se o consumo de verduras bem lavadas e de água filtrada.

Filaríase (elefantíase)

O inchaço na perna que você está vendo na foto é típico da doença chamada **filaríase** (do latim, *filariu* = novelo de linha), conhecida popularmente como **elefantíase**. Essa doença é causada por um nematoide, a *Wuchereria bancrofti*, também chamado *filária da elefantíase*, que mede de 4 a 10 cm de comprimento.

Essa doença afeta os vasos sanguíneos e linfáticos do sistema circulatório, que são obstruídos pelos vermes. Essa obstrução causa dificuldades circulatórias e acúmulo de líquido (linfa) nos órgãos afetados, principalmente nas pernas, mamas e saco escrotal. O nome elefantíase decorre do intenso aumento do volume das pernas, parecendo as de um elefante.

Mulher com inchaço na perna em consequência de filaríase (elefantíase), doença que afeta o sistema linfático e é causada por vermes filárias.

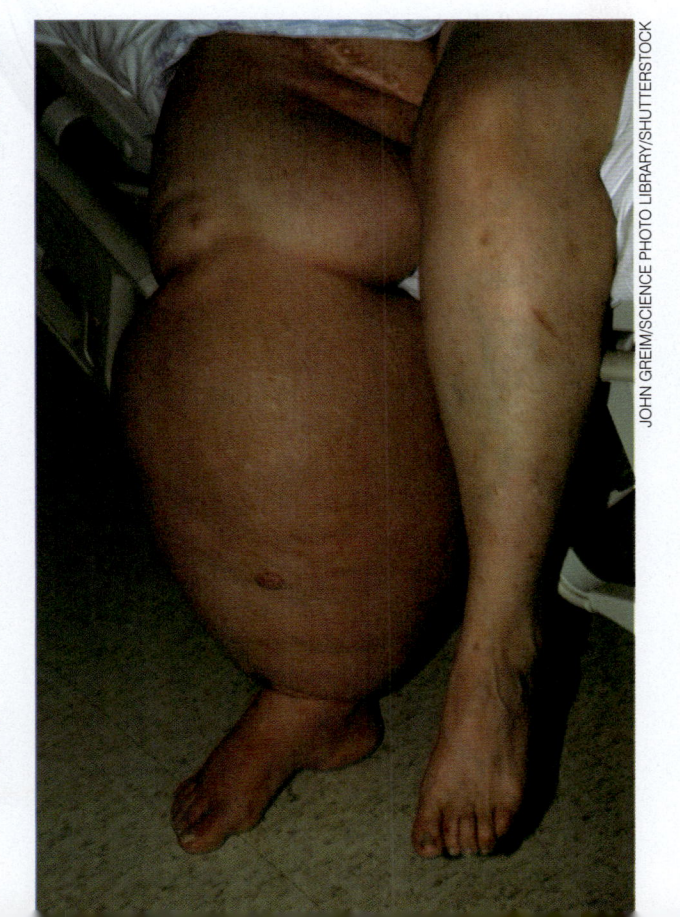

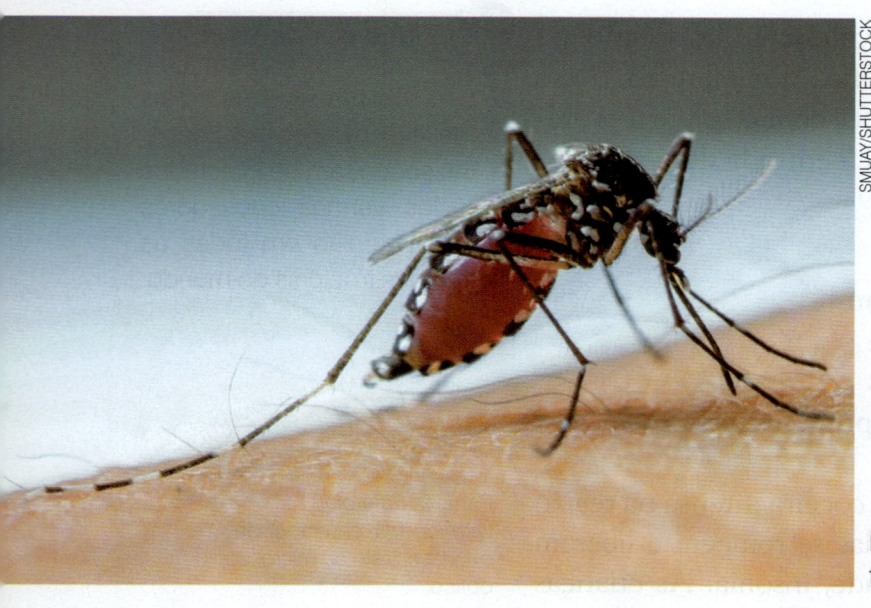

É transmitida ao homem pela picada de mosquitos dos gêneros *Culex*, *Anopheles* ou *Aedes*.

Para evitar a propagação da doença, deve-se:

- submeter os doentes a tratamento;
- combater os mosquitos transmissores;
- instalar telas em janelas;
- usar mosquiteiros para evitar o contato com insetos transmissores.

Mosquito *Culex*, um dos gêneros de inseto transmissores da filaríase.

É SEMPRE BOM SABER MAIS!

Sistema linfático

Quando o sangue percorre os vasos do sistema circulatório, uma pequena parte de seu líquido atravessa as paredes desses vasos. Esse líquido, chamado **linfa**, banha os tecidos à volta dos vasos, mas deve voltar ao sangue.

Cabe ao **sistema linfático** coletar e fazer retornar ao sangue a linfa retida nos tecidos. Finíssimos vasos linfáticos (*capilares linfáticos*) se reúnem formando vasos maiores, que terminam por formar um grande vaso linfático, o **ducto torácico**. Este, por sua vez, desemboca em uma veia que se dirige ao coração. Também fazem parte desse sistema os *linfonodos*, que contêm em seu interior grupamentos de determinado tipo de glóbulo branco.

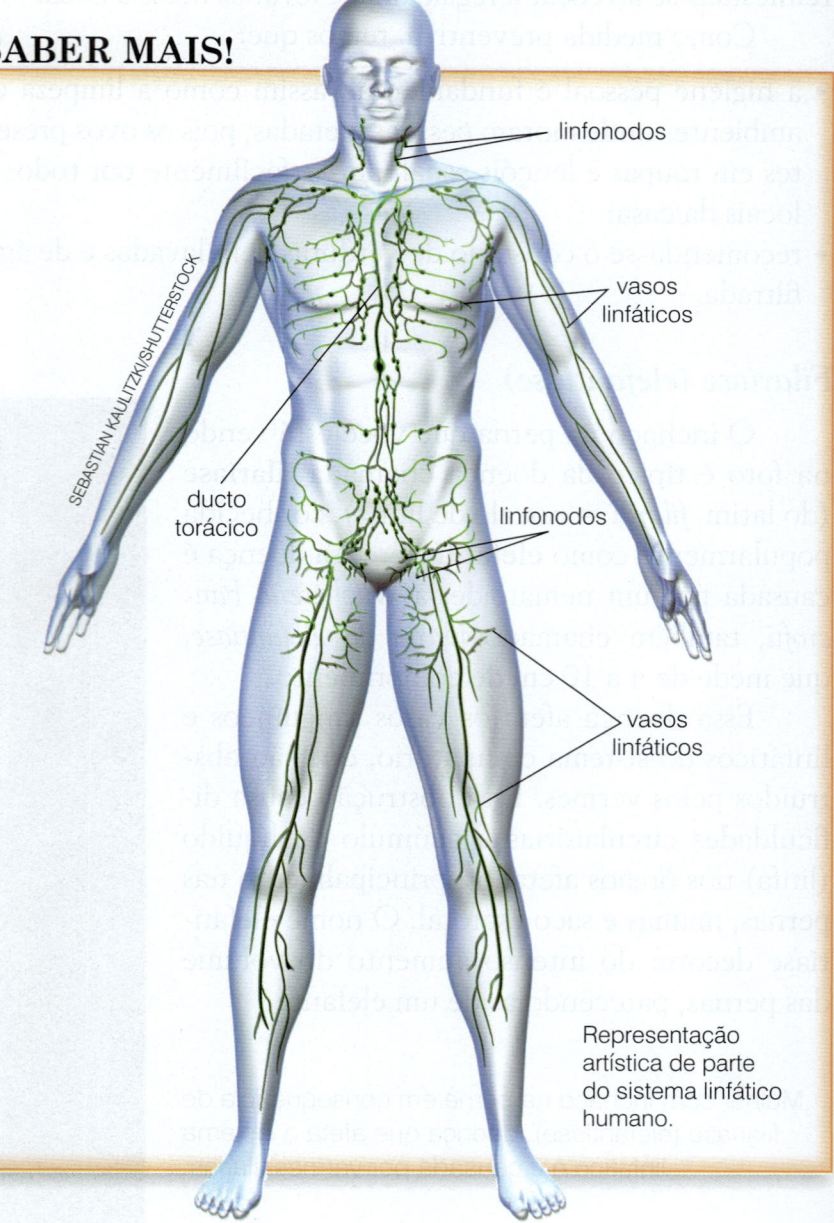

Representação artística de parte do sistema linfático humano.

Anelídeos

Os mais conhecidos representantes do filo dos anelídeos (do latim, *annulus* = anel) são as minhocas, animais de vida livre encontrados em ambiente terrestre úmido. Em todos os anelídeos a simetria do corpo é *bilateral*.

Minhoca. Observe o corpo segmentado; a luz incidente é refletida pelo muco que recobre a superfície do corpo, favorecendo as trocas gasosas da respiração e diminuindo o atrito na locomoção.

A principal característica que permite reconhecer os anelídeos e diferenciá-los dos outros vermes (platelmintos e nematelmintos) é o **corpo segmentado**, isto é, dividido em grande número de anéis ou segmentos. Mas, cuidado! Você poderá encontrar essa característica – corpo segmentado – nos artrópodes, grupos de animais que será estudado mais adiante. Porém os artrópodes têm patas, o que não ocorre nos anelídeos.

O tamanho dos anelídeos varia desde aproximadamente 1 milímetro até os grandes anelídeos, como, por exemplo, a minhoca gigante da Austrália, que atinge 3 metros de comprimento, ou os minhocuçus que, em nosso país, chegam a mais de 1 metro de comprimento e 2 cm de diâmetro.

O filo dos anelídeos compreende três classes cujos nomes se referem à existência ou não de **cerdas** implantadas nos segmentos do corpo:

Minhocuçu-do-cerrado (*Rhinodrilus alatus*), anelídeo terrestre que pode chegar a 60 cm de comprimento.

- **oligoquetas** (do grego, *oligos* = pouco + *chaite* = cerdas) – a essa classe pertencem as minhocas e os minhocuçus, que são terrestres, e pequenos anelídeos de água doce; são raros no mar. Os oligoquetas possuem cerdas muito curtas implantadas no meio de cada segmento, e por serem *pouco numerosas*, motivaram o nome dado à classe. As cerdas são produzidas pela epiderme e podem servir, por exemplo, como auxiliares na locomoção das minhocas;

Jogo rápido

Qual é a principal característica externa visível no corpo dos anelídeos?

- **poliquetas** (do grego, *polys* = muito + + *chaite* = cerda) – o nome dessa classe refere-se ao fato de as cerdas serem geralmente *muito numerosas*. Ficam implantadas em expansões laterais, que atuam como remos e servem para nadar, rastejar no fundo oceânico e, frequentemente, para efetuar trocas gasosas. São animais exclusivamente aquáticos, principalmente marinhos, como o poliqueta *Nereis*, usado como isca para a pesca;

Poliqueta marinho do gênero *Nereis*. Podem atingir até 30 cm de comprimento.

Fique por dentro!

Algumas espécies de poliquetas fixos têm penachos multicoloridos muito atraentes e costumam ser comercializados para decoração de aquários marinhos.

Conhecido como árvore de Natal, o poliqueto *Spirobranchus giganteus* usa seu penacho azul (em espiral) para obter alimento e oxigênio. Medem de 4 a 7 cm de altura.

- **hirudíneos** (do latim, *hirudo* = sanguessuga) – esta é a classe à qual pertencem as sanguessugas. Não possuem cerdas e, por isso, são também chamadas de aquetas (do grego, *a* = não + + *chaite* = cerda). As sanguessugas são os únicos representantes dos anelídeos que apresentam **ventosas**, uma em cada extremidade do corpo. Com elas o animal prende-se ao substrato ou ao corpo de seu hospedeiro. A ventosa anterior

As sanguessugas (*Hirudo medicinalis*), como a da foto, foram muito usadas no passado para sangrias.

contém a boca e dentículos com os quais perfuram a pele de seus hospedeiros ou dilaceram suas presas.

Anelídeos: (a) oligoqueta, (b) poliqueta e (c) hirudíneo. (Cores-fantasia. Ilustrações fora de escala.)

> **Jogo rápido**
>
> Qual a principal característica, presente na região anterior do corpo, que diferencia a sanguessuga dos demais anelídeos representados no esquema ao lado?

ESTABELECENDO CONEXÕES

Saúde

O uso medicinal das sanguessugas

Durante muito tempo, a sanguessuga *Hirudo medicinalis* foi usada para fazer sangrias em pessoas acometidas de algumas enfermidades sanguíneas. Os farmacêuticos criavam as sanguessugas em aquários contendo animais que lhes serviam de alimento (caracóis, minhocas e insetos aquáticos) e as alugavam para sangrias.

Atualmente, as sanguessugas podem ser utilizadas para remover o sangue que se acumula sob as suturas ou nos hematomas pós-cirúrgicos. A saliva desses animais contém a substância anticoagulante hirudina, além de conter uma substância vasodilatadora, outra anestésica e, inclusive, um antibiótico produzido por uma bactéria (*Aeromonas hydrophila*) que contribui para evitar a ocorrência de infecção na pele ferida.

Fonte: RUPPERT, E. E.; FOX, R. S.; BARNES, R. D. *Invertebrate Zoology*, a evolutionary approach. 7. ed. California: Thomson/Brooks/Cole, 2004. p. 482.

Características gerais das minhocas

As minhocas nutrem-se de matéria orgânica em decomposição. O tubo digestório é **completo**, com boca e ânus; portanto, a digestão é extracelular. As fezes são eliminadas em pequenos montes, fora das galerias, na superfície do solo.

As minhocas não possuem órgãos respiratórios especiais: a respiração é **cutânea** (ocorre por simples difusão através da superfície do corpo). Por isso a minhoca deve manter sua superfície úmida, favorecendo a aderência das moléculas de oxigênio, que em seguida atravessam a epiderme e se difundem para dentro dos vasos sanguíneos. O gás carbônico faz o caminho inverso e é eliminado para o ambiente.

Difusão: disseminação, propagação.

O sistema circulatório da minhoca consiste basicamente de uma série de vasos sanguíneos por onde circula o sangue e, com ele, nutrientes, gases e excretas. Seu sangue é vermelho devido à presença de **hemoglobina**, proteína rica em ferro, que transporta oxigênio e gás carbônico.

Jogo rápido

Cite as duas principais contribuições das minhocas para os solos agrícolas.

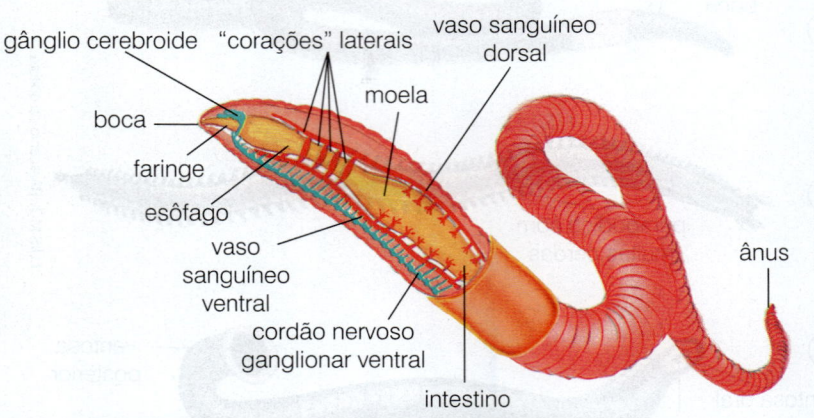

Esquema mostrando os sistemas circulatório e nervoso da minhoca. (Cores-fantasia. Ilustração fora de escala.)

O sistema nervoso é do tipo ganglionar. De dois gânglios, localizados na região anterior do corpo, parte uma cadeia ganglionar ventral que se estende ao longo do corpo. Células sensoriais na superfície do corpo permitem ao animal ter a sensação de claro e escuro.

Quanto à reprodução, as minhocas são **hermafroditas**, mas sem autofecundação. Na região anterior do animal há um conjunto de anéis que formam uma estrutura rica em glândulas, mais visível na época da reprodução. É o **clitelo**, que secreta um envoltório ou casulo que protege os ovos. A fecundação é **cruzada**: durante a cópula, cada uma das minhocas troca espermatozoides com a sua parceria. Não há fase larvária.

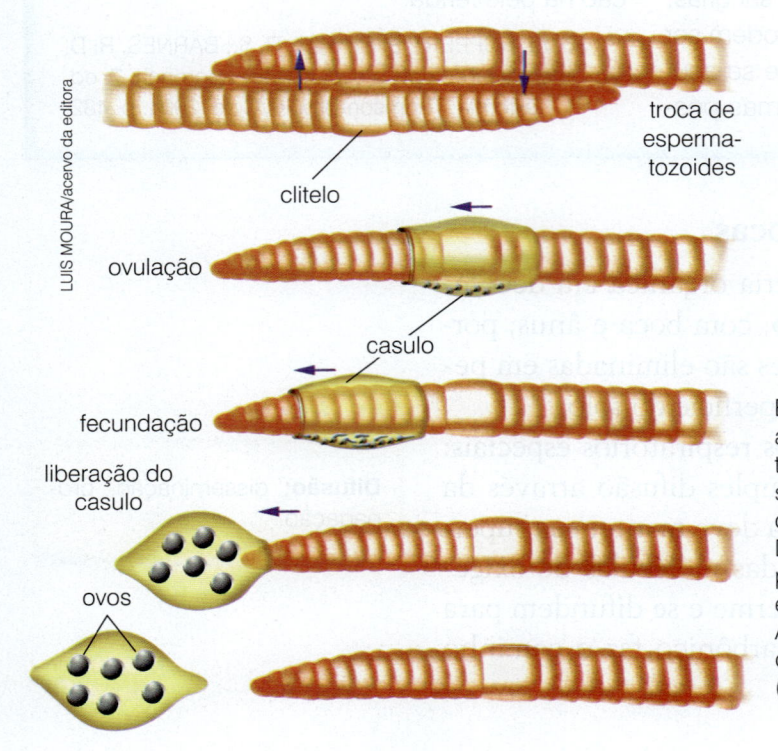

Jogo rápido

Como é o desenvolvimento dos ovos das minhocas? Justifique sua resposta.

Esquema de reprodução em minhocas. Nesses animais, à noite, dois indivíduos saem de seus túneis e justapõem seus corpos orientados em sentidos opostos, e se mantêm unidos por meio de uma substância mucosa produzida pelo clitelo. Depois da separação, os óvulos são liberados para o casulo que, ao ser deslocado para a extremidade anterior, recebe os espermatozoides. Ao ser liberado para o meio, o casulo se fecha e o desenvolvimento dos ovos ocorre em seu interior. (Cores-fantasia. Ilustrações fora de escala.)

DE OLHO NO PLANETA

Meio Ambiente

Qual a importância das minhocas na agricultura?

A produção alimentar pela atividade agrícola depende de vários fatores, sendo um dos mais importantes a qualidade do solo. Assim, o **húmus**, substância rica em nutrientes minerais, é um dos principais aliados do solo. O húmus origina-se da ação dos microrganismos decompositores (bactérias e fungos) que, agindo sobre resíduos orgânicos, como folhas, galhos, raízes e restos de animais, devolvem minerais ao solo, aumentando a sua fertilidade.

Ocorre que o processo de formação do húmus pela natureza é relativamente lento. E é aí que entram as minhocas, pois elas ingerem terra com restos orgânicos e eliminam 60% do que comeram em forma de húmus! Assim, as minhocas reciclam rapidamente a matéria orgânica produzindo um adubo muito rico em bactérias decompositoras, o que resulta em um solo com maiores quantidades de minerais, como cálcio, fósforo, magnésio, potássio.

Além disso, as minhocas facilitam a entrada de água e ar, melhorando a permeabilidade do solo. E mais, o movimento de vai e vem (sobe e desce) das minhocas faz com que a terra mais profunda suba para a superfície e a matéria orgânica seja levada para níveis inferiores. É por isso que as minhocas são consideradas "arados vivos".

Solo em processo de formação de húmus, em que podem ser vistas várias minhocas.

ESTABELECENDO CONEXÕES

Indústria

A importância das minhocas

O fato de que a ação das minhocas ajuda a fertilizar e recuperar os solos para as práticas agrícolas já é conhecido pelo homem há milhares de anos. No antigo Egito, os sacerdotes atribuíam poderes divinos às minhocas, pois elas fertilizavam as margens do Rio Nilo. O filósofo grego Aristóteles (384-322 a.C.) dizia que a agricultura tinha nas minhocas grandes aliadas que, por revolverem a terra, foram por ele chamadas de "arados da terra".

Nos dias de hoje as minhocas continuam sendo importantes para a agricultura, porém passaram a ter importância também em outras áreas. A indústria farmacêutica as utiliza para a produção de remédios contra doenças como pressão alta (hipertensão), asma, bronquite, doenças de pele e reumatismo, entre outras indicações. E mais, devido ao seu alto teor de proteínas (78%), as minhocas estão sendo utilizadas como ração animal e são um dos componentes da dieta dos astronautas.

Nosso desafio

Para preencher os quadrinhos de 1 a 16, você deve utilizar as seguintes palavras: amarelão, anelídeos, esquistossomos, filaríase, hirudíneos, nematelmintos, oligoquetas, oxiuríase, parasitas, planárias, platelmintos, poliquetas, roliço (cilíndrico), segmentado, tênias, teníase.

À medida que você preencher os quadrinhos, risque a palavra que escolheu para não usá-la novamente.

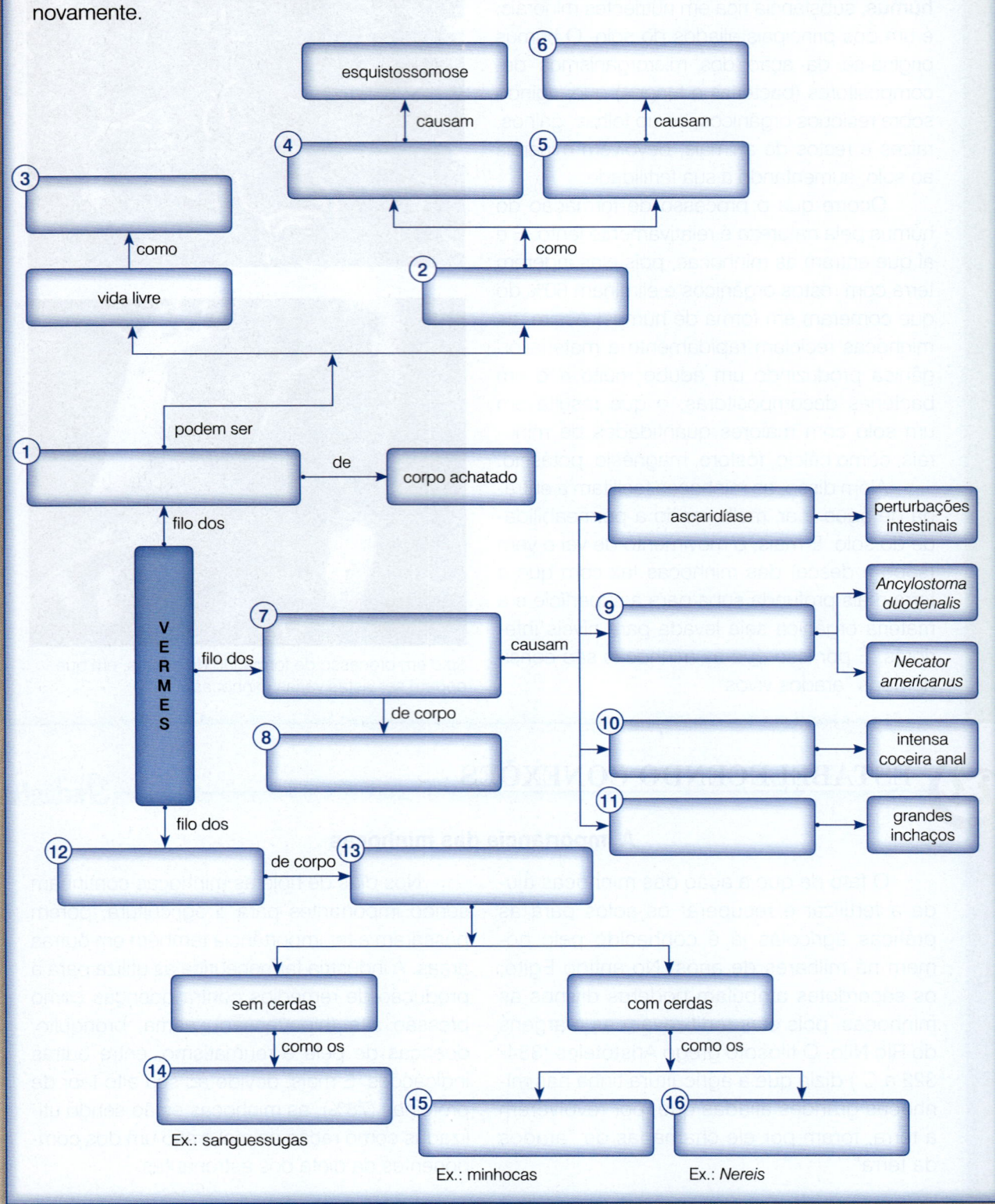

Atividades

1. Esquematize um coanócito e explique a importância de seu flagelo na nutrição dos poríferos.
2. Um mergulhador lança um corante próximo a uma esponja. O corante, então, penetra no corpo da esponja e sai diluído através do(s) ósculo(s). Como se explica esse fato?
3. Os poríferos são filtradores ou predadores? Justifique sua resposta.
4. Cite quatro representantes de cnidários.
5. Quais são as duas formas típicas nas quais se apresenta o corpo dos cnidários?
6. Por que o tubo digestório dos cnidários é chamado de incompleto?
7. Nas hidras, observam-se dois tipos de reprodução assexuada: brotamento e regeneração. Explique a diferença entre eles.
8. Quais são as células que permitem identificar um porífero e um cnidário? E quais as suas funções?
9. Cite o nome dos três principais filos que compõem o grupo dos vermes.
10. Cite o nome de um platelminto de vida livre e de um parasita.
11. Leia com atenção o texto abaixo e responda ao que se pede.

    "Os ovos misturados com as fezes alcançam o meio externo. Caindo em uma lagoa, açude ou represa, cada ovo origina uma larva ciliada, o miracídio, que precisa entrar em um caramujo a fim de continuar o ciclo de vida do verme parasita."

    Cite o nome do parasita associado ao texto acima e o nome da doença que ele causa no homem.

12. Como se explica que as tênias conseguem sobreviver sem um sistema digestório?
13. Considere a seguinte situação: um indivíduo portador de uma tênia do porco em seu intestino trabalha em uma lanchonete. Após defecar, contamina as mãos com as próprias fezes e, por falta de higiene, contamina os alimentos (verduras) que manipula com ovos do parasita e, ao levar as mãos à boca, autoinfesta-se. Para essa situação, responda:
    a. Qual a doença do funcionário da lanchonete?
    b. Que doença ele e os fregueses da lanchonete poderão desenvolver a partir da ingestão de ovos do verme? Por quê?
    c. Por que a contaminação do funcionário pelos ovos da solitária chama-se autoinfestação?
14. Um verme cilíndrico, não segmentado, cujo corpo é recoberto por uma cutícula espessa, com tubo digestório completo, sem sistema circulatório e respiratório é um platelminto ou um nematelminto? Justifique a resposta.
15. Leia com atenção os três trechos abaixo:

    I. Os ovos são eliminados com as fezes e sofrem transformações até chegarem a larvas infestantes que vivem livremente no solo durante certo tempo. Essas larvas penetram em indivíduos descalços através da pele.

    II. Os ovos atingem o meio exterior e sofrem várias transformações até chegarem à fase larval (ainda dentro do ovo). Essas larvas entram no homem por via oral, libertam-se dos ovos e percorrem vários órgãos (fígado, coração, pulmões, vias aéreas) até serem deglutidas, voltando ao tubo digestório, onde se transformam em adultos.

    III. A fêmea do mosquito suga o sangue de uma pessoa doente e transmite a uma outra pessoa as larvas infestantes, que chegam aos vasos linfáticos, onde se transformam em adultos.

    Cite o nome do verme parasita associado a cada descrição.

16. Dependendo de como se completa o ciclo de vida de determinado parasita, as doenças por eles provocadas podem ser adquiridas mesmo nos grandes centros urbanos. Neste caso, por que a teníase e a cisticercose podem se desenvolver nesses locais e a esquistossomose não?

17. A ascaridíase é a verminose mais comum em nosso país. Mesmo em cidades com coleta e tratamento de esgotos e consumo de água tratada, os casos de ascaridíase são bastante frequentes. Consulte o ciclo de vida da lombriga e procure uma explicação para a incidência tão grande dessa verminose.

18. Um verme de corpo segmentado, com tubo digestório completo, presença de sangue, é um nematelminto ou um anelídeo? Justifique sua resposta.

19. Usando informações sobre as cerdas presentes na superfície do corpo de anelídeos, é possível diferenciar as classes desse filo? Justifique sua resposta.

20. No meio agrícola, é muito comum ouvir os agricultores dizerem que "solo bom é o que tem minhocas". Justifique essa frase, citando as duas principais contribuições das minhocas que favorecem o bom desenvolvimento da vegetação em um solo agrícola.

21. Observe as ilustrações a seguir, que representam alguns animais que você conheceu ao estudar este capítulo e responda aos itens que os acompanham.

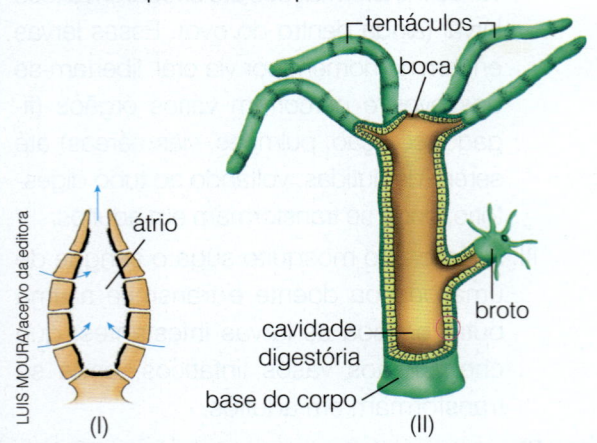

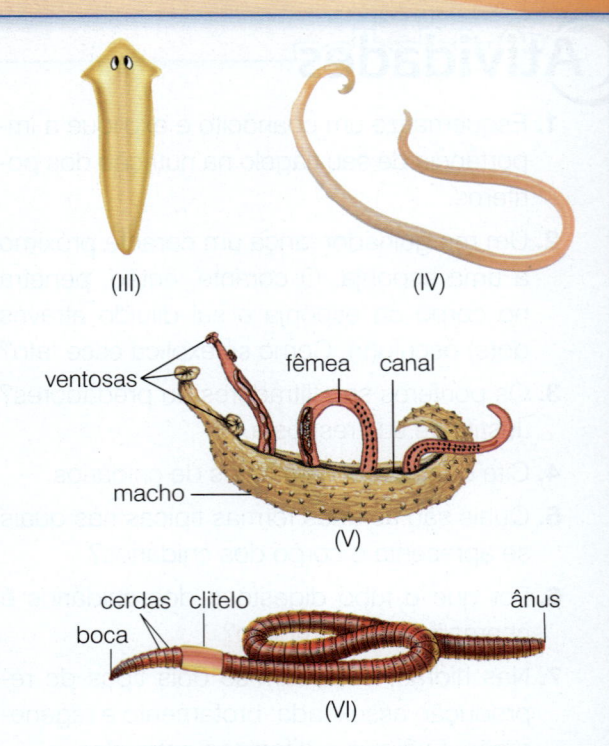

a. A que grupo animal pertence cada um dos animais esquematizados?
b. Quais dos animais esquematizados são fixos a um substrato e quais apresentam mobilidade?
c. Qual dos animais esquematizados sobrevive por meio de filtração dos alimentos que percorrem o organismo?
d. Que tipo celular é exclusivo dos animais esquematizados, respectivamente, em I e II?
e. Quais dos animais esquematizados vivem no interior do tubo digestório humano, parasitando-o?
f. Quais dos animais vivem livremente no meio em que são encontrados?
g. Comparando-se os animais esquematizados, cite a característica corporal externa exclusiva do animal VI?

Navegando na net

Consulte os sites a seguir e aprenda como criar minhocas em cativeiro (*acesso em:* 3 set. 2015):

http://www.cpt.com.br/cursos-pequenascriacoes/artigos/criacao-de-minhocas-pode-ser-feita-em-pequenas-caixas-e-com-baixo-investimento

http://objetoseducacionais2.mec.gov.br/bitstream/handle/mec/22124/Terr%C3%83%C2%A1rio%20-%20um%20ecossistema%20em%20miniatura.pdf?sequence=1

capítulo 11

Invertebrados II

Quem nunca teve um?

Bichinhos de pelúcia, quem nunca teve? Cachorrinho, gatinho, ursinho, porquinho e... joaninha!!! Sim, joaninha.

Joaninhas são coloridos e simpáticos insetos, que fazem parte de um grande universo de objetos (chaveiros, borrachinhas), desenhos animados, estampa de roupas, tapetes e, sim, objetos de pelúcia. Além disso, há quem acredite que as joaninhas dão sorte. Sabe por quê?

Bom, muito tempo atrás, mais exatamente na Idade Média, houve uma praga que estava acabando com as lavouras. Desesperados, diz a lenda que os agricultores pediram com muita fé aos deuses ajuda para proteger suas plantações. Logo as joaninhas, esses simpáticos artrópodes (um dos filos que estudaremos neste capítulo), apareceram e devoraram a praga que estava destruindo as plantações.

Se essa história é verdadeira ou não, no mínimo tem um fundo de verdade, pois esses coloridos artrópodes se alimentam de outros insetos, como os pulgões, que parasitam vários tipos de plantações, causando prejuízos incalculáveis às colheitas.

Neste capítulo, além desse interessante e diversificado filo dos artrópodes, que inlcui desde joaninhas e pulgões a camarões, lagostas, aranhas, escorpiões e centopeias, entre tantos invertebrados, você conhecerá outros dois filos animais igualmente interessantes: o dos moluscos e o dos equinodermos.

Então, vamos a eles.

VIOLETTA HONKISZ/SHUTTERSTOCK

Moluscos

Os representantes do filo *Mollusca* (do latim, *mollis* = mole, macio) são animais bastante conhecidos: polvos, mexilhões, ostras, lulas, caramujos, caracóis e lesmas. Este filo agrupa o maior número de espécies, entre os invertebrados, depois dos artrópodes, que serão estudados mais adiante neste capítulo. Todos são de vida livre, principalmente no mar; muitos representantes vivem em água doce (caramujos de água doce) e poucos em meio terrestres (caracóis e lesmas).

Caracois de jardim (a) e lesmas (b) são moluscos terrestres, enquanto lulas (c), polvos (d) e mexilhões (e) são marinhos.

Os moluscos possuem grande importância econômica e ecológica. Basta lembrar, por exemplo, sua larga utilização na gastronomia, no comércio de conchas e derivados (botões, objetos de adorno, carbonato de cálcio), extração de pigmento púrpura na Antiguidade, além da produção de pérolas. Ecologicamente, lesmas e caracóis terrestres atacam hortaliças e plantas de jardim. Algumas espécies de caramujos de água doce são hospedeiros de fases intermediárias do ciclo de vida de vermes.

Jogo rápido

Em qual verminose o hospedeiro intermediário é um caramujo de água doce?

Organização geral do corpo dos moluscos

Quanto à aparência externa, os moluscos são bastante diferentes entre si, tanto que à primeira vista é difícil achar que ostras ou mexilhões tenham organização semelhante à dos caracóis e lesmas, ou à das lulas e polvos. Mas todos se caracterizam por terem **corpo mole** e **não segmentado**, basicamente formado por três partes: **cabeça**, **massa visceral** e **pé**.

- **Cabeça:** local onde se encontram, entre outras estruturas, a boca, o comando do sistema nervoso ("cérebro") e órgãos sensitivos, como, por exemplo, os olhos. Em alguns moluscos, a cabeça é bem destacada no corpo, como no polvo, nas lulas, no caracol e nas lesmas; em outros, a região da cabeça é muito reduzida, como nas ostras e mariscos. Em muitos moluscos, a boca apresenta uma estrutura chamada **rádula** (do latim, raspadeira), semelhante a uma língua recoberta por fileiras de dentículos que raspam ou fragmentam o alimento.
- **Massa visceral:** é o nome dado ao conjunto formado pelos órgãos internos dos sistemas digestório, respiratório, excretor, reprodutor e gânglios nervosos. A massa visceral é envolvida pela epiderme que recebe o nome de **manto**. Na maioria dos moluscos o manto secreta uma **concha calcária** (de carbonato de cálcio), um exoesqueleto que protege o animal e serve de apoio para músculos. Lesmas e polvos não têm concha.
- **Pé:** é uma estrutura muscular, ventral, usada para locomoção, para cavar ou para fixar o animal às rochas. Se você já observou caracóis e lesmas locomovendo-se, deve ter percebido que a base de apoio do corpo é uma espécie de sola larga que se estende ventralmente. Esse é o pé. É possível, também, que você já tenha observado conchinhas penetrando na areia molhada das praias. Nesse caso, o pé parece uma pequena língua achatada que o molusco só põe para fora das conchas na hora de esconder-se. Nos polvos e lulas, o pé transformou-se em um sifão, um tubo muscular usado na locomoção a jato propulsão. Nas ostras e mexilhões, que são fixos, o pé regrediu ou é pouco desenvolvido e sem função.

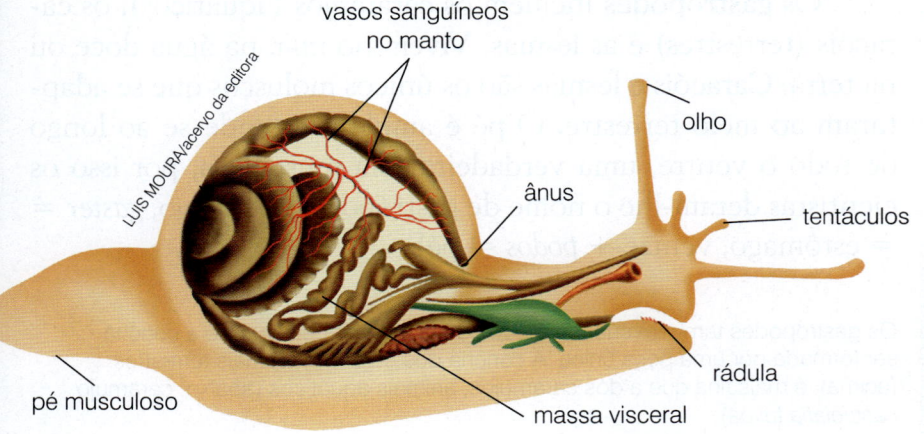

Foto e esquema de caracol de jardim, ilustrando os principais componentes do corpo de um molusco. Quando adultos, os caracóis de jardim medem entre 2 e 5 cm de comprimento.

Na maioria dos moluscos, o manto forma uma dobra que circunda o corpo de modo a delimitar um espaço a que chamamos **cavidade do manto**. Em alguns moluscos terrestres, como o caracol e a lesma, essa cavidade atua na respiração. Os moluscos marinhos (ostras, mexilhões, polvos e lulas), respiram por **brânquias** que se encontram na cavidade do manto.

Os moluscos apresentam sistema digestório **completo**, sendo que os restos não digeridos são eliminados pelo ânus.

A reprodução dos moluscos é sexuada, com fecundação cruzada, podendo ser externa ou interna. O desenvolvimento de algumas espécies aquáticas inclui uma fase de larva ciliada nadante, o que auxilia a dispersar a espécie.

> **Jogo rápido**
>
> Com base em seus conhecimentos anteriores, como é o desenvolvimento dos moluscos: direto ou indireto?

É SEMPRE BOM SABER MAIS!

Nos polvos e lulas, a água que penetra na cavidade do manto e banha as brânquias pode também ser eliminada por fortes contrações do manto, criando jatos que impelem esses animais durante a locomoção. A esse mecanismo dá-se o nome de **jato propulsão**.

A seta aponta o sifão, local por onde a água sai da cavidade do manto.

Classificação dos moluscos

As três classes mais importantes dos moluscos são: **gastrópodes**, **bivalves** e **cefalópodes**.

Os **gastrópodes** incluem os caramujos (aquáticos), os caracóis (terrestres) e as lesmas. Vivem no mar, na água doce ou na terra. Caracóis e lesmas são os únicos moluscos que se adaptaram ao meio terrestre. O pé é amplo e estende-se ao longo de todo o ventre, uma verdadeira sola musculosa, por isso os cientistas deram-lhe o nome de gastrópodes (do grego, *gaster* = = estômago, ventre + *podos* = pé).

Os gastrópodes também são chamados de **univalves** pelo fato de a concha ser formada por uma peça única. A concha dos caracóis, animais terrestres (acima), é mais fina que a dos caramujos, animais aquáticos (abaixo, caramujo *Fasciolaria tulipa*).

DE OLHO NO PLANETA

Meio Ambiente

É preciso cuidado com as espécies invasoras

O caramujo africano da espécie *Achatina fulica* foi introduzido por criadores no Brasil nos anos 1980, como alternativa ao consumo de escargot. Competiu com sucesso por espaço e alimento com espécies nativas e, como não há predadores naturais dessa espécie nos ambientes que invadiu, o seu número aumentou assustadoramente por todo o país. É considerada uma espécie exótica, que se transformou em uma "praga agrícola" por destruir grandes áreas de vegetação nativa e plantas consumidas por seres humanos.

Esse exemplo mostra que nos ecossistemas há equilíbro entre as populações de presas, predadores, parasitas, hospedeiros e competidores. Mostra, também, que a introdução de uma espécie exótica, não nativa do ambiente, provoca desequilíbrios na teia alimentar, com eventual eliminação de espécies nativas.

Outra classe dos moluscos é a dos **bivalves**, que inclui as ostras e os mexilhões, que são animais marinhos. Muitas espécies de bivalves vivem em água doce. A cabeça não é diferenciada. Os bivalves também são conhecidos como **lamelibrânquios**, em referência a seus órgãos respiratórios (brânquias), que, nesta classe, têm forma de lâminas (ou lamelas) situadas na cavidade do manto, onde a água circula constantemente.

Jogo rápido

A concha formada por duas peças ou valvas que se articulam deu origem ao nome **bivalves**. Associe esse prefixo com outro termo que você conhece e explique qual o significado desse termo.

Os bivalves são moluscos facilmente identificados em virtude de suas conchas com duas valvas.

É SEMPRE BOM SABER MAIS!

As pérolas se formam quando um elemento estranho, como, por exemplo, uma larva microscópica de um verme, consegue entrar em uma ostra perlífera, alojando-se entre a concha e o manto. Esse intruso provoca uma irritação no manto, que passa a depositar diversas camadas de uma substância calcária, chamada *nácar* ou *madrepérola*, em torno dele, originando assim a pérola.

A madrepérola é responsável pelas cores das pérolas: rosadas, cinzentas, brancas, amarelas, marrons, verdes ou azuis. O valor comercial das pérolas depende principalmente do brilho, mas também levam-se em conta a cor, o tamanho e a regularidade de sua forma esférica. Só para você ter uma ideia, uma ostra leva em torno de 7 anos para produzir uma belíssima pérola, cujo valor comercial pode ser alto.

Até 1900, as pérolas eram casualmente encontradas quando as ostras eram abertas com finalidade alimentar, causando uma bela surpresa, ou quando mergulhadores abriam as ostras justamente à sua procura. Essas pérolas são chamadas de *pérolas naturais*.

A partir de 1916, praticamente todas as pérolas comercializadas passaram a ser *cultivadas*. Nesse caso, não é a entrada "natural" de um corpo estranho no manto da ostra que leva à formação da pérola. A concha é aberta; faz-se um pequeno corte no manto da ostra onde é introduzido um pequeno pedaço de concha que é envolvido por uma camada de manto. Em aproximadamente três anos obtém-se uma pérola de tamanho comercialmente interessante. Existem pérolas cultivadas tão belas e valiosas quanto as naturais.

Os **cefalópodes** (do grego, *kephale* = cabeça + + *podos* = pé) é uma classe de moluscos exclusivamente marinhos, e seus principais representantes são lulas, polvos, náutilos e sépias (ou sibas). Possuem uma cabeça grande, muito diferenciada do resto do corpo, na qual se destaca a presença de um par de olhos muito desenvolvidos, diversos braços e tentáculos com **ventosas** e um **sifão** para a expulsão de água da cavidade do manto. Os cefalópodes são carnívoros predadores.

tentáculos com ventosas
olho
sifão

O olho dos cefalópodes é muito desenvolvido e bastante parecido com o dos vertebrados. Os polvos, por exemplo, conseguem perceber objetos de até 0,5 cm a partir de uma distância de 1 m. Esta é uma vantagem considerável na localização e captura de presas, uma vez que esses animais são carnívoros predadores.

Polvos não possuem concha e as lulas possuem uma concha interna, reduzida a uma lâmina fina em forma de pena. As sépias (à esquerda, *Sepia officinalis*, chega a atingir 50 cm de comprimento) possuem uma concha interna reduzida e, às vezes, até está ausente, enquanto os náutilos (à direita, *Nautilus pompilius*, 24 cm de comprimento) têm uma bela concha externa, com várias câmaras de ar que os adaptam a flutuar em diversas profundidades.

É SEMPRE BOM SABER MAIS!

Os maiores invertebrados

A maioria dos cefalópodes tem um tamanho entre 6 e 70 cm de comprimento, incluindo os braços. Porém existem algumas espécies com tamanho muito grande, sendo considerados atualmente os maiores invertebrados. Um exemplo são as lulas gigantes, que podem chegar a cerca de uma tonelada e 16 m de comprimento, incluindo os tentáculos. No mar do Japão, mergulhadores observaram polvos com braços em torno de 10 a 15 m!

ESTABELECENDO CONEXÕES

Cotidiano

A tinta presente na bolsa: usada na escrita, no desenho e na culinária

Na massa visceral dos cefalópodes existe uma bolsa com um líquido marrom ou negro, conhecida como bolsa de tinta, que se abre, junto ao sifão. Quando perseguidos, jatos de água que saem da cavidade do manto, através do sifão, eliminam uma nuvem de tinta que confunde a visão e altera o olfato do predador, favorecendo a sua fuga.

Essa era, no passado, a tinta nanquim original usada na escrita e em desenhos.

Em muitos países preparam-se pratos à base de lula (risotos, ensopados) aos quais a tinta é acrescentada, conferindo-lhes uma cor escura peculiar.

Típico da culinária mediterrânea, macarrão ao molho de lula é preparado com a bolsa de tinta do molusco, daí a cor escura do molho.

EM CONJUNTO COM A TURMA!

Reúna o seu grupo de trabalho e respondam ao desafio abaixo. Para preencher os quadrinhos de 1 a 9, vocês devem utilizar as seguintes palavras: bivalves, gastrópodes, cefalópodes, massa visceral, manto, concha, pé, sifão, propulsão. À medida que vocês preencherem os quadrinhos, risquem a palavra escolhida para não usá-la novamente.

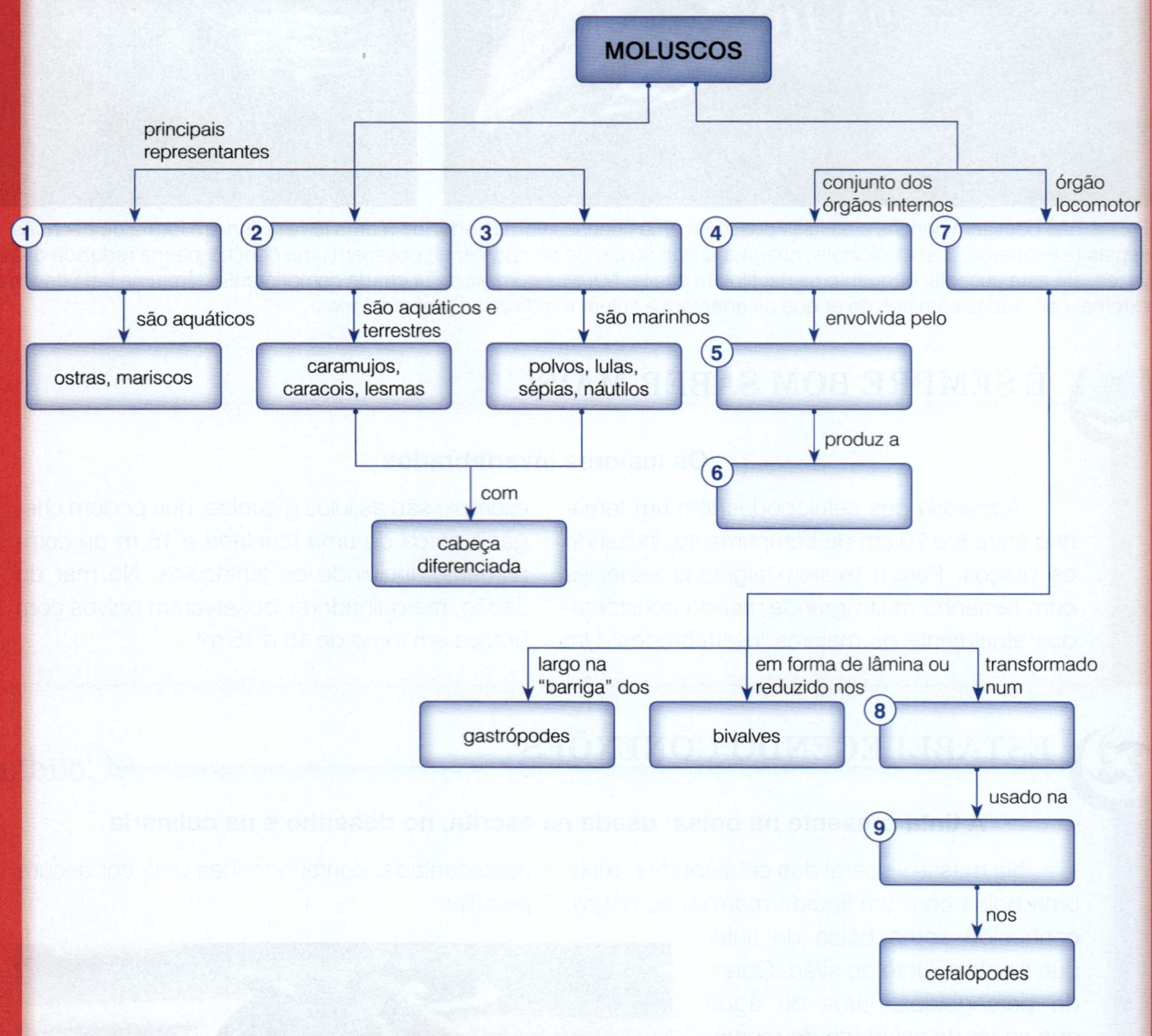

```
                          MOLUSCOS
                              |
    principais representantes |                conjunto dos    órgão
                              |                órgãos internos  locomotor
    ┌──────┬──────────┬───────┤                    │              │
   [1]    [2]        [3]                          [4]            [7]
    │      │          │                            │              │
 são    são aquáticos  são marinhos          envolvida pelo
 aquáticos e terrestres       │                    │
    │      │          │                           [5]
 ostras, caramujos,  polvos, lulas,                │
 mariscos caracois,  sépias, náutilos         produz a
          lesmas                                   │
             │                                    [6]
            com
             │
          cabeça
       diferenciada

         largo na      em forma de lâmina    transformado
        "barriga" dos   ou reduzido nos         num
             │                │                   │
         gastrópodes      bivalves               [8]
                                                  │
                                               usado na
                                                  │
                                                 [9]
                                                  │
                                                 nos
                                                  │
                                              cefalópodes
```

Artrópodes

O filo *Arthropoda* é o maior e mais amplamente distribuído de todos os filos animais. O número de espécies conhecidas, cerca de 1.000.000, é maior que o de todos os outros filos somados. Mas como animais tão diferentes como aranhas, escorpiões, carrapatos, borboletas, pulgas, camarões e até centopeias pertencem ao mesmo filo? O que eles têm em comum para fazerem parte do mesmo grupo?

Características gerais dos artrópodes

Apesar da imensa quantidade e diversidade dos representantes do filo dos artrópodes, todos apresentam, com exclusividade, as duas características seguintes:

- **apêndices articulados** – a palavra artrópodes vem do grego *arthron* = articulação + *podos* = pés, isto é, são animais de patas articuladas. Cada pata é formada por partes que se unem por meio de juntas (articulações) móveis. Olhando atentamente para a imagem de um gafanhoto, você poderá observar que, além das patas, outras partes também são articuladas, como por exemplo, as antenas e as peças bucais. Por isso, é melhor dizer que os artrópodes possuem apêndices articulados, e as partes ou peças unidas por juntas móveis permitem uma ampla capacidade de movimentos;
- **exoesqueleto quitinoso** – uma característica que diferencia os artrópodes de outros animais é a presença de um esqueleto externo que recobre todo o seu corpo, como uma couraça ou carapaça protetora. É formado por uma substância chamada **quitina**, secretada pela epiderme.

Na foto acima, de um gafanhoto, observe como as patas são articuladas, uma das características do corpo dos artrópodes. O tamanho de um gafanhoto adulto varia entre 2 a 8 cm.

Observe o esqueleto externo do besouro-rinoceronte, artrópode que mede entre 3 e 6 cm de comprimento, e que tem a característica de conseguir carregar 800 vezes o peso de seu próprio corpo!

É SEMPRE BOM SABER MAIS!

As mudas do esqueleto

O exoesqueleto dos artrópodes recobre o corpo como uma armadura. Como a maioria dos esqueletos que você conhece, este também oferece proteção aos órgãos internos, sustenta o corpo e serve de apoio para os músculos locomotores. Embora vantajoso, o exoesqueleto dos artrópodes não é elástico e, portanto, limita o crescimento desses animais. Para crescer, é preciso livrar-se, periodicamente, da armadura que o aprisiona. A substituição do esqueleto é feita por um processo chamado **muda** ou **ecdise** (do grego, *ekdysis* = ação de despir-se).

Durante a muda, o esqueleto abre-se por fendas dorsais ou laterais e o animal "despe-se" vagarosamente. Sob o velho esqueleto, a epiderme já secretou um novo, mais mole e elástico. Dentro dele, o corpo se "espreguiça", o novo esqueleto se distende e, pouco a pouco, enrijece. Durante o período de muda o animal torna-se vulnerável porque ainda não pode fugir ou defender-se de possíveis predadores. Os artrópodes terrestres ficam, ainda, sujeitos à desidratação. Em geral, durante as mudas, os artrópodes protegem-se em abrigos.

Muda em barata. Observe que o antigo esqueleto ainda encontra-se preso ao corpo do animal.

O corpo dos artrópodes também é segmentado (assim como o dos anelídeos). Em geral, podemos dizer que apresentam **cabeça**, **tórax** e **abdômen**. Porém, diferentemente dos anelídeos, alguns artrópodes apresentam segmentos unidos, como, por exemplo, as aranhas, em que a cabeça e o tórax se reúnem em uma única peça chamada **cefalotórax**.

O tubo digestório dos artrópodes é completo e os restos alimentares são eliminados pelo ânus. A reprodução, na maioria dos indivíduos, é sexuada, sendo que em algumas espécies ocorre desenvolvimento indireto.

Divisão do corpo de um artrópode (uma barata) em cabeça, tórax e abdômen. Os apêndices não foram incluídos para uma melhor visualização. (Cores-fantasia.)

Classificação dos artrópodes

Um modo tradicional e mais simples de classificar os artrópodes consiste em dividi-los em cinco classes: **insetos**, **crustáceos**, **aracnídeos**, **miriápodes** (**quilópodes** e **diplópodes**).

Insetos

A classe dos insetos contém mais de 750.000 espécies descritas. Parece muito, mas na verdade os pesquisadores acreditam que existam milhões de outras ainda desconhecidas, a maioria nas florestas pluviais tropicais. Esta é, seguramente, a maior classe entre os artrópodes e o maior grupo entre todos os animais.

A capacidade de voo dos insetos favorece a dispersão das espécies, a fuga, o acesso rápido aos alimentos e a procura por condições ambientais mais favoráveis. Todas essas adaptações contribuíram para o domínio do ambiente terrestre pelos insetos. Eles sobrevivem mesmo nas condições mais adversas, das regiões geladas às desérticas. Algumas espécies vivem em água doce e raríssimas são encontradas no mar.

O corpo dos insetos está dividido em **cabeça**, **tórax** e **abdômen**. Na cabeça possuem **um par de antenas** e nela se concentram os principais órgãos sensoriais (olhos, antenas, peças bucais) e os gânglios cerebroides.

> **Jogo rápido**
>
> Anelídeos e artrópodes são animais de corpo segmentado. No entanto, há uma importante diferença corporal entre eles. Qual é a diferença?

> **Fique por dentro!**
>
> As antenas dos insetos têm função tátil e olfativa. Os órgãos olfativos são utilizados para encontrar alimentos, evitar predadores e, em muitos casos, para localizar a fêmea.

Anatomia externa de um gafanhoto. (Cores-fantasia.)

Os olhos dos insetos podem ser **simples**, também chamados de **ocelos**, que não têm a capacidade de formar imagens, mas apenas detectam a direção e a intensidade da luz, ou **compostos**, assim chamados por serem constituídos por unidades menores, cada uma delas responsável por um pedaço da imagem do objeto que o inseto enxerga. Transmitidas ao sistema nervoso, esses "pedaços de imagens" são integrados em uma imagem total.

A boca é rodeada por pares de **peças bucais** para auxiliar o animal na alimentação e outros apêndices articulados, modificados para a preensão do alimento. As peças bucais estão adaptadas ao tipo de alimento a ser ingerido. Assim, por exemplo, baratas e gafanhotos, que mordiscam sua comida, possuem aparelho **mastigador**; borboletas e mariposas, que sugam o alimento, possuem aparelho **sugador**; moscas e abelhas possuem aparelho **lambedor**; e pernilongos e mosquitos, que picam suas presas, possuem aparelho **perfurador**.

> **Preensão:** ato de segurar agarrar.

As duas grandes estruturas arredondadas, uma de cada lado da cabeça do inseto, são olhos compostos, cada um deles formado por unidades menores. (Fotografia de vespa do gênero *Ectemnius*.)

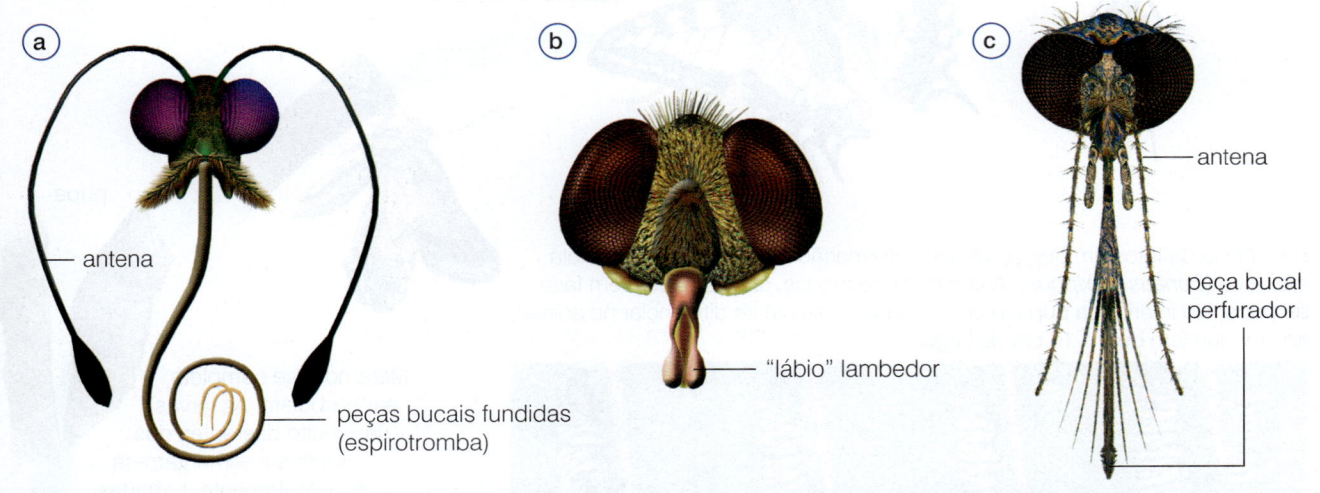

Alguns tipos de aparelho bucal dos insetos: (a) sugador, (b) lambedor e (c) picador. (Cores-fantasia. Ilustrações fora de escala.)

O tórax dos insetos é o centro locomotor onde se fixam três pares de patas, sendo um par em cada segmento. Possuem, em geral, dois pares de asas.

O abdômen é o centro reprodutor, pois nele encontram-se, entre outros, aqueles órgãos destinados à reprodução. De sexos separados, apresentam fecundação interna e os ovos dos insetos são protegidos por casca. O desenvolvimento pode ser direto (sem fases intermediárias) ou indireto (na maioria), passando por **metamorfose**.

Descubra você mesmo!

Com certeza, você já viu vários insetos, como moscas, pulgas e formigas, por exemplo. Todos eles tinham asas? Será que as asas estão presentes em toda a vida adulta dos insetos?

No desenvolvimento direto, o inseto ao sair do ovo parece uma miniatura do adulto. Cresce por meio de mudas do exoesqueleto até atingir a fase adulta (imago), quando está pronto para a reprodução. Isto ocorre, por exemplo, na traça-de-livro. (Cores-fantasia. Ilustrações fora de escala.)

Metamorfose (do grego, *meta* = depois + *morphe* = forma) é sinônimo de transformação, modificação, e refere-se às diversas formas que se sucedem no desenvolvimento pós-embrionário, isto é, após a eclosão do ovo até a maturidade sexual na fase adulta, também chamada **imago**.

No desenvolvimento indireto, os insetos passam por transformações externas e internas, podendo apresentar metamorfose **completa** ou **incompleta**.

Na metamorfose **incompleta**, do ovo nasce uma ninfa. As ninfas são menores que os adultos, não têm asas e são sexualmente imaturas. Gradualmente, desenvolvem as características da fase adulta. É o que ocorre, por exemplo, com baratas, gafanhotos, percevejos e cigarras.

Na metamorfose **completa**, os insetos passam pelas fases ovo, larva, pupa e adulto (imago). Isto ocorre, por exemplo, com borboletas, mosquitos e formigas.

Metamorfose incompleta em libélula. (Cores-fantasia. Ilustrações fora de escala.)

eclosão da borboleta

pupa

Sequência de fotos em que se vê a transformação de lagarta em borboleta monarca (*Danaus plexippus*). A lagarta sofre mudas, cresce e entra em fase de pupa. No interior da pupa, o corpo modifica-se até se diferenciar no animal adulto, que tem de 7 a 10 cm de largura.

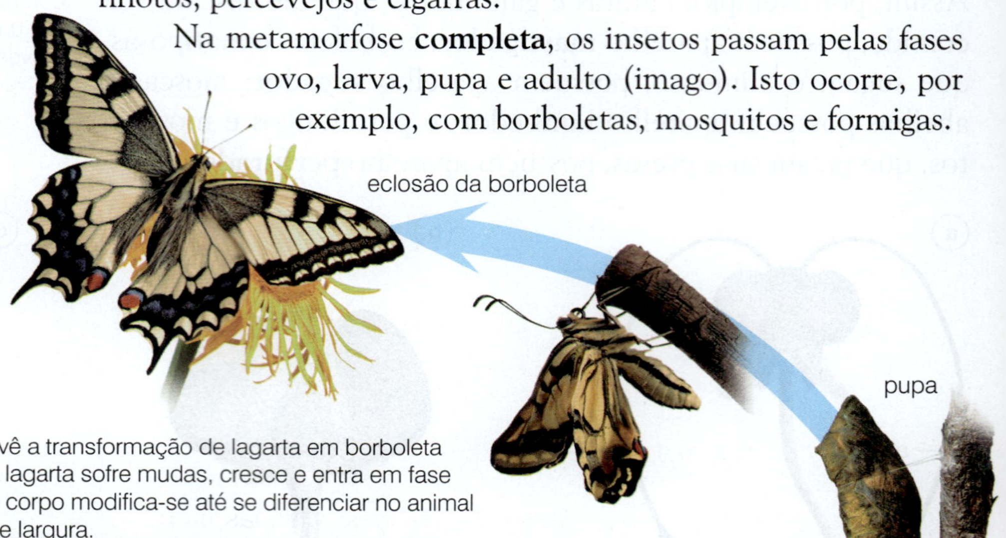

Metamorfose completa em borboleta. As larvas são muito diferentes dos adultos e alimentam-se constantemente. Lagartas, mandruvás, taturanas, bernes e bichos-de-goiabas são exemplos de larvas. (Cores-fantasia. Ilustrações fora de escala.)

lagarta se fixando para a fase de pupa

lagarta

ovo

Para as trocas gasosas, os insetos apresentam **traqueias**, tubulações muito finas, que ligam diretamente o meio externo aos tecidos, sem precisar do sangue como intermediário nesse transporte. Isso quer dizer que o oxigênio chega mais rapidamente às células, e que atividades que demandam grande quantidade de energia, como o voo, podem ser executadas por um tempo longo, sem praticamente causar fadiga dos músculos que acionam as asas.

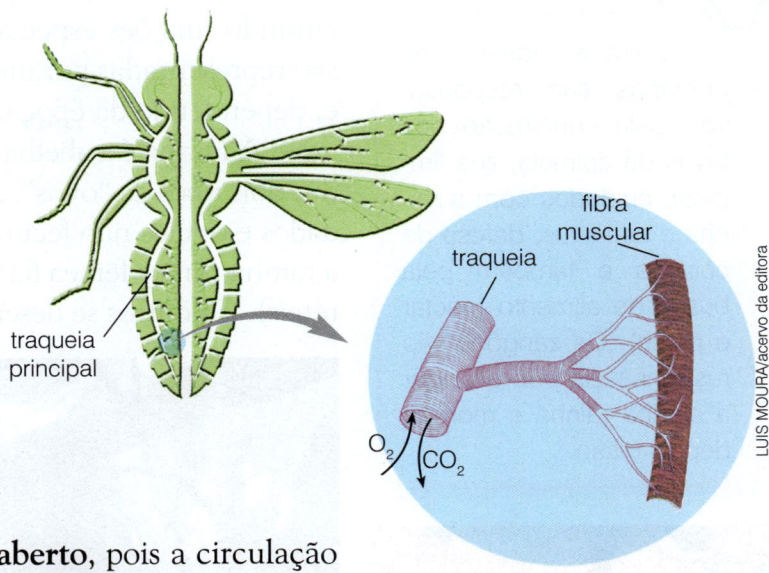

O sistema circulatório é do tipo **aberto**, pois a circulação do sangue não ocorre totalmente dentro de vasos, mas ele também se "derrama" em algumas lacunas do corpo do animal.

Traqueias de insetos: o ar é enviado diretamente às células.

ESTABELECENDO CONEXÕES

Saúde

Insetos como veículos transmissores de doenças

Os insetos têm grande importância como transmissores de doenças, como malária (transmitida pelo mosquito *Anopheles*), Chagas (barbeiro), dengue e febre amarela (*Aedes aegypti*), tifo (piolhos). Outras doenças, como cólera, poliomelite, hepatite, amebíase, verminoses, disenterias, podem ser veiculadas pela mosca doméstica, que pousa em fezes e catarro, por exemplo, e transfere por meio das patas ou da tromba sugadora os agentes causadores dessas doenças para os alimentos que consumimos. As moscas bicheiras são conhecidas por depositarem seus ovos em feridas ou cavidade nasal de mamíferos e as larvas formadas alimentam-se do tecido vivo, assim como o berne, que nada mais é do que a larva de mosca que penetra na pele dos seres humanos, cães e outros mamíferos.

As formigas também são perigosos agentes de contaminação em ambiente hospitalar.

Insetos sociais

Muitos insetos são solitários. É o caso dos gafanhotos. Alimentam-se por conta própria e só procuram um parceiro no momento do acasalamento. Reproduzem-se e cada qual segue o seu caminho. Outros insetos, porém, vivem em grupos. É o que acontece com formigas, abelhas e cupins, considerados **insetos sociais**.

Assim como nas sociedades humanas, a vida em conjunto envolve divisão de trabalho entre os insetos sociais, em que grupos de indivíduos executam funções específicas que resultam em benefícios para o conjunto.

Fique por dentro!

Entre as abelhas, as operárias são responsáveis pela construção dos favos da colmeia, sua limpeza, cuidados com a rainha e as larvas, defesa da colmeia e também pela busca de alimento (néctar e pólen). Os zangões são responsáveis por fecundar a abelha rainha e morrem depois disso.

Em uma sociedade de insetos há categorias ou *castas*, executando funções especializadas. Em uma colmeia, essas castas são representadas por uma **rainha**, numerosas fêmeas **operárias** e, dependendo da época, alguns machos, os **zangões**.

A rainha é a abelha reprodutora. Durante sua vida, ela produz dois tipos de "ovos", que são depositados nos favos: os fecundados e óvulos não fecundados. Os primeiros originarão fêmeas: a rainha (única fêmea fértil da colmeia) e as operárias (fêmeas estéreis). Os outros se desenvolvem em machos férteis, os zangões.

(a) Colmeia em árvore e (b) detalhe em que se veem as operárias trabalhando.

ESTABELECENDO CONEXÕES

Cotidiano

Cupins

Você já deve ter ouvido no noticiário que certa igreja ou museu precisam de uma reforma, pois estão sendo totalmente destruídas pelos cupins. Nossa casa também corre o risco de ser alvo desses insetos sociais.

Em geral, o cupinzeiro se instala em locais com bastante madeira, como troncos de árvores, por exemplo. Ocorre que os cupins invadiram as cidades e estão fazendo ninhos nos troncos dos parques, no interior das igrejas, casas e apartamentos, destruindo altares, armários, estantes e livros.

Os cupins se alimentam de celulose, presente na madeira e no papel. A digestão da celulose é feita por um protozoário que vive no intestino do cupim. Nessa relação, os dois saem ganhando, uma vez que o cupim recebe a glicose, produto da digestão da celulose, principal fonte de energia para os cupins, e o protozoário ganha alimento e abrigo.

Como insetos sociais, os cupins também apresentam castas: a rainha (fértil), os operários e os soldados, encarregados da defesa do cupinzeiro.

Cupins, vendo-se (a) rainha e operários e (b) soldados.

Madeira atacada por cupins.

No campo, os cupinzeiros podem ser vistos como saliências, muitas vezes de grande tamanho.

Crustáceos

Jogo rápido

Qual a principal diferença na divisão do corpo entre insetos e os crustáceos?

O nome crustáceos deriva do latim *crusta*, e significa crosta (casca dura). Nesses animais, o exoesqueleto quitinoso é enriquecido por carbonato de cálcio, um sal mineral que o torna mais duro. Os crustáceos respiram por meio de **brânquias**; por isso são também conhecidos por *branquiados*.

Em geral, o corpo é dividido em **cefalotórax** e **abdômen**, possuem **sexos separados** e o desenvolvimento é **indireto**.

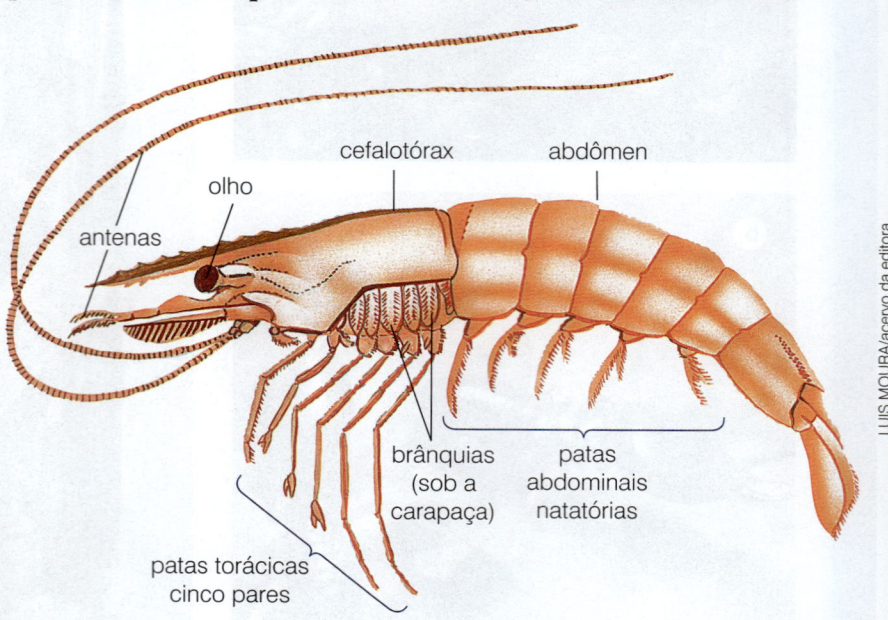

No camarão, o corpo é dividido em cefalotórax e abdômen. Na extremidade anterior, correspondente à cabeça, destacam-se os olhos e dois pares de antenas. As patas locomotoras, localizadas na parte correspondente ao tórax, são em número de cinco pares. No abdômen, destacam-se cinco pares de apêndices adaptados à natação. Na fêmea, também servem para carregar ovos.

Os crustáceos incluem animais muito conhecidos, como camarões, lagostas, siris, caranguejos, cracas, tatuzinhos-de-jardim e baratinhas-da-praia. A grande maioria vive no meio aquático, principalmente marinho; porém, existem muitas espécies de água doce e algumas terrestres. Os mais numerosos são os *microcrustáceos* (de microscópicos a alguns centímetros) encontrados na superfície dos oceanos e lagos como parte do *zooplâncton* (conjunto de animais aquáticos de superfície).

(a) *Cyclops*, um microcrustáceo, (b) lagostim (*Astacus leptodactylus*), (c) craca e (d) tatuzinho-de-jardim (*Armadillidiium depressum*).

Aracnídeos

A divisão do corpo em **cefalotórax** e **abdômen** está presente nas aranhas e escorpiões. Nos carrapatos, todos os segmentos do corpo se fundem em uma peça única.

Nos aracnídeos, não existem antenas; apresentam quatro pares de patas articuladas no cefalotórax e possuem um par de **quelíceras** e um par de **palpos** (ou **pedipalpos**), apêndices exclusivos dessa classe, utilizados para manipular as presas. Nas aranhas, as quelíceras são estruturas inoculadoras de veneno e nos escorpiões o veneno é inoculado pelo **aguilhão**.

A aranha não mastiga sua presa; ela inicialmente perfura o animal e injeta enzimas que digerem os tecidos. O alimento parcialmente digerido é então sugado pela aranha e a digestão completa-se no interior do tubo digestório.

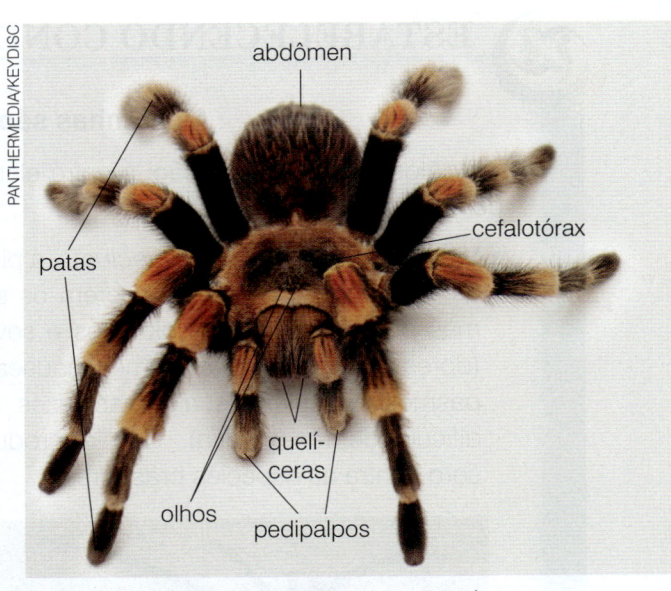

Nas aranhas, o corpo é dividido em cefalotórax e abdômen. Um par de pedipalpos preênseis e um par de quelíceras inoculadoras de veneno caracterizam as aranhas como carnívoras predadoras (acúleos inoculadores ficam dobrados sob as quelíceras).

Fique por dentro!

Para muitas aranhas, a teia que tecem funciona como uma verdadeira rede de caça, principalmente de insetos que, uma vez imobilizados, podem ser facilmente digeridos e sugados.

Jogo rápido

Uma diferença marcante entre insetos, crustáceos e aracnídeos é a presença de importantes apêndices sensoriais, presentes apenas nos dois primeiros grupos. Quais são esses apêndices?

No escorpião, os pedipalpos são os maiores apêndices articulados e terminam em pinças.

As trocas gasosas podem ser realizadas por **traqueias** ou por **pulmões foliáceos**, que são estruturas formadas por finíssimas lâminas de tecido.

Os aracnídeos são animais de sexos separados e fecundação interna. As aranhas e os escorpiões são de desenvolvimento direto. Aranhas põem ovos. Escorpiões dão à luz vários escorpiões de tamanho reduzido. Ácaros e carrapatos passam por uma fase intermediária (ninfa); logo, o desenvolvimento, nesse caso, é indireto.

Ácaro da espécie *Dermatophagoides pteronyssinus*, frequente em carpetes e tapetes. São comuns os casos de alergia causados por esse ácaro. (Imagem obtida com microscópio eletrônico. Ampliação: 300 vezes.)

ESTABELECENDO CONEXÕES

As aranhas são perigosas para o homem?

Algumas realmente são, e entre elas podemos destacar:

- **Viúva negra** (gênero *Latrodectus*) – a picada às vezes não é percebida, porém os sintomas podem ser muito dolorosos e severos (dores nas pernas, no abdômen, náusea, espasmos musculares e, algumas vezes, certa dificuldade respiratória). Não é produzido soro contra as espécies brasileiras.

Viúva-negra. (*Latrodectus tredecimguttatus*, medem cerca de 1 cm de comprimento.)

- **Aranha marrom** (gênero *Loxosceles*) – vive junto a pilhas de telhas e tijolos, mas não costuma ser agressiva, picando somente quando não consegue fugir. Esconde-se em roupas e costuma picar quando comprimida contra o corpo. As consequências são muito graves (lesões nos rins, febre, anemia), pois de todas as aranhas brasileiras, o veneno dela é o mais tóxico. Há soro específico.

Aranha marrom. (*Loxosceles gaucho*, medem cerca de 1 cm de comprimento.)

- **Aranha armadeira** (gênero *Phoneutria*) – durante o dia esconde-se em lugares escuros e úmidos. Às vezes, entra nas casas e se "instala" em sapatos. Ameaçada, costuma reagir, saltando sobre o agressor e é a aranha que mais provoca acidentes, podendo ser graves para crianças menores de 7 anos. Causam dor intensa.

Aranha armadeira. (*Phoneutria nigriventer*, medem cerca de 4 cm de comprimento.)

- **Aranha-de-jardim** (gênero *Lycosa*) ou tarântula – é encontrada com certa frequência na grama e, ao contrário da armadeira, foge quando ameaçada. Os acidentes são frequentes, mas sem gravidade. Não é necessária a aplicação de soro; apenas anestésicos locais.

Tarântula. (*Lycosa sp.*, medem cerca de 4 cm de comprimento.)

Contra a picada de muitas aranhas há soro, produzido no Brasil pelo Instituto Butantan, localizado na cidade de São Paulo, (SP). Fundado em 1901, o Butantan é o maior produtor mundial de soros contra picadas de serpentes, aranhas e escorpiões, além de produzir várias espécies de vacinas importantes (tétano, difteria, tuberculose, raiva, cólera, coqueluche).

Os soros contêm anticorpos, substâncias químicas que neutralizam efeitos das toxinas (antígenos) contidas nos venenos.

Miriápodes

Os miriápodes englobam duas classes de artrópodes: os **quilópodes** (ou centípedes) e os **diplópodes** (ou milípedes).

Scolopendra cingulata, uma lacraia que atinge, em média, 10 cm. Lacraias ou centopeias são **quilópodes**.

— garras injetoras de veneno

— um par de patas por segmento

— dois pares de patas por segmento

Piolhos-de-cobra ou embuás são **diplópodes**. Dependendo da espécie, podem atingir 15 cm de comprimento.

Terrestres, de hábitos noturnos, tanto quilópodes quanto diplópodes têm o corpo dividido em **cabeça** e **tronco** e habitam os mesmos locais: sob o leito das folhas das matas e jardins, sob pedras e troncos caídos. Mas não competem pelo alimento.

O comportamento diferente dos indivíduos das duas classes pode nos ajudar a entender sua posição nas cadeias alimentares. As lacraias (quilópodes) são ligeiras e agressivas. As antenas (um par) são longas e muito sensíveis. Possuem **um par de patas** por segmento do tronco, sendo que o primeiro par forma duas garras injetoras de veneno; são, portanto, animais carnívoros predadores (consumidores de segunda ordem ou de ordens mais elevadas), alimentando-se de minhocas, insetos e caracóis terrestres.

Os piolhos-de-cobra (diplópodes) são lentos. As antenas são muito curtas. São herbívoros (consumidores primários), alimentam-se de vegetais em decomposição. Possuem um par de patas em cada segmento do tórax e **dois pares de patas** em cada segmento abdominal.

Descubra você mesmo!

Procure saber o significado dos termos **centípedes** e **diplópodes**. De que modo eles estão relacionados à estrutura do corpo dos miriápodes?

Jogo rápido

Quantos pares de patas são encontrados nos representantes das cinco classes de artrópodes que você conheceu?

Quando molestados ou em repouso, os diplópodes se enrolam em espiral e podem secretar um líquido de odor desagradável para se defender.

Equinodermos

O nome do filo *Echinodermata* (do grego, *echinos* = espinhos + *derma* = pele) significa pele espinhosa e refere-se à presença de espinhos calcários na superfície do corpo ou à sensação de aspereza que sentimos ao tocar muitos dos representantes desse filo. Equinodermos vivem apenas nos mares.

Os equinodermos estão agrupados em cinco classes: **asteroide** (estrelas-do-mar), **equinoide** (ouriços-do-mar e bolachas-da-praia), **holoturoide** (pepinos-do-mar), **ofiuroide** (serpentes-do-mar) e **crinoide** (lírios-do-mar).

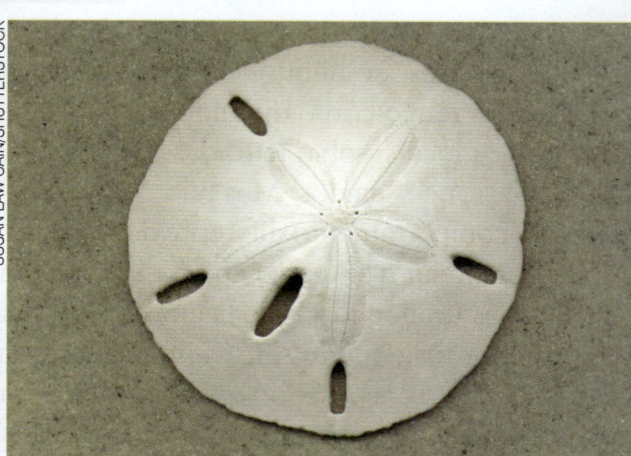

Estrela-do-mar da espécie *Asterias rubens*, que pode chegar a 50 cm (da extremidade de um braço à extremidade do outro).

Bolacha-da-praia, também conhecida como corrupio. (Cerca de 10 cm de diâmetro.)

Lírio-do-mar (*Oxycomanthus benetti*). Tamanho aproximado de 30 cm.

Ouriço-do-mar-negro (*Arbacia lixula*). Sua carapaça mede cerca de 4 cm. Pisar acidentalmente em um ouriço-do-mar pode causar muita dor, pois seus espinhos pontiagudos penetram na planta dos pés. As lesões precisam ser tratadas adequadamente para que não infeccionem.

CAPÍTULO 11 • Invertebrados II   185

Pepino-do-mar. O tamanho das holotúrias adultas varia desde 5 até 60 cm.

Serpente-do-mar (*Ophiothrix suensonii*) sobre uma esponja. O disco central tem cerca de 2 cm de diâmetro e cada braço, 14 cm.

Os equinodermos possuem um **endoesqueleto** formado por inúmeras placas calcárias, isto é, placas formadas por carbonato de cálcio, substância abundante na água do mar.

Uma característica desses animais é um conjunto de canais internos, chamado de **sistema ambulacral**, por onde circula a água do mar. Externamente, o que se vê desse sistema são finas projeções tubulares, chamadas **pés ambulacrários** ou **pés tubulares**. Estes pés projetam-se da cavidade do corpo para fora através de orifícios existentes nas placas do esqueleto. Além de servir à locomoção, o sistema ambulacrário exerce uma função circulatória, de transporte de gases de respiração e substâncias de excreção.

Endosqueleto: esqueleto interno.

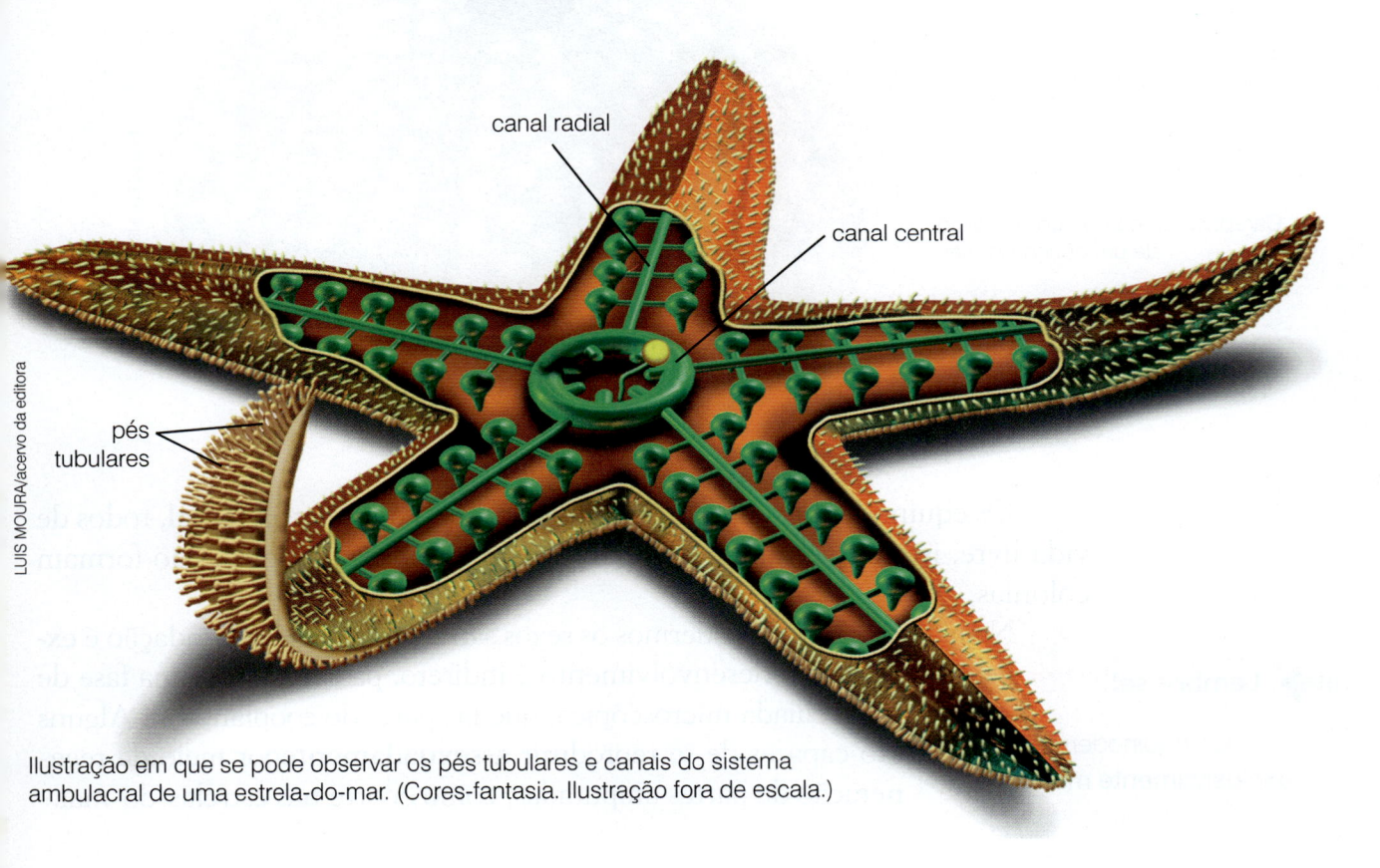

Ilustração em que se pode observar os pés tubulares e canais do sistema ambulacral de uma estrela-do-mar. (Cores-fantasia. Ilustração fora de escala.)

Apresentam tubo digestório **completo**. As trocas gasosas da respiração, além de contarem com a participação do sistema ambulacral, são feitas por pequenas projeções da pele fina, que atuam como **brânquias**, situadas ao redor da boca ou espalhadas por toda a superfície do corpo.

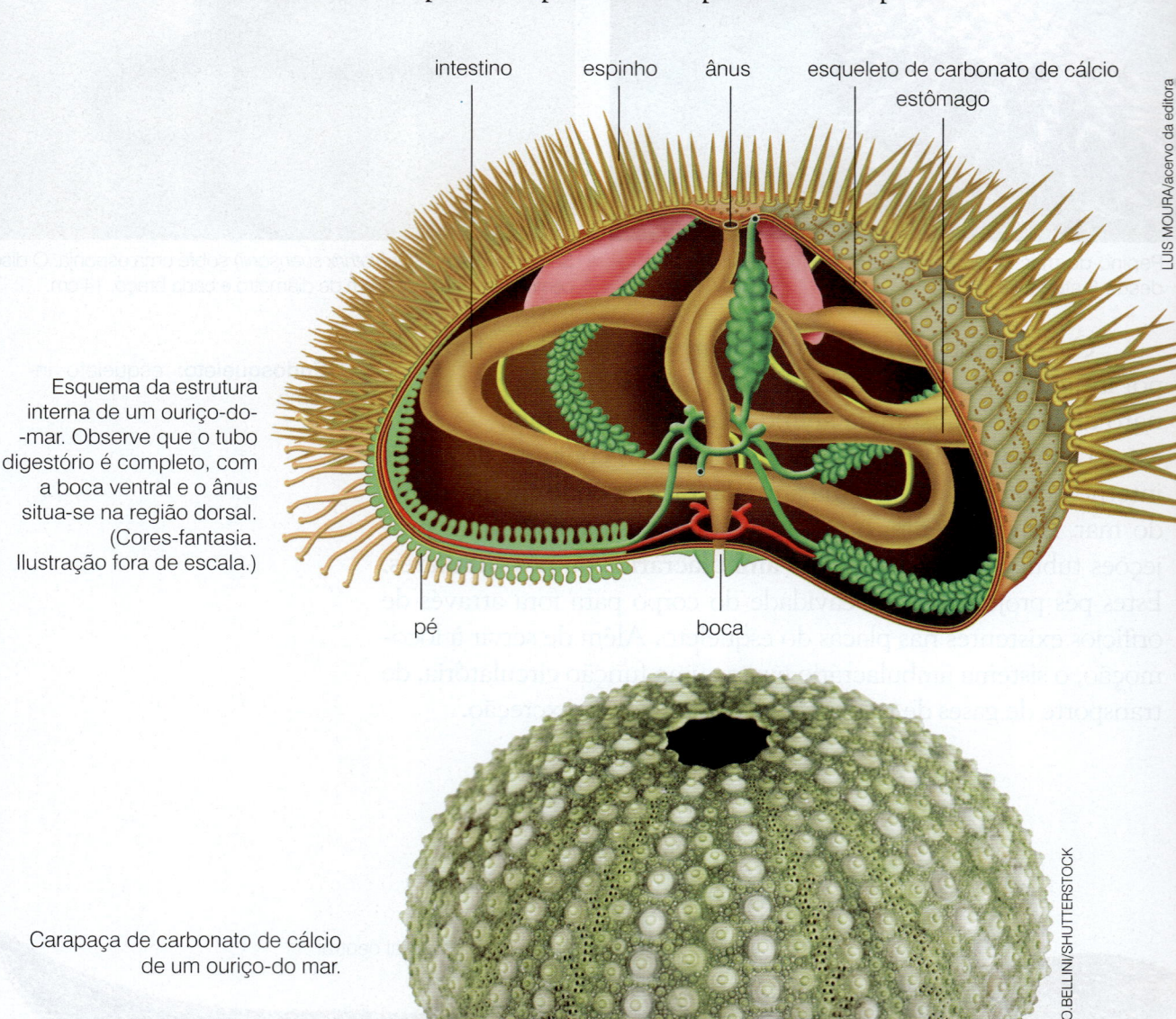

Esquema da estrutura interna de um ouriço-do-mar. Observe que o tubo digestório é completo, com a boca ventral e o ânus situa-se na região dorsal. (Cores-fantasia. Ilustração fora de escala.)

Carapaça de carbonato de cálcio de um ouriço-do mar.

Os equinodermos na fase adulta são animais de simetria **radial**, todos de vida livre, isto é, nenhum é parasita. Vivem isolados; portanto, não formam colônias.

Na maioria dos equinodermos os sexos são **separados**. A fecundação é **externa** e o desenvolvimento é indireto, passando por uma fase de larva ciliada microscópica, que faz parte do zooplâncton. Alguns são capazes de se reproduzir **assexuadamente** por meio da regeneração de partes amputadas, como ocorre nas estrelas-do-mar.

> **Lembre-se!**
> Os equinodermos são **exclusivamente marinhos**.

DE OLHO NO PLANETA

Meio Ambiente

Riscos do desequilíbrio populacional de equinodermos

Além do prejuízo que as estrelas causam aos criadores de ostras e mariscos, por serem carnívoras predadoras, desequilíbrios populacionais desses equinodermos podem colocar em risco recifes de coral, cujos pólipos são devorados por algumas espécies de estrelas.

FOTOSUB/SHUTTERSTOCK

ENTRANDO EM AÇÃO!

Desenvolvimento de um inseto

Borboletas e mariposas costumam botar ovos em diversos tipos de planta e de cada um surge uma larva (lagarta ou taturana, respectivamente). Se você encontrar uma folha de planta com pequenas "bolinhas" em uma das faces, provavelmente trata-se de ovos de borboleta ou de mariposa. Coloque a folha com os ovos no interior de um recipiente de vidro (um vidro grande de maionese, por exemplo), junto a algumas folhas da mesma planta, e feche o recipiente, fazendo, antes, algumas perfurações na tampa para permitir o arejamento do interior. Deixe-o em local razoavelmente iluminado (no beiral da janela, por exemplo).

Após alguns dias, de cada ovo surgirá uma taturana ou uma lagarta, cujo tamanho depende da espécie de mariposa ou borboleta que o depositou na folha. Faça observações periódicas sobre o comportamento da lagarta e acrescente novas folhas à medida que for necessário, juntamente com um chumaço de algodão embebido em água, para mantê-las umedecidas.

1. Após quantos dias surgiram lagartas a partir dos ovos?

Procure observar o mecanismo de alimentação das lagartas, bem como a morfologia do corpo. Verifique o mecanismo de locomoção e de preensão das lagartas às folhas. Procure notar o que sucede com cada lagarta antes de atingir a fase de pupa. Quando tiver atingido essa fase, coloque o recipiente em local que não incida luz direta e continue acompanhando o desenvolvimento até que surja uma nova borboleta ou mariposa. Compare a nova morfologia corporal com a que você havia observado nas lagartas.

2. Após quantos dias surgiram borboletas (ou mariposas) a partir do início da fase de pupa?

3. O que representam as "bolinhas" esverdeadas que as lagartas liberam continuamente?

4. As lagartas ficam agrupadas ou isoladas durante sua atividade? No caso de ficarem agrupadas, existe alguma vantagem nesse tipo de comportamento?

5. Como é o mecanismo de liberação das borboletas (ou mariposas) do interior da pupa? Elas já saem voando?

Segure uma das borboletas (ou mariposas) pelas asas e encoste as duas patas dianteiras do animal em um algodão embebido em solução de água com açúcar.

6. Qual é a reação da borboleta ao contato das patas dianteiras com a solução açucarada?

As borboletas (ou mariposas) não crescerão mais, de modo que você poderá soltá-las no mesmo ambiente em que coletou os ovos.

NÃO TOQUE NAS LARVAS

188 UNIDADE 3 • MUNDO ANIMAL

Nosso desafio

Para preencher os quadrinhos de 1 a 18, você deve utilizar as seguintes palavras: 1 par, 2 pares, 4 pares, 5 ou mais, aracnídeos, articulados, asas, brânquias, crustáceos, diplópodes, insetos, miriápodes, palpos, patas, quilópodes, quitinoso, segmentado, traqueias.

À medida que você preencher os quadrinhos, risque a palavra que escolheu para não usá-la novamente.

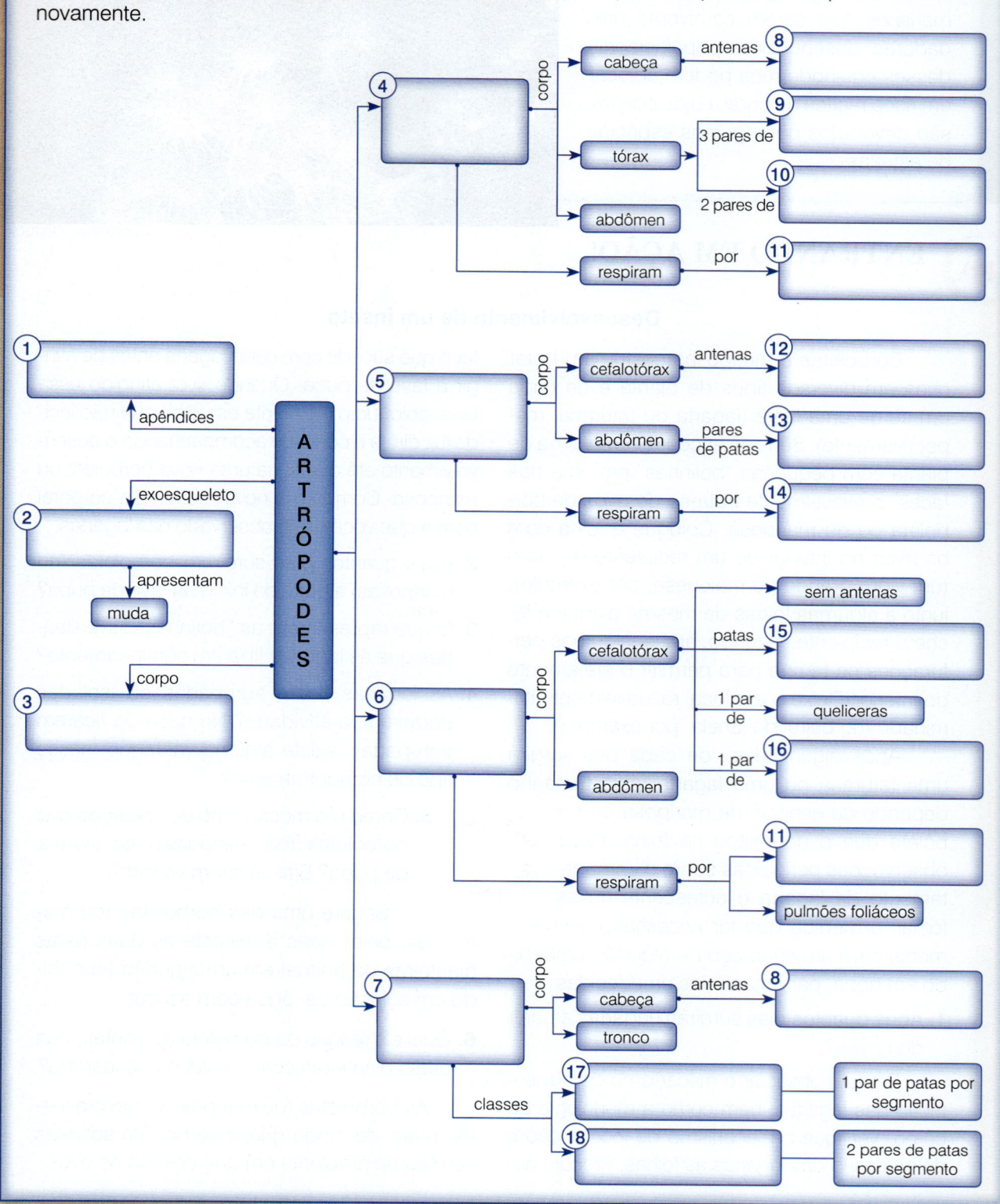

Atividades

1. Cite representantes das principais classes do filo *Mollusca*.
2. Quais são as três partes principais que, em geral, compõem o corpo dos moluscos?
3. Nos moluscos, qual o nome da estrutura responsável pela produção da concha?
4. Todos os moluscos possuem concha? Justifique a resposta.
5. Qual a estrutura do corpo dos moluscos que, em um grupo especial de ostras, produz pérolas de valor comercial.
6. Qual o mecanismo que os cefalópodes usam para "enganar" seus predadores?
7. O exoesqueleto limita o crescimento dos artrópodes; no entanto, eles conseguem crescer. Explique o processo de crescimento desses animais.
8. Considere os seguintes artrópodes: piolhos-de-cobra, caranguejos, besouros, lacraias, escorpiões, vespas, lagostas, carrapatos e formigas. Agrupe os animais citados nas respectivas classes do filo *Arthropoda*.
9. É possível diferenciar as cinco classes de artrópodes pelo número de patas? Justifique a resposta.
10. Em que classes de artrópodes o corpo é dividido em cefalotórax e abdômen? E em cabeça, tórax e abdômen?
11. a) Em que classe de ártrópodes não há antenas?
    b) Que apêndices do cefalotórax são típicos dos aracnídeos?
12. Um aluno, ao responder a uma pergunta sobre os insetos de interesse médico, redigiu o texto abaixo: "Os mosquitos, piolhos, pulgas, percevejos e uma legião de outros insetos provocam doenças no homem. Assim, os mosquitos causam malária, elefantíase e febre amarela; as pulgas são responsáveis pela peste bubônica, os barbeiros (percevejos) pelo mal de Chagas."
    Pergunta-se: a resposta está correta? Por quê?
13. O que significa "metamorfose" na vida dos insetos?
14. O corpo dos ácaros e carrapatos não é dividido em cefalotórax e abdômen. Apesar desse fato, eles são classificados como aracnídeos. Cite duas características da estrutura externa que justificam a colocação destes animais nessa classe.
15. Por meio de qual apêndice é inoculado o veneno produzido por aranhas e escorpiões?
16. Em uma aula prática sobre artrópodes, os alunos dispunham de animais que foram por eles classificados em quatro grupos, de acordo com a relação abaixo:
    I. Camarão, siris e ácaros (crustáceos).
    II. Baratas, mariposas e lacraias (insetos).
    III. Pulgas, berne e aranhas (aracnídeos).
    IV. Centopeias, cupins e ácaro da sarna (quilópodes).
    Reagrupe os animais, corrigindo os erros cometidos pelos alunos.
17. Cite quatro representantes do filo dos equinodermos.
18. Qual o nome do sistema que promove a locomoção em equinodermos, principalmente nas estrelas e nos ouriços-do-mar?
19. Há muito tempo, criadores de ostras, ao notarem que as estrelas-do-mar devoravam o molusco, tentaram resolver o problema capturando-as, cortando-as em pedaços e jogando-as de volta ao mar. Por que esse procedimento não resolveu o problema?

Navegando na net

O site do Instituto Butantan apresenta uma série de detalhes interessantes sobre animais peçonhentos, como escorpiões e aranhas. Vale a pena conferir! (*Acesso em:* 15 mar. 2014.)

<http://www.butantan.gov.br/home/acidente_por_animais_peconhentos.php>

Peixes

capítulo 12

Tão bonitinho... e perigoso!

Quem diria que um peixinho, listrado, parecendo todo enfeitado, pudesse ser tão venenoso.

Conhecido como peixe-leão, esse animal apresenta na base de seus grandes espinhos dorsais, e nos das regiões anal e pélvica também, glândulas de veneno.

O peixe-leão utiliza seus espinhos para inocular veneno e se defender, quando se encontra em situação de perigo, ou para caçar suas presas. Seu veneno não é potente o suficiente para causar a morte de seres humanos, mas, acredite, pode ser bem doloroso e provocar muita sensação de mal-estar.

Quando adulto, pode chegar a 40 cm de comprimento e a cor de suas listras varia, sendo encontradas espécies com coloração marrom, laranja, vermelha, amarela ou preta. Habitante natural do Oceano Índico e da região tropical do Pacífico, chegou acidentalmente ao Oceano Atlântico e Mar do Caribe, e por não ter predadores naturais, esse peixe se reproduziu rapidamente, acarretando enormes prejuízos aos pescadores da região.

Neste capítulo, estudaremos as principais características do grupo dos peixes. Será que todos são venenosos? Possuem espinhos? Habitam apenas os oceanos?

SERGGI SKLEZNEV/SHUTTERSTOCK

CAPÍTULO 12 • Peixes   191

Introdução ao filo dos cordados

Ao filo **Chordata (cordados)** pertencem animais tão diferentes como serpentes e capivara. O que um tem a ver com o outro? Que relação existe entre sabiá-laranjeira, jacaré e pirarucu, um dos maiores peixes de água doce do mundo, que vive nos rios da Amazônia?

(a) Pirarucu (*Arapaima gigas*),
(b) sapo (*Rhinella marina*),
(c) jacaré-de-óculos (*Caiman crocodilus*),
(d) sabiá-laranjeira (*Turdus rufiventris*),
(e) capivara (*Hydrochoerus hydrochaeris*), pertencentes, respectivamente, ao grupo dos peixes, anfíbios, répteis, aves e mamíferos, integrantes do filo dos cordados.

Fases larvais: fases do desenvolvimento de alguns animais, com características diferentes da fase adulta. Exemplo: girinos de rãs e sapos.

Peixes, anfíbios (sapos, rãs), répteis (serpentes, lagartos, jacarés, tartarugas), aves e mamíferos pertencem ao filo dos cordados.

Para entender porque esses animais pertencem ao mesmo filo, precisamos recorrer aos embriões ou às fases larvais desses animais, pois neles é que se encontram as características comuns a todos. Em todos os embriões de cordados existe, no dorso, um bastão cilíndrico rígido, porém flexível, a **notocorda** (do grego, *notos* = dorso + *khorde* = corda) ou **corda dorsal**, que funciona como um eixo de sustenção do corpo embrionário. A presença de notocorda na fase embrionária é a razão do nome **cordados** dado a esse filo.

Além da notocorda, todo cordado apresenta, na fase embrionária, a **faringe** perfurada por **fendas** que comunicam esse órgão com o exterior por meio de aberturas em ambos os lados, logo atrás da cabeça. Essas fendas permanecem na fase adulta de peixes, por exemplo, nos quais permitem a passagem da água que banha as brânquias durante a respiração. Desaparecem nos adultos de anfíbios, répteis, aves e mamíferos.

Por fim, em todo embrião de cordado existe um **tubo nervoso dorsal**, situado acima da notocorda, de onde se originam todos os componentes do sistema nervoso dos cordados, além de uma **cauda pós-anal**.

Esquema de embrião de cordados, ilustrando as quatro características que distinguem esses animais.

Agora, fica fácil entender porque animais tão diferentes como capivara, sapo, pirarucu, tubarão, jacaré, sabiá e muitos outros, incluindo o homem, pertencem ao filo dos cordados. Todos apresentam, pelo menos na fase embrionária, as quatro características citadas anteriormente: *notocorda*, *fendas na faringe*, *tubo nervoso dorsal* e *cauda pós-anal*.

Além dessas características que diferenciam os cordados dos outros grupos animais, todos eles apresentam:

- sangue vermelho, porque contém **hemoglobina**, um pigmento proteico transportador de oxigênio, sempre presente no interior dos glóbulos vermelhos, células também chamadas de **hemácias** ou **eritrócitos**;
- a circulação do sangue ocorre exclusivamente no interior de um **sistema fechado** de vasos sanguíneos (artérias, veias e capilares), e o sangue é impulsionado por um coração;
- o sistema digestório é **completo** e compõe-se de boca, faringe, esôfago, estômago e intestino. Órgãos como o fígado e o pâncreas são glândulas, cujas secreções, lançadas no intestino, auxiliam na digestão dos alimentos;

Descubra você mesmo!

Rã, bem-te-vi, lagarto teiú, anta, beija-flor, perereca, jararaca, robalo, bugio, jiboia, pintado, lobo-guará, piranha, seriema, arraia e tatu-bola são animais encontrados na fauna brasileira aquática e terrestre. Faça uma pesquisa na internet ou em livros da biblioteca da sua escola e organize uma tabela indicando a classe do filo dos cordados a que cada um desses animais pertence.

CAPÍTULO 12 • Peixes 193

- todos os vertebrados **possuem mandíbula**, com exceção de um único grupo, o das lampreias, consideradas vertebrados primitivos;
- os sexos são **separados** e a reprodução é **sexuada**;
- o desenvolvimento embrionário pode ocorrer fora do corpo materno nas espécies ovíparas ou no interior do corpo materno nas espécies ovovivíparas.

Detalhe da boca de lampreia. Pelo fato de não possuírem mandíbula, a boca tem um aspecto circular, sempre aberta, daí serem conhecidos como **ciclóstomos** ou **ciclostomados** (do grego, *kyklos* = círculo + *stoma* = boca). Essa boca atua como uma ventosa e possui dentículos (evidentes na foto). Quando adultas, as lampreias podem ultrapassar 1 m de comprimento.

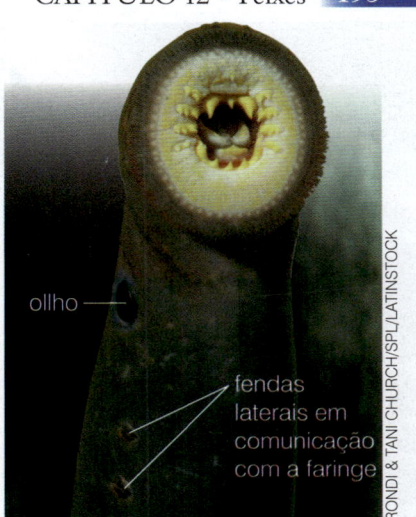

É SEMPRE BOM SABER MAIS!

Ovíparos, vivíparos, ovovivíparos

Animais **ovíparos** são aqueles em que o desenvolvimento dos ovos ocorre fora do corpo materno, às custas de reservas alimentares existentes no ovo. O exemplo mais conhecido é o das aves.

Ovovivíparos (do latim, *ovum* = ovo + *vivus* = vivo) são os animais cujos ovos se desenvolvem no interior do corpo materno, também às custas das reservas dos próprios ovos. É o que ocorre, por exemplo, em algumas espécies de peixes e répteis (serpentes peçonhentas).

Vivíparos são os animais cujos ovos, contendo pouca reserva alimentar, desenvolvem-se no interior do corpo materno e os embriões dependem do organismo da fêmea para o fornecimento dos nutrientes. É o que ocorre na maioria das espécies de mamíferos, nos quais durante a gestação há formação de um órgão, a *placenta*, que fixa os embriões ao útero.

Peixes: cartilaginosos e ósseos

Veja as fotos a seguir. Em (a), a foto de um tubarão (cação), que pertence à classe dos **peixes cartilaginosos** ou **condrictes** (do grego, *khondros* = cartilagem + *ikhthus* = peixe). Em (b), a foto do robalo, que pertence à classe dos **peixes ósseos** ou **osteíctes** (*osteon* = osso). Apenas dizendo isso já podemos estabelecer a primeira diferença entre esses dois peixes: no tubarão, o *esqueleto* é inteiramente *cartilaginoso*, enquanto no robalo o esqueleto é predominantemente *ósseo*.

Em (a), tubarão (*Carcharhinus* sp.), peixe cartilaginoso que pode chegar a 2,5 m de comprimento. A seta aponta as aberturas na parede do corpo que se comunicam com as fendas branquiais faringianas. Em (b), robalo (*Centropomus undecimalis*), peixe ósseo que, em média, tem 60 cm de comprimento. Observe o opérculo que recobre e protege uma câmara em que estão alojadas as brânquias.

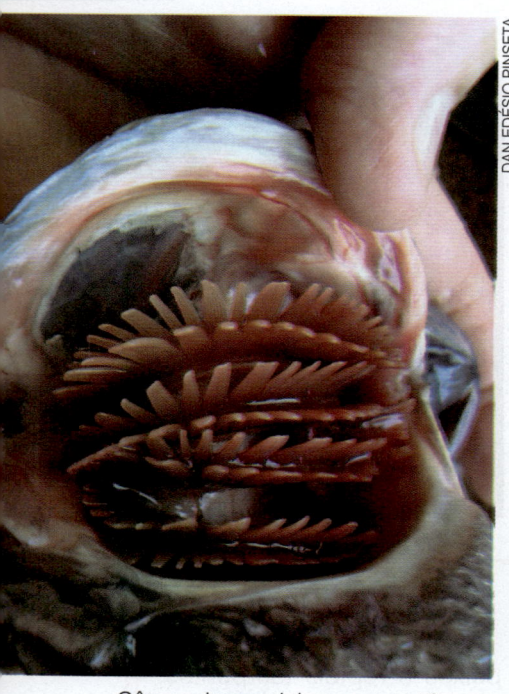

Câmara branquial em que estão alojadas as guelras ou brânquias de um peixe ósseo.

Note, também, a posição da boca, que é *ventral* no tubarão e *terminal* no robalo. De cada lado do corpo do tubarão, há cinco aberturas que se comunicam com as 5 **fendas branquiais** faringianas, enquanto no robalo existe um **opérculo** em ambos os lados da cabeça, uma espécie de tampa óssea protetora da câmara branquial, onde se alojam as brânquias ou **guelras**.

Ao afastar os opérculos de um peixe ósseo é que se podem ver as brânquias e *4 fendas branquiais* de cada lado da faringe. Logo, o número de fendas faringianas também é uma diferença entre peixes cartilaginosos e ósseos.

Nota-se que o corpo tem uma forma **hidrodinâmica**, ou seja, uma forma que favorece o deslocamento no meio aquático. Os peixes, com raras exceções, são excelentes nadadores, o que é facilitado não só pela forma de seu corpo, mas, também, pela musculatura do tronco que favorece os movimentos ondulatórios na água. As **nadadeiras** existentes nos peixes também são auxiliares da locomoção, da mudança de curso durante o seu deslocamento e da estabilidade corporal na água.

É SEMPRE BOM SABER MAIS!

Cartilagem e osso: qual a diferença?

Nos vertebrados, o esqueleto pode ser constituído por dois tecidos: o cartilaginoso e o ósseo. O primeiro é menos rígido e rico em uma proteína denominada **colágeno**. É o tecido encontrado no esqueleto dos peixes cartilaginosos. O tecido ósseo é mais rígido e, além de colágeno, possui grande quantidade de um mineral conhecido como **fosfato de cálcio**, responsável pela rigidez dos ossos. O tecido ósseo é o predominante no esqueleto das demais classes de vertebrados.

Um esqueleto interno (endoesqueleto), como o dos vertebrados, protege órgãos, dá sustentação ao corpo, principalmente nos vertebrados que se locomovem em terra, mantém a forma do corpo e, no caso dos ossos, representa uma importante reserva de cálcio.

Fique por dentro!

Nos seres humanos e em muitos outros vertebrados terrestres, existe cartilagem nas regiões das grandes articulações, nas orelhas externas e no nariz e, também, nos discos cartilaginosos que separam as vértebras da coluna vertebral.

Escamas e muco na pele dos peixes

Quem já teve um peixe vivo nas mãos, deve tê-lo sentido escorregadio e notado a presença de escamas, duas características dos peixes. Na camada superficial da pele (epiderme) desses vertebrados, inúmeras glândulas produzem **muco** uma substância lubrificante, que diminui o atrito e facilita o deslocamento no meio aquático, além de protegê-los contra doenças e lesões da pele. As escamas protetoras que revestem os peixes ósseos se dispõem sob a epiderme como as telhas de um telhado. Nos tubarões, as escamas são invisíveis a olho nu, mas podem ser percebidas pelo

CAPÍTULO 12 • Peixes

tato, causando uma sensação de aspereza, tanto que a pele seca desses peixes pode ser usada como lixa de madeira e outros materiais. Essas escamas dos peixes cartilaginosos são verdadeiros microdentes, já que, como os dentes, também são formadas por esmalte, dentina e polpa dentária.

Nem todos os peixes possuem escamas. Em algumas espécies de arraias (peixes cartilaginosos) e nos chamados "peixes de couro", como os bagres, o pintado, o surubim, o mandi e o jaú, não há escamas.

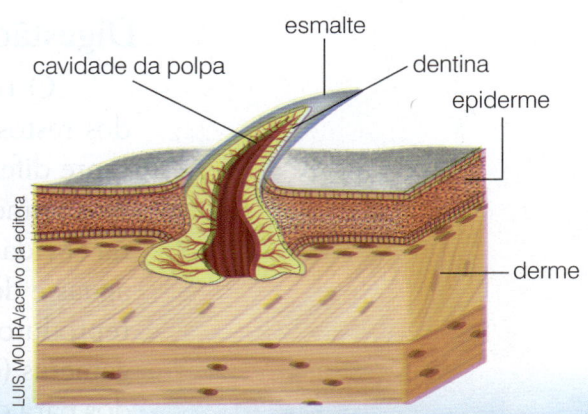

Esquema de escama de peixe cartilaginoso. (Cores-fantasia. Ilustração fora de escala.)

Visão ventral de uma arraia (*Aetobatus narinari*), peixe cartilaginoso que pode atingir 3,5 m de envergadura e que **não possui escamas**. Acima da boca, o que se parece com olhos, são, em verdade, cavidades nasais.

ESTABELECENDO CONEXÕES

Cotidiano

No Brasil, as escamas de peixes maiores, como as de pirarucu, por exemplo, por sua rigidez e textura, têm sido usadas como lixas para unhas ou mesmo como matéria-prima para a manufatura de colares.

Escamas de peixe mais delicadas, nas mãos de talentosos artistas brasileiros, têm se transformado em delicadas peças artesanais, pequeninas obras de arte, como o par de brincos ao lado.

Digestão e alimentação

O tubo digestório é completo. Com relação à eliminação dos restos não digeridos que compõem as fezes, há uma importante diferença entre os peixes cartilaginosos e os peixes ósseos. Nos primeiros, a parte final do intestino termina em uma pequena cavidade, denominada **cloaca** (do latim, *cloaca* = esgoto para águas e dejetos), onde também terminam os sistemas urinário e reprodutor: através de um só orifício, o *orifício cloacal*, as fezes, os gametas (em certos casos, ovos ou filhotes) e a urina são eliminados para o meio exterior.

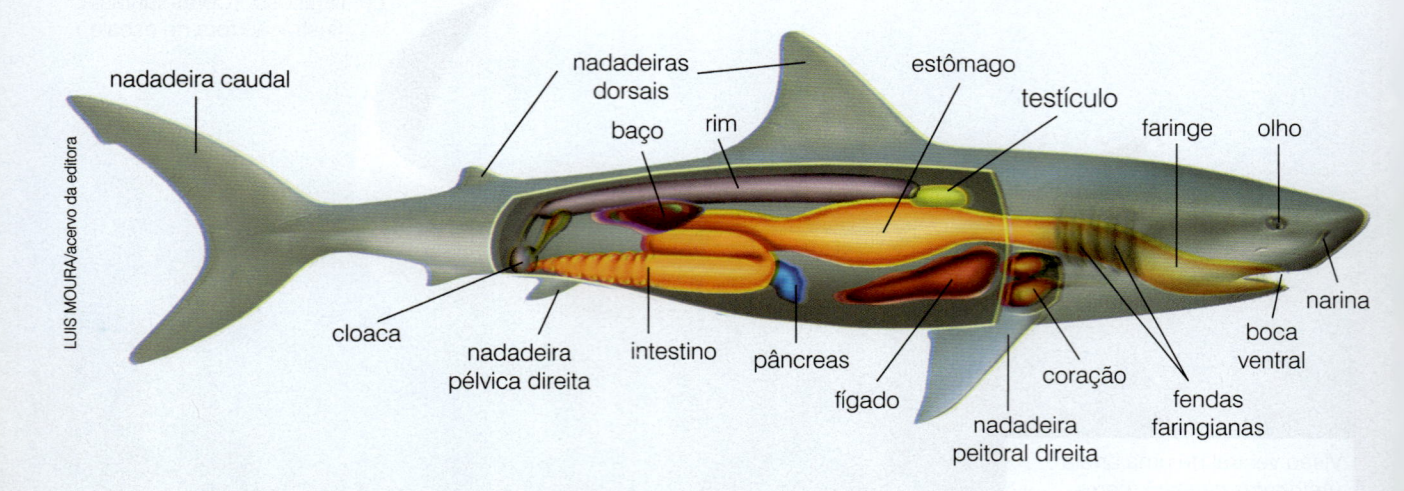

Esquema de tubarão, em que pode ser observado o tubo digestório. Nos peixes cartilaginosos, pelo orifício da cloaca são eliminados fezes, gametas e urina. (Cores-fantasia. Ilustração fora de escala.)

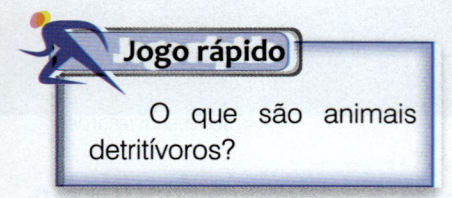

> **Jogo rápido**
> O que são animais detritívoros?

Nos peixes ósseos não há cloaca; o orifício anal abre-se à frente de outro orifício, comum aos sistemas urinário e reprodutor.

Quanto aos hábitos alimentares, há peixes carnívoros, herbívoros (se alimentam de algas, frutos e sementes) e detritívoros.

Circulação, respiração e excreção

O sangue dos peixes, que percorre um **sistema fechado** de vasos, é impulsionado por um coração com apenas duas cavidades: **um átrio** e **um ventrículo**.

Rico em gás carbônico, o sangue venoso é recolhido do corpo e chega ao átrio por uma veia; a seguir, entra no ventrículo e é bombeado em direção às brânquias, onde ocorrem as trocas gasosas: o gás carbônico difunde-se do sangue para a água, enquanto o oxigênio dissolvido na água faz o caminho inverso, isto é, difunde-se da água para o sangue. Ao sair das brânquias, o sangue oxigenado é encaminhado a todo o corpo sem retornar ao coração. Portanto, pelo coração dos peixes só passa sangue venoso.

> **Jogo rápido**
> O que é um sistema fechado de circulação sanguínea?

CAPÍTULO 12 • Peixes 197

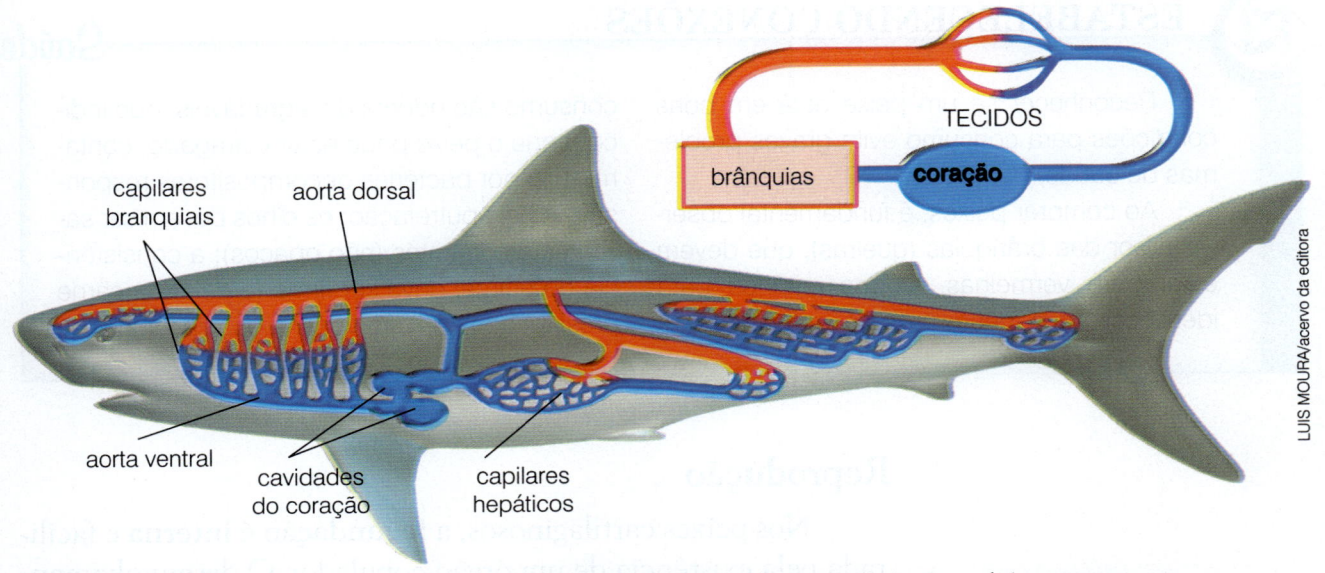

Esquema de circulação fechada em peixes. O sangue rico em gás carbônico (azul) chega ao átrio e passa para o ventrículo, de onde é bombeado para as brânquias, local em que ocorrem as trocas gasosas. O sangue oxigenado (em vermelho) sai das brânquias e é distribuído por todo o corpo do animal, de onde retorna para o coração novamente carregado com gás carbônico. (Cores-fantasia. Ilustrações fora de escala.)

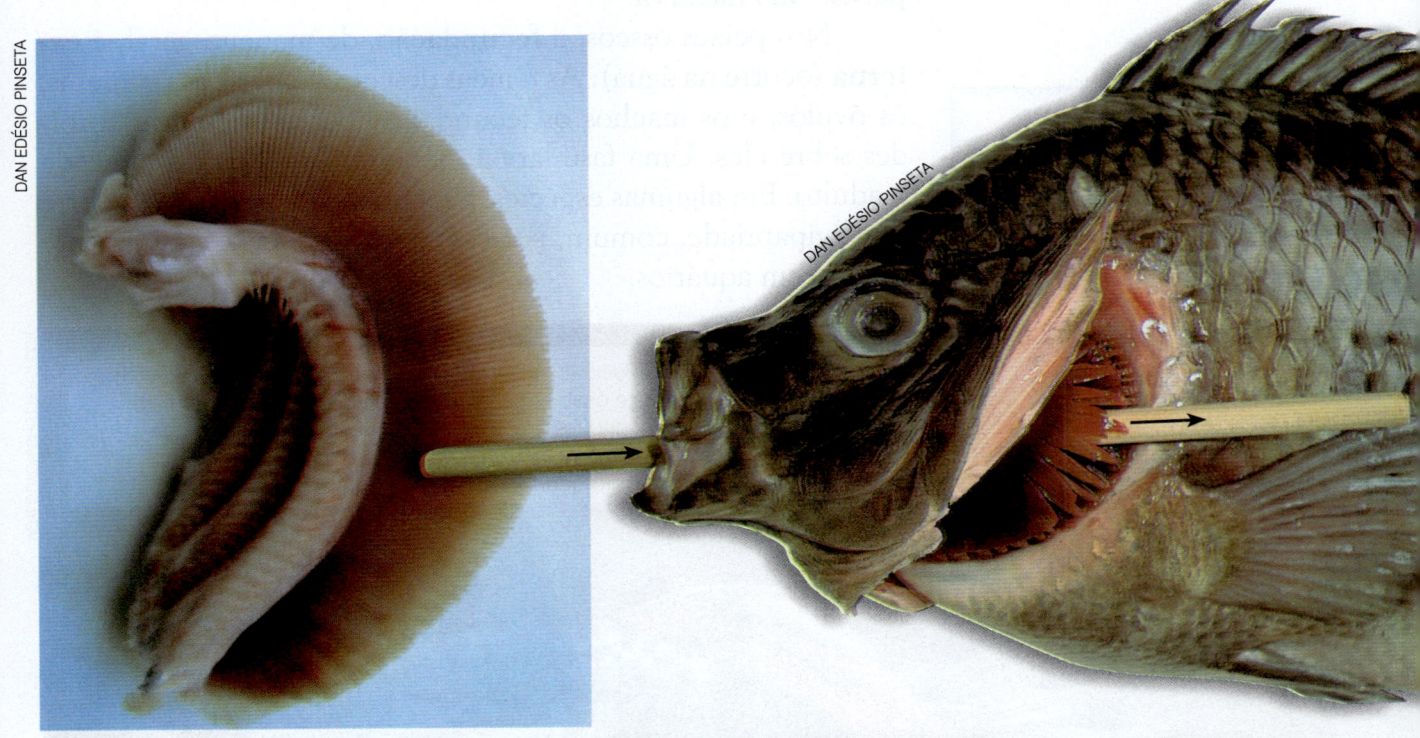

As brânquias são formadas por inúmeros filamentos, percorridos por capilares sanguíneos. A oxigenação do sangue ocorre no contato dos filamentos branquiais com o oxigênio dissolvido na água.

A água (indicada pelas setas) penetra pela boca do peixe, atravessa as fendas faringianas, banha as brânquias e sai para o exterior.

A excreção das substâncias tóxicas, como a amônia, e a regulação do equilíbrio hídrico ocorrem por meio de rins (um par).

Amônia: produto nitrogenado, resultante do metabolismo do animal, e que requer muita água para sua excreção.

Jogo rápido

Qual é o significado de excreção, relativamente aos animais?

ESTABELECENDO CONEXÕES

Reconhecer se um peixe está em boas condições para consumo evita graves problemas de saúde.

Ao comprar peixes, é fundamental observar a cor das brânquias (guelras), que devem estar bem vermelhas. Outros critérios para identificar se o pescado está indicado para consumo são odores desagradáveis, que indicam que o peixe pode estar estragado, contaminado por bactérias decompositoras responsáveis pela putrefação; os olhos devem ser salientes e brilhantes (não opacos); a consistência do animal deve ser firme (a pele e a carne pressionadas devem voltar à posição inicial).

Reprodução

Nos peixes cartilaginosos, a **fecundação** é **interna** e facilitada pela existência de um órgão copulador. O desenvolvimento embrionário pode ocorrer fora do corpo materno nas espécies **ovíparas** ou no interior do corpo materno nas espécies **ovovivíparas**. Não há larva.

Nos peixes ósseos, a **fecundação**, de maneira geral, é **externa** (ocorre na água). As fêmeas descarregam os seus gametas, os óvulos, e os machos os fecundam, liberando espermatozoides sobre eles. Uma fase larval, denominada **alevino**, precede o adulto. Em algumas espécies, a fecundação é interna e ocorre ovoviviparidade, comum, por exemplo, em lebistes, facilmente criados em aquários.

Jogo rápido

O que significa **alevino**, relativamente à reprodução dos peixes?

Lebiste (*Poecilia reticulata*), também chamado barrigudinho, é um peixe ósseo que apresenta, diferentemente da maioria deles, fecundação interna. Os indivíduos dessa espécie, muito comum nos aquários domésticos, podem chegar a 6 cm de comprimento quando adultos.

Sistema nervoso e órgãos dos sentidos

O tubo nervoso, bem desenvolvido, apresenta um **encéfalo**, protegido pelo crânio, e uma **medula espinal**, protegida pela coluna vertebral.

Esqueleto de peixe ósseo. O crânio é formado por vários ósseos que, juntos, protegem a massa encefálica.

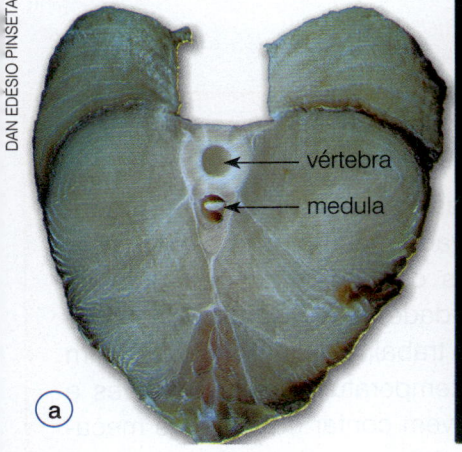

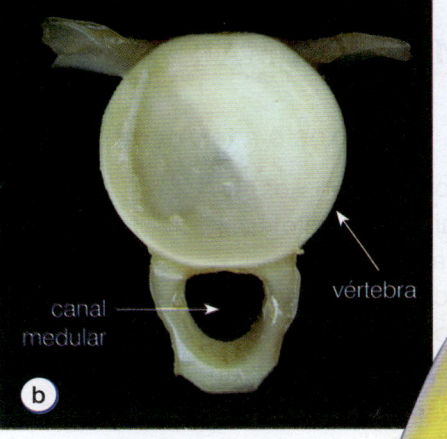

Em (a), posta de cação em que se vê porção da medula espinal e, em (b), vértebra e canal medular no interior do qual se aloja a medula espinal.

Os **olhos** dos peixes são basicamente semelhantes aos dos outros vertebrados, sem a presença de pálpebras.

Diferentemente dos vertebrados terrestres que possuem receptores **gustativos** na boca e faringe, nos peixes esses receptores encontram-se principalmente na boca, mas também podem ser encontrados na superfície de todo o corpo, até mesmo nas nadadeiras. O **olfato** é bem desenvolvido em virtude dos receptores olfativos que se encontram nas cavidades nasais.

Peixes não têm pálpebras nem glândulas lacrimais; o contato da superfície ocular com a água é suficiente para lubrificar os olhos. Na foto, peixe cirurgião barbatana amarela (*Acanthurus xanthopterus*), animal que, quando adulto, atinge 60 cm de comprimento.

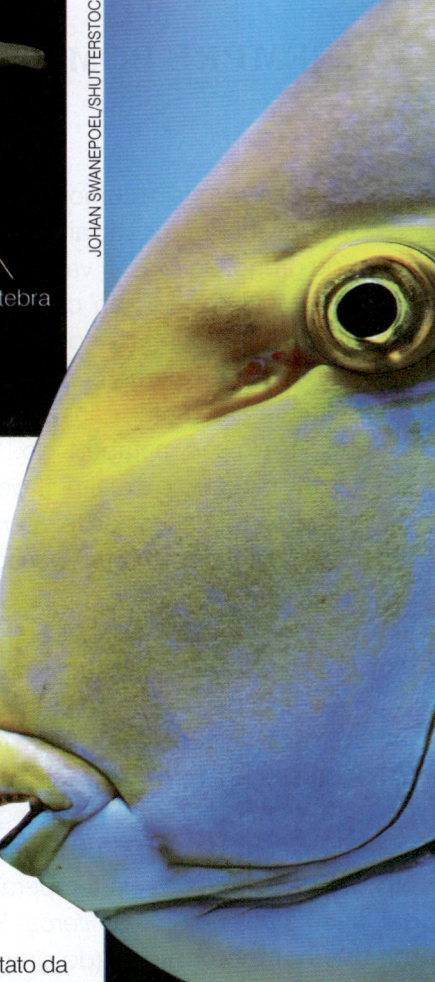

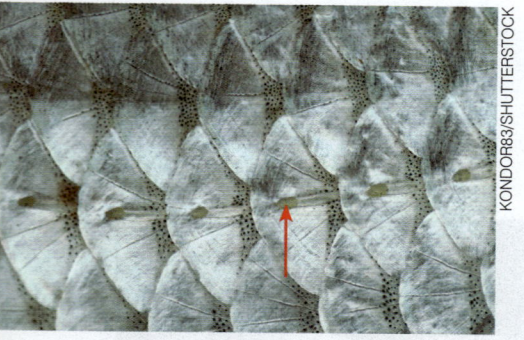

A seta aponta a linha lateral, sistema de canal ligado a células sensoriais que identifica as variações de pressão na água.

Os peixes possuem um eficiente sistema de percepção de perturbações que se propagam na água. Essa capacidade está relacionada à **linha lateral**, constituída por um canal que se estende sob a pele em ambos os lados do corpo e que se comunica com o meio externo por meio de inúmeros e minúsculos orifícios. Esses orifícios permitem que a água penetre e circule nos canais laterais. Na parede desses canais há células sensoriais em comunicação com um nervo que conduz ao cérebro do peixe as informações referentes às perturbações que podem ser relacionadas a um perigo iminente – a presença de um predador, por exemplo, ou a uma possível presa que esteja se movimentando nas proximidades.

Jogo rápido

Volte à fotografia do robalo (p. 193) e identifique onde se encontra a linha lateral.

Fique por dentro!

O movimento sincronizado e coordenado de um cardume de peixes é também relacionado à linha lateral. O reconhecimento de perturbações nas vizinhanças é prontamente detectado pelas linhas laterais, o que proporciona, em resposta, a execução de manobras que resultam na mudança da velocidade e da direção do movimento do cardume.

É SEMPRE BOM SABER MAIS!

Os peixes e a temperatura corporal

Os peixes, assim como os anfíbios, os répteis e os invertebrados são animais **pecilotérmicos** (do grego, *poikilos* = variado + *thermos* = = calor), isto é, não são capazes de manter constante a temperatura corporal. Sua temperatura oscila, em geral, com as variações da temperatura ambiental, causando, igualmente, oscilações do seu metabolismo.

O meio aquático é mais estável que o terrestre quanto às mudanças de temperatura. No ambiente terrestre, são comuns variações térmicas de uma dezena ou mais de graus em um mesmo dia, o que jamais acontece nos ambientes aquáticos de grande extensão (lagos, mares etc.).

Animais pecilotérmicos também são chamados **ectotérmicos** em uma referência ao calor que recebem de fora, do ambiente.

Os vertebrados que conseguem manter a temperatura do corpo elevada e *constante*, apesar das variações da temperatura ambiental, são as *aves* e os *mamíferos*. São os vertebrados **homeotérmicos** (do grego, *homos* = = semelhante, igual + *thermos* = calor).

Nesse caso, o calor do corpo é produzido pelo elevado metabolismo e, para isso, esses animais dependem do consumo de grande quantidade de alimentos e de oxigênio usados no trabalho de suas células. A fim de manter a temperatura constante, aves e mamíferos devem contar com alguns mecanismos reguladores para impedir a elevação ou o abaixamento da temperatura: ofegar (aves, cães), transpirar (apenas alguns mamíferos), tremer (as contrações musculares produzem calor) etc. Além disso, para manter o isolamento térmico do corpo, contam com penas, pelos e camada de gordura sob a pele.

A homeotermia é uma característica que permite a adaptação das aves e mamíferos aos mais diferentes tipos de ambientes terrestres ou aquáticos, sendo encontrados desde as regiões tropicais até as regiões polares. Uma denominação atual para aves e mamíferos é **endotérmicos**, referindo-se ao calor corporal, que tem origem interna.

Bexiga natatória:
auxiliar na flutuação dos peixes ósseos

A **bexiga natatória** é uma "bolsa" cheia de gás, localizada acima do tubo digestório. Na maioria dos peixes ósseos, funciona como um órgão de equilíbrio ou um flutuador. Ao regular o volume da bexiga, por meio da passagem de gases do sangue para o seu interior ou vice-versa, o peixe ósseo pode permanecer em equilíbrio (parado) em diferentes profundidades, ajustando sua densidade à da água.

Peixes cartilaginosos não apresentam vesícula gasosa; quando param de nadar, afundam.

Lembre-se!

A bexiga natatória também é chamada de vesícula gasosa.

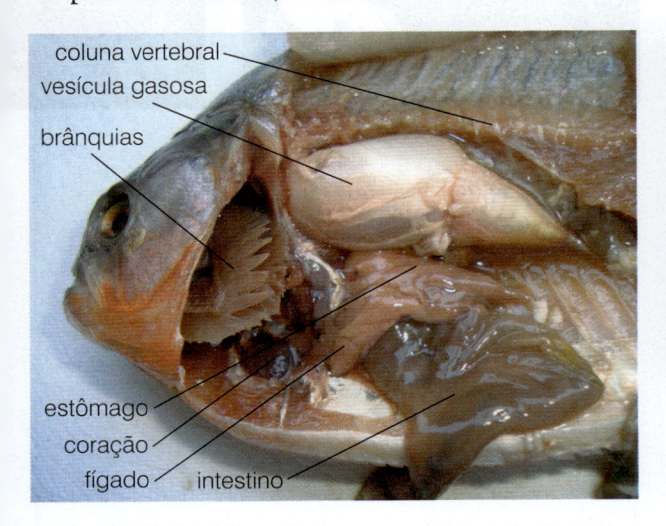

Peixe ósseo aberto, evidenciando a bexiga natatória, que se encontra na parte dorsal do animal, acima do tubo digestório (os órgãos internos foram deslocados para uma melhor visualização da estrutura). Ao lado, bexiga natatória isolada.

É SEMPRE BOM SABER MAIS!

Peixes pulmonados

Em algumas espécies de peixes, como a piramboia, da bacia Amazônica, além das brânquias, há um pulmão primitivo no lugar da vesícula gasosa. Em períodos de seca, esses peixes permanecem mergulhados no lodo e retiram oxigênio diretamente do ar.

Piramboia (*Lepidosiren paradoxa*), peixe pulmonado.

DE OLHO NO PLANETA

Sustentabilidade

Pirarucu: um peixe pulmonado em risco de extinção

O pirarucu (*Arapaima gigas*) é um dos maiores peixes de água doce do planeta. Nativo da Amazônia, ele promove benefícios para o ecossistema e comunidades que vivem da pesca. Seu nome vem de dois termos indígenas: *pira*, "peixe", e *urucum*, "vermelho", devido à cor de sua cauda.

A espécie vive em lagos e rios afluentes, de águas claras, com temperaturas que variam de 24 a 37 °C, e não é encontrada em lugares com fortes correntezas ou em águas com sedimentos. (...)

A espécie corre risco de extinção devido à pesca predatória praticada ao longo de muitos anos. A reprodução natural do peixe é insuficiente para repor o número de pirarucus pescados. A exploração não sustentável fez com que o IBAMA – Instituto Brasileiro do Meio Ambiente e dos Recursos Naturais Renováveis criasse em 2004 uma Instrução Normativa que regulamenta a pesca do pirarucu na Amazônia, proibindo-a em alguns meses do ano e estabelecendo tamanhos mínimos para pesca e comercialização da espécie.

O projeto do manejo sustentável consiste em treinar e capacitar pescadores para manejar o pirarucu de forma ambientalmente adequada, assegurando a sobrevivência da espécie e a viabilidade econômica da atividade pesqueira.

Os principais resultados diretos são o aumento da produtividade dos lagos, o crescimento da produção de pirarucu nos lagos manejados, o repovoamento com casais da espécie em lagos onde o peixe havia desaparecido e o consequente aumento da renda dos pescadores.

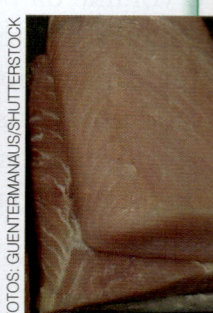

Quando adulto, o pirarucu mede de 2 a 3 m e seu peso pode atingir 200 kg. Conhecido como o "bacalhau da Amazônia", sua carne é muito apreciada por seu sabor e poucos espinhos.

Pirarucu: o gigante das águas doces. Disponível em: <http://www.wwf.org.br/natureza_brasileira/especiais/biodiversidade/especie_do_mes/agosto_pirarucu.cfm>. Acesso em: 12 jul. 2015.

➢ A pesca tanto pode ser um trabalho, uma maneira de ganhar o sustento, como uma atividade de lazer, mas em todos os casos é preciso considerar a continuidade das espécies. O manejo sustentável da atividade pesqueira, ou seja, o seu uso de modo administrado, visando garantir a preservação do meio ambiente e das espécies, deve sempre ser considerado. Em sua opinião, ainda com relação à pesca, como seria uma ação desse manejo sustentável?

ENTRANDO EM AÇÃO!

Observação de um peixe ósseo

Você vai precisar de um peixe ósseo fresco, de tamanho médio, como uma tainha, por exemplo, e um recipiente para que ele possa ser observado.

Procure verificar as seguintes características externas, fazendo um desenho em seu caderno: posição da boca, dentes, opérculo, nadadeiras, linha lateral, aberturas nasais.

Levante o opérculo e inspecione a câmara branquial, verificando o número de arcos branquiais existentes. Retire uma escama e, se dispuser de uma lupa, faça um desenho do que você observa.

Nosso desafio

Para preencher os quadrinhos de 1 a 9, você deve utilizar as seguintes palavras: bexiga natatória, branquial, duas cavidades, escamas, linha lateral, robalo, tubarões, ventral, vertebrados.

À medida que você preencher os quadrinhos, risque a palavra que escolheu para não usá-la novamente.

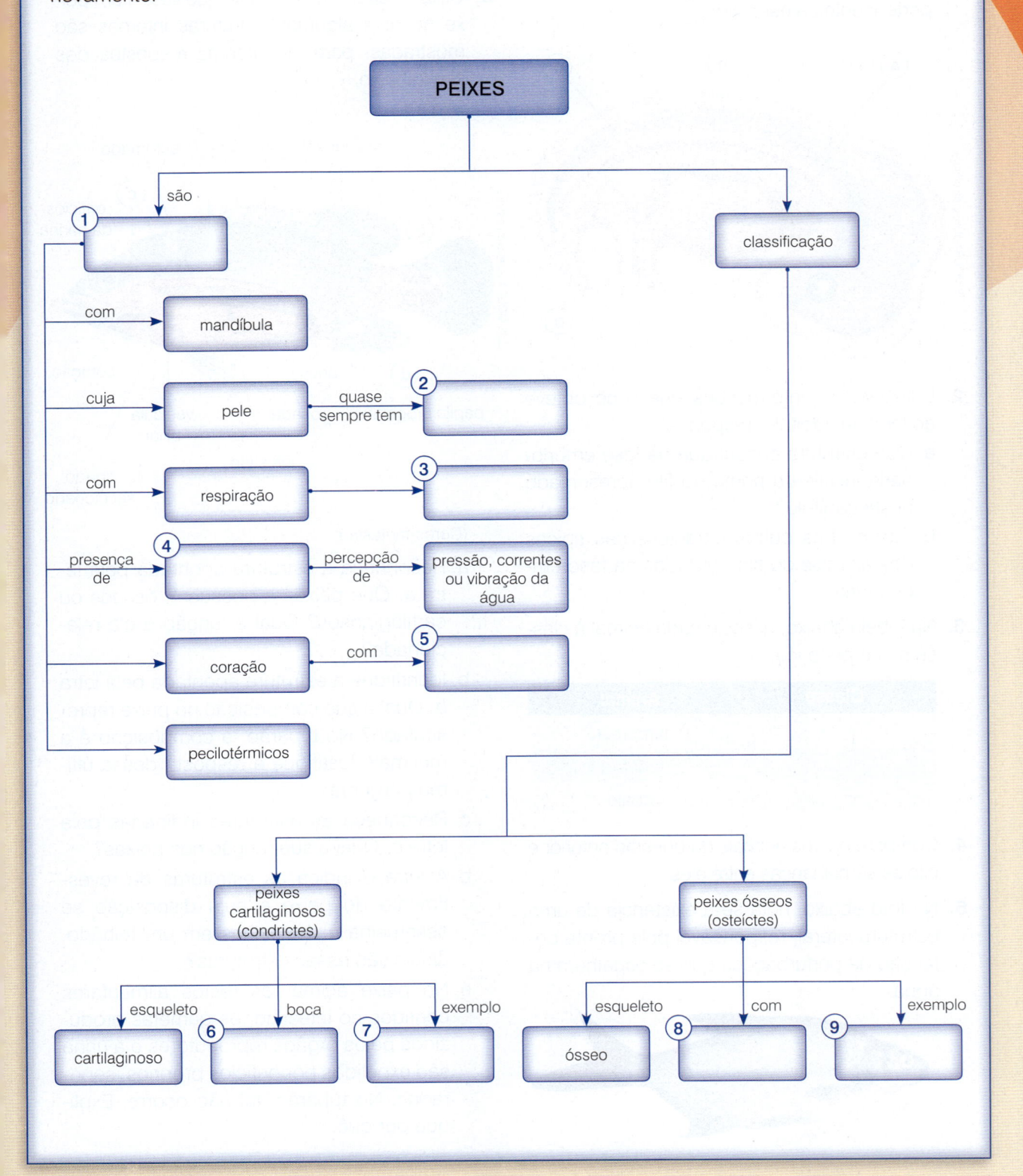

```
                            PEIXES
                   são /              \ classificação
                    1                        |
          com - mandíbula                    |
          cuja - pele - quase sempre tem - 2
          com - respiração - 3
          presença de - 4 - percepção de - pressão, correntes ou vibração da água
          coração - com - 5
          pecilotérmicos
                                             |
                    ┌────────────────────────┴────────────────────┐
            peixes cartilaginosos                         peixes ósseos
                 (condrictes)                               (osteíctes)
         esqueleto / boca \ exemplo              esqueleto / com \ exemplo
        cartilaginoso  6      7                    ósseo    8      9
```

CAPÍTULO 12 • Peixes

Atividades

1. O esquema abaixo representa um hipotético embrião de cordado. Reconheça as estruturas assinaladas, que correspondem às características exclusivas de todos os animais pertencentes a esse filo.

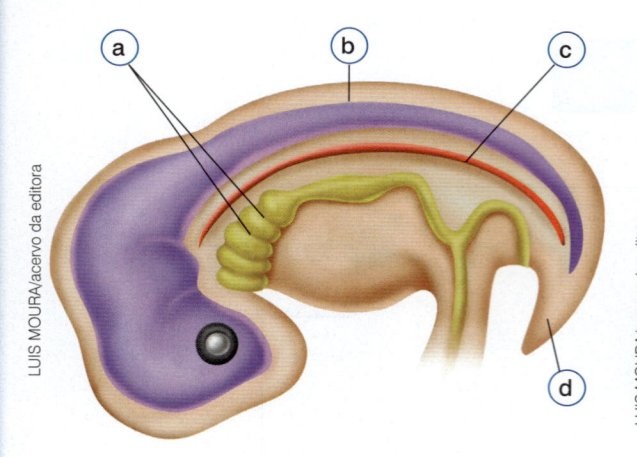

2. Utilizando as informações que você obteve ao ler este capítulo, responda:
   a. Que estrutura encontrada na fase embrionária justifica o nome do filo apresentado neste capítulo?
   b. Cite as três outras características típicas dos animais do filo cordados na fase embrionária.

3. Na tabela abaixo, associe cada animal à classe a que pertence.

Classe	Animal
	lampreia
	tubarão
	robalo

4. Compare os três animais da questão anterior e cite as semelhanças entre eles.

5. Na foto abaixo, nota-se a existência de uma estrutura lateral, responsável pela pronta detecção de perturbações que se espalham na água.

   a. Qual é essa estrutura?
   b. A mesma estrutura existe também no tubarão?

6. Utilize o esquema a seguir, que ilustra um peixe no qual algumas estruturas internas são mostradas, para elaborar as respostas dos itens abaixo.

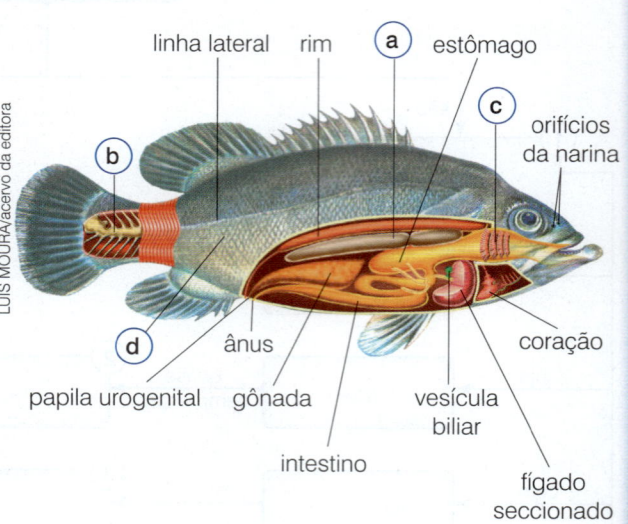

   (Cores-fantasia.)

   a. Reconheça a estrutura apontada pela letra *a*. Que peixes a possuem, ósseos ou cartilaginosos? Qual a função a ela relacionada?
   b. Identifique a estrutura apontada pela letra *b*. Qual a sua composição no peixe representado? No tubarão, a composição é a mesma? Justifique a resposta dessa última pergunta.
   c. Reconheça as estruturas indicadas pela letra *c*. Qual a sua função nos peixes?
   d. A letra *d* indica as estruturas de revestimento do peixe e cuja disposição se assemelha à das telhas em um telhado. Quais são essas estruturas?
   e. No peixe acima, os restos alimentares contidos no intestino, os gametas produzidos pelos órgãos reprodutores e a urina são expelidos por orifícios próprios, separados. No tubarão, tal não ocorre. Explique por quê.

7. Que peixes estranhos são esses! Observe as fotos abaixo e responda:

a Peixe-leão.

b Cavalo-marinho.

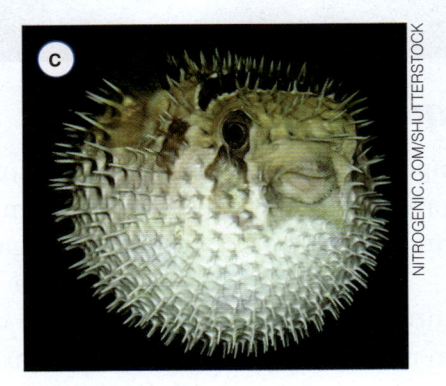

c Baiacu-de-espinho.

a. Os peixes representados nas fotos são ósseos ou cartilaginosos? Que característica você reconheceu para fazer a sua escolha?

b. O peixe representado em *b* possui uma particularidade curiosa: após a fecundação dos óvulos, é o macho que mantém os ovos em desenvolvimento em uma bolsa localizada na região ventral. Qual a vantagem desse procedimento para a espécie?

8. (ENEM – adaptada) Uma das principais causas da degradação de peixes frescos é a contaminação por bactérias. O gráfico abaixo apresenta resultados de um estudo acerca da temperatura de peixes frescos vendidos em cinco peixarias. O ideal é que esses peixes sejam vendidos com temperaturas entre 2 °C e 4 °C.

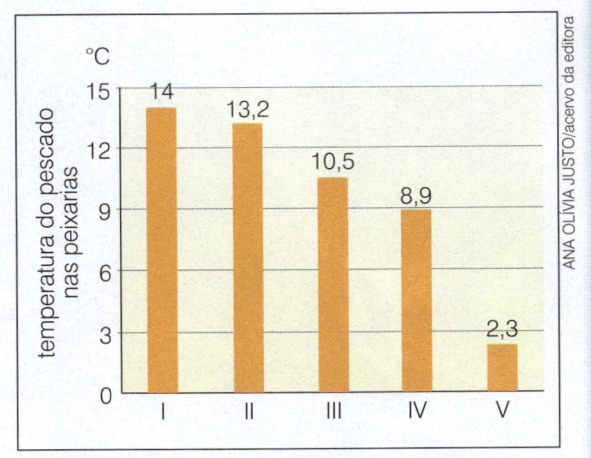

[Gráfico: temperatura do pescado nas peixarias (°C)
I: 14; II: 13,2; III: 10,5; IV: 8,9; V: 2,3]

Associação Brasileira de Defesa do Consumidor (com adaptações).

a. A partir da observação dos dados do gráfico e do texto que o acompanha, cite o grupo de peixes que você compraria sem receio de que possam estar estragados. Justifique a sua resposta.

b. Qual o efeito da temperatura na conservação dos peixes para consumo?

9. Pirarucu, tubarão, rã, jacaré-de-papo-amarelo, canário, capivara, são animais pertencentes ao filo Chordata, porém, a diferentes grupos, também denominados de classes. A respeito desses animais:

a. Cite o grupo a que cada um desses animais pertence.

b. Que características presentes nos embriões desses animais permitem concluir que todos pertencem ao mesmo filo animal?

c. Como é caracterizada, de maneira geral, a circulação sanguínea, em todos os animais citados?

d. Dentre os animais relacionados, quais são heterotermos e quais são homeotermos?

Anfíbios

capítulo 13

Huuummm... Mas que barulho!

Essa turma está muito barulhenta! Minha família achou que pudéssemos descansar do barulho da cidade grande vindo para um sítio que se encontra à beira de uma lagoa. Como é a estação chuvosa, trouxemos vários livros e jogos para nos distrair durante as horas de chuva.

O que não sabíamos é que nessa estação toda uma "galera" de sapos, rãs e pererecas, alguns anfíbios, como veremos neste capítulo, fica superagitada porque é época de reprodução. Até aí, tudo bem, a gente entende a felicidade deles. Mas o problema é que os machos, para atraírem as fêmeas, emitem um canto (na verdade, um coaxo!) — e é muito sapo macho coaxando ao mesmo tempo! Para emitir o som, os machos inflam uma espécie de "saco" que possuem na garganta — ficam parecendo uma bexiga...

Os sapos machos escolhem previamente o local em que "cantarão" e o defendem para que outros machos não o invadam. Não vamos dizer que defendem o território com "unhas e dentes", porque sapos não têm unhas... os dentes também não são lá essas coisas... são minúsculos, se é que se pode chamar de dentes.

Dizem que a fêmea seleciona o macho pelo canto. De qualquer forma, aquela que for atraída se aproxima do macho, que sobe sobre o seu dorso e a abraça para o acasalamento. A "sinfonia" cumpriu com seu objetivo.

MARC PARSONS/SHUTTERSTOCK

Anfíbios, vertebrados de transição

Sapo, rã, perereca, cobra-cega ou cecília, salamandra, são nomes de alguns anfíbios.

A palavra anfíbio deriva do grego, *amphi* = = duas, dupla + *bios* = vida, e dá nome a essa classe de vertebrados que, de modo geral, possuem duas fases de vida: uma de **larva**, adaptada ao meio aquático, e a fase **adulta**, adaptada ao meio terrestre úmido.

Os anfíbios são os únicos *vertebrados* de *transição* entre os meios aquático e terrestre e os primeiros a colonizar o meio terrestre.

Lembre-se! Não há anfíbios no mar.

Perereca (Boophis sp.). O animal adulto mede entre 4 e 8 cm.

Sapo-cururu (*Rhinella marina*), cujo tamanho varia de 10 a 25 cm.

Rana palmipes, rã comum na Amazônia, atinge 10 cm quando adulta.

Uma salamandra adulta, como a da foto acima (*Salamandra* sp.), mede entre 18 e 28 cm.

É SEMPRE BOM SABER MAIS!

Você sabe a diferença entre sapo, rã e perereca?

Pelas fotos, parecem todos muito parecidos, não é mesmo? E são, pois pertencem ao mesmo grupo animal. No entanto, há diferenças entre eles e certa preferência por determinado *habitat*, apesar de que, sendo anfíbios, todos estão adaptados ao meio aquático e ao terrestre também.

Os **sapos** possuem uma pele rugosa, com verrugas (pequenas "bolotas"), e duas glândulas grandes, uma atrás de cada olho, bem visíveis, que são glândulas de veneno. Suas patas são curtinhas e, em vista disso, não conseguem dar grandes saltos. São vistos mais frequentemente no meio terrestre.

Diferentemente dos sapos, as **rãs** possuem a pele lisa. Suas patas são mais longas, o que lhes permite dar saltos maiores do que os dos sapos. Possuem uma membrana entre os dedos das patas traseiras, o que lhes auxilia no meio aquático (lagos e lagoas), ambiente em que são mais frequentemente encontradas.

Já as **pererecas**, dentre os três grupos de animais, são as que podem dar saltos maiores, de mais de um metro de distância, em virtude de suas patas serem longas. São facilmente reconhecidas por seus grandes olhos esbugalhados e por possuírem uma espécie de ventosa na ponta de cada dedo, o que lhes permite subir em árvores, onde são vistas mais comumente.

Sapo da espécie *Rhinella marina*, conhecido como sapo-cururu, cujo tamanho varia de 10 a 25 cm.

PATRICK K. CAMPBELL/SHUTTERSTOCK

HINTAU ALIAKSEI/SHUTTERSTOCK

Rã da espécie *Rana esculenta*, atinge 10 cm quando adulta. Observe a membrana entre os dedos das patas traseiras.

Note o detalhe das ventosas nas pontas dos dedos desta perereca da espécie *Agalychnis calydrias*, colorido anfíbio que mede, quando adulto, entre 4 e 7 cm.

DIRK ERCKEN/SHUTTERSTOCK

■ Carcterísticas gerais dos anfíbios

Pele dos anfíbios

A pele dos anfíbios é fina, permeável, rica em capilares sanguíneos e umedecida pela secreção de **glândulas mucosas**. Todas essas características favorecem a ocorrência de trocas gasosas (oxigênio e gás carbônico) através da pele.

Apesar da grande importância na realização das trocas gasosas, a pele dos anfíbios, sendo permeável, expõe esses animais à desidratação. Por isso, os adultos são encontrados principalmente em lugares sombrios e úmidos.

CAPÍTULO 13 • Anfíbios   209

Nos sapos, logo atrás dos olhos, existe um par de saliências de forma oval, correspondentes às **glândulas paratoides**, que produzem uma secreção leitosa, espessa e venenosa, mas só as eliminam se essas glândulas forem comprimidas, isto é, os sapos não expelem secreção espontaneamente.

O veneno do sapo causa irritação de mucosas (bucal e ocular, por exemplo).

Mucosas: camada de tecido que reveste internamente a cavidade de órgãos.

A seta aponta a glândula paratoide que se encontra atrás dos olhos do sapo. (*Bufo alvarius*, animal adulto mede entre 8 e 20 cm.)

É SEMPRE BOM SABER MAIS!

Anfíbios não frequentam manicures

A pele dos anfíbios é permeável porque as células epidérmicas praticamente não sintetizam queratina, proteína impermeabilizante com a qual os vertebrados tipicamente terrestres produzem os chamados anexos córneos: escamas, placas, unhas, garras, penas, pelos, cornos. Nada disso é encontrado em anfíbios. Repare nas fotos de sapos, rãs e pererecas (como a da *Agalychnis callidryas*, ao lado): eles não têm unhas.

ESTABELECENDO CONEXÕES

Economia

O Brasil produz e exporta carne e pele de rãs

As rãs do Brasil raramente têm glândulas de veneno na pele. Por isso, algumas espécies são comestíveis. A carne de rã tem sabor muito delicado e baixo teor de gordura. A pele desses animais é usada na confecção de peças de vestuário, bolsas, carteiras e cintos.

> **Secreção:** eliminação de substâncias produzidas por um órgão ou por uma célula no interior de uma cavidade ou para o meio externo.

Descubra você mesmo!

Na fase adulta, sapos, rãs e pererecas são carnívoros predadores. De sua dieta fazem parte, por exemplo, vários tipos de insetos. Faça uma pesquisa na internet ou em livros da biblioteca da sua escola a respeito de outras fontes de alimentos desses animais. Procure estabelecer, de uma forma geral, os níveis tróficos ocupados por sapos, rãs e pererecas, relativamente às presas que consomem. Investigue, também, os prováveis inimigos naturais desses animais, bem como os níveis tróficos desses predadores.

Digestão e alimentação

O sistema digestório dos anfíbios, assim como o dos peixes, é completo. Duas glândulas digestivas, o pâncreas e o fígado, eliminam suas secreções diretamente no intestino. Restos alimentares chegam à cloaca, que também recebe gametas e urina.

Os anfíbios são carnívoros. No entanto, a alimentação dos girinos (fase larval dos sapos) consiste de algas e resíduos existentes na água; portanto, não competem com os adultos carnívoros pela alimentação.

Os sapos não possuem dentes e sua longa e musculosa língua é projetada e, assim, favorece a captura de presas. Uma característica interessante, é que a língua dos sapos é presa ao assoalho da boca na parte da frente

Circulação, respiração e excreção

Nos anfíbios, o coração tem *três cavidades*: **dois átrios** e **um ventrículo**. Sangue venoso, rico em gás carbônico, proveniente do corpo, é coletado no átrio direito. Sangue arterial, proveniente dos pulmões e pele, ricamente oxigenado, entra no átrio esquerdo. O ventrículo único recebe tanto sangue arterial quanto venoso. Portanto, ocorre mistura desses dois tipos de sangue no coração dos anfíbios. Isso quer dizer que as células corporais receberão sangue misto. Graças à ocorrência de trocas gasosas através da pele desses animais, enriquecendo o sangue com oxigênio, o problema representado pela mistura sanguínea no coração é minimizado.

A menor oxigenação dos tecidos limita a atividade metabólica desses animais e, consequentemente, a produção de calor corporal. São, portanto, animais **pecilotérmicos** (ou **ectotérmicos**).

Pelo fato de os anfíbios serem animais de transição entre os modos de vida aquático e terrestre, são eles os vertebrados que apresentam a maior variedade de estruturas respiratórias. Nos adultos, as trocas gasosas (oxigênio e gás carbônico) ocorrem através de **pulmões** e da **pele** fina e umedecida ou, ainda, pela **superfície da cavidade bucal** e da **faringe**.

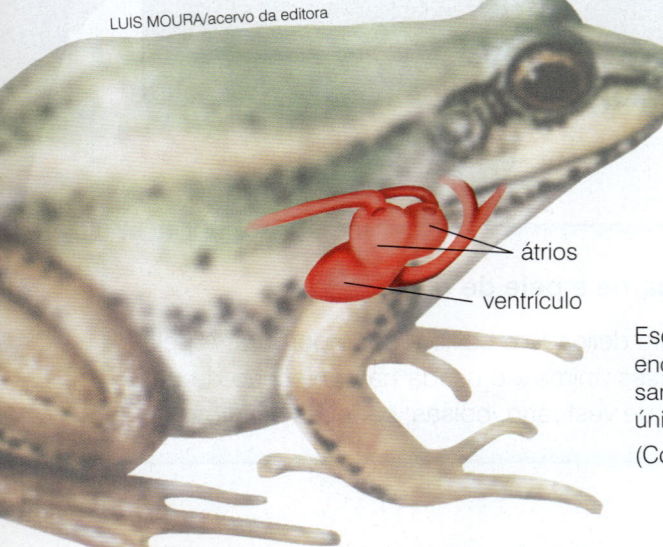

LUIS MOURA/acervo da editora

— átrios
— ventrículo

Esquema de coração em anfíbio. O sangue venoso é encaminhado ao átrio direito, enquanto o átrio esquerdo recebe o sangue oxigenado. Dos átrios, o sangue passa para o ventrículo único, ocorrendo a mistura dos dois tipos de sangue.
(Cores-fantasia. Ilustração fora de escala.)

CAPÍTULO 13 • Anfíbios

Como os pulmões correspondem a dois saquinhos cuja superfície interna é pequena, a pele desempenha a função respiratória mais importante nesses animais.

A composição da urina dos sapos é muito semelhante à da nossa própria urina; é muito diluída e inócua, isto é incapaz de causar qualquer problema.

> **Lembre-se!**
> As larvas (girinos) respiram por meio de **brânquias** e através da pele.

O esqueleto dos anfíbios

Nos anfíbios, a coluna vertebral (popularmente conhecida como espinha dorsal) e o crânio são estruturas ósseas protetoras do sistema nervoso, como, aliás, ocorre com os peixes ósseos. Diferentemente desses últimos, porém, o esqueleto dos anfíbios possui como novidades a *cintura escapular* (esqueleto dos ombros), a *cintura pélvica* (esqueleto do quadril) e, geralmente, *membros anteriores* e *posteriores*.

As cinturas servem de ligação entre o esqueleto dos membros e a coluna vertebral. Desse modo, permitem a elevação do corpo, adaptando esses vertebrados à locomoção mais eficiente no meio terrestre. Lembre-se que, quando nos locomovemos em terra, é importante erguer o corpo contra a força de atração gravitacional. No meio aquático, o efeito da força de gravidade é minimizado pelo empuxo.

> **Jogo rápido**
> Qual a função das cinturas escapular e pélvica dos anfíbios?

Ao mesmo tempo, a evolução da musculatura corporal acompanha as modificações do esqueleto. Isso ocorreu, pela primeira vez, nos anfíbios adultos, como sapos, rãs e pererecas que, apesar de não serem bons andadores ou corredores, são ótimos saltadores.

> **Lembre-se!**
> Tetrápodes: animais que possuem quatro membros locomotores.

Os anfíbios são os primeiros vertebrados **tetrápodes**, isto é, que apresentam quatro membros locomotores, dois anteriores e dois posteriores, embora inexistentes em uma cobra-cega.

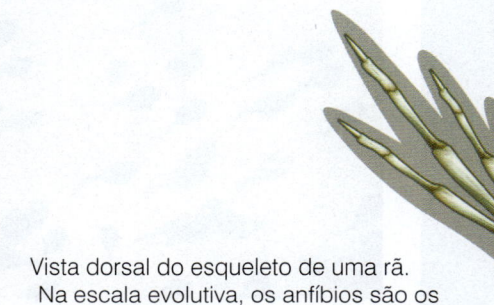

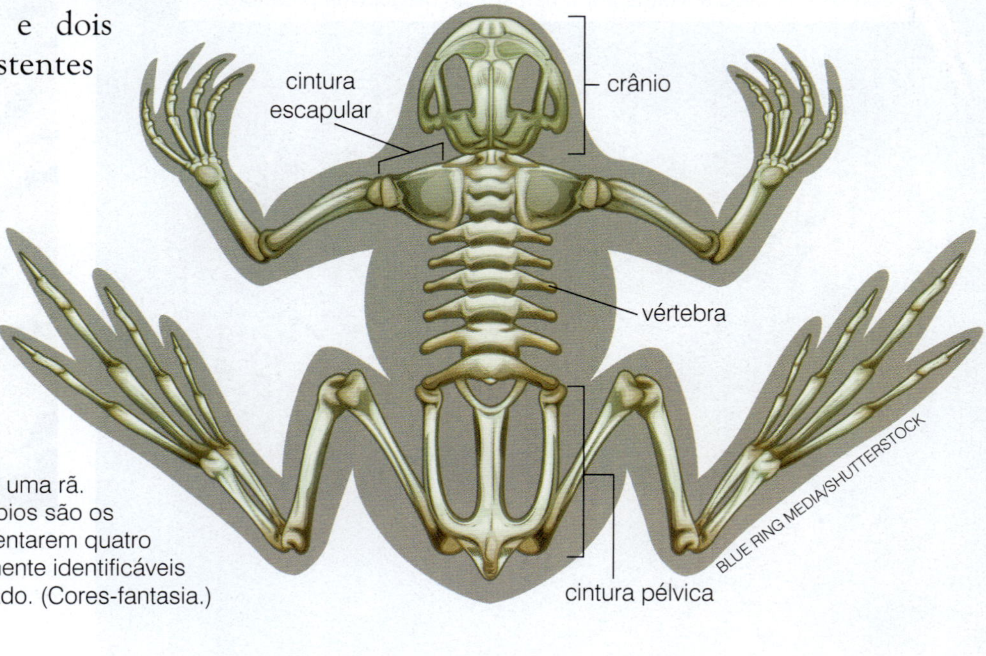

Vista dorsal do esqueleto de uma rã. Na escala evolutiva, os anfíbios são os primeiros vertebrados a apresentarem quatro membros locomotores, facilmente identificáveis na ilustração ao lado. (Cores-fantasia.)

BLUE RING MEDIA/SHUTTERSTOCK

Reprodução

Lembre-se!

Metamorfose: mudança de forma corporal, da fase larval à fase adulta.

Nos anfíbios, a reprodução, de modo geral, depende da existência de água ambiental. Os sexos são separados. Machos de sapos, rãs e pererecas abraçam as fêmeas pela região dorsal e, enquanto estas liberam os óvulos pela cloaca, os machos descarregam espermatozoides, juntamente com jatos de urina, fecundando os óvulos. Portanto, nesses animais a fecundação é **externa**. Os ovos formados não possuem casca protetora, motivo pelo qual precisam se desenvolver na água. Cada ovo desenvolve um embrião e, após alguns dias, forma-se uma **larva**, denominada **girino**, que aos poucos passa por metamorfose até adquirir a aparência de adulto, porém muito menor. Os girinos possuem cauda, não possuem patas e respiram através de brânquias e da pele.

Casal de rãs (*Rana temporaria*) em acasalamento. Na imagem, veem-se também os óvulos liberados pela fêmea e que serão fecundados pelos espermatozoides do macho que são descarregados na água.

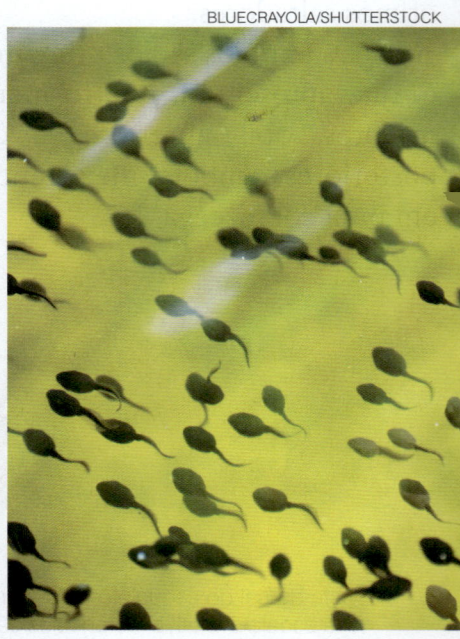

Na época da reprodução de anfíbios, é comum encontrar na água cordões de ovos envoltos por uma espécie de gelatina protetora.

Os girinos, fase de larva dos anfíbios, sofrerão metamorfose até transformar-se em indivíduos adultos.

A metamorfose do girino

Após certo tempo de vida larval aquática, ocorrem importantes transformações no corpo de cada girino de sapo, rã ou perereca. Progressivamente, surgem as patas e a cauda é reabsorvida. As brânquias regridem e, ao mesmo tempo, desenvolvem-se os pulmões. A partir desse conjunto de modificações ou metamorfose (do grego, *meta* = em seguida, depois + *morphe* = forma), o animal está em condições de viver no meio terrestre úmido.

Fases do desenvolvimento de sapos. Essas mesmas modificações ocorrem em rãs e pererecas.

É SEMPRE BOM SABER MAIS!

Nas cobras-cegas, a fecundação é interna e a fêmea, ao depositar os ovos, de modo geral enrola-se sobre eles, protegendo-os. Em algumas espécies existe fase larval aquática e, em outras, o desenvolvimento é direto, sem formação de larva.

Ilustração de uma cobra-cega da espécie *Rhinatrema bivittatum* (21 cm de comprimento).

Assim como as outras cecílias, este ápode é carnívoro e se alimenta de pequenos invertebrados que encontra no solo.

Nas salamandras, a fecundação também é **interna** e em muitas espécies os ovos são depositados em locais úmidos ou na vegetação. Após o desenvolvimento dos embriões, surgem larvas aquáticas, que se assemelham aos adultos. Nas larvas, a respiração é feita através de brânquias. Em algumas espécies, as brânquias são externas e muito ramificadas, resquícios de sua fase larval.

O axolote (*Ambystoma mexicanum*) é uma salamandra que mantém no adulto as brânquias externas, característica de sua fase larval. Seu tamanho varia de 10 a 30 cm quando adulto.

> **Lembre-se!**
> Ápode = sem patas.

ESTABELECENDO CONEXÕES

Geografia

Por que os anfíbios são encontrados apenas nas regiões tropicais e temperadas?

Recebemos do Sol a energia necessária para iluminar e aquecer nosso planeta. No entanto, devido ao formato esférico da Terra e à sua inclinação, nem todas as regiões do planeta recebem a mesma quantidade de energia solar.

Os raios do Sol incidem mais diretamente sobre a linha do Equador e à medida que nos distanciamos dessa linha os raios solares atingem nosso planeta de modo inclinado e, portanto, com intensidade menor.

Assim, a região equatorial é a que recebe a maior incidência de energia, seguida das regiões tropicais, temperadas e, por fim, polares.

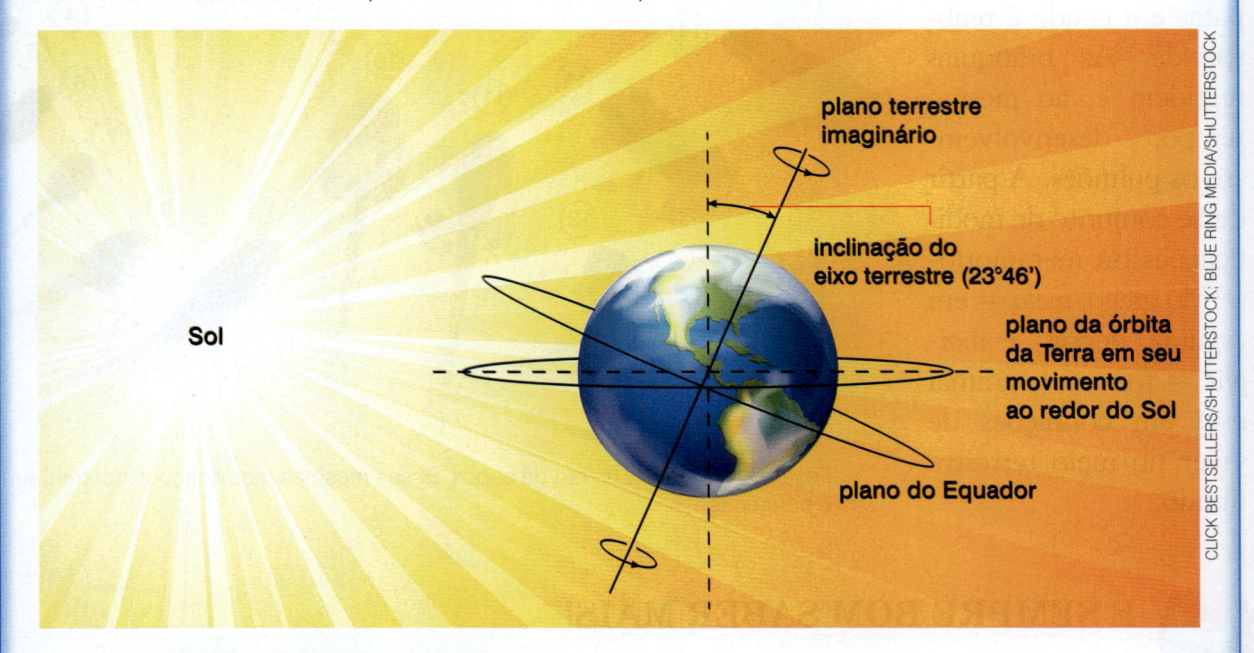

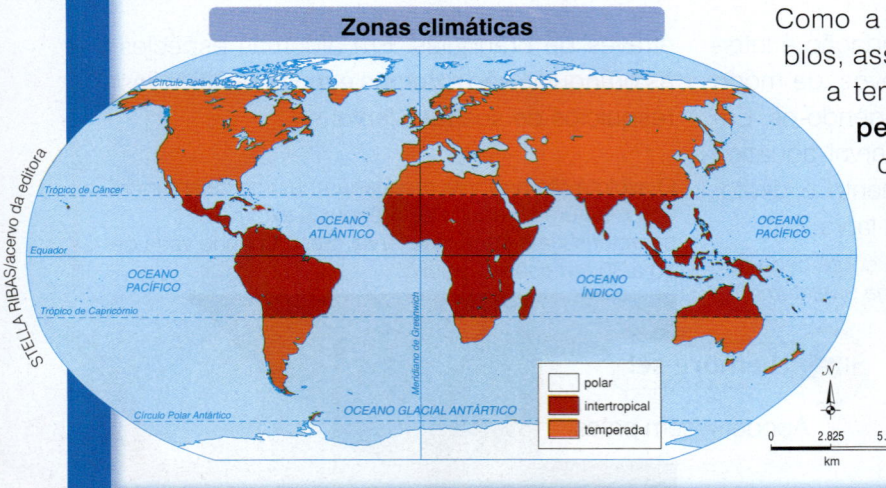

Como a temperatura do corpo dos anfíbios, assim como a dos peixes, varia com a temperatura ambiental (são animas **pecilotérmicos** ou **ectotérmicos**), os anfíbios ficam restritos às regiões tropicais e temperadas da biosfera, onde as temperaturas médias anuais são mais apropriadas ao seu metabolismo.

Fonte: ATLAS Geográfico Escolar/IBGE. 6. ed. Rio de Janeiro: IBGE, 2012. p. 58. Adaptado.

Sistema nervoso e órgãos dos sentidos

O sistema nervoso dos anfíbios é, basicamente, semelhante ao dos peixes. Quanto aos órgãos dos sentidos, os receptores gustativos, diferentemente dos peixes, estão localizados apenas no céu da boca, língua e mucosa que reveste a cavidade oral.

Os olhos são semelhantes aos dos outros vertebrados. Pregas da pele formam as pálpebras, que, apesar de rudimentares em muitos anfíbios, são uma proteção importante para os olhos em vertebrados terrestres.

O aparelho auditivo dos anfíbios varia muito, mas é importante destacar a presença de uma membrana, chamada **tímpano**, presente na orelha. Os sons fazem o tímpano vibrar e essas vibrações são transmitidas para nervos e, destes, para o cérebro.

As cavidades nasais possuem receptores olfativos e também servem de passagem para o ar.

Rudimentares: simples, primitivas.

Apesar de os olhos dos anfíbios serem semelhantes aos dos outros vertebrados, alguns grupos diferem quanto ao formato da pupila, que pode se apresentar horizontal, vertical ou arredondada.

DE OLHO NO PLANETA

Meio Ambiente

O triste declínio de sapos, rãs e pererecas

O Brasil possui a segunda maior diversidade de anfíbios do mundo (só perde para a Colômbia) graças, especialmente, às deslumbrantes matas que abriga. Infelizmente, na Mata Atlântica, hoje representada por não mais de 5% de sua área original, muitas espécies sofrem sérios riscos de extinção, devido, principalmente, a esse desmatamento sem precedentes na história humana. Mas não é só aqui que esses pequenos animais correm riscos tão sérios. (...)

Ao que tudo indica, problemas ecológicos globais, como a destruição da camada de ozônio, a ocorrência de chuva ácida e o efeito estufa somaram-se aos problemas referentes à perda de *habitat* (desmatamento, poluição), à superexploração (caça, coleta) e à competição com espécies exóticas [vindas de outros países] indevidamente introduzidas em seus *habitats*, afetando as populações dos sapos e seus parentes próximos em um ritmo alarmante, tornando a extinção uma realidade próxima e assustadora. E isso está acontecendo no mundo todo!

Mas por que deveríamos nos preocupar com um bicho que aos olhos de muitos parece tão assustador e feio? Por várias razões. Além de questões éticas, é bom lembrar da importante posição dos anfíbios na cadeia ecológica, quer como presa, quer como predador. Além disso, eles oferecem uma grande contribuição ao bem-estar da sociedade humana, pois participam do controle populacional de muitos insetos e atuam como importante indicador biológico em áreas suscetíveis à poluição. Isso sem mencionar a importância que podem ter no desenvolvimento da indústria farmacêutica; algumas substâncias isoladas da pele de anfíbios combatem bactérias e fungos.

Disponível em: <http://www.zoologico.com.br/educacao-ambiental/curiosidades/o-triste-declinio-de-sapos-ras-e-pererecas>. Acesso em: 12 jul. 2015.

Classificação dos anfíbios

A classe dos anfíbios apresenta grande diversidade de animais, que são agrupados em três ordens: **anuros**, **urodelos** e **ápodes** (ou gimnofionos).

Anuros (do grego, *a* = sem + *oura* = cauda) são os anfíbios mais diversificados no mundo, dotados de patas, porém sem cauda na fase adulta. Sapos, rãs e pererecas pertencem a esse grupo. O Brasil é o país em que ocorre a maior diversidade de anfíbios anuros. De modo geral, são carnívoros predadores, alimentando-se de insetos, aranhas, minhocas e outros pequenos animais (moluscos, peixes, filhotes de ratos). Os girinos (larvas) são herbívoros ou alimentam-se de restos de animais mortos.

Urodelos (do grego, *oura* = cauda + *delos* = aparente, visível) possuem patas e preservam a cauda na fase adulta, muitos deles com aparência de lagartixas. As salamandras são componentes desse grupo. No Brasil, é encontrada apenas uma espécie na Bacia Amazônica. Nos locais em que ocorrem, elas passam boa parte do tempo no meio aquático ou terrestre úmido. São carnívoros predadores e se alimentam de insetos ou pequenos peixes.

Ápodes (do grego, *a* = sem + *podos* = pé) são anfíbios que não possuem patas. As cobras-cegas, também chamadas de cecílias, pertencem a esse grupo. O corpo é vermiforme, alongado, dotado de sulcos, lembrando uma grande minhoca. Mas não é difícil perceber que se trata de um vertebrado: ao passar um dedo ao longo do dorso do animal, sente-se a presença do crânio e da coluna vertebral. Além disso, possuem mandíbulas, narinas e olhos vestigiais sob a pele da cabeça, características que, certamente, não existem nas minhocas. Passam boa parte do tempo dentro do solo, alimentando-se de minhocas e outros pequenos animais. Os olhos não formam imagens, mas podem perceber variações de claro e escuro, levando esses animais a evitar a exposição à luz, o que os protege dos predadores.

Rã-flecha, (*Dendrobates pumilio*). Relativamente pequena (2 a 6 cm de comprimento), esse animal possui um veneno muito tóxico.

Salamandra-vermelha (*Pseudotriton ruber*) de 10 a 15 cm de comprimento.

Jogo rápido

Afinal, por que os anfíbios são considerados vertebrados de transição entre o meio aquático e o meio terrestre?

Cobra-cega (*Siphonops annulatus*). Este anfíbio possui os olhos tão pequenos que, olhando rapidamente, parecem inexistentes. Seu tamanho varia muito, podendo atingir 1 m de comprimento.

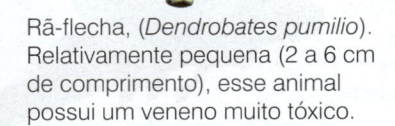

CAPÍTULO 13 • Anfíbios 217

Nosso desafio

Para preencher os quadrinhos de 1 a 12, você deve utilizar as seguintes palavras: 3 cavidades, anuros, ápodes, brânquias, com cauda, externa, permeável, pulmões, salamandras, sem casca, transição, vertebrados.

À medida que você preencher os quadrinhos, risque a palavra que você escolheu para não usá-la novamente.

ANFÍBIOS

são

(1) _____

de

(2) _____

entre os meios

aquático

e

terrestre úmido

classificados em

(3) _____ (sem cauda) — são os — sapos, rãs e pererecas

(4) urodelos (_____) — são as — (5) _____

(6) _____ (sem patas) — são as — cobras-cegas

características gerais

- fase larval — com — (8) _____ — atuam na respiração
- fase adulta — com — (9) _____
- pele fina, úmida — e — (7) _____ — atuam na respiração
- coração — com — (10) _____
- fecundação — geralmente (11) _____ — ovos — (12) _____
- pecilotérmicos

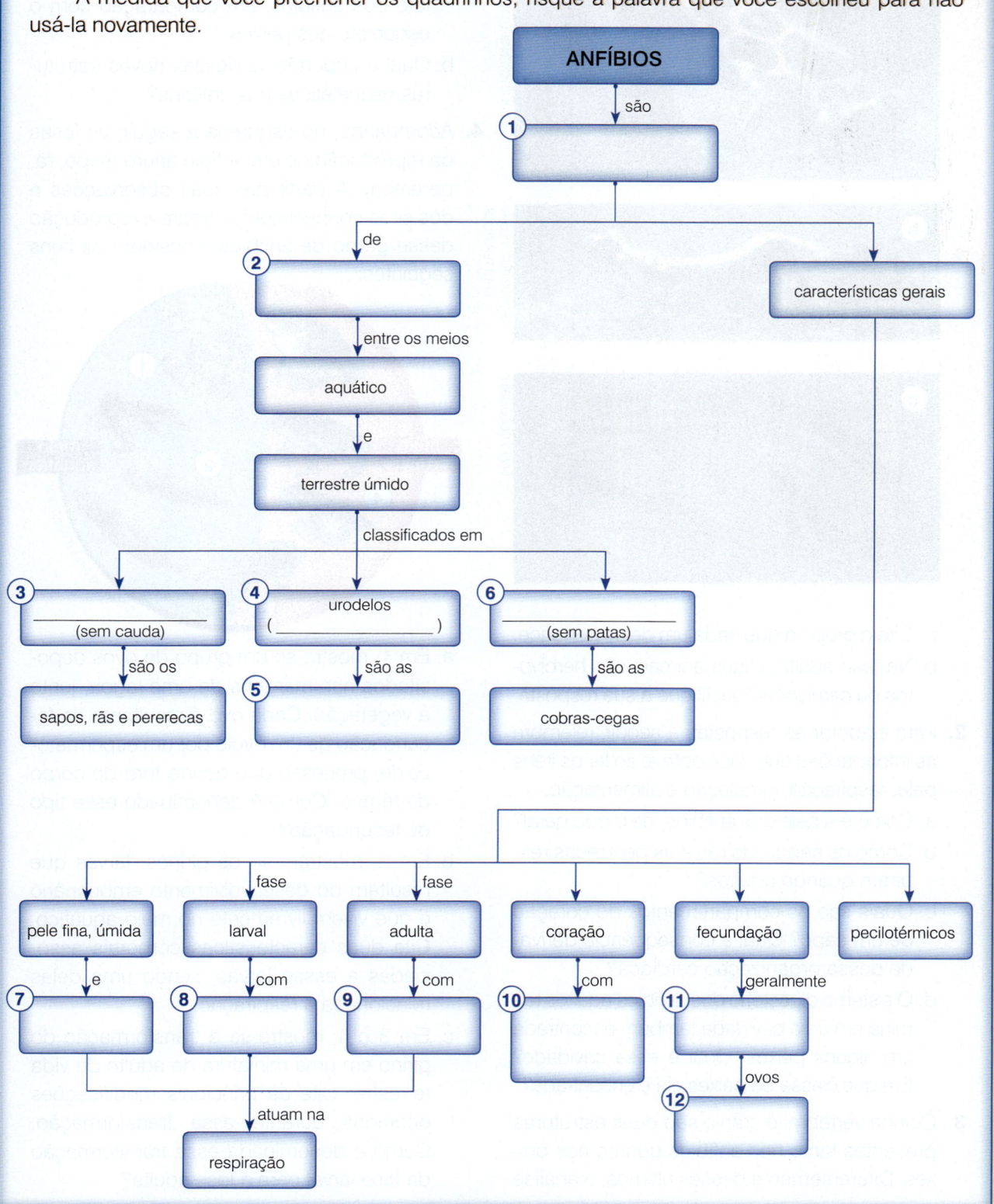

Atividades

1. As fotos a seguir mostram três anfíbios.

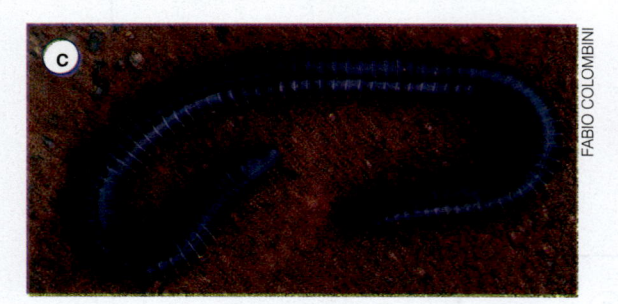

a (foto - DIRK ERCKEN/SHUTTERSTOCK)

b (foto - HECTOR RUIZ VILLAR/SHUTTERSTOCK)

c (foto - FABIO COLOMBINI)

a. Cite o grupo a que cada um deles pertence.
b. Na fase adulta, esses animais são herbívoros ou carnívoros? Justifique a sua resposta.

2. Para elaborar as respostas a seguir, relembre as informações que você obteve ao ler os itens pele, respiração, circulação e alimentação.
a. Como é a pele dos anfíbios, de modo geral?
b. Como os sapos, as rãs e as pererecas respiram quando adultos?
c. Quais são os compartimentos do coração de um sapo? Qual a consequência derivada dessa organização cardíaca?
d. O sistema digestório dos anfíbios adultos termina em uma cavidade também encontrada em alguns peixes. Qual é essa cavidade? Em que classe de peixes ela é encontrada?

3. Coluna vertebral e crânio são duas estruturas presentes tanto nos anfíbios quanto nos peixes. Diferentemente desses últimos, a análise do esqueleto dos anfíbios anuros e urodelos revela a existência de importantes novidades.
a. Cite as novidades encontradas no esqueleto dos anfíbios, em comparação com o esqueleto dos peixes.
b. Qual a importância dessas novas estruturas esqueléticas nos anfíbios?

4. Acompanhe, no esquema a seguir, as fases da reprodução de um anfíbio anuro (sapo, rã, perereca). A partir das suas observações e dos seus conhecimentos sobre a reprodução desse grupo de anfíbios, considere os itens seguintes:

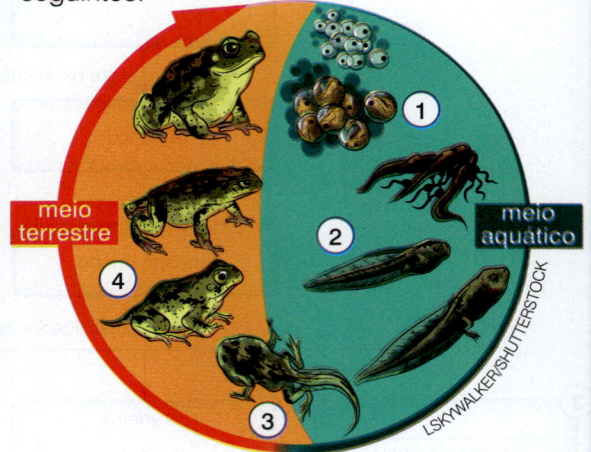

(esquema do ciclo reprodutivo — meio terrestre / meio aquático — LSKYWALKER/SHUTTERSTOCK)

a. Em 1, mostra-se um grupo de ovos depositados nas margens de uma lagoa, junto à vegetação. Cada ovo é resultante da fecundação de um óvulo por um espermatozoide, processo que ocorre fora do corpo da fêmea. Como é denominado esse tipo de fecundação?
b. Em 2, mostram-se os girinos, larvas que resultam do desenvolvimento embrionário e que vivem livremente no meio aquático. Cite duas características corporais associadas a essas larvas, sendo uma delas relacionada à respiração.
c. Em 3 e 4, mostra-se a transformação do girino em uma miniatura de adulto de vida terrestre. Cite as principais modificações ocorridas durante essa transformação. Como é denominada essa transformação da fase larval para a fase adulta?

5. Pesquisa realizada em áreas de Mata Atlântica da Ilha Grande, no Estado do Rio de Janeiro, permitiu reunir dados sobre um pequeno anfíbio que se camufla nas folhas caídas sob as árvores. Por isso, é chamado de sapo-folha. A sua dieta consiste de tatuzinhos-de-quintal, formigas e besouros, que se alimentam da vegetação existente nesses ambientes. Na reprodução, o sapo-folha coloca seus ovos em pequenas cavidades úmidas no solo, onde, após a eclosão, os girinos desenvolvem-se até formar a fase adulta. Sabe-se que os girinos demoram cerca de 20 dias para tornarem-se jovens, saindo do ninho em seguida, o que indica que o sapo-folha não passa por uma fase de vida aquática, diferentemente do que ocorre com a maioria dos anfíbios anuros.

Adaptado de: SLUYS, M. V.; ROCHA, C. F. D. Quem é e como vive o sapo-folha. *Ciência Hoje*, Rio de Janeiro, v. 30, n. 179, p. 65-7, jan.-fev. 2002.

Tendo como base as informações contidas no texto e utilizando os seus conhecimentos sobre a alimentação e a reprodução dos anfíbios, responda:

a. Qual o nível trófico ocupado pelo sapo-folha no ambiente em que vive, considerando que ele se alimenta de tatuzinhos-de-quintal, formigas e besouros, conforme citado no texto?

b. Cite as diferenças na reprodução do sapo-folha em relação ao que ocorre na maioria dos anfíbios.

6. A distribuição geográfica dos anfíbios é limitada a ambientes aquáticos ou terrestres com elevada umidade ambiental. É praticamente nula a possibilidade de se encontrar anfíbios em ambientes secos, como os desertos, ou extremamente gelados, como as regiões polares. A esse respeito e utilizando os seus conhecimentos:

a. Cite dois fatores que impossibilitam a sobrevivência dos anfíbios em ambientes secos.

b. Cite o fator que impede que os anfíbios sobrevivam em ambientes extremamente gelados.

7. Entre os anfíbios anuros, a comunicação sonora, ou seja, o coaxar dos machos, que ocorre durante o período reprodutivo, é fundamental para a perpetuação das espécies. Em algumas delas, (...) são utilizados os sacos vocais, que funcionam como "caixas de som" utilizadas no ato de coaxar, como se pode notar nas fotos a seguir.

Adaptado de: GIOVANELLI, J. G. R. Coleções de coaxos. *Ciência Hoje*, Rio de Janeiro, v. 40, n. 240, p. 62, ago. 2007.

O texto acima está relacionado aos mecanismos de comunicação empregados por anfíbios anuros. Com relação às informações nele contidas e utilizando o que você leu na abertura deste capítulo:

a. Cite as duas consequências decorrentes do ato de coaxar desses anfíbios anuros.

b. Cite pelo menos dois outros exemplos de grupos animais em que, durante o período reprodutivo, ocorre a emissão de sons que resultam nas mesmas consequências relacionadas na resposta ao item anterior.

8. A conquista do meio terrestre pelos animais da classe dos anfíbios não foi plenamente atingida. Os anfíbios constituem um grupo de transição entre o meio aquático e o terrestre.

a. Cite duas características que adaptam os anfíbios ao ambiente terrestre.

b. Cite duas características que justifiquem a dependência da maioria dos anfíbios em relação ao meio aquático.

Répteis

capítulo 14

Olhe bem para a foto acima. O que há de errado nela?

Não, não é o fato de uma lataria de automóvel ser um pouco dura para ser mastigada, mesmo porque os dinossauros eram, em sua maioria, herbívoros, ou seja, sua alimentação passava bem distante do ferro dos veículos...

Distante mesmo é o tempo que separa o período em que os dinossauros viveram do nosso: no mínimo, 65 milhões de anos!

Isso mesmo: os dinossauros, que ao que tudo indica surgiram há 350 milhões de anos, desapareceram da face da Terra há 65 milhões de anos. Uma imagem como essa só poderia ser de um cenário, neste caso do filme *Jurassic Park – Parque dos Dinossauros*. Você já assistiu?

Em *Parque dos Dinossauros*, um milionário constrói, em local distante, um parque. Até aí, nada demais não fossem os seus habitantes: enormes dinossauros! isso mesmo, aqueles extintos há milhões de anos!!!

Mas como isso teria sido possível? Na fantasia do filme, o fóssil de um inseto continha sangue de dinossauros e a partir do isolamento do DNA foi possível recriar esses animais em laboratório. Será que isso, de fato, poderia acontecer um dia?

O final do filme deixamos para que você assista e se surpreenda. Por enquanto, vamos estudar neste capítulo a classe dos répteis à que pertencem jacarés, serpentes e tartarugas, e da qual fizeram parte os tão incríveis dinossauros.

■ A conquista do meio terrestre pelos vertebrados

Na conquista definitiva do meio terrestre pelos *vertebrados*, que ocorreu com répteis, aves e mamíferos, é natural que a maioria das características adaptativas desses animais sejam as mesmas, uma vez que as "exigências impostas pelo meio" são iguais para todos.

Nós, seres humanos, fazemos parte desse enorme conjunto de animais e estamos mais familiarizados com nossas próprias características. Então, torna-se mais fácil, inicialmente, entender nosso corpo e nossas próprias adaptações ao meio terrestre e, em seguida, estendê-las aos outros grupos de vertebrados terrestres.

Entre as muitas características comuns a répteis, aves e mamíferos (grupo ao qual pertencemos) estão aquelas que os tornam relativamente independentes do meio aquático: a **pele impermeável**, que reduz a perda de água; o **esqueleto forte**, capaz de sustentar o corpo contra a ação da força de gravidade; a **musculatura que move esse esqueleto**; a **respiração pulmonar**; a **excreção urinária** com economia de água e a **reprodução** envolvendo a fecundação interna, os ovos protegidos por casca ou retidos no interior do corpo materno até o nascimento dos filhotes.

Tudo isso você verá ao longo deste e dos próximos capítulos.

■ Características gerais dos répteis

Jiboia, sucuri, cascavel, jararaca, jacaré, crocodilo, teiú, camaleão, iguana, lagartixa, tartaruga, cágado, jabuti, são exemplos de répteis. As fotos ao lado mostram alguns deles. Essa é uma classe de animais que deu início à conquista definitiva do meio terrestre pelos vertebrados.

Se alguns deles são encontrados no mar (tartarugas) e em água doce (cágados, jacarés, crocodilos e algumas serpentes) é porque no meio aquático locomovem-se com maior desenvoltura, facilitando a captura de suas presas ou sua própria fuga.

Jogo rápido

Por que a pele ricamente queratinizada dos répteis constitui uma importante adaptação à sobrevivência no meio terrestre?

Pele dos répteis

A pele dos répteis é seca, sem glândulas (com raras exceções), impermeabilizada por uma espessa camada superficial rica em uma substância de natureza proteica, a **queratina**. Nos répteis, a queratina forma **escamas** superficiais nos lagartos e serpentes ou **placas** nas tartarugas, jabutis e jacarés. Essa camada evita as perdas de água por evaporação.

Escamas e placas córneas (com queratina) recobrem a superfície do corpo dos répteis. São produzidas pela epiderme.

É SEMPRE BOM SABER MAIS!

Em todos os vertebrados terrestres, células da camada superficial da pele (epiderme) morrem ao produzir *queratina*, uma proteína fibrosa e rígida que impermeabiliza a pele e forma estruturas importantes como *pelos, penas, unhas, cascos, garras, placas, escamas* (diferentes das dos peixes), *cornos, bicos* etc.

Essas estruturas têm diversas funções: protegem de lesões externas, ajudam na captura de presas, servem para defesa, evitam a perda de água através da pele.

No caso das *penas* (exclusivas das aves) e dos *pelos* (exclusivos dos mamíferos), formam também um excelente "cobertor isolante", importante na manutenção da temperatura do corpo, uma vez que aves e mamíferos são *homeotérmicos*, isto é, mantêm a temperatura corporal elevada e constante.

Digestão e alimentação

O sistema digestório dos répteis inicia-se com a boca que, geralmente, contém dentes. Após uma curta faringe, seguem-se o esôfago, o estômago e o intestino, que termina, como nos peixes cartilaginosos e anfíbios, em uma **cloaca**, cavidade na qual também terminam os sistemas reprodutor e urinário.

Glândulas que lançam saliva na cavidade bucal, bem como o fígado e o pâncreas cujas secreções atuam na cavidade intestinal, são órgãos auxiliares da digestão.

A alimentação dos répteis é muito diversificada. Em sua maioria são carnívoros, mas há espécies herbívoras e onívoras. Ocupam, portanto, vários níveis tróficos de consumidores nas teias alimentares.

No Brasil, os jacarés recorrem a peixes, aves e outros animais que lhes servem de alimento. Serpentes brasileiras alimentam-se de aves, lagartos, anfíbios, mamíferos, peixes e até de outras serpentes. Lagartos teiús alimentam-se de insetos, aves e ovos; lagartixas são úteis no controle de insetos nos domicílios. Jabutis são herbívoros, comem frutos, flores e folhas. Tartarugas alimentam-se de peixes, algas, medusas e corais.

EM CONJUNTO COM A TURMA!

O extermínio desenfreado de serpentes, lagartixas e lagartos nas grandes cidades e no meio rural pode favorecer a proliferação de espécies indesejáveis para o homem. Organize um grupo de discussão com os seus colegas e procure esclarecer a razão dessa proliferação.

Cite alguns animais que podem proliferar como consequência dessa atitude e o prejuízo que acarretam.

Circulação, respiração e excreção

Na maioria dos répteis, o coração ainda possui **três cavidades**, como nos anfíbios. Há, porém, uma importante modificação no ventrículo: uma parede **divisória incompleta** é uma separação parcial do ventrículo em duas metades: direita e esquerda. Como é uma divisão incompleta, haverá mistura de sangues rico e pobre em oxigênio.

No coração dos jacarés e crocodilos, porém, a separação ventricular em metades direita e esquerda é **completa** e, pelo menos no coração, a mistura de sangues não ocorre. No entanto, ela acontece fora dele por meio de uma comunicação que existe em grandes vasos que saem do coração.

Nos répteis, a respiração é exclusivamente **pulmonar**. Os pulmões possuem maior superfície interna para as trocas gasosas, sendo, assim, mais eficientes que os dos anfíbios, compensando a ausência de respiração cutânea.

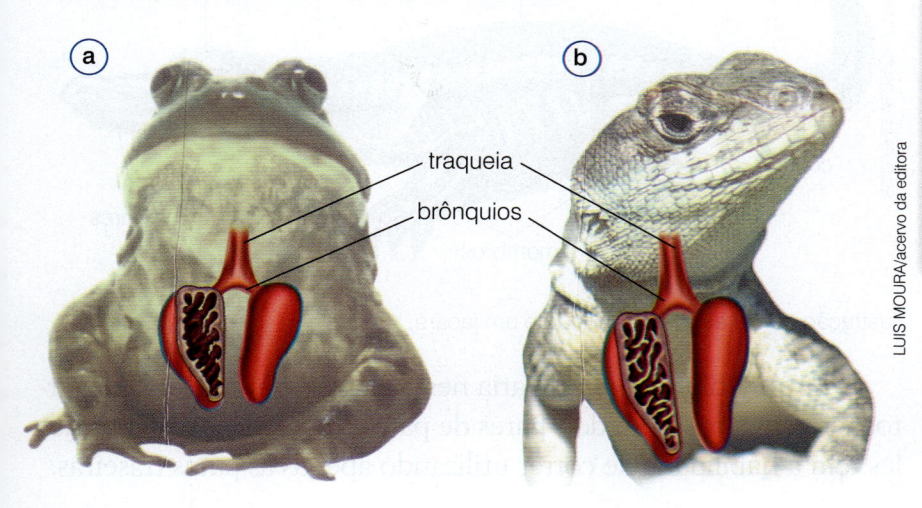

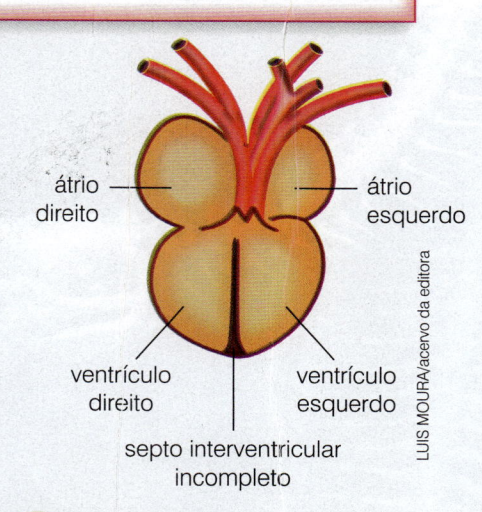

Lembre-se!

Nos répteis, a respiração não ocorre através da pele, que é impermeabilizada e impede a ocorrência de trocas gasosas. Essa é uma importante diferença em relação aos anfíbios, cuja pele é fina, permeável, úmida e capaz de efetuar trocas gasosas respiratórias.

Comparados aos dos anfíbios (a), os pulmões dos répteis (b) possuem maior superfície interna de trocas gasosas. (Cores-fantasia. Ilustrações fora de escala.)

Jogo rápido

Qual é o outro nome que se dá aos animais pecilotérmicos, também chamados heterotérmicos?

Apesar de uma razoável melhora na eficiência dos pulmões e do coração, os répteis ainda conservam um metabolismo celular incapaz de produzir grande quantidade de calor para elevar a temperatura do corpo. Contam com o calor do ambiente para o aquecimento do corpo e elevação da atividade metabólica. São, portanto **pecilotérmicos** (ou **heterotérmicos**).

O principal produto de excreção urinária é o **ácido úrico**, pouco solúvel, pouco tóxico, podendo ser eliminado com grande economia de água. Muitas vezes, a urina apresenta-se na forma de uma pasta esbranquiçada, que sai pela cloaca, com as fezes.

O esqueleto dos répteis

O esqueleto ósseo dos répteis lhes garante sustentar adequadamente o corpo no meio terrestre. A palavra *réptil* deriva do latim (*reptilis* = que rasteja, que se arrasta) e refere-se ao tipo de locomoção apresentado pela grande maioria dos animais dessa classe e que tem a ver com o seu esqueleto. As serpentes, por exemplo, por não apresentarem membros, de fato se locomovem rastejando, isso graças a uma musculatura bastante desenvolvida.

Outros répteis, exceto os crocodilos, por possuírem dois pares de patas dispostas para o lado do corpo e não abaixo dele, ao se movimentarem em terra arrastam seu ventre no solo, dando a falsa impressão de que estão rastejando.

Esqueleto de serpente, em que se nota crânio, maxilares e um par de vértebras em cada costela.

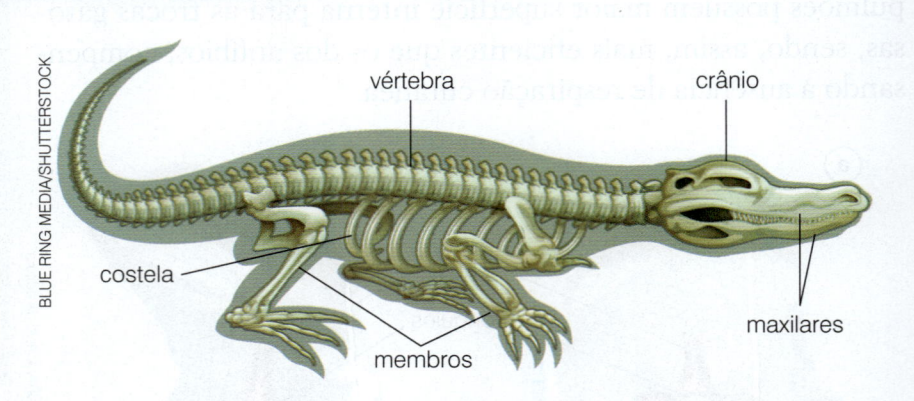

Ilustração do sistema esquelético de um jacaré.

Lembre-se!

A existência das cinturas pélvica e escapular, além dos membros anteriores e posteriores, foi **fundamental** para o deslocamento dos anfíbios no meio terrestre.

O tamanho das patas varia nessa classe de animais. Os lagartos terrestres possuem dois pares de patas mais longas e alguns deles têm a habilidade de correr utilizando apenas as patas traseiras.

É SEMPRE BOM SABER MAIS!

O esqueleto de tartarugas, jabutis e cágados

As tartarugas, os jabutis e os cágados, também chamados **quelônios**, parecem protegidos por uma armadura, mas na verdade se trata de um **exoesqueleto** (esqueleto externo), popularmente chamado de casco. Esse exoesqueleto é composto por uma **carapaça** (parte superior do exoesqueleto) e um **plastrão** (parte inferior). Além dele, os quelônios possuem também um **endoesqueleto** (esqueleto interno), com crânio, vértebras, costelas, membros, como nos anfíbios.

Os ossos (em torno de 50) que formam o exoesqueleto dos quelônios são unidos, e também recobertos, por queratina. À medida que esses animais crescem, as costelas do esqueleto interno se fundem com a carapaça do esqueleto externo.

Esqueleto externo de um quelônio. Observe que a carapaça e o plastrão são unidos lateralmente por uma espécie de "ponte".

Reprodução

Nos répteis, a **fecundação** é **interna**. A independência da água ambiental para o encontro dos gametas foi um importante fator de conquista do meio terrestre por esse grupo animal.

Outra grande novidade evolutiva da maioria dos répteis é a postura de **ovos** envoltos por uma **casca calcária** dura, revestida por uma membrana chamada **córion**, como nas tartarugas e lagartixas, ou por uma membrana rígida e flexível, como nas serpentes.

Os nutrientes do embrião são fornecidos por uma bolsa rica em reservas provenientes da gema do ovo, a **vesícula vitelínica** ou **saco vitelínico**. As excreções nitrogenadas que resultam do metabolismo celular são depositadas em outra estrutura, a **alantoide**. O produto de excreção é uma substância praticamente insolúvel, de toxicidade baixa, que não se difunde fora dos limites da alantoide, onde ocupa um espaço limitado.

No ovo, a casca é relativamente impermeável à saída de água, mas suficientemente porosa para permitir a difusão dos gases (oxigênio e gás carbônico) da respiração.

No interior do ovo, no início do desenvolvimento, o embrião é totalmente envolvido por uma membrana, o **âmnio**, que delimita uma cavidade cheia de líquido, a **cavidade amniótica** ou **bolsa amniótica**. Nessa cavidade, o embrião flutua no líquido amniótico evitando abalos e deformações.

> **Lembre-se!**
> A maioria dos répteis é **ovípara**.

> **Jogo rápido**
> Por que a fecundação interna e a postura de ovos dotados de casca calcária constituem importantes adaptações dos répteis ao meio terrestre?

Fique por dentro!

Em algumas espécies de tartarugas que depositam seus ovos em praias, há uma relação entre a temperatura e a determinação do sexo. A postura de ovos em locais sombreados, de menor temperatura ambiental, favorece o nascimento de mais machos do que fêmeas. Ao contrário, em locais ensolarados, em que a temperatura é maior, nascem mais fêmeas do que machos.

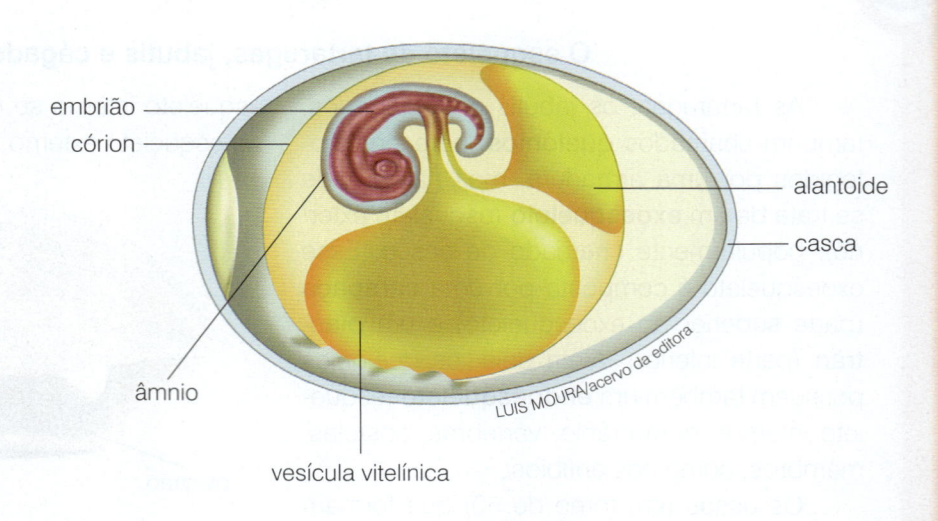

Esquema de ovo reptiliano. (Cores-fantasia. Ilustração fora de escala.)

É SEMPRE BOM SABER MAIS!

As tartarugas-marinhas e os cágados da Amazônia (também conhecidos popularmente como tartarugas-da-Amazônia) depositam seus ovos na areia e os abandonam, retornando a seguir para o meio aquático. Muitos ovos são consumidos por aves e outros predadores. Já os jacarés da Amazônia e os do Pantanal Matogrossense depositam os ovos em "ninhos" repletos de vegetais em decomposição, vigiando-os atentamente, comportamento que gerou a expressão popular "chocar com os olhos".

Entre as serpentes brasileiras, a maioria é ovípara e põe ovos com casca membranosa. Outras serpentes são ovovivíparas, parindo seus filhotes já formados e independentes.

Tartaruga-marinha (*Chelonia mydas*) depositando ovos na areia da praia no período noturno.

Sistema nervoso e órgãos dos sentidos

O sistema nervoso dos répteis é, em linhas gerais, semelhante ao dos anfíbios e, assim como eles, possuem órgãos dos sentidos. Chama atenção a presença de glândulas lacrimais, importantes para manter úmida a superfície dos olhos, e de pálpebras.

A atividade de caça noturna de muitas serpentes venenosas envolve uma adaptação que lhes facilita encontrarem presas: a fosseta loreal. Localizada a meio caminho entre a narina e o olho, a fosseta loreal é dotada de receptores de calor e permite localizar, por exemplo, um roedor situado a distâncias de 1 a 2 metros.

As serpentes também utilizam o olfato, que nesses animais é bem desenvolvido, para localizar as presas. Para isso, elas expõem a língua bífida que obtém informações (moléculas) do ambiente. Duas cavidades no céu da boca "recebem" as informações e as encaminham para o cérebro.

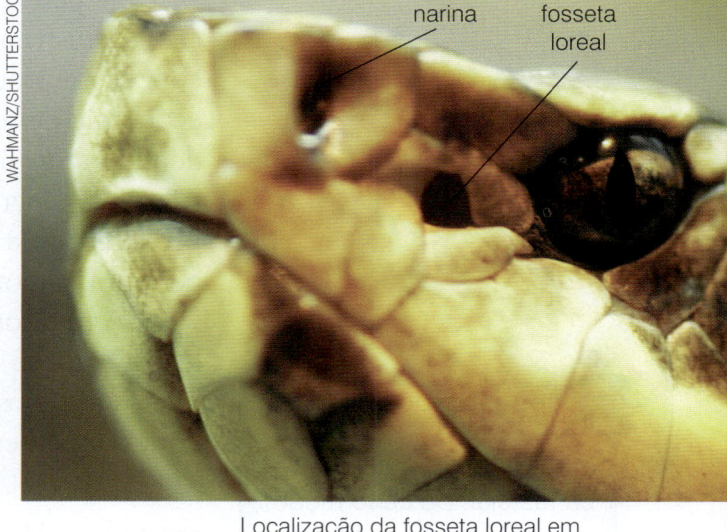

Localização da fosseta loreal em serpente venenosa (*Agkistrodon piscivorus*).

Bífida: bifurcada; partida em dois na ponta.

As serpentes possuem a ponta da língua partida. (Na foto, *Gonyosoma oxycephalum*, espécie de serpente em que as fêmeas podem chegar a 2,5 m de comprimento.)

■ A heterotermia e a conquista do meio terrestre pelos répteis

Eles foram mais longe, mas nem tanto. A conquista do meio terrestre pelos vertebrados iniciou-se, sem dúvida, com os anfíbios adultos. No entanto, a pele fina, permeável e úmida, a necessidade de água ambiental para o encontro dos gametas e para as larvas aquáticas, e a ausência de casca nos ovos foram fatores que limitaram a distribuição dos anfíbios no meio terrestre. Os répteis, porém, foram mais longe.

A pele espessa (queratinizada), impermeável, a respiração exclusivamente pulmonar, a fecundação interna, os ovos com casca protetora, o desenvolvimento direto (sem larvas) e a economia de água na urina possibilitaram o início da conquista definitiva do meio terrestre pelos répteis. No entanto, sua distribuição geográfica não se expandiu. Continuam sendo animais pecilotérmicos ou heterotérmicos, o que significa dizer que a temperatura corporal oscila de acordo com a temperatura ambiental.

A heterotermia impossibilita a vida em ambientes gelados, locais em que os répteis não são encontrados. São mais ativos que os anfíbios e, como estes, predominam nas áreas tropicais, onde as temperaturas são mais adequadas à sua sobrevivência.

Jogo rápido

O verbo reptar significa rastejar. De certo modo, supõe-se que animais que rastejam sejam lentos. Você concorda com essa suposição, considerando, por exemplo, o deslocamento de répteis como uma serpente, um lagarto ou uma lagartixa? Justifique a sua resposta.

■ Classificação dos répteis

As três ordens mais conhecidas da classe dos répteis são: **quelônios**, **escamados** e **crocodilianos**.

Pertencem à ordem dos **quelônios** as tartarugas (marinhas), os cágados (água doce) e os jabutis (terrestres). O corpo é protegido por uma carapaça óssea e apenas a cabeça, os membros e a cauda são móveis. Essa carapaça é recoberta por grossas placas de queratina produzidas pela pele, que adere fortemente aos ossos. Nas espécies aquáticas, os membros são usados como remos (tartarugas) ou há membranas unindo os dedos (cágados), que auxiliam o deslocamento na água. Possuem boca sem dentes, substituídos por bicos córneos cortantes, encaixados nos maxilares.

Jabuti, quelônio terrestre. (*Geochelone sulcata*, adultos podem atingir 85 cm de comprimento e pesar 100 kg.)

CAPÍTULO 14 • Répteis 229

Crocodilo-do-nilo (*Crocodylus niloticus*), réptil crocodiliano que, adulto, chega a 5 m de comprimento.

A ordem dos **crocodilianos** inclui os jacarés e crocodilos. O corpo é alongado, dotado de patas curtas e fortes. Pele recoberta por grossas placas ricas em queratina. A cauda longa, grossa e fortemente musculosa é usada em golpes defensivos e como órgão propulsor na água. A cabeça dos crocodilos é longa e estreita e, com a boca fechada, alguns dentes são visíveis. Nos jacarés, a cabeça é alargada e, com a boca fechada, não se veem os dentes.

Lagartos, lagartixas, camaleões, iguanas e ofídios (serpentes) pertencem à ordem dos **escamados**. A pele é recoberta por escamas. Subdividem-se em dois grupos:

- **lacertílios** ou **sáurios**, ao qual pertencem lagartos, lagartixas, camaleões e iguanas – a cabeça é pequena, o pescoço é curto e as patas posteriores são mais longas que as anteriores;
- **ofídios**, ao qual pertencem as serpentes, popularmente conhecidas como cobras.

Serpente, um ofídio.

Iguana verde, um réptil lacertílio.

É SEMPRE BOM SABER MAIS!

Cobras que não são ofídios

Há outros animais popularmente chamados de cobras, que não pertencem aos ofídios, como as serpentes verdadeiras, embora, como elas, façam parte do grupo dos répteis.

É o caso das chamadas *cobras-de-duas-cabeças*, do gênero *Amphisbaena* (do grego, *amphis* = de ambos os lados + *baina* = = andar), de vida subterrânea, que chegam a atingir 60 cm de comprimento. Movimentam-se tanto para frente quanto para trás, o que gerou o nome científico do gênero.

Alguns pesquisadores consideram esses animais parentes dos lagartos; outros os colocam em uma ordem à parte. As anfisbenas são animais inofensivos; alimentam-se de vermes e pequenos artrópodes (insetos, por exemplo), que percebem pelo olfato ou vibrações no solo, já que os olhos são reduzidos e pouco eficientes. No solo, têm um papel ecológico semelhante ao das minhocas.

Cobra-de-duas-cabeças (*Amphisbaena alba*), réptil da ordem dos escamados. Os adultos dessa espécie medem cerca de 60 cm de comprimento.

ESTABELECENDO CONEXÕES

Cotidiano

Serpentes peçonhentas e não peçonhentas

Toda serpente é venenosa; nem todas são peçonhentas. É assim que se costuma caracterizar, respectivamente, os animais que produzem veneno e aqueles que, além disso, possuem mecanismos para inoculá-lo em outro animal. Ainda que a secreção venenosa (saliva) das serpentes não seja inoculada na presa no ato da mordida, ela é usada para dar início à digestão dos tecidos da vítima porque, no caso desses animais, contém enzimas que digerem proteínas.

Nas serpentes peçonhentas, os dentes que injetam o veneno podem ser pequenos, como os das corais-verdadeiras, ou longos, como os das jararacas e cascavéis. Esses dentes são dianteiros e possuem sulco por onde o veneno escorre.

Calcavel (gênero *Crotalus*), serpente que em sua cauda possui uma espécie de "chocalho" ou "guizo", que o animal vibra quando se sente ameaçado. Repare a ponta da língua dividida em duas partes, característica de todas as serpentes.

A presença de fossetas loreais é outra característica das serpentes peçonhentas, com exceção da coral-verdadeira, que não as possui.

Para evitar que sejamos picados por serpentes, é importante adotar certas medidas, como, por exemplo, andar sempre calçado, de preferência com botas de cano alto, não mexer com esses animais mesmo que aparentemente sejam não peçonhentos, sempre manter limpos quintais e jardins e, de modo algum, introduzir a mão em troncos de árvores, formigueiros, cupinzeiros ou tocas.

Em caso de picada de serpente, é importante lavar o ferimento com água e sabão para que não infeccione e, imediatamente, procurar socorro médico para administração do soro apropriado.

Jararaca (gênero *Bothrops*). A maioria dos acidentes ofídicos no Brasil é causada por serpentes desse gênero.

A temível coral-verdadeira (gênero *Micrurus*), muito comum em toda a América do Sul, atinge 80 cm de comprimento.

ESTABELECENDO CONEXÕES

Saúde

Preparo do soro antiofídico

Antiofídico, é assim que se chama o soro usado no tratamento de picadas de serpentes peçonhentas.

Para produzi-lo, é preciso inicialmente extrair o veneno que se encontra nas glândulas secretoras da serpente. A seguir, inoculam-se doses pequenas do veneno em cavalos, os quais passam a produzir anticorpos. Posteriormente, retira-se certo volume de sangue desses animais e, do plasma, isolam-se os anticorpos, que são preparados e acondicionados sob a forma de soro em ampolas.

As hemácias (glóbulos vermelhos), isoladas do sangue, são reintroduzidas nos cavalos, técnica desenvolvida pelo Instituto Butantan, na cidade de São Paulo, SP, para reduzir os efeitos provocados pela retirada de sangue desses animais.

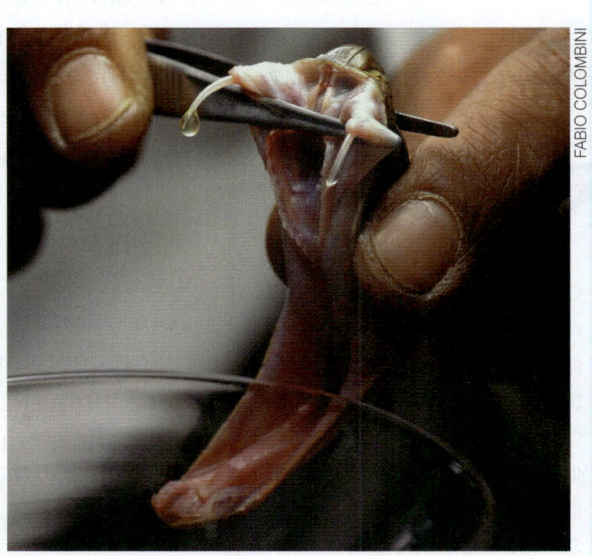

Para extrair o veneno das cobras, os técnicos comprimem a base das glândulas onde é fabricado. Com isso, o veneno percorre o sulco dos dentes e pode ser recolhido em recipiente adequado.

DE OLHO NO PLANETA

Meio Ambiente

"Cola" cirúrgica

Na natureza, as serpentes são importantes no controle de populações de roedores que devastam plantações. Saber preservá-las é importante não só para os ecossistemas em que são encontradas, mas, também, para a espécie humana.

Nesse aspecto, pesquisadores brasileiros descobriram uma substância no veneno de jararacas e cascavéis que possui atividade coagulante, podendo, assim, ser utilizada, com o devido cuidado, como "cola" cirúrgica, testada com sucesso em aplicações como colagem de pele, de nervos, gengivas e na cicatrização de alguns ferimentos.

Dados: ERENO, D. Veneno que cola. *Pesquisa FAPESP*, São Paulo, n. 158, p. 86, abr. 2009. *Disponível em:* <http://revistapesquisa.fapesp.br/2009/04/01/veneno-que-cola/>. *Acesso em:* 13 jul. 2015.

EM CONJUNTO COM A TURMA!

Reúna seus colegas e façam uma pesquisa em livros da biblioteca de sua escola e na internet sobre o trabalho do Instituto Butantan e de Vital Brazil, importante médico sanitarista brasileiro.

■ O que aconteceu com os dinossauros?

Eles provavelmente surgiram na Terra há aproximadamente 350 milhões de anos, no período denominado de Carbonífero. Dominaram a fauna terrestre por milhões de anos.

Muitos dinossauros eram carnívoros, a maioria era herbívora, de acordo com o achado de restos fossilizados. Conviveram com muitas outras espécies de animais, como os pequenos mamíferos que viviam escondidos em tocas, protegendo-se do ambiente aterrorizante que existia naquelas épocas.

Massiva: de grande massa.

A história da Terra, porém, é cheia de catástrofes, de crises e extinções massivas de centenas de espécies. Todas essas crises foram causadas por alterações ambientais profundas, que não foram suportadas pela maioria das espécies que a Terra já teve.

E não é que, há 65 milhões de anos, todos os dinossauros desapareceram? A hipótese sugerida para esse desaparecimento é a de que teria havido um choque de um meteorito gigante com a Terra. Esse impacto teria gerado uma nuvem de poeira que escureceu a atmosfera terrestre, esfriou bruscamente o planeta, prejudicou as plantas e provocou o colapso de inúmeras teias alimentares então existentes.

Jogo rápido

Sugira uma breve explicação do por que o escurecimento da Terra, gerado pela poeira decorrente do impacto de um meteorito com o nosso planeta, pode ter prejudicado a sobrevivência das inúmeras espécies de dinossauros até então existentes.

Hoje, cada vez mais se encontram restos fossilizados daqueles que foram, um dia, os dominantes na fauna terrestre. O curioso é que há males que resultam em algum bem. Até então pequenos e escondidos em tocas, alguns mamíferos puderam libertar-se e expandir-se extraordinariamente pelo meio terrestre, constituindo um grupo dominante, junto com as aves.

CAPÍTULO 14 • Répteis 233

Representação artística de diplodocos, dinossauros herbívoros de 27 m de comprimento e 8 m de altura, e de um pterossauro, carnívoro voador, de 7 m de envergadura. (Cores-fantasia. Ilustração fora de escala.)

CATMANDO/SHUTTERSTOK

LEONELLO CALVETTI/SHUTTERSTOCK

Na ilustração, dois galiminos, dinossauros onívoros de 6 m de comprimento e 3 m de altura, estão sendo perseguidos pelo tiranossauro, gigante carnívoro de 15 m de comprimento e 6 m de altura. (Cores-fantasia. Ilustração fora de escala.)

Nosso desafio

Para preencher os quadrinhos de 1 a 12, você deve utilizar as seguintes palavras: casca, coração, crocodilianos, escamados, escamas e placas, interna, meio terrestre, pulmonar, quelônios, queratina, serpentes, vertebrados.

À medida que você preencher os quadrinhos, risque a palavra que você escolheu para não usá-la novamente.

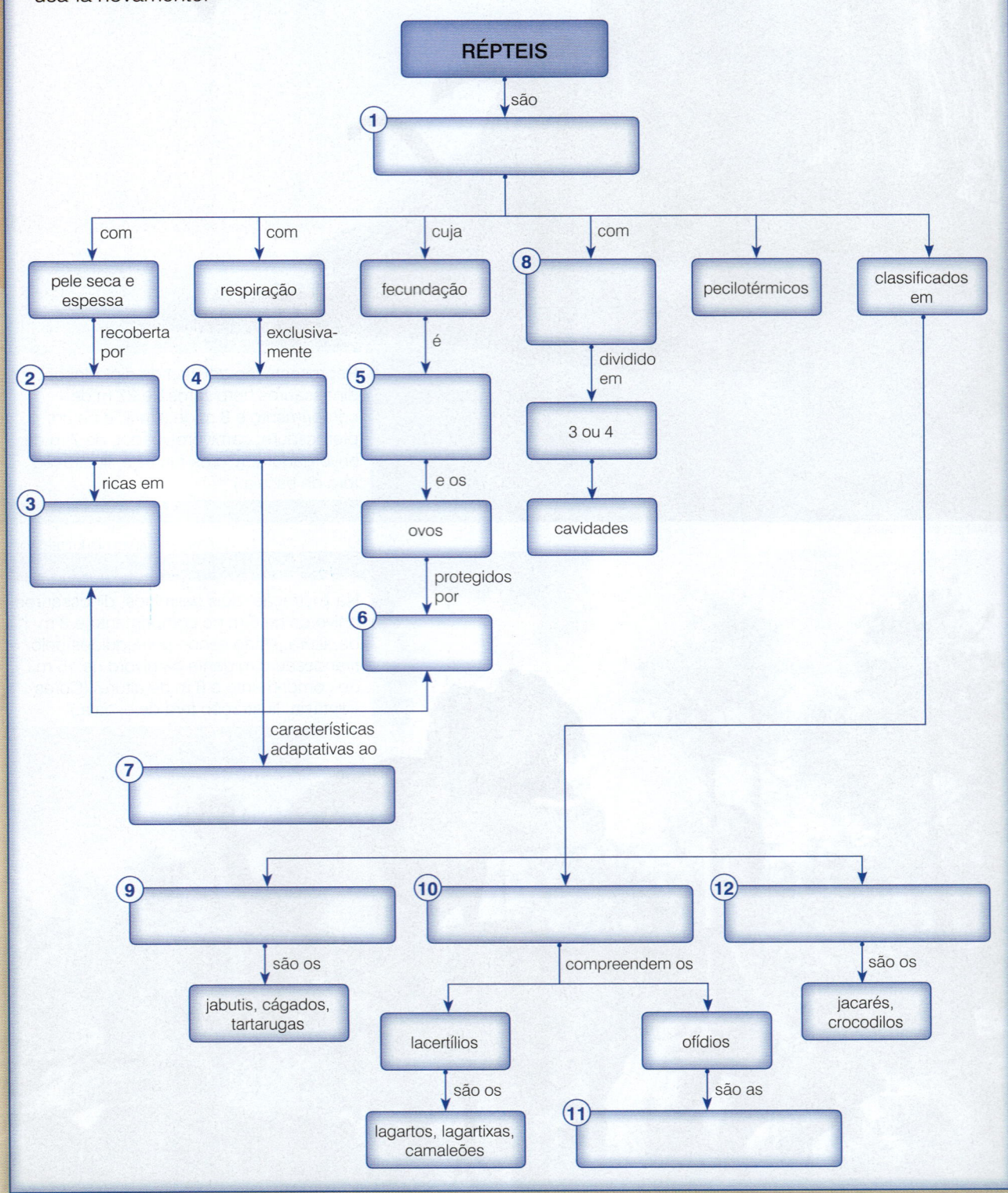

RÉPTEIS

são → (1)

- com → pele seca e espessa → recoberta por → (2) → ricas em → (3)
- com → respiração → exclusivamente → (4)
- cuja → fecundação → é → (5) → e os → ovos → protegidos por → (6)
- com → (8) → dividido em → 3 ou 4 → cavidades
- pecilotérmicos
- classificados em

características adaptativas ao → (7)

(9) → são os → jabutis, cágados, tartarugas

(10) → compreendem os → lacertílios → são os → lagartos, lagartixas, camaleões

ofídios → são as → (11)

(12) → são os → jacarés, crocodilos

Atividades

1. As fotos a seguir mostram três répteis: I – jacaré; II – jiboia; III – cágados.

   a. A partir da leitura deste capítulo, a que ordem cada um deles pertence?
   b. Cite pelo menos mais um exemplo de animais pertencentes a cada uma das ordens de répteis citadas na resposta do item anterior.

2. a. Assim como ocorre nos anfíbios, os répteis também são capazes de respirar através da pele? Justifique sua resposta.
   b. Ao estudar os hábitos de vida de uma tartaruga-marinha, um estudante afirmou que, por ser um animal que passa a maior parte do tempo na água, a respiração dela é branquial. Você concorda com a afirmação do estudante? Justifique a sua resposta.

3. O coração dos anfíbios possui três cavidades e nele ocorre mistura de sangues. O mesmo ocorre com todos os répteis? Justifique sua resposta.

4. Jacarés da Amazônia e do Pantanal alimentam-se de peixes herbívoros e carnívoros; cobras se alimentam de roedores consumidores primários e de aves herbívoras e carnívoras; lagartos e lagartixas se alimentam de insetos. Com essa informação é possível determinar com precisão os níveis tróficos a que pertencem os jacarés, as cobras, os lagartos e as lagartixas? Justifique a sua resposta.

5. Houve época em que jacarés do Pantanal eram impiedosamente caçados e sua pele era comercializada para diversas finalidades. Ainda hoje, muitas pessoas, ao temerem as picadas de cobras, não pensam duas vezes antes de matá-las. Aponte pelo menos um prejuízo ao ambiente, decorrente dessas atitudes.

6. O ovo dos répteis foi um sucesso evolutivo. Comparando a reprodução dos répteis e da maioria dos anfíbios, como, por exemplo, sapos, rãs e pererecas, responda:
   a. Qual a principal diferença, relativamente ao ambiente em que ocorre o encontro de gametas (fecundação) nos anfíbios citados e nos répteis?
   b. Como se dá o desenvolvimento do embrião de um réptil comparado ao que ocorre com os embriões dos anfíbios citados?

7. A distribuição geográfica dos anfíbios é limitada a ambientes aquáticos ou terrestres com elevada umidade. No caso dos répteis, a distribuição geográfica foi ampliada, sendo ocupados ambientes secos, como os encontrados em muitos desertos e regiões semiáridas. No entanto, assim como ocorre com os anfíbios, os répteis não são encontrados em ambientes permanentemente gelados. Qual o motivo dessa limitação?

8. Utilize as informações do texto seguinte e as informações que você obteve ao ler esse capítulo, para elaborar as respostas aos itens dessa questão.

   "O envenenamento é um modo eficiente de subjugar presas perigosas (roedores, outras serpentes), sendo empregado por muitas serpentes. A grande maioria das serpentes caça ativamente, isto é, locomove-se em busca de suas presas. Por outro lado, certas serpentes caçam por espreita, aguardando que a presa se aproxime para capturá-la. Essas serpentes inoculam o seu veneno durante um bote rápido e largam a presa em seguida, evitando contato prolongado com a vítima ainda viva. Momentos depois, usando o olfato, rastreiam a presa, já morta, e ingerem-na."

   Adaptado de: MARQUES, O. A. V.; ETEROVIC, A.; SAZIMA, I. *Serpentes da Mata Atlântica* – guia ilustrado para a Serra do Mar. 1001. Holos Editora: São Paulo, p. 26.

a. A descrição anterior refere-se às serpentes peçonhentas. Por que elas são assim denominadas?

b. Uma pessoa que seja picada por uma serpente peçonhenta deve ser imediatamente conduzida a um centro médico, para ser tratada, de preferência com o reconhecimento do tipo de serpente que causou o acidente. No tratamento é utilizado soro ou vacina? Justifique a sua resposta.

9. Os répteis foram mais eficientes na conquista do meio terrestre do que os anfíbios. Cite as adaptações existentes nos répteis que possibilitaram o sucesso adaptativo dessa classe de vertebrados ao meio terrestre.

10. Fósseis de dinossauros que viveram há milhões de anos na Terra estão disponíveis na exposição "Dinos virtuais", organizada pelo Museu Nacional, UFRJ, Rio de Janeiro. Três dos espécimes que podem ser acessados no site do museu estão representados ao lado.

Utilizando os seus conhecimentos sobre a classificação dos seres vivos, é correto dizer que os três exemplares virtuais representados pertencem:

a. ao mesmo gênero, porém a diferentes espécies.
b. à mesma classe de vertebrados, a dos répteis.
c. à mesma ordem de vertebrados, a dos cordados.
d. à mesma família de vertebrados, a dos anfíbios.
e. ao mesmo filo de vertebrados, o dos répteis.

Gondwanatitan faustoi, 6 a 7 m de comprimento, herbívoro.

Mariliasuchus amarali e outros parentes são crocodiliformes.

Pycnonemosaurus nevesi, mais de 9 m de comprimento, carnívoro.

Navegando na net

Há muitos sites interessantes sobre répteis, mas dois deles merecem destaque.

O endereço eletrônico do Instituto Butantan, São Paulo, SP, apresenta os cuidados que se deve ter na manipulação de animais peçonhentos, o que só deve ser feito quando estritamente necessário:

<http://www.butantan.gov.br/home/recepcao_com_animais_peconhentos.php>

(*Acesso em:* 2 abr. 2014.)

capítulo 15

Aves

O bico do tucano é um radiador de calor!

Alimentação, defesa e comunicação visual são as funções até agora supostamente mais citadas do bico dos tucanos. Agora, graças ao trabalho dos biólogos brasileiros Denis Andrade e Augusto Abe, da Universidade Estadual Paulista, em Rio Claro, São Paulo, e Glenn Tattersal, da Brock University, no Canadá, temos uma interessante novidade. Tudo indica que a função principal do bico do tucano seja a de atuar como um radiador, como a peça do motor de um carro onde circula água para resfriá-lo. Segundo o estudo, o bico do tucano é rico em vasos sanguíneos. Quando o tempo está quente, há um aumento do fluxo de sangue para o bico, irradiando calor para o ambiente. Quando está frio, ocorre o oposto, retendo o calor. Essa propriedade é importante em animais homeotermos, que mantêm constante a temperatura corporal, como é o caso das aves, classe de vertebrados que você conhecerá nesse capítulo.

Adaptado de: MIOTO, R. Bico comprido serve para resfriar corpo do tucano, revelam brasileiros. *Disponível em:* <http://www1.folha.uol.com.br/fsp/ciencia/fe2407200902.htm>. Acesso em: 12 jul. 2015.

ESCOBAR, H. Bico "monstruoso" do tucano serve de radiador biológico. *Disponível em:* <http://vida-estilo.estadao.com.br/noticias/geral,bico-monstruoso-do-tucano-serve-de-radiador-biologico,407526>. Acesso em: 12 jul. 2015.

Os primeiros endotérmicos

As aves são os primeiros vertebrados **endotérmicos** (ou **homeotérmicos**), isto é, capazes de manter a temperatura corporal elevada e constante.

A temperatura elevada é consequência do alto metabolismo celular. Este, por sua vez, decorre de duas modificações importantes no funcionamento do corpo desses animais. A primeira envolve o *sistema respiratório*. Os pulmões das aves apresentam uma organização especial, complexa e diferente dos outros grupos de vertebrados. Essa organização faz com que a capacidade de aproveitamento do oxigênio do ar seja imensamente maior. Como você já sabe, o trabalho celular que envolve grande produção de energia, consome grande quantidade de oxigênio.

A segunda modificação está ligada ao *sistema circulatório*. O coração das aves separa completamente os dois tipos de sangue com os quais trabalha: o sangue venoso (rico em gás carbônico) e o arterial (rico em oxigênio). Dessa forma, os tecidos sempre recebem sangue ricamente oxigenado.

Portanto, estes dois sistemas associados, respiratório e circulatório, contribuem para a elevada taxa metabólica das aves. Parte da energia liberada no metabolismo manifesta-se na forma de calor.

É SEMPRE BOM SABER MAIS!

Vantagens e desvantagens da endotermia

A grande vantagem da *endotermia* é manter a atividade corporal em níveis constantes, quaisquer que sejam as variações da temperatura ambiental. Essa característica é responsável pela enorme expansão geográfica das aves, que ocupam qualquer região da Terra, desde os trópicos até os continentes gelados do planeta. Esse fato não ocorre com os anfíbios e répteis, que são ectotérmicos (ou pecilotérmicos).

A desvantagem da endotermia (ou homeotermia) é estar constantemente em busca de alimentos a fim de manter a "máquina térmica" funcionando adequadamente.

Características gerais das aves

As aves constituem a classe de vertebrados mais homogênea quanto à estrutura externa do corpo (morfologia externa). É muito difícil que alguém não saiba reconhecer uma ave; entre elas, não há nenhuma que pareça estranha ao conjunto. Não é assim nos outros grupos. Há peixes que se parecem com serpentes. Não é fácil para o leigo admitir que uma cobra-cega seja um anfíbio, ou que outro anfíbio, uma salamandra, não seja "parente" de uma lagartixa (réptil). Ou, ainda, que uma cobra-de-vidro seja um lagarto sem pernas. Muita gente não sabe que baleias, golfinhos, morcegos e o estranho ornitorrinco são mamíferos.

Jogo rápido

E você, já deparou com alguma forma estranha de vida que tenha lhe causado dificuldade em reconhecer como ave? Antes de continuar a leitura deste capítulo, você saberia enumerar algumas características que, em conjunto, ajudam a reconhecer uma ave? Você sabe de uma característica exclusiva desses animais e que não falta em nenhum deles?

Pinguim-rei (*Aptenodytes patagonicus*). Essa espécie mede, quando adulta, de 85 a 95 cm e seu peso varia de 9 a 17 kg. Os filhotes têm coloração marrom.

Bubo-real (*Bubo bubo*), uma das maiores espécie de coruja atualmente existente no planeta, chegando a medir 75 cm de altura.

Bem-te-vi (*Pitangus sulphuratus*). Seu nome deriva do som que emite, semelhante a um chamado (em média, 20 cm de altura).

Casal de cacatuas (*Cacatua alba*). Essa espécie vive cerca de 40 anos e chegam a medir 50 cm.

Chama atenção a beleza das penas do pavão, que, quando abertas, podem chegar a 2 m de envergadura.

Flamingos, aves pernaltas, chegam a medir 1,5 m de altura.

Pele com penas: exclusividade das aves

A pele das aves é seca, possui apenas uma glândula, e é rica em queratina. Até aqui, parece muito com a pele dos répteis. Porém, nas aves, a queratina forma as **penas**, que recobrem todo o corpo e são exclusivas dessa classe de vertebrados. Bicos, garras e esporões são também constituídos de queratina.

Como herança dos répteis, os pés são recobertos por placas córneas, também de queratina. Da mesma forma que nos répteis, a pele fortemente queratinizada é impermeável (impede a perda de água) e as trocas gasosas da respiração, como você verá adiante, são efetuadas por pulmões extremamente eficientes.

O colorido das penas das aves deve-se a pigmentos, principalmente *melanina* (produzida na pele) e *carotenoides* (pigmentos presentes em muitos alimentos, como a cenoura, cuja cor varia do amarelo ao vermelho).

eixo — barbas

No caso dos pinguins, a plumagem é curta. Neles, a função de isolante térmico fica por conta de uma espessa camada de gordura sob a pele. Como a gordura é menos densa que a água, favorece ainda a flutuação em meio aquático. Além disso, a gordura armazenada na pele representa uma reserva de energia que pode ser útil se houver escassez de alimentos.

É SEMPRE BOM SABER MAIS!

Glândula uropigiana: lubrificar e impermeabilizar as penas

A **glândula uropigiana** (ou **uropigial**), localizada na porção dorsal da cauda, é a única glândula presente na pele das aves. Sua secreção oleosa é espalhada, com o bico, nas penas. É uma adaptação que impede o encharcamento das penas, principalmente em aves aquáticas, e ajuda a entender porque as aves "não se molham" ao nadar ou mergulhar.

Embora as galinhas não nadem, a secreção oleosa impermeabiliza suas penas, repelindo a umidade e as gotas de chuva.

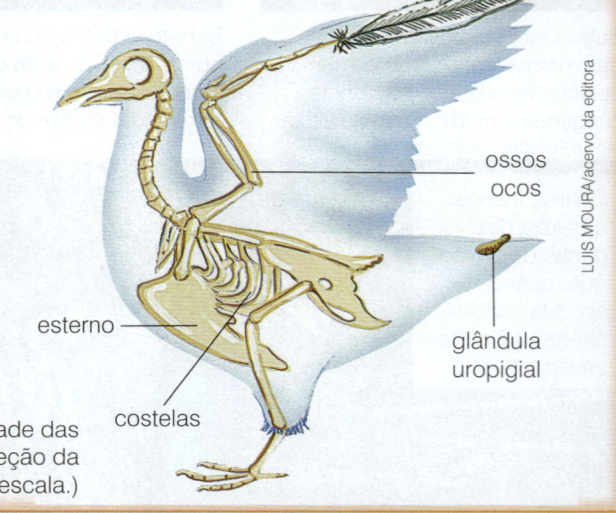

Penas (anexos queratinizados) são uma exclusividade das aves. A pele é seca, desprovida de glândulas, com exceção da glândula uropigial. (Cores-fantasia. Ilustrações fora de escala.)

esterno — costelas — glândula uropigial — ossos ocos

CAPÍTULO 15 • Aves 241

O esqueleto das aves

Nas aves, o esqueleto é resistente e leve. Nele encontram-se ossos longos ocos, os chamados **ossos pneumáticos**, parcialmente ocupados por ar. Nas aves voadoras, o osso do peito, o *esterno* (do latim, *esternum* = tórax, peito) apresenta uma **quilha**, ou **carena**, uma projeção onde se inserem os poderosos **músculos peitorais** que movimentam as asas durante o voo. Nas aves que não voam, como a ema e o avestruz, o osso esterno é achatado, ou seja, não possui quilha.

A leveza do esqueleto, a existência de ossos longos ocos (pneumáticos) e o corpo coberto de penas, são, sem dúvida, algumas das excelentes adaptações para o voo.

(a) A leveza do esqueleto, associada a outras características, é uma importante adaptação ao voo das aves. (b) Detalhe de osso longo, com cavidades (osso pneumático). (Cores-fantasia. Ilustrações fora de escala.)

É SEMPRE BOM SABER MAIS!

Nas maioria das aves, os membros anteriores são transformados em asas, com penas especiais que aumentam a superfície de ação no voo. Uma das exceções, por exemplo, são os pinguins, cujas asas estão adaptadas à natação.

Os membros posteriores das aves terminam em pés, que, além de permitir que o animal caminhe, podem estar adaptados a sustentar o animal sobre galhos ou a auxiliá-lo na natação.

Nos pinguins, os membros anteriores assemelham-se a remos e estão adaptados à natação.

(a) Os galos e outras aves que se empoleiram possuem os pés com (b) três dedos voltados para a frente e um para trás.

(a) Aves que nadam, como o pato-real (*Anas platyrhynchos*), possuem uma (b) membrana entre os três dedos dos pés voltados para a frente, o que favorece a sua natação.

Digestão e alimentação

O tubo digestório das aves é completo. O bico **córneo** é uma formação rígida da pele, rica em queratina, que recobre os ossos maxilares, nos quais **não há dentes**.

As várias formas e tamanhos dos bicos adaptam as aves aos seus modos de vida: são usados para capturar alimentos, para alimentar os filhotes, na defesa, perfuração de troncos (pica-paus), coleta de materiais para a construção de ninhos, para espalhar a secreção oleosa da glândula uropigial nas penas.

O esôfago possui uma dilatação, o **papo**, onde os alimentos ingeridos são inicialmente armazenados e, no caso de alimentos mais rígidos, como grãos, são hidratados e amolecidos.

O estômago divide-se em duas partes. A primeira, estreita, é o **estômago químico**, que secreta o *suco gástrico* rico em enzimas digestivas. Essa secreção é lançada na segunda parte, a **moela** ou **estômago mecânico**, onde os alimentos são triturados pela ação da parede musculosa, ao mesmo tempo em que a secreção do estômago químico age sobre eles. A seguir, alimentos parcialmente digeridos são encaminhados para o intestino, onde também atuam as secreções do fígado (bile) e do pâncreas (enzimas do suco pancreático).

Finalizada a digestão e a absorção dos nutrientes, as fezes são levadas à **cloaca**, na qual, do mesmo modo que nos anfíbios e répteis, também terminam os sistemas urinário e reprodutor.

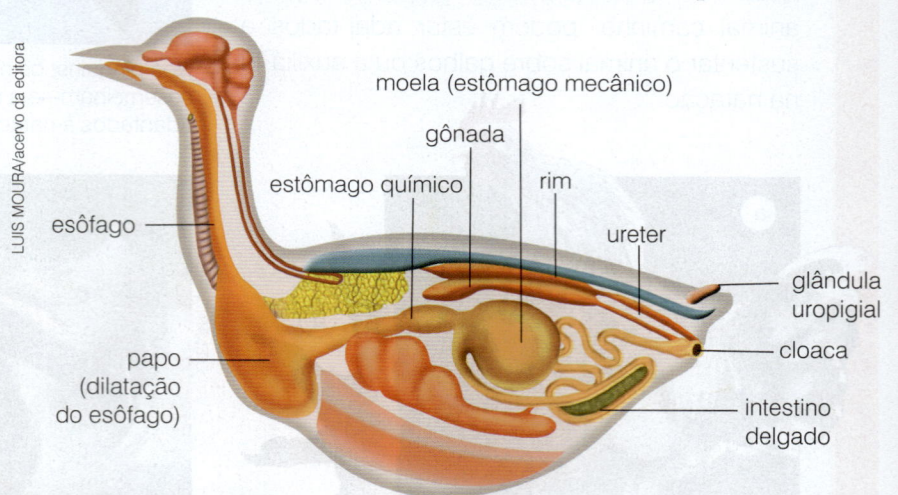

> **Jogo rápido**
>
> Faça uma pesquisa na internet, em livros da biblioteca da sua escola ou consulte um especialista em aves e descubra que alimentos são consumidos por tucanos. Com essa informação, determine o nível trófico a que pertencem essas aves nas teias alimentares.

O papo e a moela são adaptações digestivas nas aves. O intestino termina na cloaca, onde também são lançadas as excreções nitrogenadas (ácido úrico). As fezes são pastosas. (Cores-fantasia. Ilustração fora de escala.)

ESTABELECENDO CONEXÕES

Cotidiano

Algumas aves, como as galinhas, costumam engolir grãos de areia e minúsculas pedrinhas juntamente com o alimento que consomem. Na moela, essas pedrinhas auxiliam a trituração do alimento e atuam como se fossem dentes, já que são ausentes na boca das aves. A ausência de dentes também é considerada uma adaptação ao voo, contribuindo para manter a leveza do corpo.

As aves podem ser herbívoras, carnívoras e onívoras. Portanto, podem ocupar níveis de consumidores primários até consumidores de ordens superiores, dependendo do que consomem como alimento. Os beija-flores, por exemplo, alimentam-se do néctar produzido por flores. Chupins, tico-ticos, sabiás e inúmeros outros pássaros alimentam-se de sementes, minhocas, insetos e frutas. Gaviões e corujas caçam aves menores, anfíbios, répteis e pequenos mamíferos. Gaivotas, mergulhões, martim-pescador e garças consomem peixes e crustáceos.

DE OLHO NO PLANETA

Meio Ambiente

Ao se alimentarem de frutas, como a goiaba, sanhaços e sabiás são consumidores primários e atuam como eficientes dispersores de sementes. As sementes, que não são digeridas, são eliminadas nas fezes em locais distantes daqueles em que se encontram as plantas-mães.

Como dispersores de sementes, as aves têm sido consideradas importantes agentes de recuperação de florestas. Um fato interessante é que sementes pequenas são retidas por mais tempo no corpo da ave e, com isso, são eliminadas mais longe da "planta-mãe".

Respiração das aves

Nas aves, do mesmo modo que em qualquer vertebrado terrestre, a respiração é exclusivamente **pulmonar**. Inúmeras expansões membranosas dos pulmões, os **sacos aéreos**, penetram por entre alguns órgãos e até no interior da cavidade dos ossos longos, os chamados ossos pneumáticos.

A estrutura dos pulmões das aves é única e bastante complexa. Embora, proporcionalmente menores que os dos mamíferos, são considerados mais eficientes quanto à capacidade respiratória, pois asseguram uma grande oxigenação dos tecidos durante o voo, atividade que consome muita energia.

Os sacos aéreos desempenham um papel importante ao aumentar a capacidade respiratória das aves. (Cores-fantasia. Ilustração fora de escala.)

Circulação e excreção

O coração das aves possui quatro cavidades: **dois átrios** e **dois ventrículos**. A metade direita do coração (átrio direito e ventrículo direito) trabalha exclusivamente com sangue pobre em oxigênio e rico em gás carbônico (sangue venoso). Do ventrículo direito, o sangue venoso é encaminhado pela artéria pulmonar aos pulmões para oxigenação. Dos pulmões, o sangue retorna, agora oxigenado (sangue arterial), para a metade esquerda do coração (átrio esquerdo e ventrículo esquerdo). Do ventrículo esquerdo o sangue é encaminhado pela artéria aorta para todo o corpo, fornecendo constantemente sangue rico em oxigênio às células.

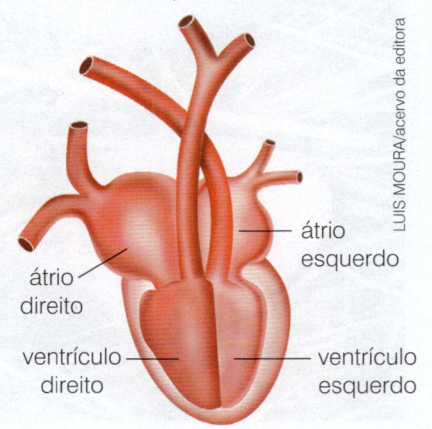

Nas aves, o coração possui quatro cavidades, sendo que os ventrículos são completamente divididos.

A excreção urinária remove excretas nitrogenadas, que são substâncias tóxicas produzidas pelo metabolismo celular e que, lançadas no sangue, devem ser removidas do organismo. A remoção de excretas cabe aos rins. São órgãos pares que, ao serem percorridos constantemente pelo sangue, efetuam a sua filtração, reabsorvem grande parte das substâncias úteis, que retornam ao sangue, e eliminam as excretas.

Em algumas classes de vertebrados (anfíbios e mamíferos, por exemplo), os animais possuem uma bexiga urinária, órgão que armazena a urina antes de sua eliminação para o meio externo. Nas aves **não existe bexiga urinária**; as excreções são lançadas diretamente na cloaca. A ausência de bexiga urinária é uma adaptação que reduz a massa corporal e contribui para a leveza do corpo, característica útil em animais voadores.

Na evolução dos vertebrados, a conquista definitiva do meio terrestre pelos répteis e pelas aves envolveu, entre outros fatores, a máxima economia de água para a eliminação das excretas nitrogenadas. Esses animais produzem **ácido úrico**, que requer pouquíssima quantidade de água para a sua eliminação, por sua baixa toxicidade. Junto às fezes, assim como em muitos répteis, a urina das aves assemelha-se a uma pasta esbranquiçada que é eliminada pela cloaca.

Descubra você mesmo!

Por que o esterco de galinhas recolhido nas granjas é tão valorizado?

Reprodução

Sequência de fotos em que se vê a eclosão de um patinho. Parece incrível, mas o ovo contém todos os nutrientes capazes de garantir o desenvolvimento do embrião das aves. Ao eclodir, de um ovo de pata sai um patinho completo; somente a plumagem não é igual à do adulto. Esse jovem já é capaz de sair do ninho e alimentar-se por conta própria, embora ainda conte com a proteção da mãe. Em outras espécies, o filhote precisa permanecer no ninho, sob os cuidados dos pais, até emplumarem-se e poderem voar.

FOTOS: ANNEKA/SHUTTERSTOCK

As aves são animais de sexos separados e **fecundação interna**. Assim como nos répteis, machos de algumas espécies têm **pênis**. Quando não, durante o acasalamento, há apenas **contato das aberturas cloacais**.

Todas as aves são **ovíparas**; os ovos têm casca rígida, calcária. As mesmas estruturas internas que vimos no interior dos ovos dos répteis também ocorrem nos ovos das aves durante o desenvolvimento embrionário: saco vitelínio, bolsa amniótica, alantoide.

À medida que o óvulo fecundado pelo espermatozoide, agora chamado célula-ovo, vai passando pela tuba uterina, as diversas glândulas que aí existem o revestem com camadas de membranas e a própria casca calcária.

Uma diferença importante em relação aos répteis é que os ovos das aves são chocados frequentemente pelas fêmeas, embora os machos também possam fazê-lo. O fornecimento de calor durante o desenvolvimento embrionário é fundamental, considerando que as aves são animais endotérmicos.

> **Lembre-se!**
> A postura de ovos com casca foi uma importante adaptação rumo à conquista do meio terrestre pelos vertebrados.

> **Jogo rápido**
> Em qual estrutura embrionária existente nos ovos das aves é armazenada a excreção nitrogenada representada pelo ácido úrico, já que essa excreção não pode ser eliminada para o meio?

ESTABELECENDO CONEXÕES

Cotidiano

E se faltar cálcio?

Você já sabe que o cálcio é importante para a formação de dentes e ossos. É também fundamental na formação da casca calcária dos ovos. Não se espante se um dia deparar com galinhas bicando e ingerindo o reboco de alguma parede. A argamassa usada para rebocar paredes é calcária, ou seja, rica em carbonato de cálcio. Ao combinar-se com o gás carbônico do ar, a cal que se mistura à água e areia forma o carbonato que, para as aves, é uma excelente fonte de cálcio!

Sistema nervoso e orgãos dos sentidos

Quem já observou uma cabine de comando de um avião, percebeu a infinidade de equipamentos eletrônicos que registram, a cada momento, as condições de voo, detectam a aproximação de outras aeronaves e as variações climáticas que poderiam comprometer a segurança. Como animais voadores, as aves também possuem um excelente equipamento sensorial que registra continuamente as informações relativas à posição, aos obstáculos e às presas que surgem no caminho.

A visão e a audição aguçadas são os sentidos mais desenvolvidos nas aves. São "instrumentos" valiosos em aves predadoras, como gaviões, corujas, martins-pescadores, biguás (cormorões) e outras aves, que precisam localizar suas presas e capturá-las com precisão. As corujas possuem uma sensibilidade auditiva muito desenvolvida, tão grande quanto a dos gatos. Esses animais são predadores noturnos, que percebem ruídos originados da movimentação de suas minúsculas presas, os roedores de que se alimentam. A capacidade de enxergar cores também é valiosa, por exemplo, em aves polinizadoras, como os beija-flores, que localizam as flores de cores atraentes, vistosas, ao procurarem alimento em pleno voo.

Se você observar atentamente os olhos de uma ave, verá que ela não pisca como nós. Uma membrana transparente ou translúcida move-se horizontalmente sobre o globo ocular, protegendo-o em diversas situações e espalhando a secreção lacrimal, que evita o ressecamento dos olhos. Essa membrana é chamada **membrana nictitante** (do latim, *nictare* = piscar). Muitos répteis a apresentam; basta observar os olhos de um jacaré. Com ela, pode-se nadar ou voar sem fechar os olhos. Portanto, para as aves, é mais uma adaptação ao voo: manter os olhos abertos e protegidos por essa membrana contra ação do vento e poeira.

O sentido do olfato é pouco desenvolvido na maioria das aves.

Encéfalo, protegido pelo crânio, **medula espinal**, protegida pelas vértebras, e **nervos** constituem o sistema nervoso das aves, que processa as informações obtidas pelos órgãos dos sentidos.

Jogo rápido

Corujas alimentam-se de roedores (consumidores primários) martins-pescadores e biguás alimentam-se de peixes, beija-flores se alimentam de néctar produzido por flores, sabiás laranjeira se alimentam de frutas e, também, de minhocas. Com essas informações é possível estabelecer, com precisão, os níveis tróficos ocupados por essas aves nas teias alimentares das quais participam?

Observe na foto abaixo, de uma gralha-de-nuca-cinzenta (*Corvus monedula*), que a membrana nictitante está praticamente fechada.

ERIC ISSELEE/SHUTTERSTOCK

É SEMPRE BOM SABER MAIS!

O canto das aves

Os diferentes sons emitidos pelas aves possuem diversas funções, entre elas a atração sexual, a demarcação de territórios (chamada *territorialidade*) e o alerta sobre perigos.

Nas aves não há pregas (cordas) vocais que, ao vibrarem à passagem de ar, produzem sons, como ocorre em mamíferos. A emissão de sons pelas aves ocorre graças à **siringe**, uma estrutura que existe no fim da traqueia e é rodeada de músculos e membranas, que, ao vibrarem, produzem som.

O registro dos cantos das aves e de muitos de seus outros hábitos são algumas das atividades dos ornitólogos.

> **Ornitólogo:** o especialista em Ornitologia.
> **Ornitologia:** (do grego, *órnis*, *órnithos* = ave, pássaro) ramo da Biologia que estuda as aves.

DE OLHO NO PLANETA

Sustentabilidade

Migração das aves

Migração de maçarico-de-papo-vermelho (*Calidris canutus*, animal adulto mede cerca de 25 cm).

Todos os anos cerca de 5 bilhões de aves migram do hemisfério Norte, em que o inverno é rigoroso, para outras regiões que lhes permitam encontrar alimento e se reproduzir. Certas aves chegam a viajar cerca de 30.000 km, muitas vezes cruzando oceanos.

Você poderia perguntar: "Como as aves se orientam durante as migrações?" Algumas hipóteses são sugeridas, dentre elas a utilização do Sol como bússola, o reconhecimento de sons gerados pelos oceanos e massas de ar passando pelas montanhas, o campo magnético da Terra e, acreditam os cientistas, a posição das estrelas no céu, já que muitas aves realizam migrações noturnas. Admite-se, também, a possibilidade de as aves "gravarem" certas "marcas", ou sinais, ou acidentes geográficos, que encontram ao longo do caminho.

Na migração, muito do "combustível" para essa jornada vem da gordura que as aves possuem sob a pele, mas elas também fazem "escalas" de abastecimento ao longo da viagem, para obtenção de alimento e água. Cansadas, muitas tornam-se presas fáceis para predadores animais e caçadores, que se utilizam da fragilidade dessas aves para abatê-las.

Outro problema encontrado na migração se dá pela própria diminuição na oferta de alimentos: um dos casos mais conhecidos é o do maçarico-de-papo-vermelho, que migra do Ártico até o Sul da América do Sul. Em sua migração, essa ave também passa pelo Brasil. Por ser uma ave que vive em ambiente de lama, sua migração ocorre pelo litoral, com uma "escala" para reabastecimento na Baía de Delaware, no Nordeste dos Estados Unidos, onde se alimenta de ovos de caranguejo-ferradura (*Limulus polyphemus*). Como esse caranguejo tem sido sistematicamente consumido, os maçaricos-de-papo-vermelho não dispõem de alimento para sua jornada. Dados apontam que de uma população de 53 mil dessas aves que chegavam ao Sul da Argentina em 1989, apenas 11 mil delas chegaram em 2011.

> ➤ Pensando em termos de conscientização das pessoas, o que poderia ser feito no sentido de preservação das espécies migratórias.

Adaptações ao voo

Neste momento, podemos agrupar muitas das características que contribuem para a adaptação das aves ao voo. Lembre-se que a maioria delas refere-se à redução do peso corporal, que é fundamental nessa atividade; como nos aviões, o "excesso de bagagem" deve ser evitado. Veja, então, as principais adaptações:

- a forma aerodinâmica do corpo, que lhes permite reduzir a resistência do ar;
- corpo coberto de penas, estruturas leves e isolantes de calor;
- asas dotadas de penas especiais que ampliam a superfície de ação durante o voo;
- esqueleto leve, dotado de "ossos pneumáticos";
- sacos aéreos pulmonares, que contribuem para a diminuição do peso corporal aumentam a capacidade respiratória e contribuem para a dissipação de calor;
- quilha (ou carena) no osso esterno, onde se inserem os potentes músculos que movimentam as asas;
- ausência de bexiga urinária, que contribui para a redução da massa corporal;
- postura de ovos (a oviparidade reduz o peso da "bagagem" durante o voo);
- endotermia: metabolismo elevado com grande liberação de energia para o voo.

Classificação das aves

Para classificação das aves, adota-se como critério a anatomia relacionada à capacidade de voo. Dois grupos são considerados: as **ratitas**, que não têm quilha no osso esterno e, portanto, não voam, e as **carenadas**, que têm quilha (carena) e fortes músculos peitorais, que lhes permitem voar.

Veja, nas fotos seguintes, exemplos de algumas ordens dos dois grupos, ratitas e carinatas, e seus representantes.

> **Fique por dentro!**
> Os pinguins, embora possuam quilha e fortes músculos peitorais, não voam. Mas são excelente nadadores.

Algumas ordens de aves carenadas

Anseriformes
Exemplos: cisnes, patos, gansos e marrecos.

Marreco (*Anas platalea*). O bico largo, de até 6 cm, é característico da espécie. Animal de água doce, adulto mede cerca de 53 cm de comprimento.

Apodiformes
Exemplos: beija-flores e andorinhas.

Beija-flor. O bico alongado facilita ao animal alimentar-se do néctar das flores.

Ciconeiformes
Exemplos: garças, guarás e flamingos.

Garça (*Bubulcus ibis*). Animal onívoro, mede cerca de 56 cm de altura, mas sua envergadura chega a 1 m. Também é conhecida como garça-boiadeira.

Columbiformes
Exemplos: pombas e rolinhas.

Pomba (*Columba livia*). Alimenta-se de sementes e frutas. Facilmente encontrada em regiões urbanas. (Altura média: 32 cm.)

Falconiformes
Exemplos: carcarás, águias, gaviões e urubus.

Urubu (*Sarcoramphus papa*). Habita todo o território brasileiro e tem como característica o pescoço vermelho. Sua altura média é de 80 cm e sua envergadura chega a 2 m.

Galiformes
Exemplos: galos, perus, jacutingas e mutuns.

Galo (*Gallus gallus*), animal cuja altura varia de 40 a 70 cm. Essa ordem de aves está distribuída por todo o mundo.

Passeriformes

Exemplos: pardais, sabiás, tico-ticos e bem-te-vis.

Sabiá-laranjeira (*Turdus rufiventris*). Escolhida como a ave-símbolo brasileira, esse sabiá é onívoro, de cerca de 22 cm de altura, apresenta o ventre de cor alaranjada.

Piciformes

Exemplos: tucanos e pica-paus.

Pica-pau. Alimenta-se principalmente de larvas de insetos e fazem seus ninhos nos ocos das árvores. O tamanho das diferentes espécies dessa ordem varia entre 15 cm e 50 cm de altura.

Psittaciformes

Exemplos: araras, periquitos, papagaios e maritacas.

Papagaio (*Amazona aestiva*). Comum no Brasil, essa espécie de papagaio de alimenta de sementes e frutas. Animal adulto mede cerca de 40 cm de altura.

Algumas ordens de aves ratitas

Rheiformes

Exemplo: emas ou nhandus.

Restritas à América do Sul, apesar das grandes asas as emas (*Rhea americana*) não voam. (Medem cerca de 1,50 m de altura.)

Struthioniformes

Exemplo: avestruzes.

Avestruz (*Struthio camelus*). A maior ave do mundo, essa espécie vive nas regiões semidesérticas e de savanas da África. Chega a medir 2,70 m de altura.

DE OLHO NO PLANETA

Meio Ambiente

O homem e as aves

As aves sempre fascinaram o homem desde os tempos antigos. A capacidade e a beleza do voo, das cores e do canto de muitas delas sempre foram apreciados e enaltecidos.

Muitas espécies de aves servem de alimento ao homem, que utiliza sua carne e ovos como fonte de proteínas.

Ultimamente, com o aumento da conscientização de que temos que preservar os ambientes, o papel ecológico das aves tem sido muito valorizado já que muitas exercem o controle das populações de outras espécies de seres vivos. Aves que pousam em lamaçais podem transportar ovos de peixes, anfíbios, moluscos e crustáceos para outros ecossistemas aquáticos. Outras atuam como polinizadoras ou dispersoras de sementes de plantas valiosas para os ecossistemas.

Cada vez mais surgem grupos interessados na observação de aves na natureza, registrando suas fotos ou o canto em instrumentos apropriados. Nosso país dispõe de uma grande diversidade de aves sendo, por isso, alvo de caçadores e colecionadores inescrupulosos, felizmente combatidos por nossas autoridades ambientais. O IBAMA (Instituto Brasileiro do Meio Ambiente e dos Recursos Naturais Renováveis) é o órgão do governo responsável pelo controle dessas atividades ilegais.

Ao se alimentarem de sementes, as aves as carregam consigo, dispersando-as em seu deslocamento.

EM CONJUNTO COM A TURMA!

O tráfico de aves e outros animais silvestres é um grande problema no Brasil. Junto com seus colegas, em grupo, faça uma pesquisa em jornais, revistas e na internet, procurando informações sobre este assunto.

DE OLHO NO PLANETA

Meio Ambiente

É verdade que o açúcar é prejudicial à saúde dos beija-flores?

Em muitas casas, é comum a presença de bebedouros com flores de plástico colorido contendo água e açúcar para atrair beija-flores. Porém existe o temor de que o açúcar utilizado nestes bebedouros seja prejudicial a essas aves. O que pode ocorrer é que os açúcares são utilizados por fungos e bactérias, que, ao proliferarem na solução açucarada, podem causar doenças nos beija-flores. Para evitar a proliferação desses microrganismos, deve-se lavar diariamente os bebedouros com água e escova e trocar a solução de água e açúcar.

Há quem afirme que o uso de bebedouros interfere na polinização de flores de determinado lugar, mas não há estudos que comprovem esse fato. De qualquer modo, a alimentação ideal para os beija-flores é o néctar das flores. E, para isso, é melhor semear plantas floríferas adequadas à alimentação desses pássaros.

Se isso não for possível, bebedouros bem cuidados fazem a alegria dos beija-flores e de muita gente.

Se os alimentadores de pássaros não forem limpos adequadamente, podem se tornar criadouros de fungos.

Adaptado de: SAZIMA, M. É verdade que o açúcar é prejudicial à saúde dos beija-flores? *Disponível em*: <http://cienciahoje.uol.com.br/revista-ch/revista-ch-2009/261/e-verdade-que-o-acucar-e-prejudicial-a-saude-dos/?searchterm=beija-flores>. *Acesso em*: 12 jul. 2015.

Nosso desafio

Para preencher os quadrinhos de 1 a 12, você deve utilizar as seguintes palavras: arterial, asas, casca, coração, dentes, interna, ossos pneumáticos, penas, peso, quilha, sacos aéreos, vertebrados.

À medida que você preencher os quadrinhos, risque a palavra que você escolheu para não usá-la novamente.

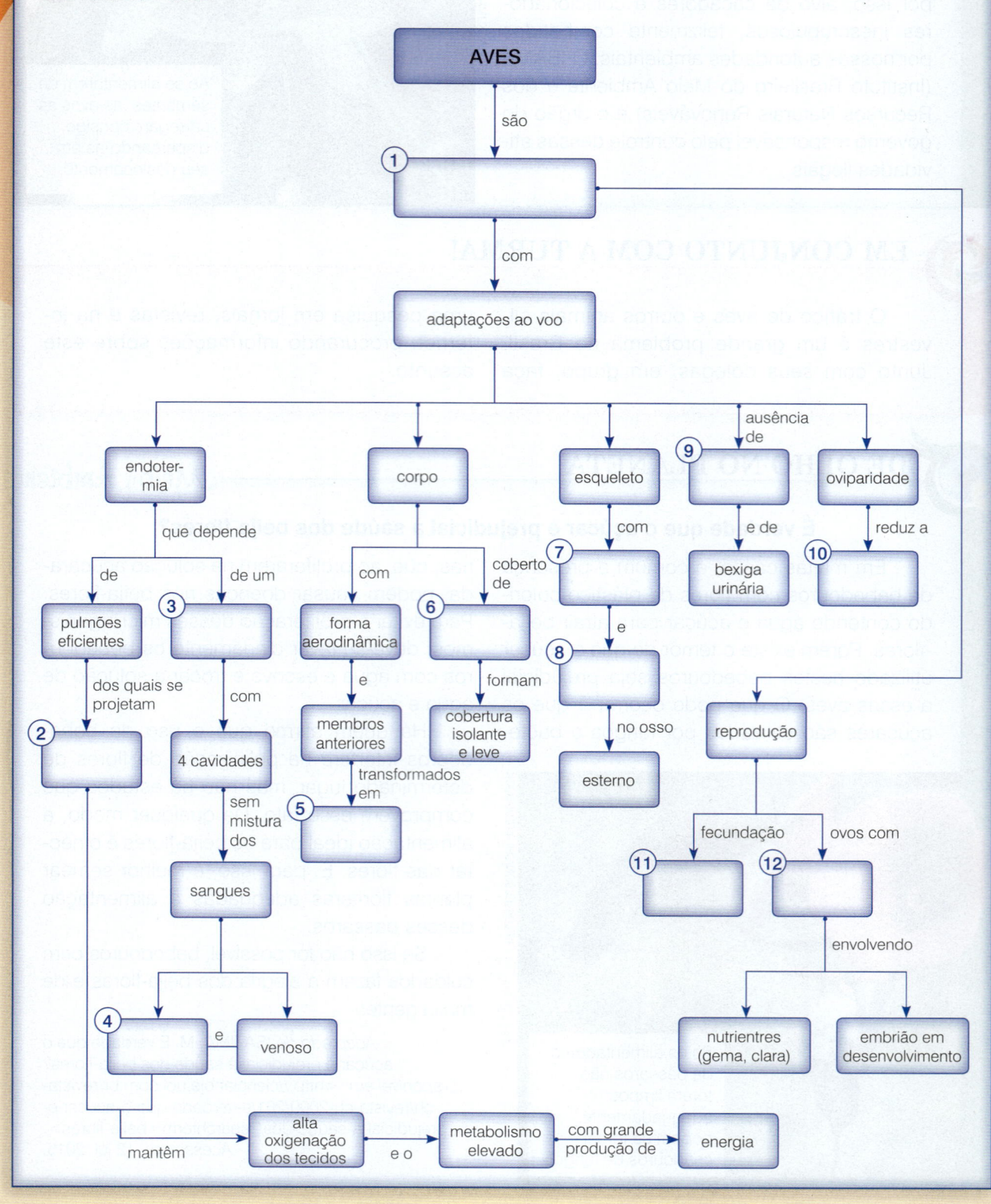

AVES

são → (1)

(1) com → adaptações ao voo

adaptações ao voo:
- endotermia
- corpo
- esqueleto
- ausência de (9)
- oviparidade

endotermia que depende:
- de → pulmões eficientes
- de um → (3)

pulmões eficientes dos quais se projetam → (2)

(3) com → 4 cavidades

4 cavidades sem mistura dos sangues

corpo:
- com → forma aerodinâmica
- coberto de → (6)

forma aerodinâmica e → membros anteriores

membros anteriores transformados em → (5)

(6) formam → cobertura isolante e leve

esqueleto:
- com → (7)
- e → (8) no osso esterno

(9) → e de → bexiga urinária

oviparidade reduz a → (10)

(8) → reprodução
- fecundação (11)
- ovos com (12)

(12) envolvendo:
- nutrientes (gema, clara)
- embrião em desenvolvimento

sangues → (4) e venoso

(4) mantêm → alta oxigenação dos tecidos e o → metabolismo elevado com grande produção de → energia

Atividades

1. Assim como ocorre nos répteis, a pele das aves é seca, praticamente sem glândulas e impermeabilizada por grossa camada de queratina. Do mesmo modo que ocorre em alguns répteis, as aves são dotadas de bicos e garras, que também são formações de queratina. No entanto, existem estruturas constituídas de queratina que são exclusivas da pele das aves. Quais são essas estruturas?

2. A única glândula presente na pele das aves localiza-se na região caudal e produz uma secreção que é espalhada com o bico nas penas, dificultando o seu encharcamento. Qual é essa glândula e que tipo de secreção ela produz?

3. A composição do esqueleto de uma ave é representada no esquema a seguir.

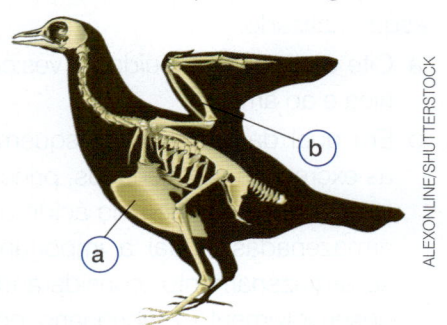

    a. Cite o nome da estrutura apontada pela seta **a** e a sua utilidade.
    b. Que característica é associada ao osso longo apontado pela letra **b**?

4. "Foi uma cena bonita de se ver. Andando pelo solo úmido das margens do lago, vi um bando de cormorões (biguás) agitando-se na água, porque um deles havia apanhado um pequeno peixe, que mantinha no bico. Após certo tempo de disputa, o cormorão que pescou o peixe o engoliu. Percebi nitidamente, na porção terminal do pescoço do cormorão, uma região dilatada onde o peixe certamente deve ter sido armazenado. Bem perto dali, um beija-flor introduzia seu longo e fino bico em uma flor, na tentativa de coletar néctar, enquanto do solo fofo e úmido um sabiá retirava uma minhoca, que prendeu no bico e engoliu."

    Considerando a descrição do texto e o que você aprendeu neste capítulo, responda:
    a. A que região dilatada do tubo digestório da ave se refere o autor do texto em sua descrição?
    b. Qual será o caminho do alimento ingerido pelo biguá, após passar pela região dilatada descrita no texto?
    c. Quais os prováveis níveis tróficos ocupados pelo cormorão, pelo beija-flor e pelo sabiá?

5. Considere o que você leu nos itens referentes à respiração e à circulação nas aves. Comparando com a respiração e a circulação dos répteis, relacione as principais semelhanças e diferenças, em cada caso.

6. "A conquista do meio terrestre pelas aves foi, de longe, mais eficiente que a dos répteis, ocupando, inclusive, regiões permanentemente geladas, como ocorre com os pinguins no continente Antártico." Que característica fisiológica, inexistente nos répteis e presente nas aves, explica a ocupação dessas regiões pelas aves? Justifique a sua resposta.

7. Jacaré-de-papo-amarelo, sapo-cururu e seriema. Qual a função desempenhada pelos rins desses vertebrados? Quais são as substâncias nitrogenadas habitualmente excretadas por esses animais?

8. Pode-se dizer, sem dúvida, que a modalidade de reprodução das aves foi herdada daquela que ocorre na maioria dos répteis. Consultando o item relativo à reprodução das aves no texto deste capítulo:
    a. Cite as duas semelhanças observadas na reprodução da maioria dos répteis e de todas as aves, relativamente à fecundação e ao desenvolvimento embrionário.
    b. Cite a principal diferença relativa ao cuidado dispensado aos ovos durante o desenvolvimento embrionário das aves, comparado ao dos répteis. Justifique a sua resposta.

9. Uma das habilidades das aves é a emissão de sons. Além dessa habilidade, as aves são dotadas de equipamentos sensoriais

que lhes possibilitam evitar obstáculos, reconhecer a posição em que se encontram no espaço e localizar as fontes de alimento.

A respeito desse tema, responda:

a. Qual é e onde se localiza a estrutura responsável pela emissão de sons na maioria das aves? Cite pelo menos um benefício associado a essa capacidade.

b. Cite dois mecanismos sensoriais eficientes das aves, que lhes permitem se relacionar adequadamente com o meio em que vivem.

10. Na classe das aves há representantes capazes de voar, dotados de uma projeção do osso esterno, denominada quilha, na qual se prendem os poderosos músculos que movem as asas. Consulte o item "Adaptações ao voo", no texto deste capítulo, e resolva os itens a seguir.

a. Cite três outras características que favorecem a capacidade de voo nas aves e três exemplos de aves voadoras.

b. Cite dois exemplos de aves que não são capazes de voar.

c. Pinguins são aves dotadas de quilha e, no entanto, não voam. Faça uma pesquisa na internet ou em livros da biblioteca da sua escola e relacione os locais da Terra em que os pinguins são encontrados. Embora não voem, uma habilidade locomotora dessas aves é extraordinária. Qual é essa habilidade?

11. Considerando as informações que você obteve ao ler este capítulo, é possível valorizar a enorme importância ecológica das aves, nos diversos ambientes em que são encontradas. A esse respeito:

a. Sugira algumas contribuições das aves, relativamente aos papéis ecológicos que desempenham.

b. Imaginando, por exemplo, que a população de corujas de certa localidade deixe de existir, por alguma situação ambiental que dizime sua população, que consequências poderão ocorrer no ambiente em que eram encontradas, relativamente às populações de animais que lhes serviam de alimento?

Na ilustração a seguir, são relacionadas algumas das estruturas que possibilitam a ocorrência do desenvolvimento embrionário de uma ave. Utilize-a para responder às questões **12** e **13**.

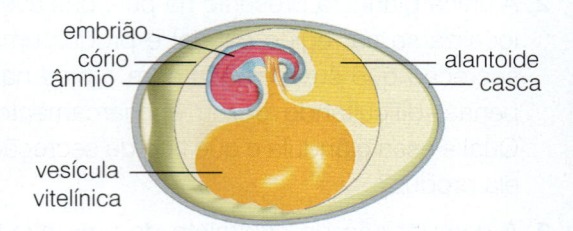

12. A respeito do desenvolvimento embrionário esquematizado:

a. Cite os papéis atribuídos à vesícula vitelínica e ao âmnio.

b. Em qual das estruturas esquematizadas as excreções nitrogenadas, principalmente as representadas pelo ácido úrico, são armazenadas? Qual a importância desse armazenamento, considerando que o desenvolvimento embrionário ocorre em uma estrutura isolada do ambiente?

13. Considerando o envoltório externo do ovo, representado pela casca calcária:

a. Cite a importância relativa à existência de uma casca porosa calcária, no caso dessa modalidade de desenvolvimento embrionário.

b. Qual a importância das adaptações representadas pela fecundação interna e pela deposição de ovos na conquista do meio terrestre das aves?

Navegando na net

Um excepcional vídeo sobre o voo pode ser encontrado no endereço eletrônico:

<https://www.youtube.com/watch?v=zRR3GU1RRyg>

Originalmente transmitido pelo History Channel, vale a pena conferir. *Acesso em:* 12 jul. 2015.

capítulo 16

Mamíferos

Você sabia?

O mamífero terrestre mais rápido é o guepardo, que atinge velocidade de 100 km/h. O mais lento é o bicho-preguiça de três dedos, que desenvolve uma velocidade média de 1,8 a 2,4 m/min. O mamífero marinho mais rápido é a chamada baleia orca, que chega a atingir uma velocidade de natação de 55,5 km/h. Por outro lado, o maior mamífero do planeta é a baleia azul, que mede aproximadamente 28 m e pesa cerca de 190 toneladas. No meio terrestre, o maior exemplar de mamífero já registrado foi um elefante com 4,16 m de comprimento e massa corporal de 12,5 toneladas. O maior mamífero terrestre encontrado no Brasil é a anta, que mede aproximadamente 2,0 m de comprimento e possui massa corporal de cerca de 250 kg. Não podemos deixar de citar os mamíferos mais sonolentos, alguns tatus e preguiças, que passam cerca de 80% de suas vidas dormindo ou cochilando.

Afinal, que grupo de animais é esse, tão diversificado e rico em espécies? Pelo menos duas características principais e exclusivas em comum, todos eles possuem: presença de pelos e glândulas mamárias. É o que estudaremos neste capítulo, juntamente com outras características que compartilham com os demais grupos de vertebrados.

VILAINECREVETTE/SHUTTERSTOCK

Características gerais dos mamíferos

Todos os animais ilustrados nas fotos ao lado são *mamíferos* (do latim, *mamma* = mama + *ferre* = levar, portar). O nome da classe deriva de uma das mais importantes características desses animais: as **glândulas mamárias**, desenvolvidas nas fêmeas e produtoras do leite durante a amamentação.

Assim como as aves, os mamíferos também são **endotérmicos** (ou **homeotérmicos**), capazes de manter elevada e constante a temperatura corporal. Essa característica, associada a outras, que você conhecerá neste capítulo, foi fundamental na conquista do meio terrestre por esses animais, permitindo-lhes ocupar a maioria dos ambientes, incluindo os permanentemente gelados.

Muitas espécies vivem na água ou passam a maior parte do tempo no meio aquático. É o caso dos manatis (peixes-bois), botos, golfinhos, baleias, focas, leões-marinhos e elefantes-marinhos, morsas e ornitorrincos.

Gambá.

Coelho.

Macacos.

Golfinho.

Elefantes.

Leão.

Morcego.

Ratos.

Pele: presença de queratina, pelos e glândulas

Do mesmo modo que ocorre em répteis e aves, a pele dos mamíferos é um importante fator de adaptação ao meio terrestre, sendo espessa e rica em queratina. Como novidades, a pele dos mamíferos possui **pelos**, formações de queratina exclusivas desse grupo, e três tipos principais de glândulas: **sudoríparas**, **sebáceas** e **mamárias**.

Glândulas sudoríparas secretam o suor, uma espécie de filtrado do sangue, que possui duas funções: eliminação de excretas e regulação da temperatura corporal. O suor é composto por água, sal e uma pequena quantidade de ureia. Na transpiração, a evaporação da água existente no suor retira calor do organismo.

As *glândulas mamárias* secretam o leite que alimenta os recém-nascidos.

Fique por dentro!

Cães, gatos, ratos e coelhos não possuem glândulas sudoríparas. Nos cães, a *ofegação* é que elimina vapor-d'água dos pulmões e das vias aéreas, contribuindo, desse modo, para a liberação de calor corporal. Gatos, ratos e coelhos lambem os pelos e a evaporação da água existente na saliva contribui para a regulação térmica.

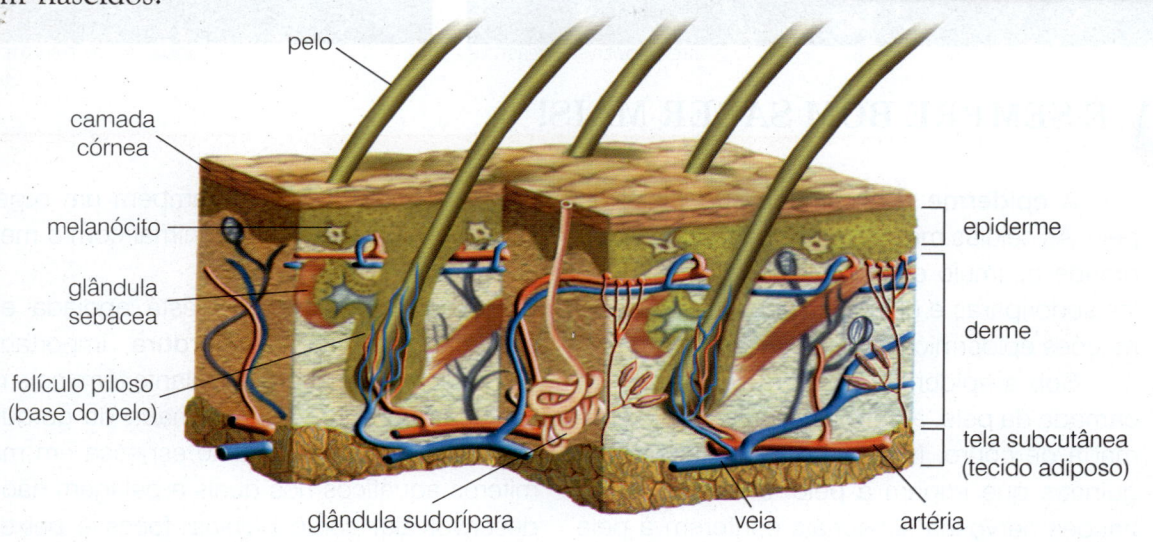

Esquema de pele de mamíferos, ilustrando pelos, glândulas e camada córnea, rica em queratina. Os melanócitos são células que possuem o pigmento melanina, que dá cor à pele. (Cores-fantasia. Ilustração fora de escala.)

Lembre-se!

O isolamento térmico também é feito pela gordura sob a pele.

Os pelos e a pele são constantemente lubrificados graças à oleosidade da secreção produzida pelas *glândulas sebáceas*. Você pode sentir esse efeito lubrificante na pele ao passar os dedos no seu couro cabeludo, na testa e nas laterais do nariz.

Nos mamíferos, assim como nos répteis e nas aves, a pele apresenta muitas formações de queratina: unhas, cascos, garras, placas, cornos e escamas.

Quando a pelagem é espessa, a retenção de uma camada de ar entre os pelos forma uma espécie de colchão de ar **isolante** da temperatura corporal, exatamente como as penas das aves.

Chifres (veado), garras (guaxinim), casco (tatu) e cascos (boi), são constituídos por queratina, uma proteína fibrosa.

É SEMPRE BOM SABER MAIS!

A **epiderme** é a camada superficial da pele. As células mais externas são mortas pelo grande acúmulo de queratina. Pelos, glândulas sudoríparas e glândulas sebáceas são formações epidérmicas.

Sob a epiderme encontra-se a segunda camada da pele, a **derme**, popularmente chamada de couro. Nela existem capilares sanguíneos que irrigam a pele. Inúmeras terminações nervosas sensoriais conferem à pele sensibilidade à dor, ao calor, ao frio, ao toque (tato). Ou seja, a pele é também um órgão sensorial, que relaciona o animal com o meio em que vive.

A derme (o "couro") está apoiada em uma camada **rica em gordura**, importante como reserva de energia, isolante térmico e na flutuação na água. Essa camada de gordura (tecido adiposo) é bastante espessa em mamíferos aquáticos nos quais a pelagem não é desenvolvida, como baleias, focas e peixes-bois, por exemplo, e de regiões polares.

CAPÍTULO 16 • Mamíferos 259

ESTABELECENDO CONEXÕES

Cotidiano

Preservando as células vivas das pele

A exposição excessiva da nossa pele ao sol, sem uso de protetor solar, faz com que a camada superficial da epiderme formada por células queratinizadas e mortas se solte aos pedaços.

Em situações normais, essas células se desprendem aos poucos, no banho ou no atrito da pele com as roupas. A camada mais profunda da epiderme é formada por células vivas em contínua divisão. É assim que a epiderme se renova diariamente.

O uso do protetor solar protege as células vivas da epiderme contra as radiações (raios ultravioletas) causadoras de câncer de pele.

Digestão e alimentação

O tubo digestório é **completo**, sendo constituído de boca (na maioria dos mamíferos existem dentes), faringe, esôfago, estômago, intestino delgado, intestino grosso e ânus. Glândulas salivares, fígado e pâncreas, associadas ao tubo digestório, produzem secreções que atuam na digestão dos alimentos, sendo que sua absorção ocorre no intestino delgado.

Os níveis tróficos ocupados pelos mamíferos em uma teia alimentar são muito diversificados. Os herbívoros (bois, cavalos, cabras, coelhos, roedores, por exemplo) são consumidores primários. Dentre os carnívoros, o nível trófico depende dos níveis ocupados pelas presas que consomem. O papel ecológico desempenhado pelos mamíferos carnívoros é fundamental na regulação do tamanho das populações dos animais consumidos por eles. Alguns mamíferos são onívoros (considere, por exemplo, a alimentação do homem), alimentando-se tanto de vegetais quanto de derivados de animais.

Os mamíferos são os únicos vertebrados com dentes diferenciados: incisivos, caninos, pré-molares e molares, cortantes, perfurantes ou trituradores de alimentos.

Fique por dentro!

Há um grupo de mamíferos primitivos, ao qual pertence o ornitorrinco (da Austrália), em que a cloaca está presente.

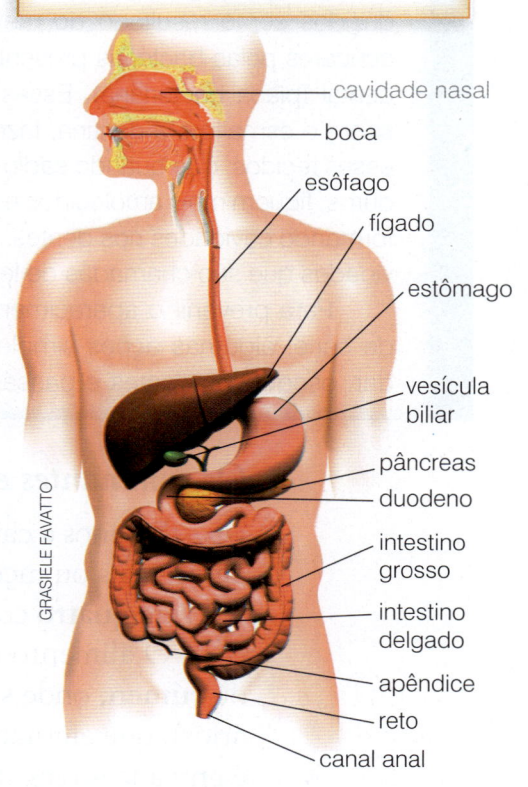

ARCADA SUPERIOR

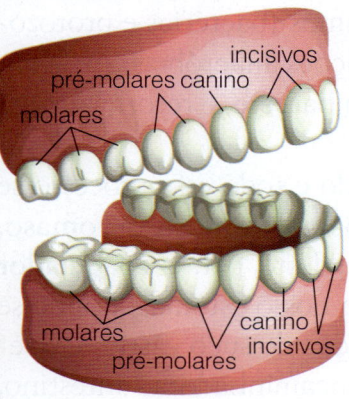

Arcada dentária humana. Ao todo, o ser humano adulto possui 32 dentes. Em cada arcada (superior ou inferior), temos 4 incisivos, 2 caninos, 4 pré-molares e 6 molares. (Cores-fantasia. Ilustração fora de escala.)

ARCADA INFERIOR

Sistema digestório humano. (Cores-fantasia. Ilustração fora de escala. O fígado foi deslocado para mostrar a vesícula biliar e a cavidade nasal não faz parte desse sistema.)

Fique por dentro!

De acordo com o hábito alimentar dos mamíferos, alguns tipos de dentes podem não existir: herbívoros, por exemplo, não possuem caninos.

ESTABELECENDO CONEXÕES

Saúde

Cárie dentária: prevenir é melhor do que remediar!

Durante muito tempo, o principal fator que podia levar à perda dos dentes era a destruição dos tecidos dentais pela doença **cárie**. Atualmente, devido a métodos preventivos e maiores cuidados em relação à higienização dos dentes, muitas crianças chegam à idade adulta livres de cáries.

Mas o que é a cárie e como podemos prevenir sua ocorrência?

A cárie dentária é uma doença que pode levar à destruição dos tecidos dentais causada pela ação de determinadas bactérias. A destruição do esmalte e da dentina (os tecidos dentais duros) acontece por um processo de desmineralização causado pela ação de ácidos, produzidos como resultado do metabolismo dos açúcares pelas bactérias presentes no biofilme dental (placa bacteriana). Esses ácidos agem sobre o esmalte e a dentina, fazendo com que esses tecidos, que quando sadios são bastante duros, fiquem mais amolecidos e se deteriorem, formando cavidades nos dentes. São essas cavidades que são chamadas de lesões de cárie.

Para prevenir o aparecimento das lesões de cárie, algumas ações simples podem ajudar: escovar os dentes e passar fio dental de forma correta e regularmente, de maneira a evitar o acúmulo de bactérias e sua ação sobre os dentes; restringir a ingestão de carboidratos e de alimentos e bebidas ricos em açúcar; ingerir água fluoretada; usar dentifrício (pasta de dente) com flúor ou fazer aplicações tópicas (localizadas) de flúor, sempre orientadas por um dentista, pois o flúor pode auxiliar na prevenção das lesões cariosas.

Mas, se a cárie acontecer, é importante procurar um dentista, pois esse profissional está capacitado para o seu tratamento, restaurando os dentes acometidos pela doença e fazendo com que eles voltem a ter forma e função adequadas.

Na imagem à esquerda, pode-se observar um dente com cárie e, à direita, o resultado depois de ter sido devidamente restaurado.

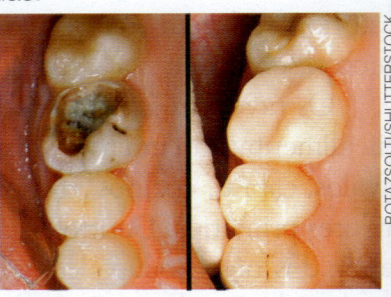

Prof.ª Dr.ª Carla C. Gonzaga
Doutora em Materiais Dentários pela Faculdade de Odontologia da Universidade de São Paulo

Os ruminantes e a digestão de celulose

Bovinos e caprinos, além de outros mamíferos, alimentam-se diariamente de vegetais ou rações, ricos em celulose. Nesses mamíferos, o estômago é dividido em **quatro** compartimentos.

O alimento engolido é enviado para o primeiro e maior deles, a **pança** ou **rúmen**, onde sofre a ação parcial de microrganismos (bactérias e protozoários), que efetuam a digestão de celulose, em condições anaeróbias. A seguir, é enviado ao segundo compartimento, o **retículo** ou **barrete**, e retorna à boca para ser muito bem mastigado.

Fragmentado, o alimento é novamente engolido e todo esse processo se repete algumas vezes. A seguir, o alimento passa para o **folhoso** ou **omaso**, onde ocorre a absorção de água e, deste, para o **coagulador** ou **abomaso**, que corresponde ao nosso estômago, onde se efetua a digestão química sob a ação do suco gástrico aí secretado. Por fim, o alimento é encaminhado ao intestino, onde a digestão termina.

Jogo rápido

O que significa digestão em condições anaeróbicas?

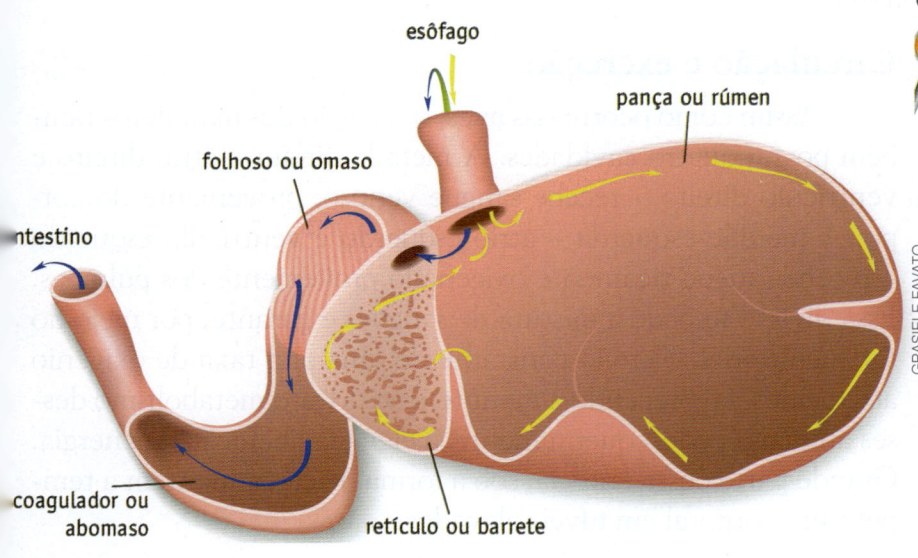

Ilustração mostrando os quatro compartimentos do estômago de ruminantes. As setas indicam o caminho percorrido pelo alimento durante o processo de digestão. Depois que o alimento é enviado da pança ao retículo, ele retorna à boca (setas amarelas) para ser novamente mastigado. Ao retornar (setas azuis) ao estômago – para a pança e para o barrete –, o alimento fragmentado sofre novamente a ação digestiva das bactérias, seguindo para o folhoso e o coagulador.

Descubra você mesmo!

Pesquise na internet ou em livros da biblioteca da sua escola ou ainda consulte um veterinário para saber se os cavalos também são ruminantes. Descubra se o estômago desses animais é semelhante ao dos bois e vacas. Caso contrário, obtenha informações a respeito do mecanismo de digestão de celulose nesses animais. Procure saber também por que as fezes de cavalos são mais fibrosas do que a dos bovinos.

Respiração nos mamíferos

A respiração é exclusivamente **pulmonar**. A novidade é que os pulmões possuem grande superfície de trocas gasosas, graças à existência de **alvéolos pulmonares**, bolsinhas que são ricamente envolvidas por capilares sanguíneos. A eficiência na obtenção de oxigênio é fundamental em animais endotérmicos, como os mamíferos.

Um músculo achatado, o **diafragma**, exclusivo dos mamíferos, separa a cavidade torácica, que abriga os pulmões, da cavidade abdominal. Por meio de sua contração e relaxamento, o diafragma promove os movimentos de inspiração (entrada de ar nos pulmões) e expiração (saída de ar).

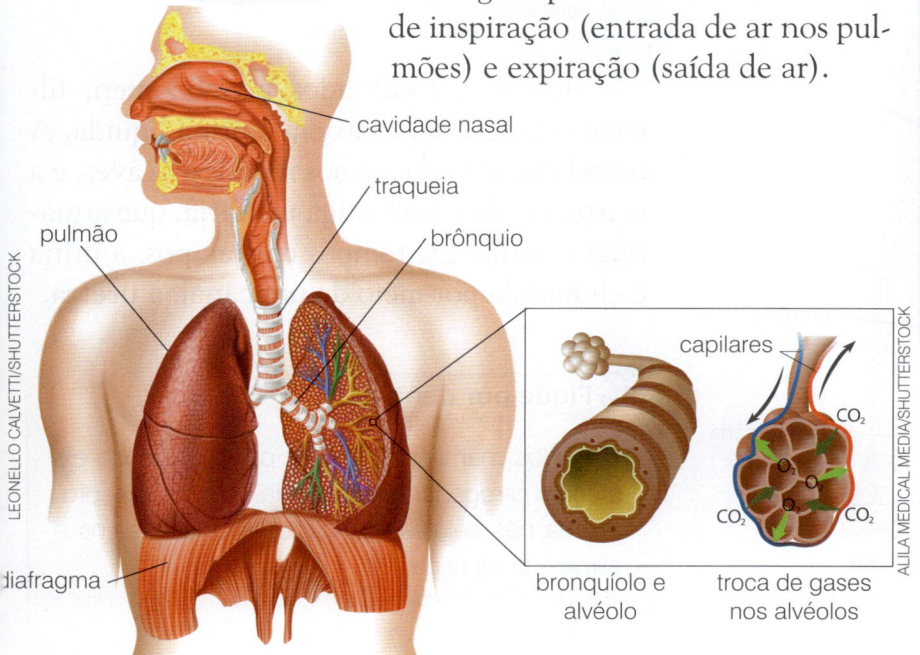

Fique por dentro!

Todos os mamíferos respiram por pulmões, até mesmo os aquáticos. É por isso que golfinhos e baleias, por exemplo, periodicamente sobem à superfície.

Sistema respiratório humano. No detalhe à direita, estrutura de um bronquíolo e de um alvéolo.

Circulação e excreção

Assim como ocorre nas aves, o coração dos mamíferos também possui quatro cavidades. A metade direita – átrio direito e ventrículo direito – recebe sangue venoso, proveniente do corpo. A metade esquerda – átrio esquerdo e ventrículo esquerdo – recebe sangue ricamente oxigenado proveniente dos pulmões. Essa divisão impede a mistura de sangues e garante, por meio do sangue arterial, o envio constante de uma alta taxa de oxigênio aos tecidos, favorecendo a manutenção do alto metabolismo desses animais e, consequentemente, a elevada liberação de energia. Grande parte dessa energia, sob a forma de calor, mantém a temperatura corporal em níveis elevados.

Na circulação dos mamíferos, o sangue venoso (carregado de gás carbônico) que chega ao coração pelas veias cavas (1) desemboca no átrio direito (2). Passa ao ventrículo direito (3) e é levado (4) para oxigenação nos pulmões através das (5) artérias pulmonares. Oxigenado, o sangue retorna pelas veias pulmonares (6) ao coração, penetrando pelo átrio esquerdo (7), passando para o ventrículo esquerdo (8), e é encaminhado pela aorta (9) para todo o corpo (10).

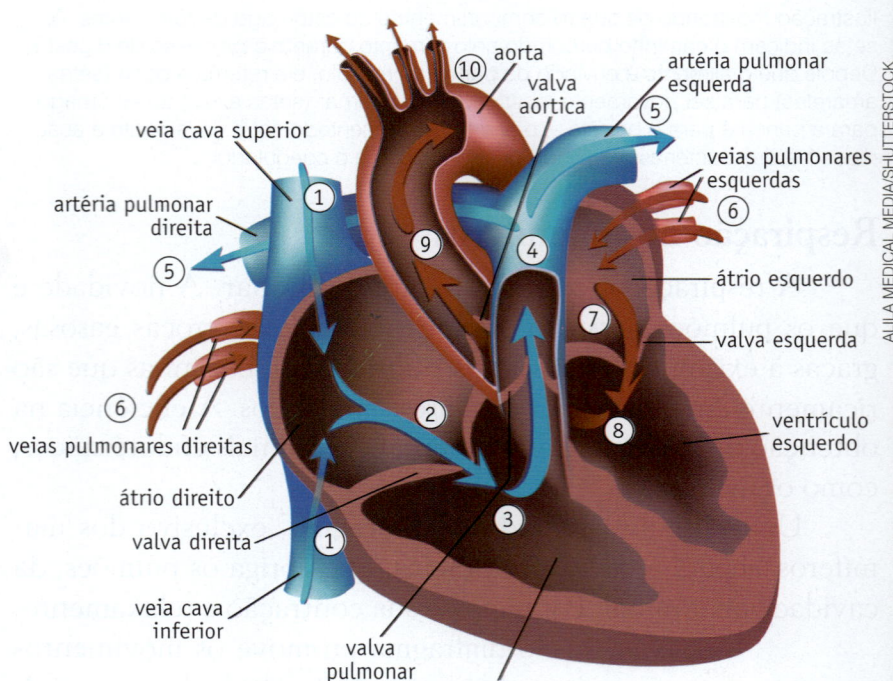

Os rins, localizados no abdômen, filtram o sangue e produzem a urina líquida. A novidade, em relação aos répteis e às aves, é a existência de uma **bexiga urinária**, que armazena a urina. De tempos em tempos, a urina é eliminada por meio de um canal, a **uretra**.

O sistema urinário dos mamíferos inclui uma bexiga urinária que armazena a urina.

Fique por dentro!

Nos mamíferos, o principal produto de excreção nitrogenada é a **ureia**, substância produzida nas células do fígado, filtrada nos rins e eliminada na urina.

É SEMPRE BOM SABER MAIS!

A amônia (NH₃) é produzida nas células a partir das transformações (metabolismo) das proteínas e é extremamente tóxica.

Se o nosso organismo e o dos outros mamíferos não tivesse a capacidade de transformá-la, precisaríamos eliminá-la continuamente, diluída em grande quantidade de água. Felizmente, nosso fígado usa a amônia para produzir **ureia**.

Gasta-se energia, mas vale a pena, pois a ureia é menos tóxica que a amônia, pode ser mais tolerada pelo organismo e pode ser excretada pela urina com menor quantidade de água. Isso representa uma grande economia desse precioso líquido para o nosso organismo. Mas, como você já viu, répteis e aves possuem mecanismos mais econômicos em relação à perda de água pela urina. Eles excretam ácido úrico, bem menos tóxico que a ureia, geralmente na forma de uma urina semissólida esbranquiçada.

Reprodução: presença de útero e placenta

Nos mamíferos, os sexos são separados. Fêmeas e machos possuem características externas que permitem a sua diferenciação.

A fecundação é **interna**. Excetuando os ornitorrincos, que são mamíferos ovíparos, e os marsupiais (cangurus, gambás, cuícas, coala), cujos embriões saem precocemente do corpo materno e completam seu desenvolvimento dentro de uma bolsa no ventre da mãe, em todos os demais mamíferos o desenvolvimento do embrião ocorre no interior do corpo materno, em um órgão musculoso, chamado **útero**.

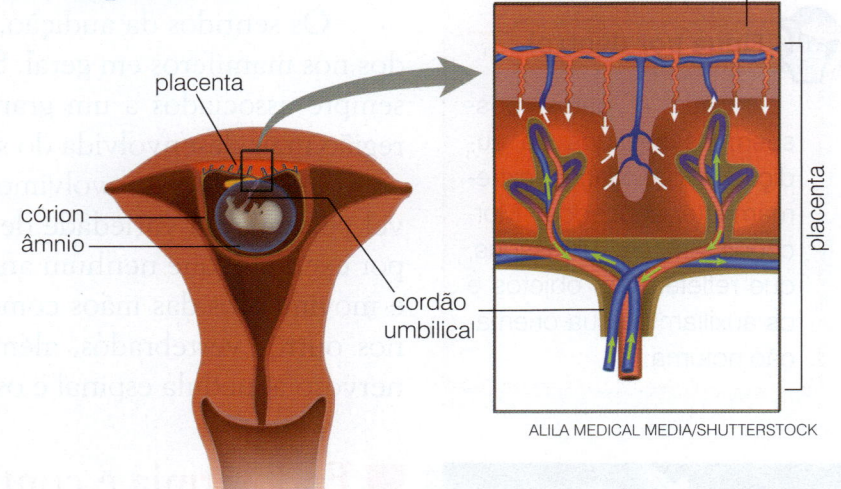

No período de gestação, no interior do útero, forma-se um órgão, a **placenta**, ao qual os embriões se fixam por meio do cordão umbilical. Através da placenta, nutrientes, oxigênio, anticorpos e diversas outras substâncias passam constantemente do sangue materno para o embrião que, em troca, transfere para o sangue da mãe as excretas nitrogenadas e o gás carbônico.

No interior do útero, uma **bolsa amniótica** ("bolsa-d'água") envolve o embrião. Do mesmo modo que nos répteis e aves, desempenha importante papel, oferecendo um meio líquido para o desenvolvimento embrionário. Dentro dessa "piscina particular", o embrião permanece hidratado, flutua de modo a amortecer choques e evitar malformações.

Os mamíferos placentários são **vivíparos**, isto é, o desenvolvimento embrionário e fetal ocorre totalmente no interior do organismo materno.

ALILA MEDICAL MEDIA/SHUTTERSTOCK

Lembre-se!

Nos mamíferos placentários, a placenta assume as funções do *saco vitelínico* (reserva nutritiva) e da *alantoide* (armazenamento de excretas), presentes nos ovos dos répteis e das aves durante o desenvolvimento embrionário. Essas duas estruturas permanecem funcionais apenas nos mamíferos ovíparos, como o ornitorrinco.

É SEMPRE BOM SABER MAIS!

A diferença entre embrião e feto relaciona-se ao estádio de desenvolvimento do organismo. Quando ficar parecido com uma miniatura do adulto, costuma-se chamá-lo de feto. Na espécie humana isso acontece por volta do 2º ou 3º mês de gravidez.

Sistema nervoso e órgãos dos sentidos

Assim como ocorre nas aves, também os mamíferos são dotados de um sofisticado equipamento sensorial que lhes permite registrar e responder às mensagens provenientes do meio. Na pele, existem vários receptores, entre os quais os relacionados à percepção de dor, de variações de temperatura, de toques com diferentes intensidades.

Os sentidos da audição, olfação e visão são muito apurados nos mamíferos em geral. Sentidos bem desenvolvidos estão sempre associados a um grande desenvolvimento do cérebro, região mais desenvolvida do sistema nervoso central.

O grande desenvolvimento cerebral também é responsável pela imensa variedade de movimentos corporais. Observe, por exemplo, que nenhum animal tem tantas expressões faciais e movimentos das mãos como os seres humanos. Assim como nos outros vertebrados, além do encéfalo, formam o sistema nervoso a medula espinal e os nervos.

Fique por dentro!

Cães e gatos possuem os sentidos da audição e da olfação extremamente aguçados. Morcegos emitem ultrassons, que refletem em objetos e os auxiliam na sua orientação noturna.

■ Endotermia e controle da temperatura corporal

Como acontece nas aves, os mamíferos se utilizam de vários recursos para o equilíbrio da temperatura corporal. Vejamos alguns desses recursos.

Em dias frios, os pelos ficam eriçados, o que leva ao aumento da espessura da camada isolante de ar retida entre eles. Os vasos sanguíneos que correm próximos à superfície do corpo se contraem, reduzindo o volume de sangue circulante e a perda de calor através da pele e extremidades do corpo, mãos, pés, orelhas, nariz. Do mesmo modo que ocorre nas aves, os mamíferos se "enrolam" adotando a forma esférica, diminuindo a superfície de exposição e de irradiação de calor do corpo. O tremor do corpo (contração muscular) aumenta a produção de calor.

Os pelos servem tanto de proteção contra o frio, pois ao aumentar o espaço entre eles amplia-se a camada isolante, como de sinal de alerta: os gatos, por exemplo, podem eriçar parte ou todo o pelo, caso estejam ameaçando ou se sintam ameaçados.

Em dias quentes, os vasos sanguíneos superficiais dilatam-se. Com isso, o volume de sangue que circula perifericamente aumenta e perde-se mais calor para o meio. Nos mamíferos terrestres que possuem glândulas sudoríparas, a evaporação da água retira calor da pele e promove o abaixamento da temperatura, ainda mais com os vasos dilatados. Os mamíferos que não suam podem ofegar (cães), refrescar-se na água, lama ou terra úmida (elefantes, hipopótamos, porcos), deitar-se sobre superfícies frias (cães, gatos, porcos), lamber os pelos (ratos, coelhos, gatos, cangurus). A maioria dos mamíferos mantém o corpo e os membros estendidos, bem expostos (gatos e cães fazem isso), facilitando a irradiação de calor por meio do aumento da superfície de exposição do corpo provocado por essa postura.

Fique por dentro!

A ofegação contribui para o abaixamento da temperatura do corpo, porque aumenta a evaporação da água presente na camada úmida que reveste internamente os pulmões e as fossas nasais.

É SEMPRE BOM SABER MAIS!

Hibernação

No inverno rigoroso de algumas regiões do planeta, não é fácil conseguir alimento que possibilite a obtenção de energia e, assim, manter a temperatura corporal elevada por meio de um intenso metabolismo. Muitos mamíferos migram para regiões onde o alimento é disponível. Outros, porém, hibernam e aguardam o término do inverno.

Na hibernação, o metabolismo fica muito reduzido, a frequência dos batimentos cardíacos e a dos movimentos respiratórios *diminuem* e o animal permanece em estado de torpor (inatividade). A temperatura corporal atinge valores muito baixos. O animal hibernante fica em um estado semelhante ao de um ectotérmico (ou heterotérmico). Nessas condições, fica imobilizado, como se estivesse em sono profundo, com metabolismo extremamente reduzido, consumindo lentamente suas reservas, até que o inverno acabe. O mecanismo regulador da temperatura corporal fica "desligado" durante todo o inverno e só volta a ser acionado assim que a temperatura ambiental subir.

Morcegos de pequeno porte e beija-flores também são endotérmicos hibernantes. Os primeiros são hibernantes diurnos, enquanto nos beija-flores a hibernação ocorre à noite.

Ursos não são verdadeiros hibernantes. Sua temperatura não permanece muito baixa durante o inverno, podendo acordar, periodicamente, à procura de alimento.

Esquilos de solo, habitantes do hemisfério Norte, são mamíferos que hibernam durante toda uma estação.

Classificação dos mamíferos

Levando em conta características associadas à reprodução, podemos dividir a classe dos mamíferos em três grupos: **monotremados**, **marsupiais** e **placentários**. Veja, a seguir, as principais características de cada um.

- **Monotremados:** são mamíferos primitivos que se reproduzem por meio da postura de ovos (ovíparos), e têm cloaca, como os répteis e as aves. As glândulas mamárias não têm mamilos; os filhotes lambem o leite que escorre entre os tufos de pelos do abdômen materno. A boca, sem dentes, possui um bico córneo. São atualmente representados pelos ornitorrincos e as equidnas, animais restritos à região australiana (Austrália e Nova Guiné).

Equidnas e ornitorrincos são mamíferos monotremados. (a) Equidna (*Zaglossus* sp.) mede cerca de 30 cm de comprimento e possui o corpo recoberto por pelos e uma espécie de espinhos e (b) o ornitorrinco (*Ornithorhynchus anatinus*), de aproximadamente 50 cm de comprimento, são mamíferos ovíparos.

- **Marsupiais:** nesse grupo, após curta fase de desenvolvimento no interior do corpo materno, os embriões são expulsos e terminam o desenvolvimento presos a mamilos, recobertos por uma dobra da pele do abdômen da mãe, com aspecto de bolsa, o **marsúpio** (do latim, *marsupium* = bolsa). Inclui representantes da fauna australiana, como os cangurus e os coalas, e representantes norte-americanos e sul-americanos, como os nossos gambás, cuícas e catitas.

CAPÍTULO 16 • Mamíferos

(a) Coalas (*Phascolarctos* sp.) e (b) cangurus (*Macropus* sp.) são marsupiais, mamíferos cujo desenvolvimento dos embriões termina em uma "bolsa" no abdômen, chamada marsúpio. Em média, possuem 70 cm e de 30 cm a 1,60 m de altura, respectivamente.

- **Placentários:** esse grupo inclui a maioria dos mamíferos, pertencentes a diversas ordens, como a dos carnívoros, roedores, cetáceos, quirópteros e primatas, à qual pertence a espécie humana. São vivíparos. Nesses animais, o útero bem desenvolvido e a formação de placenta permitem o desenvolvimento completo do embrião e do feto no interior do organismo materno (vivíparos).

Filhote de gambá.

É SEMPRE BOM SABER MAIS!

É verdade que os gambás exalam um cheiro ruim?

Até mesmo as crianças já sabem que os gambás dos desenhos animados são conhecidos por afastar outros animais com seu odor nada agradável.

Os gambás realmente se utilizam desse artifício para sua sobrevivência e proteção: quando se sentem ameaçados ou acuados, uma glândula no seu corpo exala um odor desagradável para espantar o inimigo.

Algumas ordens de mamíferos placentários

Os mamíferos estão distribuídos em várias ordens, muitas das quais possuem representantes no território brasileiro. Conheça algumas delas a seguir.

Desdentados: tamanduá (alimenta-se de cupins e formigas), bicho-preguiça (come folhas, frutos e ovos) e tatu (alimenta-se de pequenos invertebrados, como insetos, minhocas e restos de animais maiores). O nome dessa ordem pode dar a falsa impressão de que não possuem dentes. Na verdade, eles são ausentes apenas nos tamanduás. Nos demais, eles são de um só tipo e sem esmalte. Presentes na América do Sul e no sul dos Estados Unidos.

Mamíferos da ordem desdentados, (a) o tamanduá (*Myrmecophaga tridactyla*) é o único animal dessa ordem que não possui dentes e (b) o tatu-bola (*Tolypeutes* sp.) possui esse nome porque (c) quando se sente ameaçado toma o formato de uma bola.

Roedores: rato, camundongo, preá, mocó, cotia, capivara (o maior roedor em todo o mundo), esquilo, castor. Alimentam-se de sementes, grãos, madeira e uma infinidade de materiais duros que ajudam a desgastar os dentes incisivos que crescem continuamente. É a maior ordem de mamíferos. Ampla distribuição pelos ambientes terrestres, exceto na Antártida.

(a) Capivaras (*Hydrochoerus hydrochaeris*) são herbívoros roedores. (Os adultos medem cerca de 1,20 m de comprimento e 70 cm de altura.) (b) Os esquilos são mamíferos roedores onívoros.

ESTABELECENDO CONEXÕES

Saúde

Capivaras e febre maculosa

Consideradas os maiores roedores da fauna terrestre, as capivaras são encontradas em vários ambientes brasileiros. Vivem em bandos e pastam a vegetação das margens de rios e lagos. É difícil não encontrar um grande número delas em excursões pela região amazônica e pelo Pantanal Mato-grossense.

As capivaras constituem motivo de preocupação em algumas regiões pelo fato de abrigarem carrapatos-estrela, da espécie *Amblyomma cajennense*, portadores das bactérias causadoras da *febre maculosa*, doença que, em alguns casos, costuma ser fatal.

A ausência de predadores naturais, praticamente exterminados devido ao crescimento das grandes cidades, é um dos motivos do crescimento exagerado das populações de capivara.

O controle das populações de carrapatos transmissores, associado à proteção de ecossistemas naturais, são procedimentos essenciais para a manutenção desses bonitos roedores da nossa fauna, cuja carne é bastante apreciada.

Insetívoros: musaranho e toupeira. Alimentam-se de insetos e pequenos invertebrados (vermes, moluscos). Exclusivos do Hemisfério Norte, Índias Ocidentais e África.

(a) Musaranho (*Macrocelides proboscideus*) e (b) toupeira, mamíferos insetívoros. Os musaranhos são pequenos, medem cerca de 10 cm, e as toupeiras, que costumam viver sob a terra, 20 cm.

Quirópteros (do grego, *kheir* = mão + *pteron* = asa): morcegos. Membros anteriores transformados em asas. Herbívoros (alimentam-se de pólen, frutos e néctar de flores), insetívoros (caçam insetos) e algumas espécies hematófagas (alimentam-se de sangue). Encontrados em vários ambientes terrestres, exceto na Antártida.

Morcegos se orientam no escuro por eco: emitem sons – praticamente inaudíveis para os seres humanos – que atingem objetos à sua frente e retornam, sendo captados pelo animal e lhes dando noção do espaço à sua frente. (Na foto, *Micropteropus pussilus*, mamífero herbívoro.)

Carnívoros: cão, gato, lobo-guará, urso, tigre, leão, foca, ariranha, lontra, raposa, lobo, panda. Dentes caninos bem desenvolvidos. Ampla distribuição por vários ambientes terrestres e aquáticos.

Lobo-guará, alimentação variada: pequenos roedores, insetos e frutos.

Ariranhas podem chegar a 1,80 m de comprimento. Esses animais encontram-se restritos à América do Sul.

É SEMPRE BOM SABER MAIS!

Para os carnívoros, o alimento é mais difícil de capturar (são animais predadores), porém é mais nutritivo e mais fácil de digerir e aproveitar. Mamíferos carnívoros têm dentes adaptados para prender, matar e cortar suas presas em pedaços: os caninos são pontiagudos, os molares são cortantes.

Não é necessário mastigar prolongadamente o alimento; o suco estomacal, fortemente ácido, é capaz de digerir as proteínas da carne. O intestino é mais curto, se comparado ao dos herbívoros e onívoros.

Artiodáctilos (do grego, *artios* = par + *daktylos* = dedo): boi, cabra, ovelha, porco, hipopótamo, camelo, girafa, lhama. Apoiam-se sobre um número par de dedos (dois ou quatro, revestidos por um casco conhecido como casco fendido). Herbívoros, muitos deles são ruminantes. Presentes no mundo todo, exceto Antártida e Austrália.

(a) Ovelhas e (b) girafas são mamíferos ruminantes e, apesar de tão diferentes, pertencem à ordem dos artiodáctilos.
As girafas (*Giraffa camelopardalis*), que chegam a atingir 3,5 m de altura, sem dúvida são os animais com pescoço mais longo. Curiosamente, porém, possuem o mesmo número de vértebras cervicais que qualquer outro mamífero.

Perissodáctilos (do grego, *perissos* = ímpar + *daktylos* = dedo): cavalo, asno, jegue, zebra, anta (o maior mamífero da América do Sul), rinoceronte. Dedos geralmente ímpares (um, três ou cinco), revestidos por casco queratinizado, não fendido. Com os artiodáctilos compõem um grupo denominado de **ungulados** (do latim, *unguis* = unha), isto é, possuem casco. Ampla distribuição pelos ambientes terrestres, exceto na Antártida.

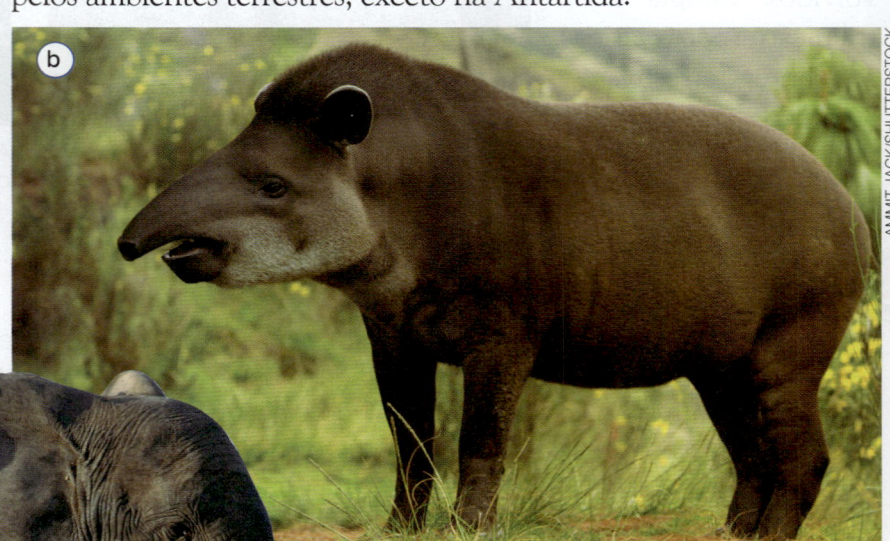

(a) Asnos (*Equus africanus*) e (b) antas (*Tapirus* sp.) são mamíferos herbívoros, pertencentes à ordem perissodáctilos.

Proboscídeos (do grego, *proboskys* = tromba): elefantes. São os maiores mamíferos terrestres. Tromba (probóscide) formada pelo nariz e lábio superior modificados. Herbívoros (alimentam-se de folhas e ervas). Apenas na África e Ásia.

Cetáceos (do grego *ketos* = cetáceo, baleia): baleia, orca, golfinho e boto. Membros anteriores transformados em nadadeiras; membros posteriores ausentes. Alimentação diversificada (plâncton, peixes, pinguins, por exemplo). Muitas espécies estão sendo caçadas impiedosamente e encontram-se ameaçadas de extinção. A baleia azul é o maior de todos os mamíferos.

As presas dos elefantes são de marfim, material muito procurado no passado e que, por isso, levou à caça desenfreada desses animais. Atualmente são os animais mais pesados do meio terrestre (pesam em torno de 5 ton e chegam a atingir 3,5 m de altura).

(a) Orca (*Orcinus orca*), erroneamente tida como uma baleia, e (b) golfinhos, reconhecidos por sua inteligência, pertencem à mesma ordem (cetáceos) e à mesma família Delphinidae.

DE OLHO NO PLANETA

Sustentabilidade

Baleia-franca-austral

Conhecida como "right whale", a "baleia-certa" em língua inglesa, a baleia-franca era considerada a baleia certa a se caçar, pois se desloca vagarosamente próximo à costa, além de flutuar depois de morta devido à espessa camada de gordura. Assim, trazia grande rendimento econômico aos baleeiros. Por essas características, a baleia-franca-austral foi intensivamente caçada desde a costa do Estado do Rio de Janeiro, no Brasil, até o Uruguai e a Argentina no século XVII e teve seu número populacional drasticamente reduzido. Em função dessa redução do estoque, ações voltadas à conservação da baleia-franca-austral resultaram em uma moção para que a caça fosse exaurida na década de 1930. Contudo, na década de 1960 os soviéticos caçaram ilegalmente mais de 3.300 indivíduos no Hemisfério Sul.

Atualmente, a baleia-franca-austral é classificada como "ameaçada de extinção" na Lista Vermelha das Espécies Ameaçadas do Brasil. (...)

A maior parte das avistagens no litoral de São Paulo e Rio de Janeiro correspondem aos pares de fêmeas e filhotes. Desta forma, a aproximação não deve ser feita de forma alguma, pois a fêmea estará protegendo sua cria e pode identificar a embarcação como uma ameaça. É terminantemente proibido se aproximar das baleias-francas na costa brasileira sem autorização prévia do Instituto Chico Mendes para a Conservação da Natureza, sob riscos de aplicação de punições que podem incluir multa e apreensão da embarcação.

Fonte: LABCMA – Laboratório de Biologia da Conservação de Mamíferos Aquáticos – Instituto Oceanográfico da Universidade de São Paulo. Disponível em: <http://www.sotalia.com.br/index.php/pesquisa-e-conservacao/campanhas#conheça-e--ajude-a-proteger-a-baleia-franca>. Acesso em: 12 jul. 2015.

Baleia-franca e seu filhote.

Peixe-boi-marinho ou manati (*Trichechus manatus*) chega a pesar 700 kg e os adultos maiores atingem 4 m de comprimento.

Sirênios (do grego *seiren* = sereia): peixe-boi ou manati. Aquáticos, herbívoros, com membros anteriores adaptados à natação e membros posteriores ausentes. Cauda achatada. Lentos e mansos, correm perigo de extinção devido à caça impiedosa promovida pelo homem. Vivem em áreas costeiras de regiões tropicais e subtropicais.

Primatas: macaco, orangotango, gorila, chimpanzé e homem. Olhos frontais, conferindo visão binocular (em profundidade). Mãos e pés com 5 dedos distintos. Mãos usadas na manipulação de objetos. Muitos são adaptados à vida em árvores. Alimentação diversificada. Regiões tropicais e subtropicais, e, no caso do homem, no mundo todo.

(a) Chimpanzés e (b) gorilas (*Gorilla gorilla*), primatas da mesma ordem dos seres humanos.

EM CONJUNTO COM A TURMA!

Muitas pessoas costumam criar animais de estimação, como gatos, cães, pássaros e, inclusive, répteis, como cágados, cobras, lagartos, entre outros. Em conjunto com seu grupo de trabalho, façam uma pesquisa na internet ou em livros da biblioteca da sua escola ou consultem seus professores sobre as leis ambientais brasileiras para a criação de animais silvestres, como cobras, lagartos, araras, papagaios e saguis, por exemplo.

CAPÍTULO 16 • Mamíferos

Nosso desafio

Para preencher os quadrinhos de 1 a 10, você deve utilizar as seguintes palavras: 4 cavidades, alvéolos, diafragma, mamárias, pelos, sebáceas, sudoríparas, suor, ureia, venoso.

À medida que você preencher os quadrinhos, risque a palavra que você escolheu para não usá-la novamente.

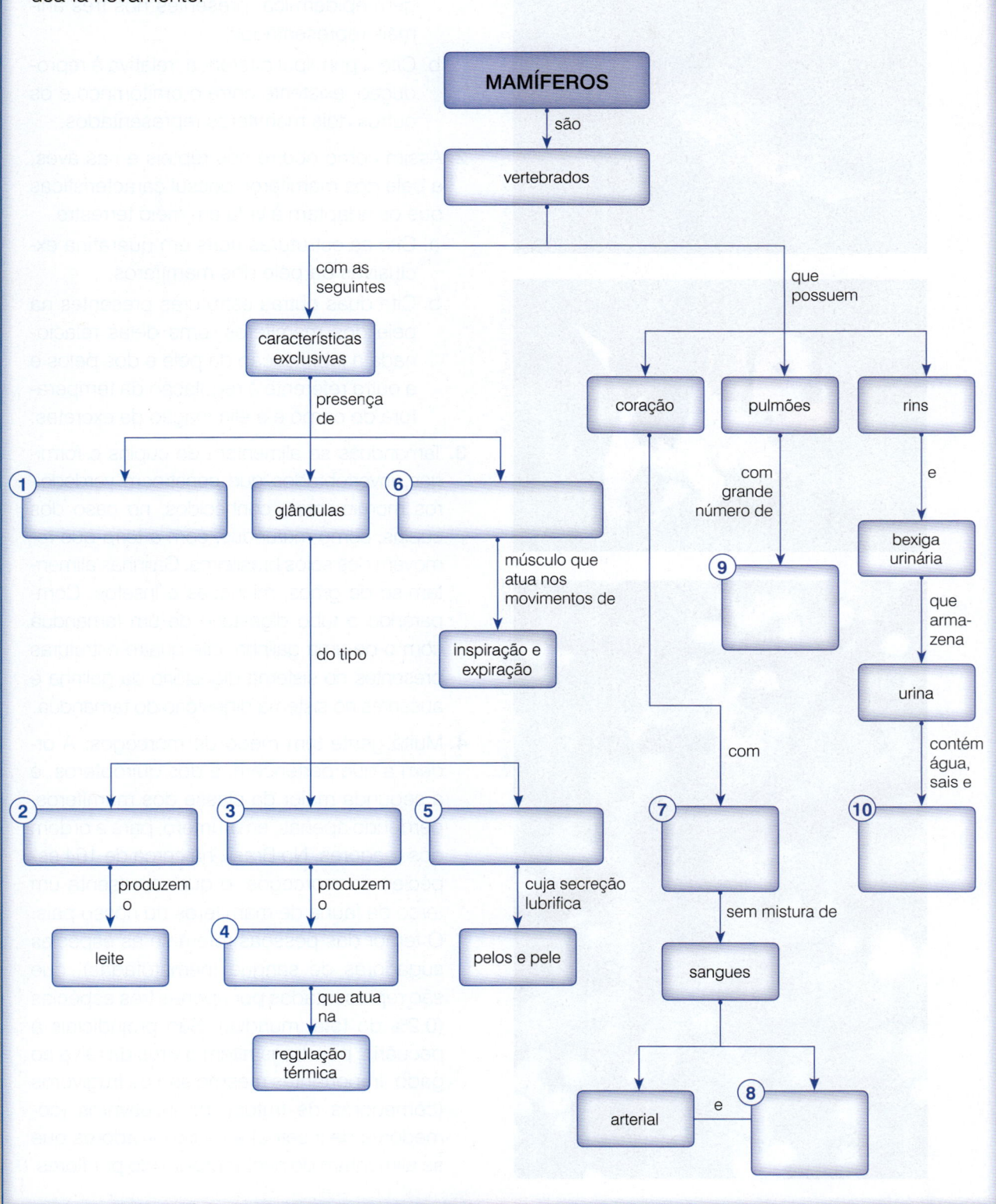

MAMÍFEROS
são → vertebrados

com as seguintes **características exclusivas**

presença de:
- **1** ⬜
- **glândulas**
- **6** ⬜ — músculo que atua nos movimentos de inspiração e expiração

do tipo:
- **2** ⬜ — produzem o leite
- **3** ⬜ — produzem o **4** ⬜ — que atua na regulação térmica
- **5** ⬜ — cuja secreção lubrifica pelos e pele

que possuem:
- **coração** — com **7** ⬜ — sem mistura de sangues — arterial e **8** ⬜
- **pulmões** — com grande número de **9** ⬜
- **rins** e **bexiga urinária** — que armazena urina — contém água, sais e **10** ⬜

Atividades

1. As fotos a seguir mostram três animais pertencentes à classe dos mamíferos.

   Utilizando os conhecimentos que você obteve ao ler esse capítulo:
   a. Cite as duas estruturas exclusivas de origem epidérmica, presentes nos três animais representados.
   b. Cite a principal diferença, relativa à reprodução, existente entre o ornitorrinco e os outros dois mamíferos representados.

2. Assim como ocorre nos répteis e nas aves, a pele dos mamíferos possui características que os adaptam à vida em meio terrestre.
   a. Cite as estruturas ricas em queratina exclusivas da pele dos mamíferos.
   b. Cite duas outras estruturas presentes na pele dos mamíferos, uma delas relacionada à lubrificação da pele e dos pelos e a outra referente à regulação da temperatura do corpo e à eliminação de excretas.

3. Tamanduás se alimentam de cupins e formigas, invertebrados que constroem verdadeiros monumentos, conhecidos, no caso dos cupins, como murundus, com a terra que removem dos solos brasileiros. Galinhas alimentam-se de grãos, minhocas e insetos. Comparando o tubo digestório de um tamanduá com o de uma galinha, cite quatro estruturas presentes no sistema digestório da galinha e ausentes no sistema digestório do tamanduá.

4. Muita gente tem medo de morcegos. A ordem a que pertencem, a dos quirópteros, é a segunda maior da classe dos mamíferos, perdendo apenas, em número, para a ordem dos roedores. No Brasil, há cerca de 164 espécies de morcegos, o que representa um terço da fauna de mamíferos do nosso país. O temor das pessoas refere-se às espécies sugadoras de sangue (hematófagas), que são representadas por apenas três espécies (0,2% do total mundial). São prejudiciais à pecuária, pois transmitem o vírus da raiva ao gado. Importantes mesmo são os frugívoros (comedores de frutos), os insetívoros (comedores de insetos) e os polinizadores que se alimentam do néctar produzido por flores.

Considerando as informações do texto:

a. Cite a importância ecológica dos morcegos, relativamente a cada um dos alimentos que consomem.

b. Em que níveis tróficos você enquadraria os morcegos frugívoros, insetívoros e polinizadores?

5. Para elaborar as respostas dos itens a seguir, utilize as informações que você obteve ao ler os itens "Respiração nos mamíferos", "Circulação e excreção", neste capítulo.

a. Quais são os órgãos comuns a répteis, aves e mamíferos, que os adaptam às trocas gasosas diretamente em contato com o ar? Cite uma diferença importante presente nesses órgãos respiratórios dos mamíferos, comparativamente ao dos répteis e aves.

b. O coração dos mamíferos se assemelha ao das aves ou ao da maioria dos répteis? Existe mistura de sangues rico e pobre em oxigênio no coração dos mamíferos? Justifique a sua resposta.

c. Nos mamíferos e em todos os demais vertebrados, os rins são os órgãos responsáveis pela remoção e eliminação de excretas. O sistema urinário dos mamíferos, no entanto, possui um órgão de armazenamento de urina, inexistente em aves e répteis. Qual é esse órgão? Qual o produto de excreção nitrogenada excretado pela grande maioria dos mamíferos?

6. a. Relativamente ao controle da temperatura corporal, qual a diferença entre répteis e mamíferos?

b. Embora nessas duas classes a fecundação seja interna, há uma diferença marcante entre a reprodução da maioria dos répteis, comparando-se com o que ocorre na reprodução dos mamíferos placentários. Qual é essa diferença? Cite as estruturas envolvidas no desenvolvimento embrionário dos mamíferos placentários, sendo uma delas exclusiva dessa classe de vertebrados.

7. Morcegos são animais de hábitos noturnos. Durante o dia, permanecem imóveis (fixam-se em algum objeto e "dormem de cabeça para baixo"), adotando um comportamento que, em alguns mamíferos do Hemisfério Norte, ocorre por toda a estação fria. Qual é esse comportamento? Cite pelo menos duas características fisiológicas em animais que adotam essa postura.

8. Cite uma característica do coração e uma dos pulmões dos mamíferos, que contribuem para a endotermia. Justifique a resposta.

9. Qual a importância da grossa camada de gordura sob a pele de mamíferos, especialmente dos que vivem na água ou em regiões muito frias?

10. Nós, seres humanos, somos primatas, uma ordem a que também pertencem, entre outros, o orangotango, o chimpanzé e o gorila. Nossa nutrição é diversificada, embora entre outros primatas, como, por exemplo, nos bugios do Pantanal Mato-grossense, a alimentação seja essencialmente herbívora, alimentando-se de folhas e frutos. Consulte o item "Algumas ordens de mamíferos placentários", no texto do livro, e:

a. Cite uma ordem cujos representantes sejam exclusivamente herbívoros e outra cujos representantes sejam, na natureza, essencialmente carnívoros.

b. Bois e vacas, entre outros, pertencem à ordem dos artiodáctilos e são ruminantes. Como é o estômago desses mamíferos? Por que são chamados de ruminantes?

11. Consulte o item "Classificação dos mamíferos" no texto do livro e cite, para cada um dos três grupos, pelo menos uma característica marcante e diferencial e um exemplo de animal pertencente a cada um deles.

Leitura
*Você, **desvendando** a Ciência*

Ruminantes e produção de metano, um gás de estufa

O rebanho brasileiro de bovinos é considerado um dos maiores do mundo. Lembre-se que bovinos são mamíferos ruminantes. Como ocorre produção de gás metano (CH_4) no rúmen e no intestino grosso dos ruminantes, então é de se acreditar que a emissão desse gás pelo rebanho brasileiro de bovinos é uma das maiores do mundo. O metano é o segundo maior gás de estufa que contribui para o aquecimento global do planeta, perdendo a primeira posição apenas para o gás carbônico (CO_2). Estima-se que cada animal de gado de leite ou de corte produza, aproximadamente, 57 kg de metano. A produção desse gás ocorre em maior quantidade no rúmen e em menor quantidade no intestino grosso dos animais.

O rúmen é uma verdadeira "câmara de fermentação" e contém cerca de 50 kg a 80 kg de alimento em vacas leiteiras. Tudo se inicia com a digestão de alimentos ricos em amido e celulose presentes nas células vegetais. Aí começa a ação de bactérias, protozoários e fungos que vivem no rúmen. Por meio da liberação e da ação de enzimas digestivas produzidas por esses microrganismos sobre aquelas macromoléculas, ocorre liberação de açúcares de pequeno tamanho molecular, proteínas e ácidos graxos. Açúcares e proteínas são fermentados por bactérias e geram amônia (NH_3), CO_2 e H_2. Ao mesmo tempo, entram em ação as chamadas "bactérias metanogênicas", nas quais ocorre reação entre CO_2 e H_2, com produção de grande quantidade de gás metano (CH_4). A liberação do metano para o ambiente ocorre pela boca, durante o ato de ruminação. O metano produzido no intestino grosso é enviado ao sangue e daí alcança os pulmões, sendo liberado pela boca e orifícios nasais para o ambiente.

Mais detalhes, no artigo: ZOTTI, C. A.; PAULINO, V. T. *Metano na Produção Animal:* emissão e minimização de seu impacto. *Disponível em:* <http://www.iz.sp.gov.br/pdfs/1259324182.pdf>.
Acesso em: 25 ago. 2015.

? De onde se originam os gases que formam o metano produzido pelos ruminantes?

TecNews
O que há de mais moderno no mundo da Ciência!

Rato-toupeira-pelado, um mamífero roedor, aparentemente não desenvolve câncer

Espécies subterrâneas de seres vivos aparentemente não desenvolvem câncer, fato que propicia pistas promissoras de como prevenir essa doença em seres humanos. (...) É o caso do pequeno roedor *Heterocephalus glaber*, mais conhecido como rato-toupeira-pelado, mamífero encontrado na região denominada Chifre da África e que é dotado de poucos pelos na superfície do corpo, o que lhe permite deslizar mais facilmente pelos buracos que cava no solo, a dois ou três metros de profundidade. Pesquisas em andamento, dirigidas pela cientista Vera Gorbunova e sua equipe, da University of Rochester, New York, tentam desvendar o mecanismo responsável por essa característica.

O que foi observado, até o momento, é que as células do rato-toupeira-pelado, infectadas por um vírus geneticamente modificado que contém um gene causador de câncer, não desenvolvem câncer. Ao que parece, dois genes estão envolvidos nessa resistência. Outra característica provavelmente relacionada à resistência é a produção excessiva da substância *hialurona*, uma molécula polissacarídica que impede que as células formem aglomerados e, assim, deixam de proliferar e de se tornar invasivas, características das células cancerosas.

A resistência ao câncer não é exclusiva desse roedor. Outra espécie de mamífero, *Spalax* sp., conhecida como rato-toupeira-cego, que vive na região do Mediterrâneo, também não desenvolve câncer, embora os cientistas acreditem que essa característica ocorra por um mecanismo diferente do verificado no rato-toupeira-pelado. Os cientistas envolvidos nessas pesquisas acreditam que o correto esclarecimento dessas resistências poderá ser útil, no futuro, visando a produzir medicamentos que possam ser utilizados no tratamento de câncer em seres humanos.

Adaptado de: DEWEERDT, S. Naked ambition. *Nature*, London, v. 509, n. 7502, 29 May 2014, p. S60.

Rato-toupeira-pelado.

CLICK E ABASTEÇA AS IDEIAS

Veja nossa sugestão de *links* sobre o assunto e abasteça suas ideias!
- http://revistagalileu.globo.com/Revista/Common/0,,EMI183340-17770,00-RATOTOUPEIRA+PELADO+PODE+SER+UM+SUPERROEDOR.html
- https://www.youtube.com/watch?v=gJNi0E5v_XA

INVESTIGANDO...

Com seus colegas de grupo, pesquisem quais são as características das células cancerígenas.

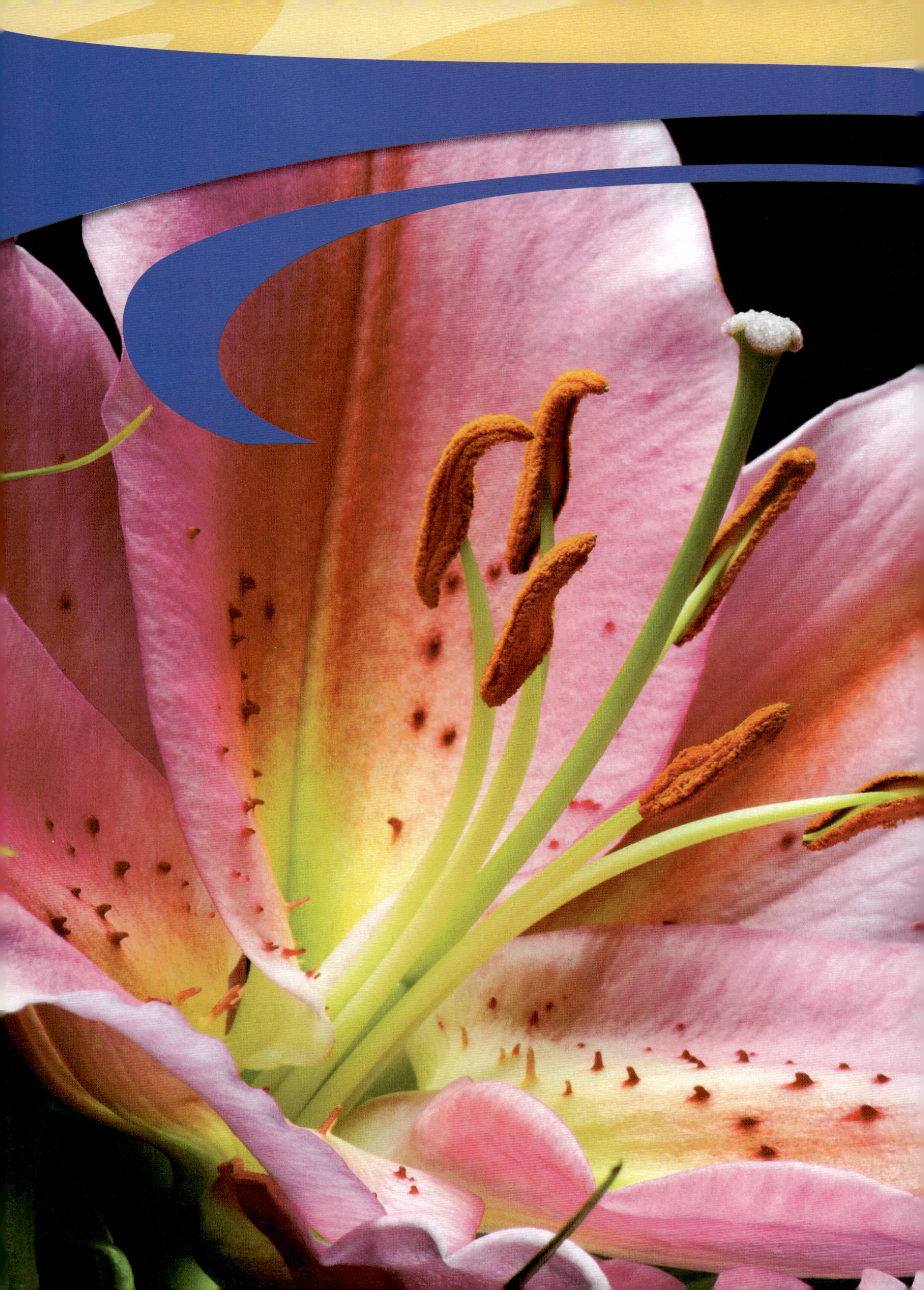

Unidade 4

MUNDO *vegetal*

Já pensou se o nosso planeta fosse habitado apenas por vegetais, sem bactérias, sem fungos, sem protozoários, sem animais, incluídos os seres humanos? Certamente a biosfera seria um grande jardim e haveria uma intensa atividade de fotossíntese. Mas seria um planeta monótono.

Na verdade, a existência de uma grande diversidade de seres vivos, da qual fazem parte todos os grupos citados acima, é o que caracteriza a Terra em que vivemos. E, dessa diversidade, temos os componentes do reino *Plantae*, popularmente denominados de vegetais. Desse reino fazem parte os grupos briófitas, pteridófitas, gimnospermas e angiospermas, que você estudará ao longo dos próximos dois capítulos.

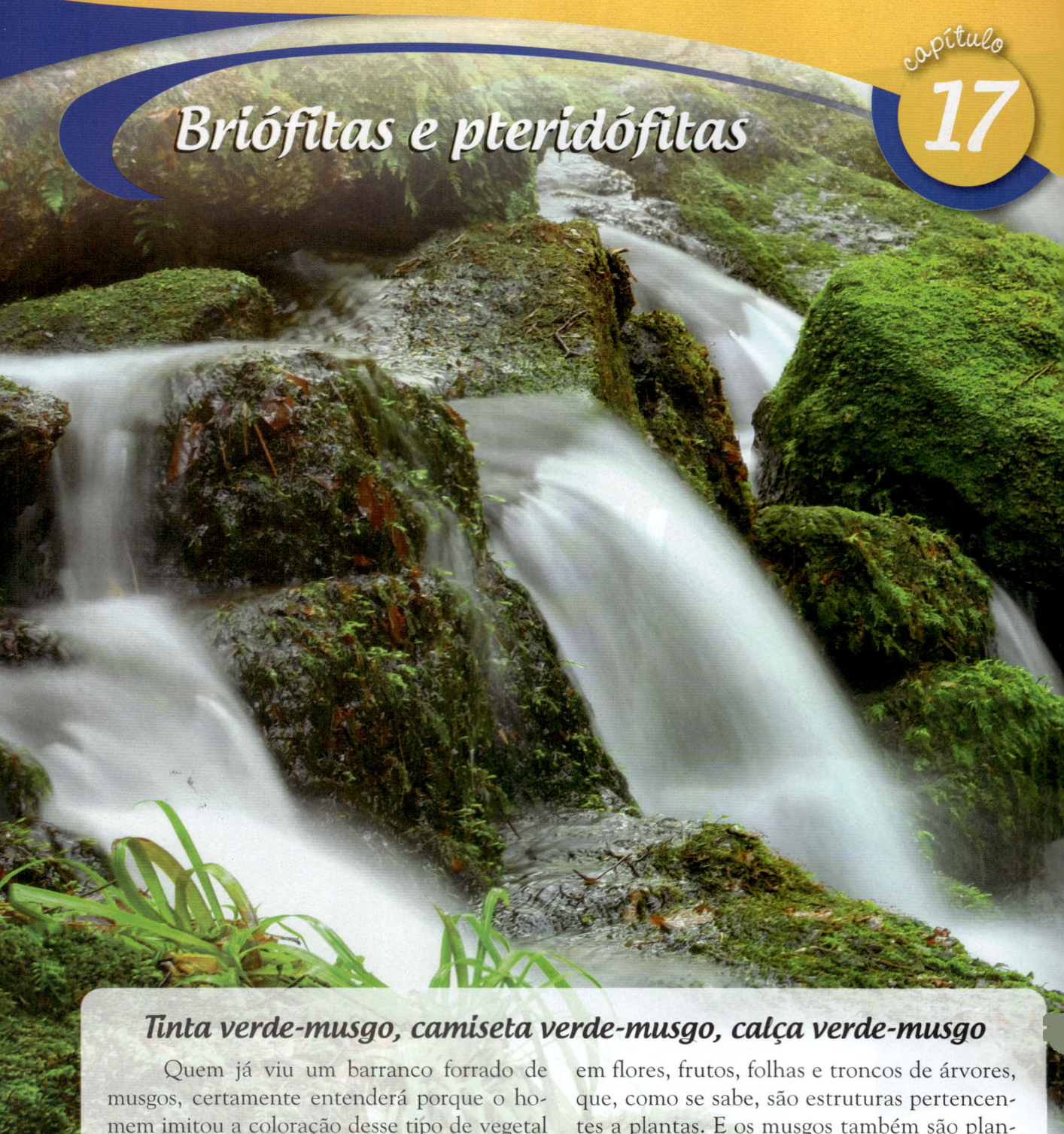

Briófitas e pteridófitas

capítulo 17

Tinta verde-musgo, camiseta verde-musgo, calça verde-musgo

Quem já viu um barranco forrado de musgos, certamente entenderá porque o homem imitou a coloração desse tipo de vegetal para produzir tintas e tingir camisetas e calças com a cor verde-musgo.

Há tempos o homem aprendeu a imitar a variedade de cores da natureza, não apenas para colorir objetos, mas também para enfeitar e camuflar o próprio corpo. Além da coloração típica das rochas, dos solos e dos animais, também se destacam as existentes em flores, frutos, folhas e troncos de árvores, que, como se sabe, são estruturas pertencentes a plantas. E os musgos também são plantas, embora bem mais simples, que vivem preferencialmente em locais úmidos de florestas e cachoeiras.

Neste capítulo, vamos conhecer mais detalhes sobre o filo briófitas, ao qual pertencem os musgos. Também estudaremos o filo pteridófitas, cujos representantes mais conhecidos são as samambaias.

CAPÍTULO 17 • Briófitas e pteridófitas   283

Sob a denominação plantas enquadram-se seres que pertencem a quatro filos vegetais: **briófitas** (musgos, hepáticas), **pteridófitas** (samambaias, avencas), **gimnospermas** (pinheiros, ciprestes) e **angiospermas** (laranjeiras, pau-brasil, roseiras).

Neste capítulo, estudaremos os representantes dos dois primeiros filos.

■ Briófitas

Musgos são as mais conhecidas briófitas (do grego, *bryon* = = musgo + *phyton* = planta). Possuem pequeno tamanho, crescem eretos e formam uma espécie de tapete verde em barrancos, rochas ou troncos de árvores.

> **Jogo rápido**
>
> O texto ao lado deixa claro que musgos e samambaias, entre outros, são plantas. Relembre o que você aprendeu no capítulo de classificação dos seres vivos e responda:
>
> 1. As células das plantas são eucarióticas ou procarióticas?
> 2. Quanto à obtenção de alimento orgânico, as plantas são autótrofas ou heterótrofas?
> 3. Que característica justifica a inclusão das plantas no reino Vegetal, em vez de serem incluídas no reino Protista?

Musgo da espécie *Polytrichum comune*. Muito comum em ambientes úmidos das regiões Sul e Sudeste do Brasil, já é encontrado nos estados de Goiás, Amazônia e Roraima.

> **Fique por dentro!**
>
> Hepáticas é um nome que deriva do grego, *hepatos* = fígado, porque os primeiros estudiosos julgavam que as bifurcações da lâmina se assemelhavam às subdivisões externas (lobos) do fígado humano.

A estrutura de um musgo compreende os **rizoides**, finíssimos fios que prendem o musgo ao solo e dele retiram água e nutrientes minerais, o **cauloide** e os **filoides**, que correspondem à parte aérea, visível. Os filoides são lâminas muito delgadas, sem nenhum revestimento protetor.

Hepáticas, como a da foto acima (*Marchantia polymorpha*), têm formato de pequenas lâminas esverdeadas, achatadas e bifurcadas, que crescem rente ao solo, podendo também ser encontradas em meio aquático doce.

Estrutura de um musgo. Tanto nas células do cauloide como nas dos filoides existem cloroplastos, organelas nas quais ocorre o processo de fotossíntese. (Cores-fantasia. Ilustração fora de escala.)

- filoides
- cauloide
- rizoides

> **Lembre-se!**
>
> Não existem briófitas vivendo na água do mar.

DE OLHO NO PLANETA

Sustentabilidade

As turfas

Extensos depósitos de musgos parcialmente decompostos formam as **turfas**, conhecidas principalmente no norte da Europa e nos Estados Unidos. Misturados ao solo, aumentam a retenção de água graças à grande capacidade de absorção.

A turfa seca é também usada como fonte de energia. Os Estados Unidos possuem mais de 60 bilhões de toneladas de turfeiras, combustível equivalente a cerca de 240 bilhões de barris de petróleo. Na Irlanda, 20% da energia provém das turfeiras usadas, por exemplo, no aquecimento domiciliar.

A turfa tem a característica de ser inflamável e, por isso, no passado sua queima foi muito utilizada para aquecer as casas. Na foto, blocos de turfa deixados ao sol para secagem.

O pequeno tamanho dos musgos

Lembre-se!

Como nas briófitas não existe um sistema de transporte através de vasos, essas plantas são consideradas **avasculares**.

Fique por dentro!

Qualquer sistema de transporte eficiente (de sangue, de seivas, metroviário, rodoviário, aeroviário etc.) permite vencer distâncias maiores em tempo menor. Uma das consequências é o crescimento dos organismos ou das cidades, por exemplo.

O pequeno tamanho dos musgos, quando comparado ao de uma árvore, pode ser explicado pela diferença no transporte de substâncias através do corpo desses dois tipos de vegetais. No interior do corpo de um musgo, não existe um sistema especializado no transporte de água e minerais absorvidos do solo. A água move-se lentamente de célula a célula, desde as pequenas ramificações dos rizoides até atingir as partes mais altas da planta. Se a evaporação da água existente no corpo do musgo for maior do que a absorção pelos rizoides e o transporte célula a célula, o musgo poderá desidratar-se e morrer. Esse é o motivo de os musgos viverem preferencialmente em ambientes úmidos, onde a perda de água é mínima e pode ser compensada, mesmo com a absorção e o transporte lentos.

Já nas árvores existe um sistema especializado de transporte, formado por finíssimos tubos, que começam nas raízes e terminam nas folhas. Pelo interior desses tubinhos a solução de água e sais minerais flui velozmente e atinge a copa, compensando rapidamente as perdas através das folhas, o que possibilita a vida mesmo em ambientes relativamente secos. Graças a esses finíssimos tubos, chamados de **vasos condutores**, o tamanho das árvores pode *ser maior*.

Reprodução sexuada dos vegetais

A reprodução sexuada de qualquer vegetal, incluindo musgos, hepáticas e samambaias, é bem diferente da que ocorre na grande maioria dos animais. Nestes, a reprodução sexuada, quase sempre, produz diretamente descendentes com o mesmo formato e aparência dos pais. Minhocas produzem minhocas, cães produzem cães, e assim por diante. Nas plantas isso não ocorre.

Muitos grupos de algas e todos os componentes do reino Plantae reproduzem-se sexuadamente por meio de um ciclo reprodutivo no qual ocorre uma **alternância de duas gerações**, cada qual produzindo a outra. Acompanhe pelo esquema abaixo.

Nesse ciclo, a reprodução ocorre, em uma das gerações, com a produção de **gametas**, que, por meio da **fecundação**, geram uma célula denominada **zigoto**.

O zigoto se desenvolve e origina a outra geração, que, por sua vez, produz células denominadas **esporos**. Estes, ao germinarem, originam novos indivíduos produtores de gametas.

As plantas que produzem os gametas são chamadas de **gametófitos** e as que produzem os esporos são chamadas de **esporófitos**.

Ciclo reprodutivo nos componentes do reino Plantae.

Reprodução sexuada dos musgos

Acompanhe o texto pelas imagens ao lado.

Os **gametófitos** dos musgos, que têm sexos separados (**gametófitos masculinos** e **femininos**), produzem gametas em órgãos microscópicos localizados no topo de cada planta. Gametas masculinos móveis, dotados de flagelos, são liberados e, com o auxílio de gotículas de água do ambiente, alcançam o topo da planta feminina, onde se dá o encontro com um gameta feminino (fecundação), originando-se o zigoto.

O zigoto desenvolve-se e forma o **esporófito**, que cresce apoiado no topo do gametófito feminino. O esporófito dos musgos é formado apenas por uma fina haste que sustenta, no ápice, uma cápsula (dilatação) onde se formam os esporos.

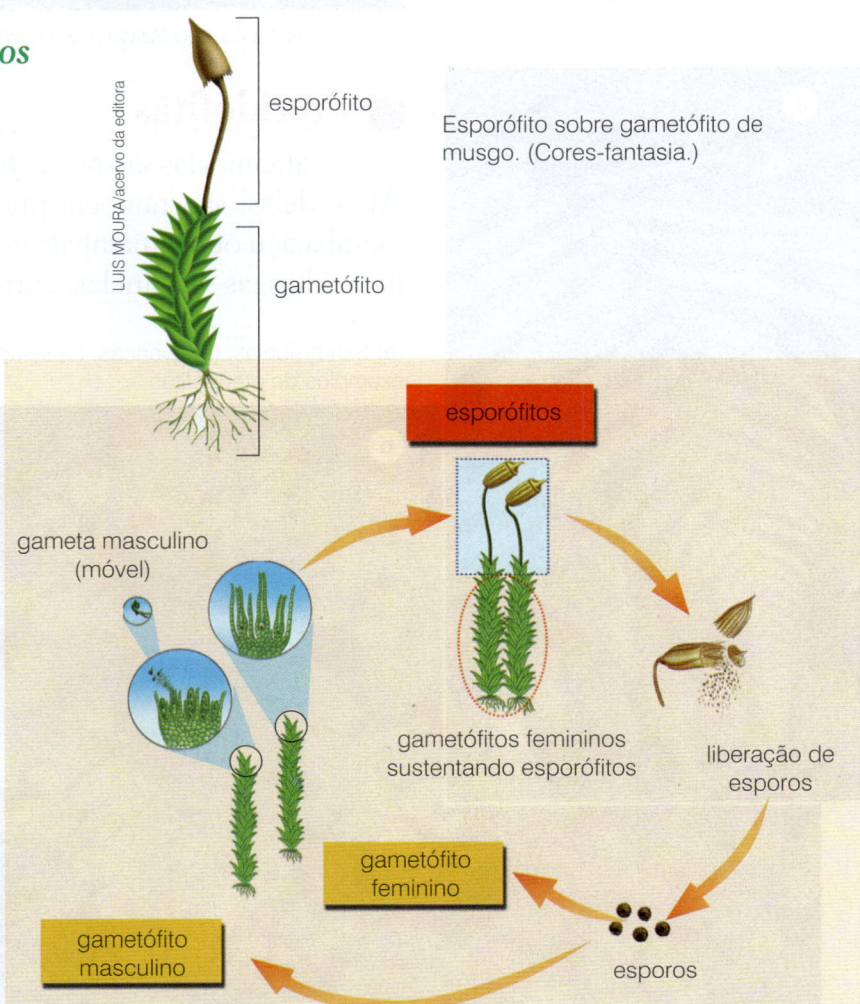

Esporófito sobre gametófito de musgo. (Cores-fantasia.)

Ciclo reprodutivo em musgos.

Ao amadurecer, o esporófito libera os esporos, que, caindo em locais favoráveis, desenvolvem a geração seguinte, isto é, os novos gametófitos.

Nos musgos, a geração gametofítica é a mais duradoura. O esporófito é passageiro, não possui clorofila, é incapaz de realizar fotossíntese e, por isso, vive do alimento orgânico produzido pelo gametófito feminino, sobre o qual se apoia.

Hepática do gênero *Marchantia*. As porções mais elevadas, semelhantes a sombrinhas com a borda recortada, são os esporófitos e só aparecem na época da reprodução.

Esporófitos do musgo *Polytrichum comune*.

Pteridófitas

Samambaias são *pteridófitas* (do grego, *pteris* = samambaia). Além delas, são também pteridófitas as avencas, o xaxim (samambaiaçu ou "samambaia gigante"), a cavalinha (equisseto), os licopódios, as selaginelas, entre outras.

(a) Samambaias, (b) avencas, (c) selaginelas, (d) licopódios e (e) equissetos são exemplos de pteridófitas.

Nas samambaias existem raízes, caules e folhas, órgãos inexistentes nas briófitas. Comumente, as folhas das samambaias nascem enroladas nas pontas e, ao se abrirem, geram folhas compostas, dotadas de muitos folíolos.

Pteridófitas são as primeiras plantas nas quais existem **vasos condutores** de seivas, aqueles finíssimos tubos a que nos referimos no caso das árvores. Por isso, essas plantas podem atingir um tamanho maior do que o das briófitas.

As pteridófitas são, então, as primeiras **plantas vasculares** a ocupar o meio terrestre, iniciando uma conquista promissora que culminou com a formação de grupos mais complexos, como veremos nos capítulos seguintes.

Pteridófitas são plantas comumente encontradas no meio aquático doce, no interior de matas úmidas, no solo, presas nos troncos de árvores ou em barrancos e em fendas de paredes e muros, de preferência, sombrios e úmidos.

Embora tenham conquistado com sucesso ambientes terrestres, na reprodução das pteridófitas o encontro de gametas ainda depende da participação da água do ambiente.

No Brasil, a Mata Atlântica e a Amazônica possuem inúmeras espécies de pteridófitas.

> **Fique por dentro!**
>
> Na evolução das plantas, as primeiras a possuir estruturas especificamente destinadas à condução rápida de água e nutrientes minerais foram as pteridófitas. Essa característica foi a que permitiu o início bem-sucedido da conquista do meio terrestre pelos vegetais.

Samambaias, as pteridófitas mais conhecidas

As fotos a seguir e o esquema que as acompanha mostram como é organizado externamente o corpo de uma samambaia comum. As folhas ramificadas em folíolos emergem de um caule subterrâneo do tipo **rizoma**. O prefixo *rizo*, que você conheceu anteriormente, refere-se à raiz. Na verdade, por ser subterrâneo, o rizoma exerce uma função parecida com a de uma raiz. Do rizoma emergem finas raízes, que o fixam ao solo, e as folhas, que crescem para o meio aéreo.

(a) Samambaia adulta típica; (b) folha jovem; (c) detalhe da folha, evidenciando os folíolos.

rizoma

DE OLHO NO PLANETA

Sustentabilidade

O caráter ornamental das samambaias justificou, por muito tempo, seu cultivo em residências. Para isso, com frequência elas eram plantadas em vasos de xaxim. Para a confecção desses vasos, o xaxim era inevitavelmente derrubado, seu tronco era cortado em pedaços e escavado para servir de vaso. Claro que essa atitude quase resultou na extinção do xaxim, uma vez que, a cada derrubada, não havia a correspondente reposição do espécime retirado.

Atualmente, a retirada do xaxim está proibida e, para substituí-lo, uma alternativa tem sido fabricar vasos com fibras de coco-da-baía.

Mata de xaxins (*Dicksonia sellowiana*), em Urubici, SC.

Reprodução sexuada das samambaias

Ao se reproduzirem sexuadamente, as samambaias realizam o ciclo padrão de reprodução com duas gerações alternantes (esporófito e gametófito) comum a todos os vegetais, e que você conheceu na reprodução dos musgos. Mas com uma importante diferença: nas samambaias, a *geração duradoura é o esporófito*, que é a planta que você vê nas matas ou plantada em vasos. Acompanhe o texto com o esquema do ciclo de vida de uma samambaia comum a seguir.

Na época da reprodução, surgem pontos escuros na face inferior dos folíolos. Esses pontos escuros denominam-se **soros** e correspondem aos locais em que são produzidos **esporos**. Liberados e atingindo locais favoráveis, os esporos se desenvolvem e originam pequenas lâminas esverdeadas, que são notadas por um observador bem atento. Pois bem, essas lâminas, também denominadas de **protalos** (do grego, *pro* = antes + *thallos* = ramo, broto), correspondem aos *gametófitos*, ou seja, a geração produtora de gametas.

Cada protalo é capaz de produzir na fase inferior, que se mantém em contato com uma fina camada de água no solo, tanto gametas masculinos quanto femininos. Nessa película de água, os gametas masculinos nadam ao encontro dos gametas femininos.

Ocorrida a fecundação, origina-se o zigoto que, ao se desenvolver apoiado no protalo em que se formou, gera uma nova samambaia (esporófito), enquanto o protalo (gametófito) morre.

Os pontos escuros que ficam na face inferior dos folíolos são **soros**, locais em que são produzidos os esporos.

Protalos de samambaia, como os da foto, são pequenos: têm em média 8 mm de comprimento.

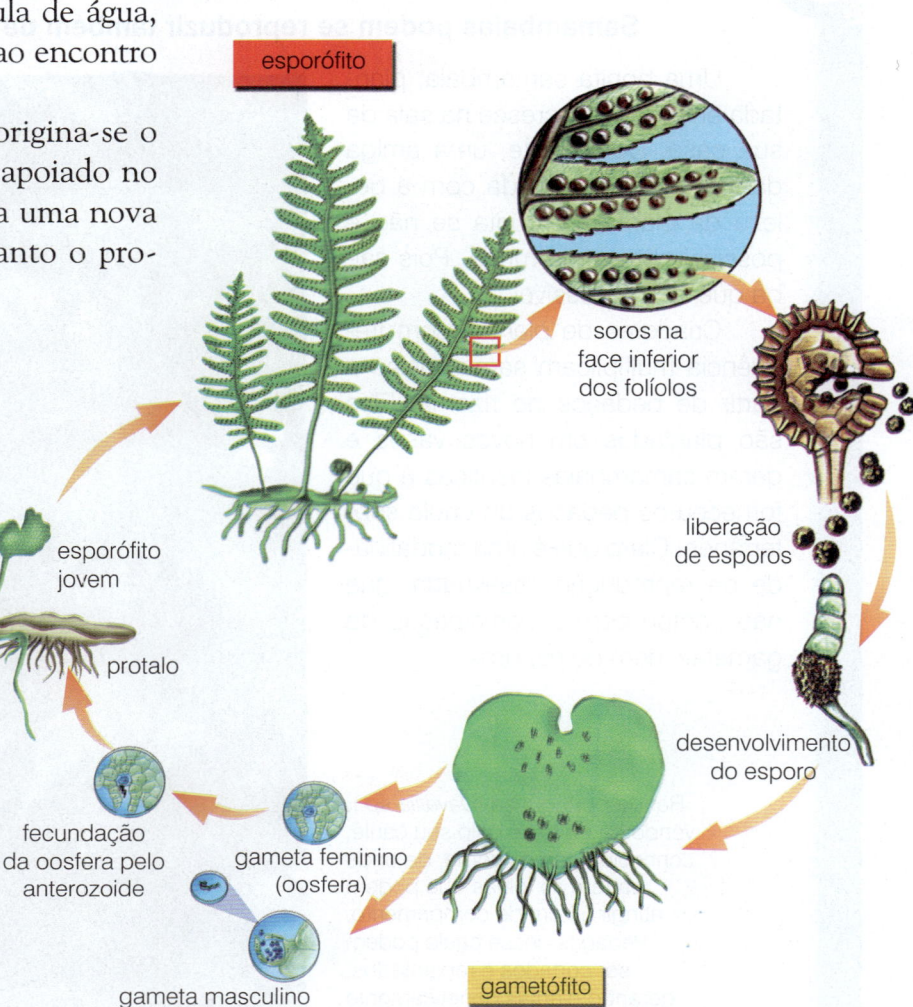

Ciclo reprodutivo da samambaia. (Cores-fantasia. Ilustrações fora de escala.)

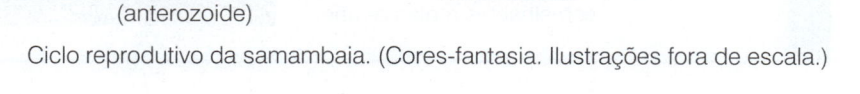

É SEMPRE BOM SABER MAIS!

Comparando os ciclos de vida dos musgos e das samambaias, perceba as diferenças entre as fases duradoura e passageira em ambos os casos.

Nos musgos, a fase duradoura é representada pelas plantinhas verdes que formam o "tapete de musgos" sobre superfícies úmidas; são elas os gametófitos masculinos e femininos. Os esporófitos (haste e cápsula) crescem sobre os gametófitos femininos, dos quais dependem, e duram apenas o suficiente para formar e liberar os esporos.

Nas samambaias, a fase duradoura é a planta ornamental (o esporófito) que sobrevive mesmo depois de formar e liberar esporos.

A fase de pouca duração é o protalo ou gametófito (cada protalo tem os dois sexos; é, portanto, hermafrodita). Dura apenas o tempo para formar os gametas, ocorrer a fecundação e originar o zigoto, que, ao se desenvolver, forma novo esporófito.

Nas samambaias, diferentemente dos musgos, tanto o esporófito quanto o gametófito são **verdes**, **clorofilados**; logo, capazes de fazer **fotossíntese**.

ESTABELECENDO CONEXÕES

Cotidiano

Samambaias podem se reproduzir também de modo assexuado

Uma bonita samambaia, plantada em um vaso, cresce na sala da sua casa. De repente, uma amiga da sua mãe, encantada com a beleza da planta, pergunta se não é possível obter uma muda. Pois saiba que isso é possível.

Criadores de plantas com frequência multiplicam samambaias a partir de pedaços do rizoma. Eles são plantados em novos vasos e geram samambaias idênticas à que forneceu os pedaços do caule subterrâneo. Claro que é uma modalidade de reprodução assexuada, que não contou com a participação de gametas, nem de esporos.

Renda-portuguesa (*Davallia* sp.), vendo-se rente ao solo seu caule, conhecido como rizoma, de onde partem as folhas que podem atingir 50 cm de comprimento. Pedaços desse caule podem ser cortados e replantados, gerando plantas geneticamente semelhantes à planta-mãe.

CAPÍTULO 17 • Briófitas e pteridófitas

Nosso desafio

Para preencher os quadrinhos de 1 a 9, você deve utilizar as seguintes palavras: briófitas, esporófito, gametas, musgos, pteridófitas, samambaias, tamanho, vasos condutores, zigoto.

À medida que você preencher os quadrinhos, risque a palavra que escolheu para não usá-la novamente.

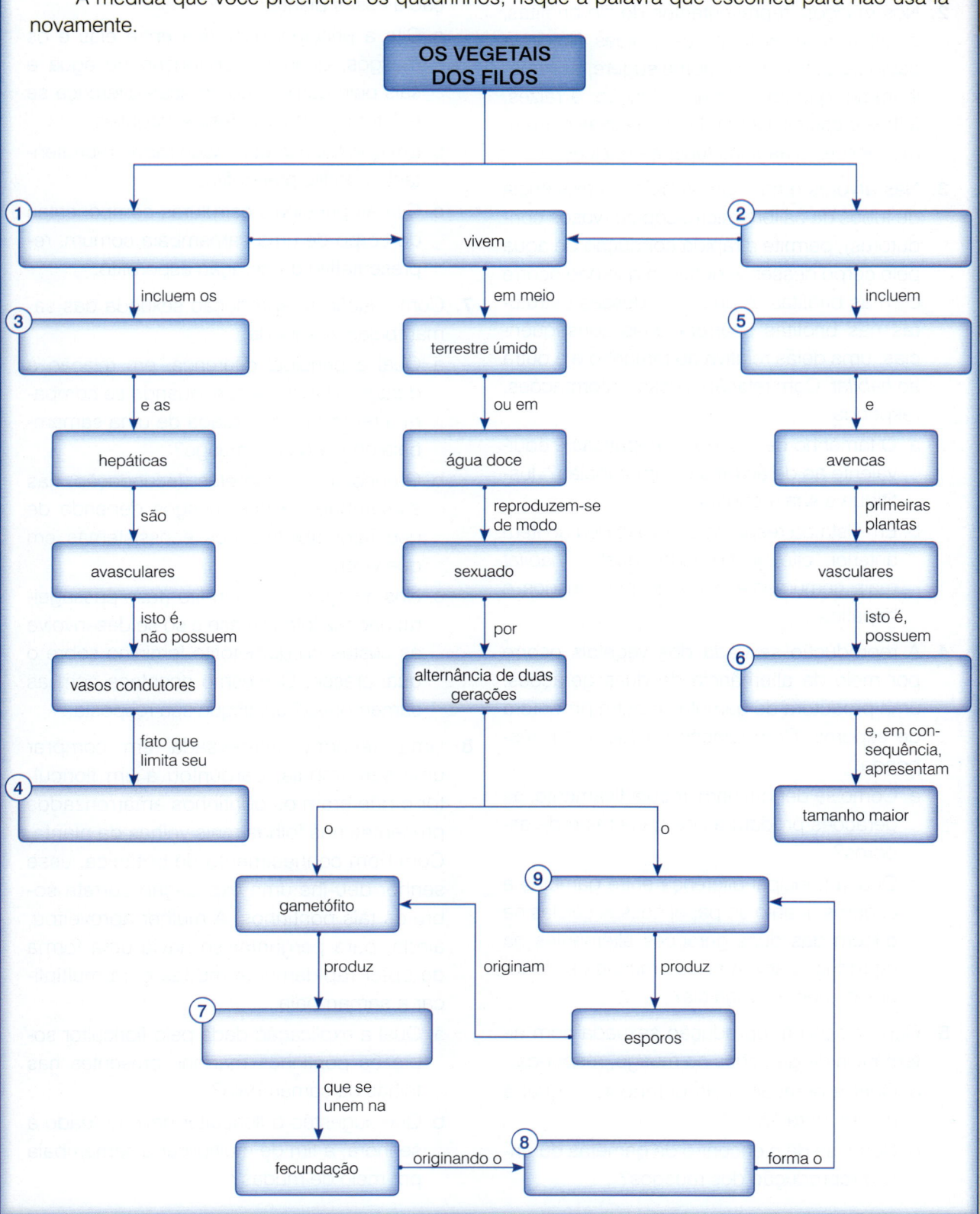

OS VEGETAIS DOS FILOS

1. _____ — incluem os
2. _____ — incluem

vivem em meio terrestre úmido ou em água doce

reproduzem-se de modo sexuado por alternância de duas gerações

3. _____ — e as hepáticas — são avasculares — isto é, não possuem vasos condutores — fato que limita seu
4. _____

5. _____ — e avencas — primeiras plantas vasculares — isto é, possuem
6. _____ — e, em consequência, apresentam tamanho maior

o gametófito produz
7. _____ — que se unem na fecundação — originando o
8. _____

o 9. _____ produz esporos — originam o gametófito

forma o 8.

Atividades

1. Cite os quatro filo pertencente ao reino *Plantae*.

2. Nos *musgos*, representantes do filo briófitas, constata-se a existência de rizoides, filoides e cauloide que, como o nome sugere, assemelham-se, quanto à forma e função, a raízes, folhas e caules. Com relação a essas estruturas, descreva as suas funções básicas.

3. Nas árvores e nas samambaias, a existência de tubos de calibre microscópico (vasos condutores), permite a rápida condução de água pelo corpo desses vegetais, o que não ocorre com as briófitas. A ausência dessas estruturas nas briófitas acarreta duas consequências, uma delas relativa ao tamanho e a outra ao *habitat*. Com relação a essas informações, responda:
   a. O tamanho de musgos e hepáticas é equivalente ao de árvores e samambaias? Justifique a sua resposta.
   b. Em vista da resposta que você deu ao item anterior, cite, justificando, qual o *habitat* mais comumente ocupado por musgos e hepáticas.

4. A reprodução sexuada dos vegetais ocorre por meio da alternância de duas gerações, uma produtora de gametas e outra produtora de esporos. Com relação a esse tema, responda:
   a. Como se denominam, respectivamente, as gerações produtoras de gametas e de esporos?
   b. Qual a principal diferença entre gametas e esporos quanto ao papel dessas células na origem das duas gerações alternantes na reprodução sexuada dos musgos e de todos os demais vegetais?

5. Com relação à reprodução sexuada com alternância de gerações no musgo, responda:
   a. Qual a geração mais duradoura e qual a menos duradoura?
   b. Como se dá o encontro de gametas durante a reprodução dos musgos?

6. Samambaias, avencas e xaxim são algumas das pteridófitas mais conhecidas. Com relação a essas plantas:
   a. Cite a principal diferença entre elas e os musgos, quanto à condução de água e sais pelo corpo e como essa diferença se reflete no tamanho desses vegetais.
   b. Em que *habitat* são encontrados representantes do filo pteridófitas?
   c. Cite as principais estruturas componentes do corpo de uma samambaia comum, representativo da geração esporófito.

7. Com relação à reprodução sexuada das samambaias, responda:
   a. Qual a principal diferença, em relação à duração das gerações, quando se compara a reprodução sexuada de uma samambaia com a de um musgo?
   b. O encontro de gametas (fecundação) nas samambaias e nos musgos depende de que fator abiótico nos ecossistemas em que vivem?
   c. Nos musgos, o esporófito (fase passageira) não faz fotossíntese e só se desenvolve às custas do gametófito feminino sobre o qual cresce. O mesmo acontece com as samambaias? Justifique sua resposta.

8. Uma senhora, interessada em comprar uma samambaia, perguntou a um floricultor o que eram os pontinhos amarronzados presentes nas folhas mais velhas da planta. Com bom conhecimento de botânica, esse senhor deu-lhe uma explicação correta sobre os tais pontinhos. A mulher aproveitou, ainda, para perguntar se havia uma forma de obter rapidamente mudas para multiplicar a samambaia.
   a. Qual a explicação dada pelo floricultor sobre os pontinhos marrons presentes nas folhas da samambaia?
   b. Que sugestão o floricultor deve ter dado à senhora, a fim de multiplicar a samambaia por meio de mudas?

9. A pteridófita conhecida popularmente como xaxim possui um tronco que se desenvolve no meio aéreo, ao contrário do caule da maioria das samambaias, que é uma estrutura subterrânea denominada rizoma. O tronco do xaxim, por ser fibroso e favorecer a retenção de água, era usado na fabricação de vasos e placas para o cultivo de plantas ornamentais. No entanto, o xaxim encontrado no Brasil correu risco de extinção, devido ao extrativismo excessivo, sem reposição de novas plantas. Com relação a esse tema, responda:

a. Que procedimento deve ser adotado no sentido de se preservar essa espécie e poder voltar a utilizá-la para a produção de vasos? Explique a sua resposta.

b. Existe alguma alternativa viável que possa conduzir à produção de vasos que se destinem ao plantio de samambaias ornamentais ou outras plantas, sem que seja necessária a utilização de vasos de xaxim? Explique a sua resposta.

Os esquemas a seguir representam uma comparação resumida do que ocorre no ciclo reprodutivo de um musgo e de uma samambaia. Utilize-o para responder às questões **10** e **11**.

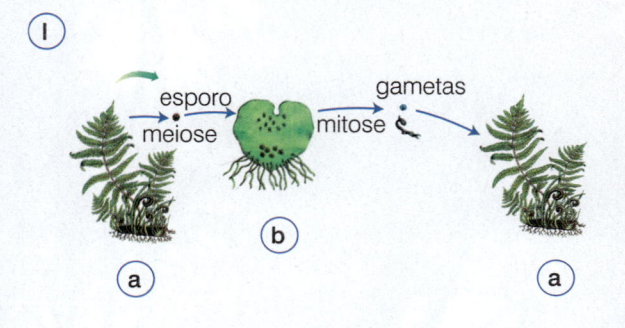

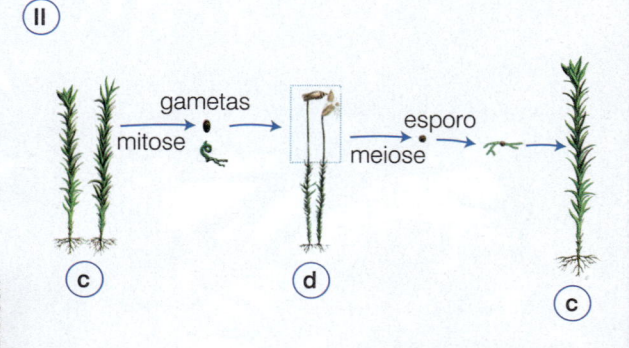

10. No ciclo resumido da samambaia (I):

a. Que gerações adultas estão esquematizadas em *a* e *b*?

b. Qual das duas gerações é mais duradoura?

c. Qual das duas gerações depende da outra, em termos nutricionais, para a sobrevivência? Justifique sua resposta.

11. No ciclo resumido do musgo (II):

a. Que gerações estão esquematizadas em *c* e *d*?

b. Qual das duas gerações é mais duradoura?

c. Qual das duas gerações depende da outra, em termos nutricionais, para a sobrevivência? Justifique sua resposta.

Gimnospermas

capítulo 18

O que há de comum entre os bisões e as nossas araucárias?

No começo do século 19, manadas de bisões, mamíferos da mesma família à qual pertencem os bois e os búfalos, distribuíam-se pela América do Norte, alcançando até o continente Ártico. A caçada impiedosa praticamente promoveu o seu extermínio, restando, atualmente, pouco mais que algumas centenas deles, o que justificou a criação da Sociedade Americana do Bisão, com o intuito de impedir a extinção da espécie. De certo modo, o mesmo ocorreu com a nossa araucária (também conhecida como pinheiro-do-paraná), árvore da espécie *Araucaria angustifolia*.

Originalmente distribuída pelos estados sulinos do nosso país (Paraná, Santa Catarina e Rio Grande do Sul), a Mata de Araucárias foi submetida a uma impressionante devastação, tendo como justificativa a necessidade de terras para o plantio de feijão, soja e milho, entre outros cultivos. Acredita-se que, atualmente, apenas 1,5% da formação original estejam preservados.

Como você verá neste capítulo, as *gimnospermas*, grupo de plantas ao qual a araucária pertence, possuem uma extraordinária importância evolutiva e ecológica. Hoje, no mundo todo, restam poucas espécies de gimnospermas, cerca de 750, a maioria delas, pinheiros, como a araucária, árvore-símbolo do sul do Brasil.

A principal novidade das gimnospermas, quando comparadas às pteridófitas, é a presença de **sementes**. As sementes são estruturas destinadas à reprodução. Neste caso, são *nuas*, isto é, não se encontram protegidas dentro de um fruto. O nome **gimnospermas** (derivado do grego, *gymnos* = nu + *sperma* = = semente) refere-se a esse fato.

As gimnospermas atuais

As gimnospermas mais conhecidas são as do grupo das **coníferas**, cujos representantes formam grandes árvores, como pinheiros, sequoias, ciprestes, araucárias e tuias. As sementes nesse grupo de gimnospermas são produzidas em **cones** ou **estróbilos**, razão do nome coníferas dado ao grupo.

As coníferas são mais comuns em regiões de temperatura mais amena (clima frio ou temperado). Os troncos possuem grande espessura e as folhas podem ser longas e ter formato de agulhas ou serem curtas e espessas, em forma de escamas pontiagudas como as da araucária.

Estróbilo: estrutura cônica em que as folhas dispõem-se espiraladamente ao redor de um eixo central. Termo derivado do grego, *stróbilos* = pião, objeto em forma cônica.

(a) Pinheiro da espécie *Pinus canariensis*, que chegam a atingir cerca de 35 m, e (b) detalhe das folhas em forma de agulha de muitas coníferas.

Cipreste da espécie *Chamaecyparis lawsoniana*, também conhecido como cedro-branco, pode atingir cerca de 50 m de altura.

Descubra você mesmo!

Procure informações na internet e nos livros da sua escola a respeito da distribuição original da Mata de Araucárias pelo território brasileiro. Em que estados essa espécie de gimnosperma era mais comum? Investigue se em outros estados brasileiros são encontradas árvores dessa espécie.

Araucaria angustifolia, conhecida como pinheiro-do-paraná, conífera que chega a medir 50 m de altura.

Outros exemplos de gimnospermas são as **cicas** (gênero *Cycas*), popularmente conhecidas como palmeiras-de-ramos ou palmeira-de-sagu, comuns em praças e jardins. As cicas são menores que as árvores coníferas, também podem formar troncos espessos e as folhas são alongadas, parecidas com as das palmeiras, porém menores e muito mais rígidas.

Cycas revoluta, conhecida como palmeira-de-sagu ou sagu-de-jardim (altura média 2 m).

Estróbilos (a) masculino e (b) feminino de *Cycas revoluta*, rodeados por folhas que, nessa espécie, são dispostas em espiral.

A distribuição geográfica das gimnospermas atuais

As maiores concentrações de gimnospermas estão hoje restritas às regiões temperadas da Terra, notadamente no Hemisfério Norte, constituindo as famosas Florestas de Coníferas.

Característicos de regiões de latitude alta, os pinheiros são muito resistentes ao frio e permanecem vivos mesmo quando cobertos de neve. É o que você vê nas ilustrações de cartões de Natal, inspiradas em paisagens estrangeiras.

No Brasil, são comuns nos estados do sul e nas regiões montanhosas de alguns estados, como São Paulo e Minas Gerais.

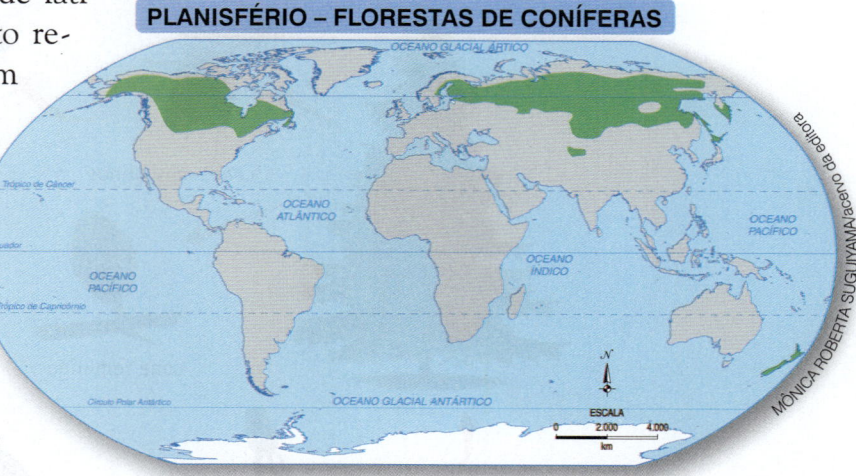

Fonte: ATLAS Geográfico Escolar. 6. ed. Rio de Janeiro: IBGE, 2012. p. 70. Adaptado.

Reprodução sexuada das gimnospermas

Diferentemente das briófitas e das pteridófitas, as gimnospermas **não** dependem da água para sua reprodução. Isso porque os gametas masculinos das gimnospermas, protegidos por uma estrutura chamada **grão de pólen**, são levados pelo vento de uma gimnosperma à outra.

Vimos que nas coníferas as sementes são produzidas em cones (também chamados de estróbilos). Na época da reprodução, cones masculinos produzem milhares de grãos de pólen. Os cones femininos bem jovens produzem óvulos, estruturas que futuramente originarão as sementes. No interior de cada óvulo forma-se o gameta feminino, chamado **oosfera**.

Os grãos de pólen dos pinheiros mais comuns (gênero *Pinus*) possuem duas expansões, como se fossem asas, que auxiliam na sua dispersão. (Cores-fantasia.)

> **Lembre-se!**
> Na araucária também há dois tipos de cones, porém produzidos em *árvores diferentes*.

(a) Estróbilo feminino e (b) estróbilos masculinos de *Pinus* sp.

Na época apropriada, grãos de pólen são liberados e, transportados pelo vento, alcançam os óvulos nos cones femininos (acompanhe o texto pelo esquema abaixo).

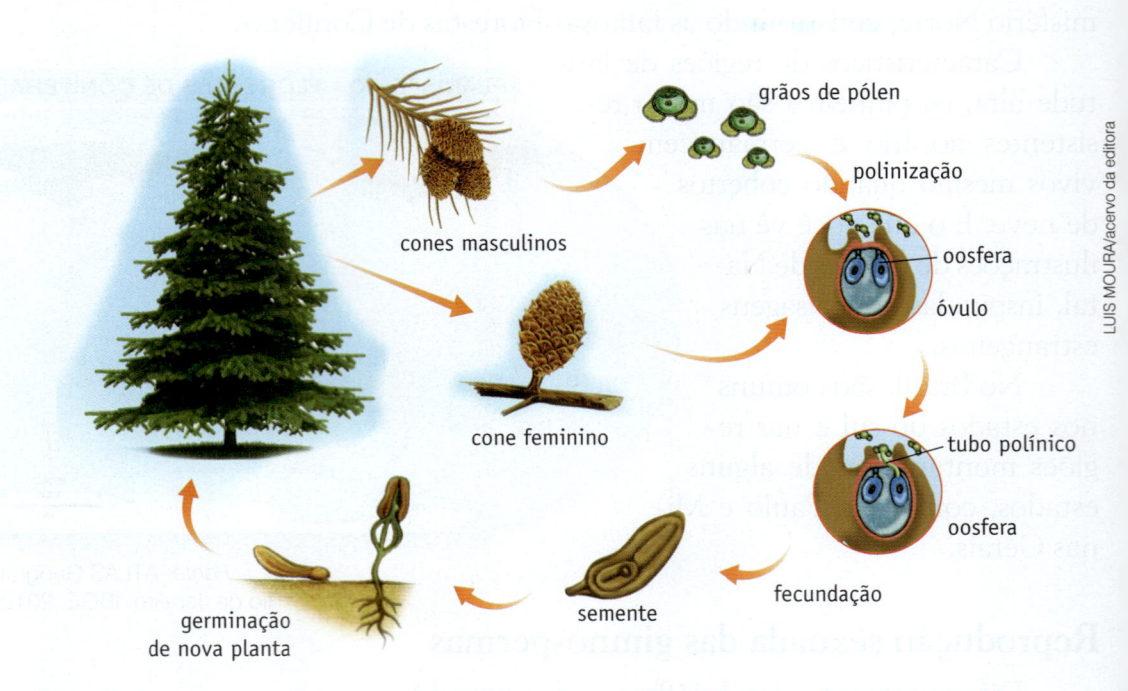

Ciclo reprodutivo de gimnospermas. (Cores-fantasia. Ilustrações fora de escala.)

Lembre-se!

O transporte de grãos de pólen de um cone (estróbilo) para outro é denominado *polinização*. No caso das gimnospermas, a polinização sempre ocorre pelo vento. O encontro de gametas, nas coníferas, não depende da existência de água ambiental.

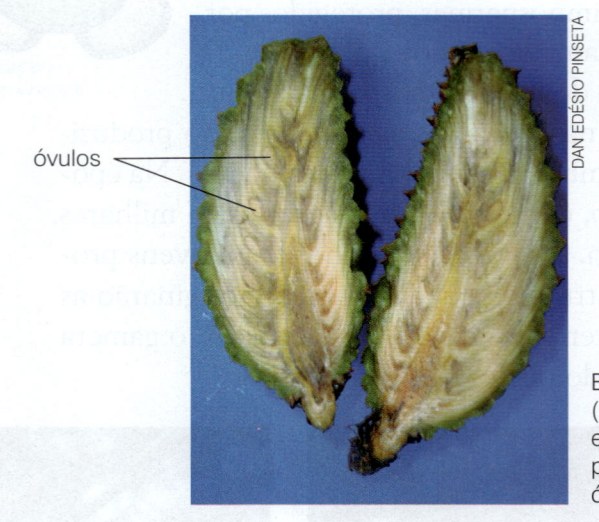

Estróbilo feminino (imaturo) de *Pinus* sp. em corte, em que podem ser vistos os óvulos.

Cada grão de pólen germina e origina um **tubo polínico**, no interior do qual existem duas células correspondentes a gametas masculinos. O tubo polínico alonga-se e alcança o óvulo e um dos gametas masculinos fecunda o gameta feminino representado pela *oosfera* contida no óvulo. O zigoto formado origina o embrião. Como consequência, o óvulo converte-se em semente, com três componentes: casca, embrião e reserva alimentar. Ao amadurecerem, de cada estróbilo feminino soltam-se as sementes.

CAPÍTULO 18 • Gimnospermas 299

Nas árvores femininas de araucária, após a fecundação os cones crescem muito e são formados pela reunião de inúmeros pinhões; cada pinhão é uma semente. Na foto, pinha aberta (estróbilo feminino) de araucária, vendo-se os pinhões.

embrião   reserva nutritiva   casca

> **Fique por dentro!**
>
> Os cones ou estróbilos femininos das gimnospermas são popularmente conhecidos como "pinhas".

Pinhões de araucária abertos e fechados, vendo-se embrião, casca e reserva alimentar.

DE OLHO NO PLANETA — Meio Ambiente

A dispersão das sementes de araucária

Os pinhões servem de alimento para esquilos e inúmeros outros animais, entre eles a gralha-azul (*Cyanocorax caeruleus*), ave de aproximadamente 40 cm de altura e que se alimenta dessas sementes, principalmente no inverno.

Uma característica interessante dessas aves e que contribui para a disseminação das sementes de araucária é que, para se alimentar, as gralhas-azuis mexem na pinha enquanto esta ainda está na árvore. Com isso, os pinhões caem no solo e germinam, originando novas árvores.

Por vezes, as gralhas-azuis colhem os pinhões, os enterram e camuflam o local para buscá-los depois. No solo, muitas dessas sementes também germinam.

Gralha-azul enterrando pinhão. Houve época em que essas aves eram muito numerosas. Hoje, das 600 espécies existentes, quase um terço corre risco de extinção.

UNIDADE 4 • MUNDO VEGETAL

É SEMPRE BOM SABER MAIS!

A recordista mundial de crescimento

Qual o maior ser vivo do mundo? Muitos diriam que é um animal como, por exemplo, a baleia-azul. Mas, na verdade, o maior ser vivo do mundo é uma árvore que leva o nome científico de *Sequoiadendron giganteum*. Os maiores exemplares dessa espécie estão no Parque Nacional das Sequoias, localizado na Caifórnia, que abriga 34 bosques de sequoias-gigantes. Uma delas, a árvore General Sherman, por exemplo, tida como a campeã, alcança 84 metros de altura por 11 de base, pesa 1.385 toneladas e tem 3.200 anos de idade.

As sequoias podem crescer 60 cm por ano até atingirem alturas entre 60 e 90 metros – elas também detêm o recorde da planta que apresenta o crescimento mais rápido do mundo!

Fonte: UZUNIAN, A. & BIRNER, E. *Biologia 2*. 3.ª edição, 2006. São Paulo: HARBRA, p. 703.

"General Sherman", sequoia-gigante, considerada o maior ser vivo do mundo.

■ A importância das gimnospermas

Do ponto de vista evolutivo, as gimnospermas são as primeiras plantas independentes da água ambiental para a fecundação, produtoras de sementes que protegem e nutrem o embrião, duas importantes adaptações à vida terrestre.

Embora com um número reduzido de espécies, quando comparadas, por exemplo, às angiospermas, as gimnospermas possuem grande importância evolutiva, econômica e médica. A seguir, algumas de suas aplicações:

- no passado, o âmbar, uma resina formada há 30 milhões de anos pelo pinheiro *Pinus succinites* e que não é mais encontrada, foi importante para preservar por inteiro muitos fósseis de insetos, que foram englobados pelo âmbar que escorria das árvores coníferas daqueles tempos;
- cerca de 75% da madeira utilizada no mundo é proveniente de árvores coníferas e uma quantidade equivalente do papel consumido também tem a mesma origem;
- instrumentos musicais, como violinos, e caixas e palitos de fósforo são feitos com madeira derivada de coníferas;
- da casca da árvore do teixo, gimnosperma da espécie *Taxus brevifolia*, extrai-se o taxol, substância empregada no tratamento do câncer de ovário;
- certos tipos de resinas utilizadas para impermeabilizar cascos de navios são extraídos de coníferas.

CAPÍTULO 18 • Gimnospermas

Nosso desafio

Para preencher os quadrinhos de 1 a 6, você deve utilizar as seguintes palavras: cones, coníferas, frutos, pinhão, pinheiros, sementes.

À medida que você preencher os quadrinhos, risque a palavra que você escolheu para não usá-la novamente.

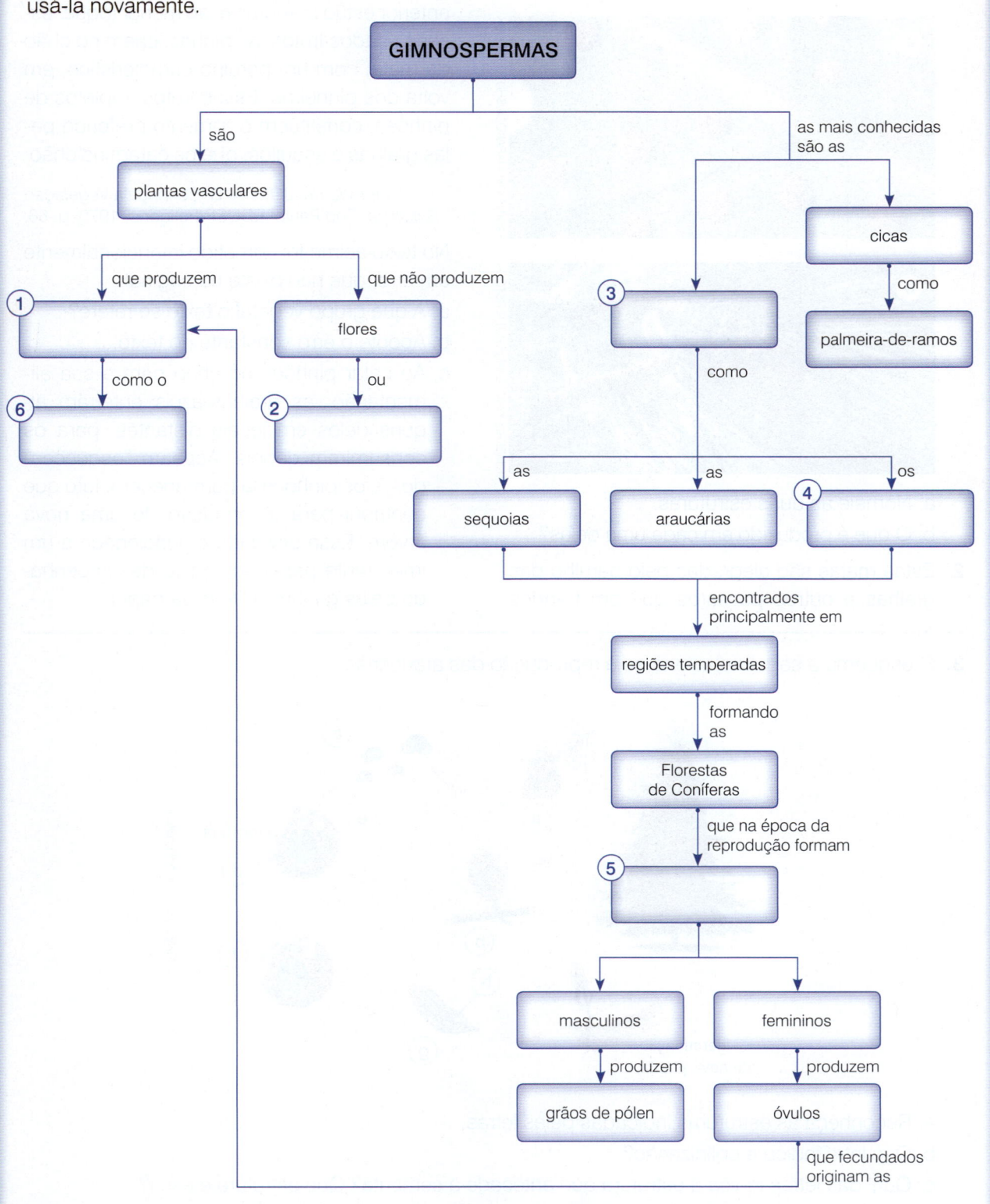

GIMNOSPERMAS

- são → plantas vasculares
  - que produzem → **1** ___
    - como o → **6** ___
  - que não produzem → flores
    - ou → **2** ___
- as mais conhecidas são as:
  - cicas
    - como → palmeira-de-ramos
  - **3** ___
    - como:
      - as sequoias
      - as araucárias
      - os **4** ___
    - encontrados principalmente em regiões temperadas
      - formando as Florestas de Coníferas
        - que na época da reprodução formam **5** ___
          - masculinos → produzem → grãos de pólen
          - femininos → produzem → óvulos
            - que fecundados originam as

Atividades

1. Os esquemas abaixo representam estruturas encontradas, respectivamente, em pteridófitas e gimnospermas coníferas.

a. Nomeie as duas estruturas.
b. O que é produzido em cada uma delas?

2. Estas matas são alegradas pelo barulho das gralhas e outros pássaros que em bandos pousam nos pinhais, a partir do mês de abril, até o fim de maio ou começo de junho, que é a época em que as grandes pinhas do ano anterior estão maduras e, ao menor toque, esses pesados frutos, as pinhas, caem no chão da mata, com um barulho característico, em volta dos pinheiros. Esses frutos, repletos de pinhões, constituem o alimento preferido pelas gralhas e esquilos, que os catam no chão.

Adaptado de: JOLY, A. B. *Conheça a Vegetação Brasileira*. São Paulo: EDUSP/Polígono, 1970. p. 66.

No texto acima foi cometido intencionalmente um erro, que não existe no original.

a. A que grupo vegetal o texto se refere?
b. Aponte o erro constante do texto.
c. Ao catar pinhões no chão para a sua alimentação, as gralhas-azuis enterram alguns deles em locais distantes, para os consumirem depois. Acabam "esquecendo", e os pinhões lá permanecem, fato que contribui para a formação de uma nova árvore. Essa atividade é relacionada a um importante papel ecológico desempenhado pelas gralhas. Cite esse papel.

---

3. O esquema a seguir relaciona-se à reprodução das araucárias.

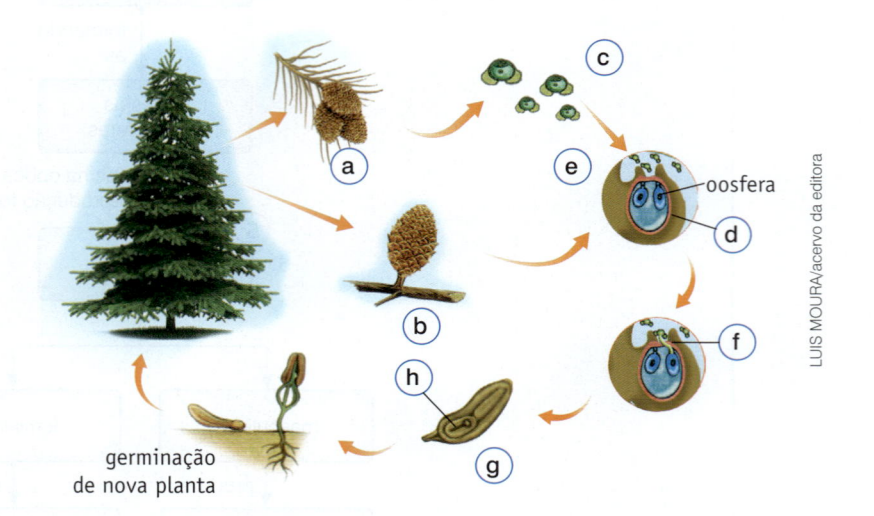

a. Reconheça as estruturas indicadas pelas letras.
b. Que letra indica a polinização?
c. Qual das letras indica a estrutura que antecede a semente? Que estrutura é essa?

4. Nas briófitas e pteridófitas, o encontro de gametas é facilitado pela presença da água do ambiente, que favorece o deslocamento de gametas masculinos móveis, flagelados, em direção aos gametas femininos, que são imóveis. Nas gimnospermas coníferas, a água ambiental não participa do encontro de gametas, graças à formação de uma estrutura que transporta as células gaméticas masculinas até o local em que se encontra o gameta feminino. Utilizando os seus conhecimentos sobre esse assunto, responda:
   a. Que estrutura, presente nas gimnospermas, permite dispensar a participação da água do ambiente no encontro de gametas?
   b. A estrutura que possibilita o encontro de gametas sem a participação da água ambiental é formada pelo desenvolvimento de outra estrutura, que a antecede. Qual é ela?

5. Na estrada que dá acesso ao sítio de um agricultor existe uma banca de venda de frutas. Dia desses, ele presenciou uma cena em que um rapaz perguntava ao vendedor o que representavam "aquelas frutas marrons, de casca grossa", que uma plaquinha designava como pinhões, que planta as produzia e de qual região do Brasil eram procedentes. Percebendo que o vendedor se atrapalhava nas respostas, o agricultor, conhecedor das coisas da roça, decidiu ajudá-lo na explicação. Quais as explicações corretas para:
   a. as "frutas marrons, de casca grossa" designadas como pinhões?
   b. a planta que produz os pinhões e em que região brasileira são mais abundantes?

6. Consulte na internet ou na biblioteca da sua escola um mapa de vegetação mundial e responda:
   a. Em que regiões da Terra atual existem florestas naturais de grandes extensões de gimnospermas?
   b. Como essas florestas são denominadas?

7. Os esquemas a seguir ilustram estruturas produzidas por árvores gimnospermas coníferas comuns no território brasileiro e que, ao serem dispersadas, possibilitam a formação de novas árvores.

Utilizando os seus conhecimentos sobre o assunto, responda:
   a. O que representam essas duas estruturas e por qual tipo de árvore são produzidas?
   b. Quais são os mecanismos que permitem a dispersão dessas estruturas?

8. Relativamente às informações que você obteve nesse capítulo, cite duas que revelem, em sua opinião, a importância de se preservar as plantas pertencentes ao grupo das gimnospermas.

Angiospermas I

capítulo 19

As novas estrelas do cinema

"Elas se alimentam de insetos, moram em pântanos e viraram estrelas de Hollywood. Centenas de plantas carnívoras ganharam uma exposição em San Francisco (EUA), com destaque para as dioneias, famosas pelas suas garras que se mexem, e outras com armadilhas bastante sofisticadas. (...) Uma espécie que vem da América do Sul é a *Pinguicula*, que parece suculenta e inofensiva, mas tem folhas grudentas repletas de enzimas e ácidos que dissolvem a presa. Outra popular é a *Drosera*, encontrada em vários continentes, cujos pontos luminosos se passam por néctar, embora sejam tentáculos com cola. No geral, carnívoras são plantas de pequeno porte e autótrofas que se alimentam de insetos e conseguem, desse modo, nutrientes nitrogenados que existem em pequena quantidade nos meios em que vivem."

Adaptado de: EZABELLA, F. Plantas carnívoras são tema de mostra nos Estados Unidos. *Folha de S.Paulo*, São Paulo, 10 jul. 2014. Caderno Ciência + Saúde, p. C7.

O texto acima está relacionado a plantas carnívoras, pertencentes ao grupo das angiospermas, vegetais que, além de possuírem folhas, são autótrofos e também dotados de caule e raízes, órgãos que serão o tema deste capítulo.

O grupo das **angiospermas** é o mais numeroso grupo vegetal presente na Terra atual, tanto em termos de espécies (aproximadamente 300.000), quanto em quantidade de indivíduos.

O termo *sperma* você já conhece: deriva do grego e significa semente. O termo *angio*, também derivado do grego, *aggeion*, significa vaso, urna, recipiente, e refere-se ao **fruto**, que protege e contribui para a dispersão das sementes contidas em seu interior. Portanto, *angiosperma* significa *semente dentro de um fruto*. O fruto é produzido como consequência da transformação de uma parte da **flor** das angiospermas, o ovário. Assim, **flor** e **fruto** são duas estruturas produzidas apenas por vegetais do grupo das angiospermas.

A laranjeira (*Citrus* sp.) é uma árvore conhecida pelo perfume de suas flores brancas (a) e apreciada por seus frutos (b), genericamente conhecidos como laranjas. A água de flor de laranjeira, obtida a partir de um chá das pétalas dessa planta, é bastante empregada na fabricação de doces caseiros.

Lembre-se!

Plantas angiospermas são as que produzem sementes dentro de frutos.

■ A organização do corpo de uma angiosperma

Uma porção do corpo mergulhada no solo e a outra no meio aéreo ou aquático, assim é a vida da grande maioria dos vegetais. Por serem imóveis e não poderem ir atrás do alimento, como faz a maioria dos animais, as plantas retiram do solo e do ar (algumas vezes da água) as substâncias necessárias à sua sobrevivência. A porção que, de modo geral, fica permanentemente mergulhada no solo é a **raiz**. As que permanecem no meio aéreo ou aquático são o **caule** e as **folhas**. Não se esqueça que a maioria das plantas faz fotossíntese e é autótrofa.

A água e as diversas substâncias minerais absorvidas do solo pelas raízes, assim como o gás carbônico e a luz assimilados do meio aéreo ou aquático pelo caule e principalmente pelas folhas, possibilitam às plantas produzirem o alimento orgânico. Delas dependem todos os seres heterótrofos dos ecossistemas terrestres.

Esquema ilustrativo das porções aérea e subterrânea de uma angiosperma. (Cores-fantasia.)

A raiz

Fixar o vegetal ao solo, absorver a água e os nutrientes minerais e conduzi-los ao caule são as funções de uma raiz. Além disso, é do ar que penetra no solo que muitas raízes retiram o oxigênio para a sua respiração. Veja a ilustração ao lado.

Toda raiz possui uma **região de ramificação**, da qual surgem inúmeros ramos que auxiliam sua fixação ao solo. Também possuem uma **região pilífera** (ou zona pilífera), dotada de inúmeros **pelos absorventes**, local em que ocorre principalmente a absorção de água e de nutrientes minerais. Na ponta da raiz situa-se a **região de crescimento**. Nela, um tecido especializado na produção de novas células garante o crescimento da raiz. Por fim, uma estrutura em forma de capuz, a **coifa**, protege a ponta da raiz durante o seu crescimento e penetração no solo.

Nas angiospermas, há dois tipos de sistema radicular: o **fasciculado** e o **pivotante**. No primeiro, comum, por exemplo, na grama-de-jardim, as raízes são equivalentes em tamanho e se espalham superficialmente pelo interior do solo, o que ajuda a mantê-lo coeso e evita a ocorrência de erosões. Esse conjunto de raízes lembra uma "cabeleira" e recebe o nome de sistema radicular *fasciculado*. Muitas angiospermas com esse tipo de sistema radicular são comumente plantadas em encostas e margens de rios, protegendo-os de erosões e desbarrancamentos. No sistema *pivotante*, há uma raiz principal, volumosa e comprida, que se destaca dos demais ramos radiculares, e é comum em plantas de feijão, soja e nas grandes árvores.

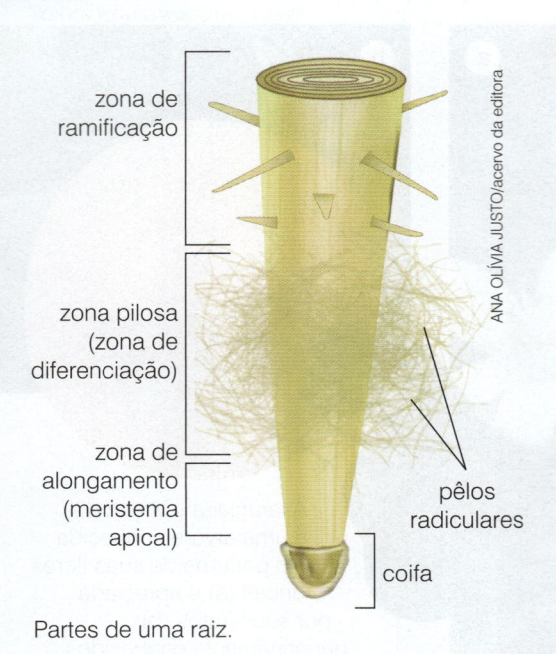

Partes de uma raiz.

Imagem, vista ao microscópio eletrônico, da ponta de raiz de trigo (*Triticum aestivum*), em que podem ser vistas a zona pilífera e a região da coifa. (Imagem ampliada 67 vezes. Colorida artificialmente.)

Sistemas radiculares (a) fasciculado e (b) pivotante.

Raízes aéreas e raízes aquáticas

Nem todas as plantas possuem raízes **subterrâneas**. Nas orquídeas, por exemplo, as raízes são **aéreas**. As orquídeas são plantas epífitas, isto é, apoiam-se, de modo geral, em outras plantas, principalmente galhos elevados de árvores. Nessa posição, conseguem a luz necessária para a realização de fotossíntese. É do meio aéreo que as raízes dessas plantas conseguem a água e os nutrientes minerais, graças à água das chuvas que lavam a copa das árvores.

Quando as raízes aéreas têm clorofila, como nas orquídeas, podem também fazer fotossíntese.

As **raízes aquáticas** estão presentes, por exemplo, nos aguapés. Distribuem-se amplamente pelo meio aquático e, muitas vezes, em algumas plantas, são dotadas de tecidos armazenadores de ar que auxiliam a flutuação e a respiração das raízes.

(a) As raízes que se veem "saindo" dos vasos de orquídea são aéreas e, na natureza, (b) auxiliam a fixar a planta ao substrato.

(a) Aguapés, também chamados jacintos-d'água, são plantas do gênero *Eichhornia*. Aquáticos flutuantes, os jacintos-d'água reproduzem-se rapidamente e, algumas vezes, infestam lagos e rios. (b) Aguapé em aquário, em que podem ser vistas as raízes aquáticas.

📖 É SEMPRE BOM SABER MAIS!

Raízes apresentam geotropismo positivo

De maneira geral, raízes apresentam **geotropismo** (ou **gravitropismo**) **positivo**, ou seja, seu crescimento é orientado pela direção da aceleração da gravidade e ocorre pela ação de hormônios específicos que atuam no crescimento das raízes em direção ao solo.

Raízes modificadas

Em algumas plantas, as raízes modificam-se e exercem diferentes tipos de função, como as descritas a seguir.

Raízes tuberosas: volumosas e ricas em reservas alimentares, principalmente o amido. Fornecem alimento e diversas outras substâncias úteis ao nosso metabolismo, como é o caso do caroteno, pigmento amarelado armazenado, por exemplo, na cenoura, importante na síntese de vitamina A.

> **Amido:** principal carboidrato de reserva dos vegetais.

O que conhecemos como (a) beterraba e (b) mandioca (também chamada de macaxeira ou aipim) são as raízes tuberosas dessas plantas.

Raízes respiratórias (pneumatóforos): em regiões alagadas e pobres em oxigênio, como é o caso dos nossos manguezais, certas espécies de árvores possuem raízes que se exteriorizam e auxiliam na retirada do oxigênio do ar.

(a) Detalhe de manguezal. Note os pneumatóforos emergindo do solo encharcado dessa formação ecológica. (b) Esquema de raízes respiratórias (as trocas gasosas ocorrem por meio de pequenos orifícios existentes ao longo de cada raiz).

Raízes sugadoras: em plantas parasitas, como o cipó-chumbo, uma planta angiosperma aclorofilada, de cor amarela, incapaz de realizar fotossíntese, as raízes, também denominadas de **haustórios**, penetram no caule de uma planta hospedeira, da qual retiram água e nutrientes orgânicos e inorgânicos, o que pode acarretar a morte da hospedeira.

Jogo rápido

De certo modo, a atividade sugadora das raízes de plantas parasitas assemelha-se a um comportamento existente em insetos sugadores de seiva orgânica ou de sangue humano. Cite um inseto sugador de seiva vegetal e pelo menos dois insetos que, ao se alimentarem de sangue humano, atuam como transmissores de agentes causadores de doenças.

(a) Ramo de hibisco, parasitado por cipó-chumbo. (b) Detalhe, em corte, da raiz sugadora do cipó-chumbo no interior dos vasos condutores de alimento da planta hospedeira.

Raízes estrangulantes: presentes, por exemplo, na planta conhecida como "mata-pau", cujas raízes aéreas, ao crescerem em direção ao solo, envolvem o tronco de uma árvore hospedeira e podem "estrangulá-la" e provocar sua morte.

Raízes tabulares: presentes, por exemplo, nas figueiras, desenvolvem-se bem próximo à superfície do solo, no sentido vertical; lembram tábuas e ajudam a sustentar árvores de grande tamanho.

Observe como as raízes de uma figueira (gênero *Ficus*) entrelaçaram o tronco de uma planta hospedeira.

Raiz tabular de figueira (gênero *Ficus*). As árvores desse gênero podem chegar a 30 m de altura.

Raízes suporte de (a) palmeira (*Euterpe* sp.) e de (b) milho (*Zea mays*), árvores que atingem 20 m e 3 m de altura, respectivamente.

Raízes suporte ou **escora**: auxiliam a fixar a planta ao substrato, presentes, por exemplo, nas plantas de milho e em palmeiras do gênero *Euterpe*.

■ O caule

Pelo caule, a água e os sais minerais absorvidos pelas raízes transitam em direção às folhas, ao mesmo tempo em que o alimento orgânico produzido pelas folhas na fotossíntese segue em sentido contrário, rumo às raízes, ou para um fruto ou caule de reserva. O caule é, portanto, uma via de "mão dupla", isto é, liga as raízes às folhas e estas às raízes.

No caule existem **gemas**. Na **gema terminal** (gema apical), localizada na ponta do caule, a produção constante de novas células garante o crescimento em comprimento do caule. Das gemas laterais brotam ramos, folhas e flores.

Com forma e tamanho extremamente variáveis, o caule é geralmente aéreo.

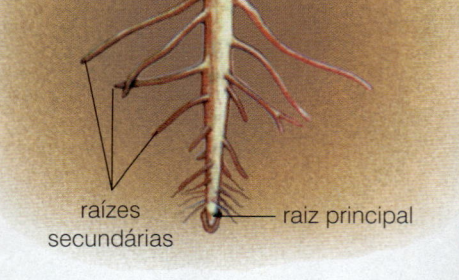

Esquema ilustrativo da localização das gemas caulinares.

Há plantas cujos caules são verdes, como os cactos, bambus e milho, por exemplo; nesses casos, também os caules realizam fotossíntese.

É SEMPRE BOM SABER MAIS!

Caules apresentam geotropismo negativo e fototropismo positivo

De maneira geral, caules apresentam **geotropismo** (ou **gravitropismo**) **negativo**, ou seja, seu crescimento é orientado na direção contrária à da aceleração da gravidade. Por outro lado, nos caules, de modo geral, também ocorre o **fototropismo positivo**, ou seja, seu crescimento ocorre na direção do estímulo luminoso (na direção da luz). Em ambos os casos, o crescimento do caule ocorre pela ação de hormônios específicos.

Tipos de caule

Caules aéreos

Os principais tipos de caule aéreo são **tronco**, **estipe**, **colmo** e **haste**.

Tronco: caule de grande espessura e ramificações variadas constituindo os galhos, repletos de folhas.

Caule de jacarandá (*Jacaranda* sp., 15 m de altura), tipo tronco.

Estipe: caule que se assemelha a um tronco, porém sem galhos. É típico de palmeiras e coqueiros. As folhas surgem do topo do estipe.

Coqueiros apresentam caule do tipo estipe.

No colmo do bambu podem ser vistos os nós e os entrenós (como o próprio nome indica, entrenós são as regiões entre dois nós).

Colmo: caule aéreo dotado de nós, típico do bambu (colmo oco) e da cana-de-açúcar (colmo cheio).

(a) O colmo do bambu é cheio quando começa a brotar do chão e, nessa fase, é comestível.

(b) Quando mais velho, torna-se rígido e oco.

DE OLHO NO PLANETA

Sustentabilidade

Cana-de-açúcar e biocombustível

Colmos de cana-de-açúcar armazenam sacarose, açúcar produzido a partir de moléculas de glicose resultantes da fotossíntese realizada nas folhas.

O açúcar de cana é utilizado em culinária e para a produção de etanol, um biocombustível. Cerca de 1% do nosso território está ocupado com o plantio de cana-de-açúcar. O Brasil saiu na frente na luta contra o aquecimento global gerado pela emissão excessiva de gás carbônico, um dos gases responsáveis pela acentuação do efeito estufa. A queima do etanol em veículos automotores libera gás carbônico que pode ser reaproveitado pelas plantas ao realizarem fotossíntese, constituindo-se em um ciclo de emissão/reabsorção, que justifica o termo "fonte de energia limpa" aplicado a esse biocombustível.

Haste: caule delgado, flexível, geralmente verde, comum em hortaliças.

Além dos quatro tipos de caule mais comuns, também há outros menos comuns, mas não menos importantes em sua função, como os **rastejantes**, os **cladódios**, as **gavinhas** e os **volúveis**.

Rastejantes (estolão): caules que crescem rente à superfície do solo, comuns, por exemplo, em plantas de morango e de abóbora.

Hortelã (caule em haste).

(a) Plantação de morangos. (b) O caule dessa fruta não se sustenta e, como o próprio nome diz, cresce rasteiro, isto é, rente ao chão.

O caule das aboboreiras também é do tipo rastejante.

Cladódios: são caules modificados, achatados, que lembram folhas, comuns, por exemplo, no figo-da-índia, de caule verde, capaz de realizar fotossíntese. Os espinhos presentes no cladódio do figo-da-índia representam folhas modificadas e atrofiadas.

Gavinhas: ramos do caule de certas plantas, como, por exemplo, uva, maracujá e chuchu, que se enrolam ao redor de um suporte, dando maior fixação à planta.

Volúveis: caules de plantas trepadeiras, que se "enrolam" ao redor de suportes.

Na foto, *Opuntia ficus-indica*, cujos frutos são popularmente conhecidos como figos-da-índia. Esses cactos podem chegar a 5 m de altura.

No maracujá (*Passiflora* sp.), ramos do caule se modificam em gavinhas (seta), que se enrolam em torno de um suporte para auxiliar na fixação da planta.

Plantas com caule tipo volúvel são muito empregadas em jardinagem para a criação de cercas vivas.

Caules subterrâneos

Alguns tipos de caule podem ser subterrâneos, como o **rizoma**, o **tubérculo** e o **bulbo**.

Rizoma: é o caule subterrâneo das bananeiras, do gengibre e das samambaias. Dele surgem as raízes e folhas.

Rizoma de gengibre (*Zingiber officinale*), em que podem ser vistas as raízes e as folhas.

Nas bananeiras, do rizoma surgem raízes e folhas. A parte aérea que se vê **não** é um caule, mas uma reunião de folhas cujas bases alargadas formam bainhas que se abraçam de modo a parecer um tronco.

Tubérculo: caule que, além de ser subterrâneo, é volumoso e armazena amido. Apresentam essa formação, por exemplo, as batatas-inglesas (conhecidas simplesmente por batatas ou batatinhas).

Bulbo: em Botânica, o termo *bulbo* é usado para caracterizar um tipo de caule de modo geral oculto pelas folhas de reserva. O exemplo mais simples de se entender é o da cebola. É bom saber, no entanto, que uma cebola na verdade não é apenas um caule, mas um conjunto de estruturas onde se pode facilmente reconhecer um caule, raízes e folhas. O verdadeiro caule fica na base da cebola, é reduzido e rígido; dele emergem raízes, que o fixam ao solo, e as folhas.

As batatas (*Solanum tuberosum*) que comemos são caules do tipo tubérculo, que se formam dentro da terra na extremidade de ramos do caule principal.

As folhas de cebola se sobrepõem concentricamente, como anéis, que podem ser vistos nas fatias de cebola cortadas transversalmente.

Fique por dentro!

A palavra bulbo deriva do latim e significa "cebola" e, por extensão, aplica-se a estruturas que tenham forma de cebola, como, por exemplo, o bulbo de uma lâmpada.

Uma "cabeça" de alho é formada pela reunião de diversos bulbos pequenos, que chamamos "dentes-de-alho". Cada bulbo é como a cebola, tanto que se você plantar um deles obterá um pé de alho.

UNIDADE 4 • MUNDO VEGETAL

É SEMPRE BOM SABER MAIS!

Você sabe a diferença?

Você saberia diferenciar uma raiz tuberosa de um caule do tipo tubérculo? Da *raiz tuberosa*, como a batata-doce, a cenoura, a beterraba, o nabo etc., brotam pequenas raízes secundárias e, apenas numa das extremidades, as ramas, isto é, o(s) caule(s) e as folhas. No tubérculo, a exemplo do que ocorre com a batatinha, brotam ramos dos diversos "olhos" (gemas laterais) encontrados em toda sua extensão. Cada olho desenvolve um ramo caulinar.

A batata-inglesa é um caule tipo tubérculo, também rico em material de reserva. Observe, na foto, os ramos caulinares brotando dos "olhos" das batatas.

As cenouras são raízes tuberosas, ricas em material de reserva, e delas formam-se os caules e as folhas.

■ A folha

Veja os dois exemplos de folhas apresentados nas imagens ao lado. Ambas possuem um **limbo**, a lâmina da folha. Na folha (a), existe um "cabinho", o **pecíolo**, que prende a folha ao caule. Além disso, perceba que as nervuras do limbo lembram uma rede e, por esse motivo, a folha é **reticulinérvea**, também denominada de folha com nervura em rede ou reticulada. Na folha (b), não há pecíolo, ou seja, a folha embainha, "abraça" o caule por meio de uma **bainha**. Além disso, note que as nervuras presentes nesse tipo de folha são paralelas umas às outras, ou seja, a folha é **paralelinérvea**, também denominada de folha com nervuras paralelas.

(a) pecíolo / limbo
(b) limbo / bainha da folha de milho

(a) Folha com pecíolo e limbo e
(b) folha com bainha e limbo.

CAPÍTULO 19 • Angiospermas I

Jogo rápido

As fotos ao lado mostram um pé de milho e um maço de rosas. Identifique qual o tipo de nervura e se há ou não pecíolo nessas plantas.

Folhas de muitas plantas são **simples**, possuem limbo único, de largura e superfície variáveis. Em outras plantas existem folhas **compostas**, em que o limbo, extremamente dividido, é constituído de inúmeros **folíolos**.

(a) Folha simples (limbo inteiro, único) e (b) composta (limbo dividido).

Jogo rápido

As fotos abaixo mostram um pé de mandioca e um ramo de tangerina (ou mexerica). Identifique qual o tipo de folha de cada planta.

A folha em corte

De modo geral, a folha é um órgão de duas faces, a superior e a inferior. Em cada uma delas, existe um revestimento, constituído de um tecido denominado **epiderme**. Portanto, há duas epidermes na folha, a superior e a inferior, ambas protegidas por uma **cutícula cerosa**, de natureza lipídica.

Em folhas de muitas plantas, as epidermes possuem minúsculos poros de abertura regulável, os **estômatos**, por meio dos quais ocorre o ingresso e a saída de gases (gás carbônico, oxigênio). Outro importante papel dos estômatos é regular a saída de vapor-d'água das folhas em direção à atmosfera, a chamada **transpiração**. A transpiração é importante por favorecer o transporte de água das raízes até as folhas, onde será utilizada na fotossíntese. Assim, há dois importantes papéis relacionados aos estômatos: favorecer o ingresso de gás carbônico na folha e a saída de oxigênio para o ambiente, e, ao mesmo tempo, regular a saída de vapor-d'água para o ambiente.

Estômatos (poros ovais) abertos em epiderme de folha de repolho (*Brassica* sp.). (Imagem vista ao microscópio eletrônio; ampliada 470 vezes.)

Se, porém, a perda de água por transpiração for excessiva e a reposição não compensar a perda, as células dos estômatos murcham e os estômatos fecham temporariamente, o que favorece a economia de água da planta.

O interior da folha é preenchido por células com **cloroplastos**, orgânulos que contêm **clorofila**, o pigmento verde que atua no processo de fotossíntese, que conta com a participação da luz do Sol. As células do interior da folha que realizam fotossíntese são constituintes do parênquima clorofiliano, como mostrado na figura a seguir. O ar contendo gás carbônico atra-

LUZ
células-guarda

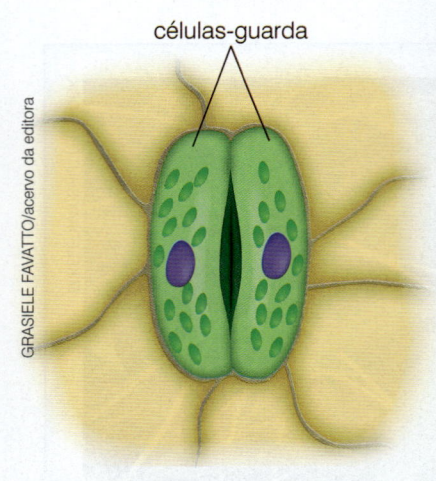

ESCURIDÃO
células-guarda

Note, na figura superior, um estômato aberto, o que, de maneira geral, ocorre durante o dia. À noite, os estômatos da maioria das plantas encontram-se fechados (figura inferior).

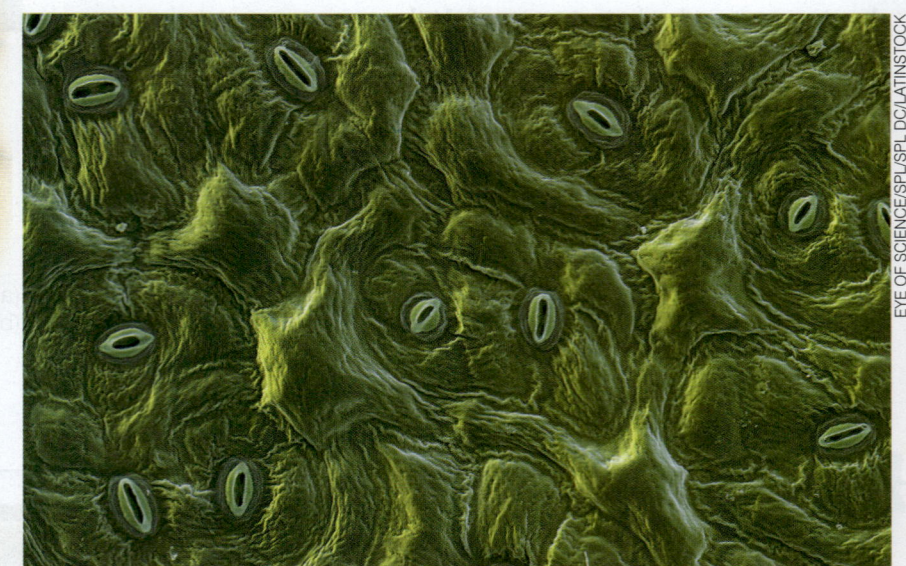

vessa a epiderme e os estômatos e se dirige às células que fazem fotossíntese. O oxigênio produzido pela fotossíntese difunde-se em sentido contrário e sai, com o ar, através dos estômatos, espalhando-se pela atmosfera. Assim, a atividade das folhas garante o alimento orgânico para a planta e libera o oxigênio para o meio.

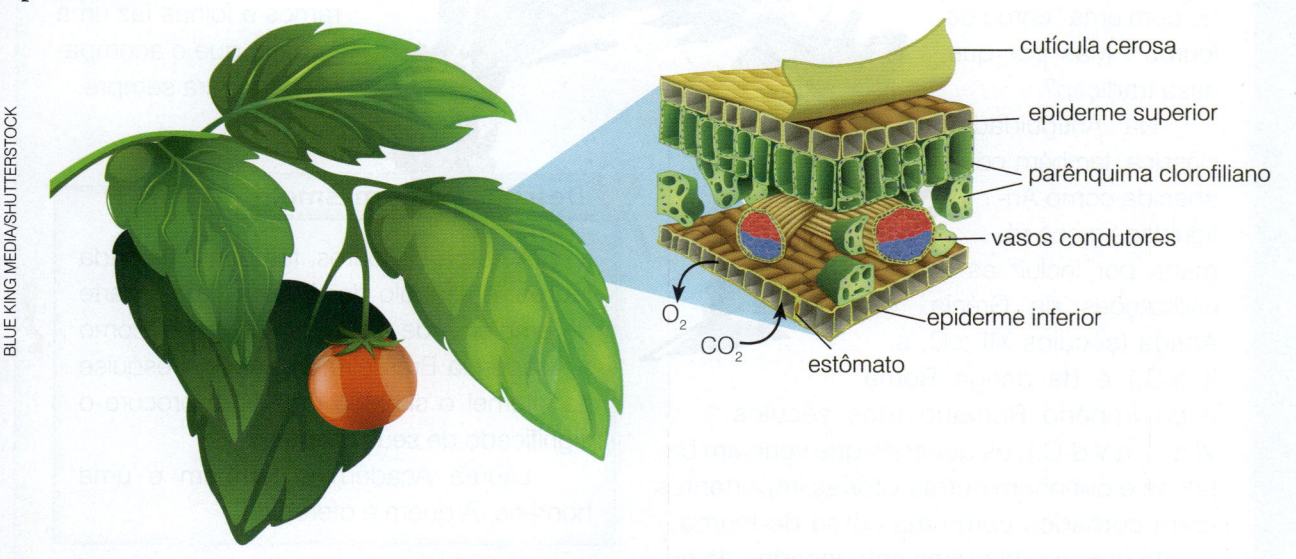

Ilustração de corte da folha, em que pode ser vista sua estrutura interna. (Cores-fantasia. Ilustrações fora de escala.)

EM CONJUNTO COM A TURMA!

A transpiração remove diariamente consideráveis quantidades de água de uma planta. Reúna o seu grupo de trabalho e sugiram um experimento simples que possa comprovar a ocorrência desse fenômeno. Depois, respondam: que fatores ambientais poderiam acentuar a ocorrência de transpiração em uma planta?

É SEMPRE BOM SABER MAIS!

Gutação: liberação de água no estado líquido

Em algumas plantas, principalmente durante madrugadas úmidas e de solo encharcado, os estômatos encontram-se fechados e não ocorre transpiração. Nessas condições, o transporte de água pelos vasos condutores em direção às folhas não cessa e pode ocorrer liberação de água liquida pelos bordos das folhas. Esse fenômeno é denominado de **gutação** e ocorre por **hidatódios**, pequenas aberturas permanentes existentes nos bordos foliares.

Gutação em folha de rabanete (*Raphanus sativus*).

ESTABELECENDO CONEXÕES

A coroa de louros

Você já deve ter reparado que em muitas competições esportivas, o vencedor é coroado com uma "coroa de louros". Mas por que essa tradição?

Na Antiguidade clássica, também conhecida como Antiguidade greco-romana por incluir as civilizações da Grécia Antiga (séculos XII a.C. a II a.C.) e da antiga Roma e do Império Romano (dos séculos VI a.C. a V d.C.), os generais que venciam batalhas e obtinham outras vitórias importantes eram coroados com uma coroa de louros – ou até mesmo de ramos entrelaçados de outras árvores, como, por exemplo, das oliveiras –, símbolo de glória máxima. Essa tradição tem origem em um mito, o da ninfa Dafne.

Reza a lenda que Apolo, deus do Sol e das Artes, possuidor do dom da juventude, irrita com sua autoconfiança Eros, o deus do Amor, que o atinge com uma flecha, fazendo com que ele se apaixone pela ninfa Dafne. Esta, no entanto, foi atingida por uma seta de chumbo lançada por Eros, e não se apaixona por Apolo. Ao contrário, busca refúgio na floresta a fim de escapar à perseguição.

Apolo persegue a ninfa e, quando já a está quase alcançando, Dafne pede ajuda a seu pai, Peneu, um dos deuses gregos dos rios, que transforma o corpo da filha em tronco, os membros em galhos e os cabelos em folhas de um loureiro, vencendo desse modo ao deus do Sol e das Artes.

Desesperado, Apolo agarra-se à árvore – em verdade, seu grande amor – e de seus ramos e folhas faz uma coroa, que o acompanhará para sempre.

Descubra você mesmo!

A coroa de louros, também chamada láurea, é símbolo de distinção e faz parte do emblema de algumas entidades, como a Academia Brasileira de Letras. Pesquise na internet o símbolo da ABL e procure o significado de seus dizeres.

Láurea Acadêmica também é uma honraria. A quem é oferecida?

Ninfa: na mitologia grega, é uma divindade feminina que habita campos, florestas, rios, mares, riachos, e está frequentemente ligada a um deus de maior importância; daí ser considerada por alguns como uma deusa secundária.

Eros: equivalente ao Cupido da mitologia romana.

Apolo e Dafne. Escultura em mármore de Gian Lorenzo Bernini, 1622-1625, 243 cm. Galeria Borghese, Roma, Itália.

Folhas modificadas

Do mesmo modo que ocorre com raízes e caules, as folhas também podem apresentar modificações adaptativas, principalmente relacionadas ao ambiente em que as plantas vivem. Veja os exemplos a seguir.

Folhas transformadas em espinhos: em ambientes desérticos ou semiáridos, a vegetação, quando existe, é representada principalmente por plantas da família dos cactos. Nessas plantas, os espinhos correspondem a folhas modificadas, uma importante adaptação que contribui para a redução da transpiração, além de representar uma defesa contra animais herbívoros. Nessas condições, é o caule, verde, que realiza fotossíntese, além de ser "suculento", rico em água armazenada em seus tecidos.

Os espinhos dos cactos são, na verdade, folhas modificadas.

Folhas que aprisionam insetos: em alguns ambientes pantanosos ou montanhosos, em que há deficiência em nutrientes minerais nitrogenados, uma das adaptações apresentadas por algumas plantas que vivem nesses ambientes é a "armadilha" representada por folhas que capturam insetos. Os insetos são aprisionados, digeridos e os produtos nitrogenados resultantes da digestão são absorvidos e utilizados pela planta. É importante lembrar, no entanto, que essas plantas são autótrofas, ou seja, produzem o seu alimento orgânico por fotossíntese. A "captura" de insetos é apenas um recurso adaptativo ao ambiente pobre em nutrientes minerais nitrogenados.

(a) *Dionaea muscipula*, planta carnívora que (b) captura e digere pequenos insetos e aracnídeos.

Brácteas: folhas, de modo geral coloridas, com aspecto de flores, que contribuem para a atração de agentes polinizadores. São comuns, por exemplo, na primavera, no copo-de-leite, no antúrio, entre outras plantas.

Brácteas em (a) antúrios (*Anthurium* sp.), (b) bico-de-papagaio (*Euphorbia pulcherrima*) e (c) primavera (*Bougainvillea glabra*).

gavinha

Gavinhas: do mesmo modo que ocorre em alguns caules, as folhas de algumas plantas também correspondem a gavinhas e realizam função semelhante às existentes nas gavinhas caulinares.

Gavinha em ramo de ervilha (*Pisum* sp.).

■ A circulação de água e nutrientes nas plantas com tecidos condutores

A água que circula nas plantas transporta nutrientes minerais e orgânicos em vias separadas. Nutrientes minerais são transportados da raiz às folhas por finíssimos tubos componentes do tecido denominado **xilema** (do grego, *ksylon* = madeira), também denominado **lenho**. A solução aquosa com sais minerais transportada pelo xilema é a **seiva bruta**.

Nutrientes orgânicos são transportados para as raízes, caule, flores e frutos por outro conjunto de finíssimos tubos constituintes do tecido **floema** (do grego, *phloios* = casca, envelope, porque fica na parte viva da casca que envolve o caule), também denominado **líber** (do latim, *liber* = livre). A solução aquosa com nutrientes orgânicos transportada pelo floema é a **seiva orgânica**.

Diferentemente do que ocorre em muitos animais, não há uma bomba propulsora de seivas, ou seja, não há um órgão como o coração nas plantas vasculares. O deslocamento da seiva bruta depende fundamentalmente da ocorrência da transpiração e da fotossíntese, que removem constantemente a água dos tubos condutores. O deslocamento da seiva orgânica se dá em função de uma diferença de concentração: o alimento orgânico é deslocado das folhas (órgãos em que ocorre a fotossíntese e, portanto, de maior concentração) para os locais em que será consumido.

> **Lembre-se!**
>
> A **seiva bruta** também é chamada de **seiva mineral** ou **inorgânica** e a **seiva orgânica** também é chamada de **elaborada**.

Ilustração do caminho percorrido pela água, minerais e seiva elaborada.

ESTABELECENDO CONEXÕES

Cotidiano

Que cheiro bom!

Tem pessoas que ao cozinhar perfumam toda a casa com um cheiro muito bom, que se espalha por todo o ambiente. E independe se estão preparando comida doce ou salgada. Essas pessoas, em geral, se utilizam de raízes, caules e folhas de plantas que, por sua composição, liberam aromas quando cortadas ou cozidas. Quer ver alguns exemplos?

Caules de gengibre e folhas de hortelã são empregadas no preparo de bebidas, além de darem um toque especial às carnes.

A canela, em pó ou em pau, tão empregada em compotas doces, na verdade é retirada da casca do tronco da caneleira (*Cinnamomum verum*), árvore que chega a 18 m de altura.

Folhas de louro (*Laurus nobilis*, árvore que atinge 10 m de altura, em média) ou de alecrim (*Rosmarinus officinalis*, arbustos atingem 1,5 m de altura) são muito utilizadas para preparar pratos salgados.

DE OLHO NO PLANETA

Meio Ambiente

Ficar parado resulta em alguns problemas

Assim como ocorre com muitos animais, as plantas também são atacadas por inúmeros agentes agressores, dentre eles fungos, vírus, bactérias e animais herbívoros, como insetos, roedores, bois e cabras, por exemplo.

Fugir ou remover os agressores, como fazem muitos animais, é uma tarefa árdua para seres imóveis. O ataque de uma praga de gafanhotos, o parasitismo dos pulgões (que sugam a seiva elaborada das plantas) e inúmeras doenças provocadas por microrganismos resultam em danos para a vegetação, muitas vezes irrecuperáveis.

Felizmente, ao longo da evolução vegetal, sob a ação da seleção natural, resultaram variedades vegetais que possuem mecanismos de defesa, em geral a produção de substâncias tóxicas contra os agentes agressores. A rica biodiversidade observada em uma floresta tropical também garante uma proteção do conjunto das plantas contra seus inimigos potenciais. No caso das chamadas monoculturas, como, por exemplo, as de cana-de-açúcar e milho, a inexistência de diversidade no cultivo pode acarretar muitos prejuízos, principalmente os relacionados às pragas agrícolas.

Muitas vezes, ao selecionar uma planta altamente produtiva em termos alimentares, o homem deixa de lado as qualidades de resistência às doenças, próprias das plantas. O recurso da utilização de defensivos agrícolas, que protegem as plantas cultivadas, resolve alguns desses problemas, porém acarreta outros, principalmente os relacionados à poluição ambiental e à contaminação dos alimentos produzidos.

CAPÍTULO 19 • Angiospermas I — 325

Nosso desafio

Para preencher os quadrinhos de 1 a 9, você deve utilizar as seguintes palavras: absorção, aéreo, caule, folhas, fotossíntese, pneumatóforos, subterrânea, sugadora, tuberosas.

À medida que você preencher os quadrinhos, risque a palavra que escolheu para não usá-la novamente.

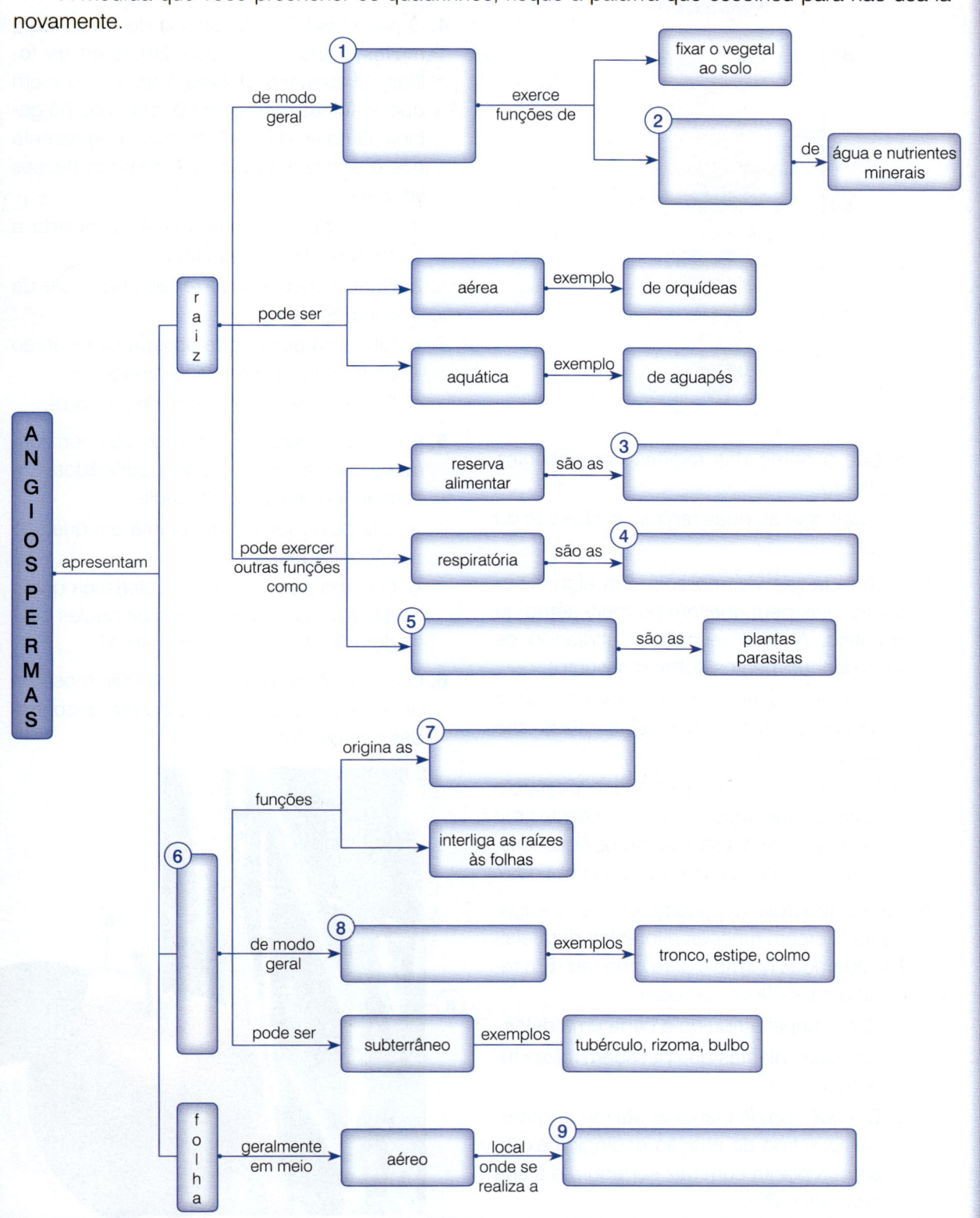

ANGIOSPERMAS apresentam:

- **raiz**
  - de modo geral → (1) **subterrânea** → exerce funções de:
    - fixar o vegetal ao solo
    - (2) **absorção** → de água e nutrientes minerais
  - pode ser:
    - aérea → exemplo de orquídeas
    - aquática → exemplo de aguapés
  - pode exercer outras funções como:
    - reserva alimentar → são as (3) **tuberosas**
    - respiratória → são os (4) **pneumatóforos**
    - (5) **sugadora** → são as plantas parasitas

- (6) **caule**
  - funções:
    - origina as (7) **folhas**
    - interliga as raízes às folhas
  - de modo geral (8) **aéreo** → exemplos: tronco, estipe, colmo
  - pode ser subterrâneo → exemplos: tubérculo, rizoma, bulbo

- **folha** → geralmente em meio aéreo → local onde se realiza a (9) **fotossíntese**

Atividades

1. No esquema a seguir:

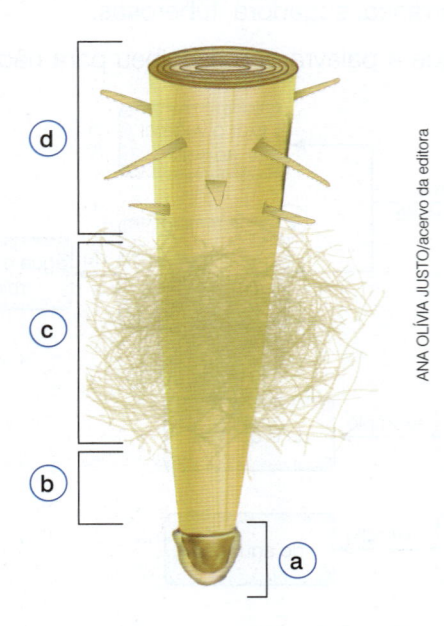

(d, c, b, a marcados no esquema de uma raiz)
ANA OLÍVIA JUSTO/acervo da editora

a. Cite o nome das regiões componentes da raiz.
b. Quais são as duas regiões exclusivas da raiz?

2. Nem toda raiz vive no solo. Em alguns vegetais, elas permanecem no meio aéreo ou aquático. A esse respeito e utilizando os seus conhecimentos sobre o assunto:

a. Cite duas plantas que possuem raízes aéreas e uma planta cujas raízes são aquáticas.
b. De que modo as plantas que possuem raízes aéreas obtêm água e nutrientes minerais? E nas plantas de raízes aquáticas, como os nutrientes minerais são obtidos?

3. Raízes tuberosas, pneumatóforos e sugadoras exercem funções diferentes daquelas consideradas normais para uma raiz. Em relação a esses tipos de raízes:

a. Cite o papel atribuído a cada uma delas.
b. Cite duas plantas que possuem raízes tuberosas.
c. Em que tipo de planta existe raiz sugadora? Que tipo de relação ecológica existe entre a planta com raiz sugadora e a sua hospedeira?
d. Em qual ambiente brasileiro são encontradas plantas com raízes do tipo pneumatóforos?

4. O pau-brasil é uma espécie de árvore com muitos galhos dos quais emergem as folhas. O coqueiro-da-baía é uma árvore em que as folhas emergem do topo, não há galhos. O caule da cana-de-açúcar apresenta nós e armazena açúcar. A respeito desses vegetais:

a. Cite o tipo de caule aéreo associado a cada uma dessas plantas.
b. Qual o açúcar armazenado no caule da cana-de-açúcar?
c. Cite uma planta que possua caule aéreo do mesmo tipo da cana-de-açúcar.
d. Cite as regiões exclusivas de um caule.

5. Rizomas, tubérculos e bulbos são considerados caules subterrâneos modificados. Em relação a esses tipos de caule:

a. Cite pelo menos uma planta em que são encontrados.
b. O bulbo possui uma característica que o diferencia de outros tipos de caules citados. Qual é essa característica?

6. Os esquemas ou fotos a seguir mostram dois tipos de folhas comumente encontradas nas plantas.

(fotos com marcações a e b)
SARUNYU_FOTO/SHUTTERSTOCK
VALENTINA RAZUMOVA/SHUTTERSTOCK

Para cada uma delas:
a. Reconheça as regiões apontadas pelas setas.
b. Que denominação é utilizada para essas folhas, quanto ao tipo e disposição das nervuras.

Dentre as estruturas vegetais que fazem parte desse capítulo, a raiz exerce a importante função de fixar o vegetal ao solo e dele absorver a água e os nutrientes minerais, que serão enviados às folhas através de um tecido condutor. Ao receber a seiva contendo água e nutrientes minerais, as células clorofiladas das folhas são responsáveis pela realização de um importante processo que garante a sobrevivência das plantas e de todos os demais seres heterótrofos dos ecossistemas.
Utilizando as informações do texto e os seus conhecimentos sobre o assunto, responda às questões **7** e **8**.

7. a. Qual o importante processo realizado pelas células clorofiladas das folhas?
b. Quais as substâncias utilizadas e produzidas pelas células clorofiladas das folhas e qual a fonte de energia necessária para a realização desse processo?
c. Qual o tecido condutor que transporta a água e os nutrientes minerais absorvidos nas raízes e encaminhados às folhas? Que nome se dá à seiva transportada por esse tecido?

8. a. Qual o tecido condutor que transporta os nutrientes orgânicos dissolvidos em água, da folha para os demais locais consumidores ou armazenadores da planta? Qual o nome da seiva transportada por esse tecido?
b. Através do seu revestimento e dos estômatos, as folhas liberam certa quantidade de vapor-d'água para a atmosfera. Como é denominada essa perda de água por evaporação que ocorre na superfície das folhas?
c. Quais são os dois importantes papéis relacionados aos estômatos?

9. Nos cactos, as folhas são transformadas em espinhos. Nas plantas denominadas de "carnívoras" algumas folhas são modificadas e utilizadas para a coleta e aprisionamento de pequenos insetos. Utilizando os seus conhecimentos sobre o assunto, responda:
a. Qual a vantagem adaptativa decorrente da transformação das folhas em espinhos, nos cactos?
b. Qual a vantagem adaptativa decorrente da transformação de algumas folhas em coletores e aprisionadores de insetos nas chamadas plantas "carnívoras"?

10. É comum ouvirmos dizer que as plantas fazem fotossíntese apenas durante o dia e respiram somente no período noturno. Você concorda com essa afirmação? Justifique a sua resposta.

Navegando na net

A beterraba branca é uma planta cujas raízes tuberosas, brancas, armazenam grande quantidade do açúcar sacarose. Seu cultivo ocorre em muitas regiões da Europa, notadamente na França. Neste país, o cultivo foi estimulado por conta de uma guerra marítima que envolveu também a Inglaterra. Consulte o *site* abaixo para conhecer os detalhes que conduziram ao cultivo dessa importante angiosperma em território francês:

(http://g1.globo.com/economia/agronegocios/noticia/2011/05/beterraba-branca-e-um-dos-produtos-agricolas-mais-importantes-da-europa.html)

(*acesso em:* 10 jul. 2015).

Angiospermas II

capítulo 20

Você sabe como é feito o chocolate?

Dizem que essa delícia, chamada chocolate, já era conhecida da civilização asteca, que habitou a atual região do México entre os séculos XIV e XVI. Esse povo colhia as sementes de cacau e com elas preparavam o *xocoatl*, bebida amarga e apimentada que era servida apenas aos imperadores. Depois, com a vinda dos espanhóis para o continente americano, as sementes de cacau foram levadas para a Europa e lá foi se modificando o seu preparo até chegar ao chocolate que se conhece hoje.

A produção do chocolate começa com a retirada das sementes dos frutos do cacaueiro, *Theobroma cacao*, árvore que na natureza pode chegar a 12 m de altura. Essas sementes são muito ricas em gordura e água e precisam passar por um processo de secagem, em geral, ao Sol, antes de serem encaminhadas para as indústrias. Nelas, as sementes são torradas para a total retirada da umidade.

Depois de resfriadas, as sementes de cacau são trituradas, formando-se uma massa de odor característico. Essa massa é submetida a novo processo em que é extraída a manteiga de cacau; o restante é o que se chama de torta de cacau. A manteiga de cacau, acrescida de açúcar e leite, dá origem ao chocolate branco. A torta de cacau, com a adição de açúcar, leite e manteiga de cacau, serve para preparar o chocolate em pó ou para fazer tabletes de chocolate tradicional.

Como veremos neste capítulo, flores, frutos e sementes, como as do cacaueiro, são os elementos reprodutivos das angiospermas.

A causa do sucesso das angiospermas: flor e polinização

Uma das causas do sucesso das angiospermas no meio terrestre foi o eficiente mecanismo utilizado na reprodução sexuada, gerando descendentes que se espalharam por diversos ambientes. Para isso, a **flor** foi fundamental. É uma nova estrutura, até então inexistente no reino Vegetal. Graças a ela, a transferência de pólen de uma flor para outra conta com a participação de novos agentes de polinização, como, por exemplo, muitos insetos, pássaros e morcegos, que são atraídos pelas flores, principalmente à procura de néctar e pólen comestível.

A dispersão das sementes é favorecida, graças à diferenciação de uma das partes da flor, o ovário, em **fruto**. Os frutos, em geral, são muito atraentes para inúmeros animais que, ao consumi-los, contribuem para a dispersão das sementes abrigadas em seu interior.

> **Lembre-se!**
>
> **Flor** e **fruto** são duas estruturas exclusivas das angiospermas.

> **Fique por dentro!**
>
> Nas gimnospermas **não há flor**. A polinização é feita exclusivamente pelo vento.
>
> Nas angiospermas, a flor é um elemento atrativo; por isso, novos agentes polinizadores (insetos, pássaros, morcegos) contribuem para a reprodução e expansão desse grupo de vegetais.

SHUTTERSTOCK

A flor

Veja o esquema a seguir, que representa a flor da pata-de-vaca (*Bauhinia variegata*), árvore ornamental muito comum nas cidades, que atinge 8 m de altura. É uma flor completa, constituída de quatro tipos diferentes de *folhas modificadas*, que formam as chamadas peças florais, presas ao **receptáculo floral**, uma região alargada que lhes serve de base, situada no topo do **pedúnculo floral**, que é o "cabinho" da flor. De fora para dentro, as peças florais são:

A flor padrão das angiospermas. (Cores-fantasia. Ilustrações fora de escala.)

- **sépalas:** em geral, de cor verde. O conjunto de sépalas constitui o **cálice** protetor do *botão floral*, nome dado à flor antes de sua abertura.
- **pétalas:** em geral, coloridas. O conjunto de pétalas forma a **corola** (coroa) com função de atrair os animais polinizadores.
- **estames:** componentes da porção masculina da flor, o **androceu** (do grego, *andros* = homem, macho). Cada estame possui duas regiões: o **filete** e a **antera**, sendo esta última o local em que são produzidos os grãos de pólen.
- **carpelos** (do grego, *karpos* = fruto) ou **folhas carpelares:** um ou mais carpelos formam a porção feminina da flor, o **pistilo** ou **gineceu** (do grego, *ginekos* = mulher). Cada carpelo é constituído de **estigma**, **estilete** e **ovário**. O *estigma* é a região superior em que são depositados os grãos de pólen. O *ovário* é o local em que se localizam os *óvulos*, que após a fecundação serão as futuras *sementes*. O ovário desenvolvido será o *fruto*. O *estilete* liga o estigma ao ovário.

Há muitas espécies de angiospermas em que as flores são *incompletas*, isto é, pode faltar um ou mais elementos florais: o cálice, a corola, o androceu ou o gineceu.

Jogo rápido

Identifique as estruturas indicadas. Quais pertencem ao gineceu e quais compõem o androceu?

Detalhe de gineceu e de androceu de um lírio.

Lembre-se!

Androceu (do grego, *andros* = macho) é o nome dado ao conjunto de estames da flor. Gineceu (do grego, *ginekos* = mulher) é o nome dado ao conjunto de carpelos da flor.

Fique por dentro!

Nas casas gregas e romanas da antiguidade, o gineceu era o aposento destinado às mulheres.

Polinização

O primeiro passo na reprodução sexuada das angiospermas é a **polinização**, que é o nome dado ao transporte de grãos de pólen da antera de uma flor para o estigma da mesma ou de outra flor. Nas angiospermas, a polinização pode ocorrer com a participação de vários agentes polinizadores, como vento, insetos e inúmeros animais.

Ao atingir o estigma, cada **grão de pólen** germina e gera um **tubo polínico** que se prolonga no interior do estilete a caminho do ovário, até encontrar um óvulo.

Observe que o estigma é recoberto por uma substância viscosa, que auxilia na apreensão dos grãos de pólen.

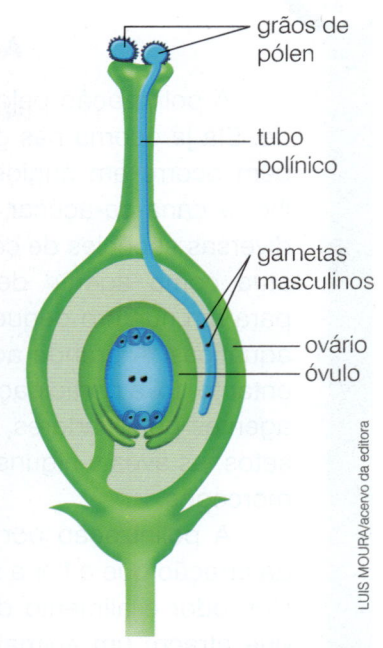

Esquema ilustrativo de polinização em angiosperma. (Cores-fantasia. Ilustração fora de escala.)

Os insetos são importantes agentes polinizadores, pois em seu deslocamento transportam os grãos de pólen da antera até o estigma.

DE OLHO NO PLANETA

Meio Ambiente

A polinização e a conquista do meio terrestre

A polinização pelo vento não é novidade. Ela já ocorria nas gimnospermas e também ocorre em angiospermas como o milho, a cana-de-açúcar, o arroz, o trigo e as diversas espécies de capim. A água também atua como agente de polinização, porém para um número pequeno de angiospermas aquáticas. A grande aquisição evolutiva, no entanto, foi a participação dos animais como agentes polinizadores, principalmente os insetos, as aves e alguns mamíferos, como os morcegos.

A polinização por um animal depende da atração que a flor a ser polinizada exerce. Cor, odor e alimento disponível são fatores que atraem um animal polinizador. Dos alimentos, dois merecem destaque. Um deles é o néctar. Produzido em regiões especiais da flor, é um alimento viscoso, altamente nutritivo, contendo açúcar e outras substâncias de interesse dos animais. O outro é representado por grãos de pólen comestíveis, avidamente consumidos por insetos, como os besouros, por exemplo.

A polinização por animais pode ser feita de dia ou de noite. Durante o dia, corola vistosa, colorida e "cheirosa" são os fatores de atração de agentes polinizadores (abelhas, borboletas, beija-flores). Pólen pegajoso, produzido em pequena quantidade, adere às patas, antenas, asas, bicos (nas aves) e assim é transportado. Já à noite, é o odor penetrante que atrai os animais polinizadores (morcegos e mariposas). Também na polinização noturna o pólen é pegajoso e pouco abundante.

Nas plantas polinizadas pelo vento, os grãos de pólen são menores, leves e produzidos em grande quantidade. A corola, nesse caso, não costuma ser vistosa. O que importa é aumentar bastante a superfície de recepção de pólen pelo gineceu. Os estigmas, nesse caso, são plumosos, ramificados, o que contribui bastante para a recepção do maior número possível de grãos de pólen.

Descubra você mesmo!

Procure na internet ou em livros da biblioteca da sua escola qual a origem do mel produzido por abelhas.

Lembre-se!

Nas angiospermas, *polinização* é o transporte de pólen de uma antera para um estigma. *Agente polinizador* é o que efetua esse transporte. *Fecundação* é o encontro da célula gamética masculina, conduzida pelo tubo polínico, com a célula gamética feminina que se encontra no interior do óvulo.

Fecundação

O tubo polínico transporta duas **células gaméticas**, que *equivalem* a gametas masculinos, presentes na extremidade do tubo. Assim que o tubo polínico atinge o óvulo, uma das células gaméticas encontra-se com o *gameta feminino*, a **oosfera**, contida no interior do óvulo, formando-se o zigoto.

O zigoto passa por inúmeras divisões celulares e origina um pequeno **embrião**. A outra célula gamética transportada pelo tubo polínico encontra-se com outras duas células existentes no interior do óvulo e, após inúmeras divisões celulares, origina o **endosperma**, também denominado de **albúmen**, tecido armazenador de reserva alimentar que será utilizado pelo embrião durante a *germinação* da semente.

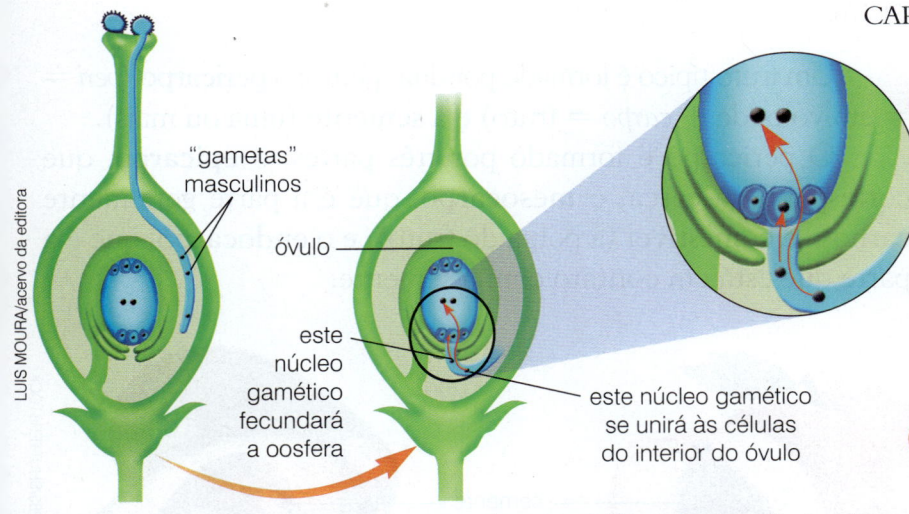

CAPÍTULO 20 • Angiospermas II

Esquema ilustrativo de fecundação em angiosperma. (Cores-fantasia. Ilustrações fora de escala.)

> **Lembre-se!**
> O encontro de gametas nas angiospermas não depende de água ambiental e é facilitado pelo tubo polínico.

> **Fique por dentro!**
> Nos animais, o óvulo é gameta feminino. Nos vegetais, porém, óvulo não é gameta. É uma estrutura que contém o gameta feminino, denominado **oosfera**. Nos vegetais, no interior do óvulo ocorrerá a fecundação, ou seja, o encontro da célula gamética masculina, transportada pelo tubo polínico, com a oosfera.

O óvulo transforma-se em semente

Após a fecundação, os óvulos se transformam em sementes. Cada **semente** possui três componentes: a **casca** (ou **tegmento**), o **embrião** e um material de reserva alimentar denominado de **endosperma** (do grego, *endos* = dentro + *sperma* = = semente), também chamado de **albúmen**, que será utilizado pelo embrião durante a germinação da semente.

Nas sementes de algumas angiospermas como, por exemplo, no feijão na soja e na ervilha, as reservas alimentares não se situam no endosperma, mas são transferidas para duas estruturas volumosas denominadas **cotilédones**, que fazem parte do corpo do embrião.

Nas angiospermas, a semente encontra-se protegida pelo fruto. (Cores-fantasia. Ilustrações fora de escala.)

O ovário transforma-se em fruto

Ao mesmo tempo em que os óvulos se transformam em sementes, o ovário desenvolve-se e transforma-se no **fruto**. Na flor da pata-de-vaca, o ovário se modifica e adquire o formato de uma vagem, contendo as sementes no seu interior. Na flor de abacate e de manga, por exemplo, o ovário cresce bastante, as paredes ficam espessas e são comestíveis. No abacate, o caroço corresponde à semente; na manga, a semente fica no interior do caroço. Peça a um adulto para abrir um caroço de manga para que você possa observar a semente.

> **Lembre-se!**
> Nas angiospermas, após a polinização e a fecundação, cada óvulo se converte em semente e o ovário se converte no fruto.

UNIDADE 4 • MUNDO VEGETAL

Um fruto típico é formado por duas partes: o **pericarpo** (*peri* = em volta de + *carpo* = fruto) e a **semente** (uma ou mais).

O pericarpo é formado por três partes: o **epicarpo**, que corresponde à casca; o **mesocarpo**, que é a parte geralmente carnosa e comestível (a polpa do fruto); e o **endocarpo**, que é a parte que está em contato com a semente.

pêssego — semente, endocarpo, mesocarpo, epicarpo

abacate

Em certos frutos o endocarpo é muito rígido e forma um "caroço" como no pêssego, na azeitona, na manga, no coco. Quebrando o caroço, encontra-se a semente. No abacate, o endocarpo é uma película marrom que envolve a semente.

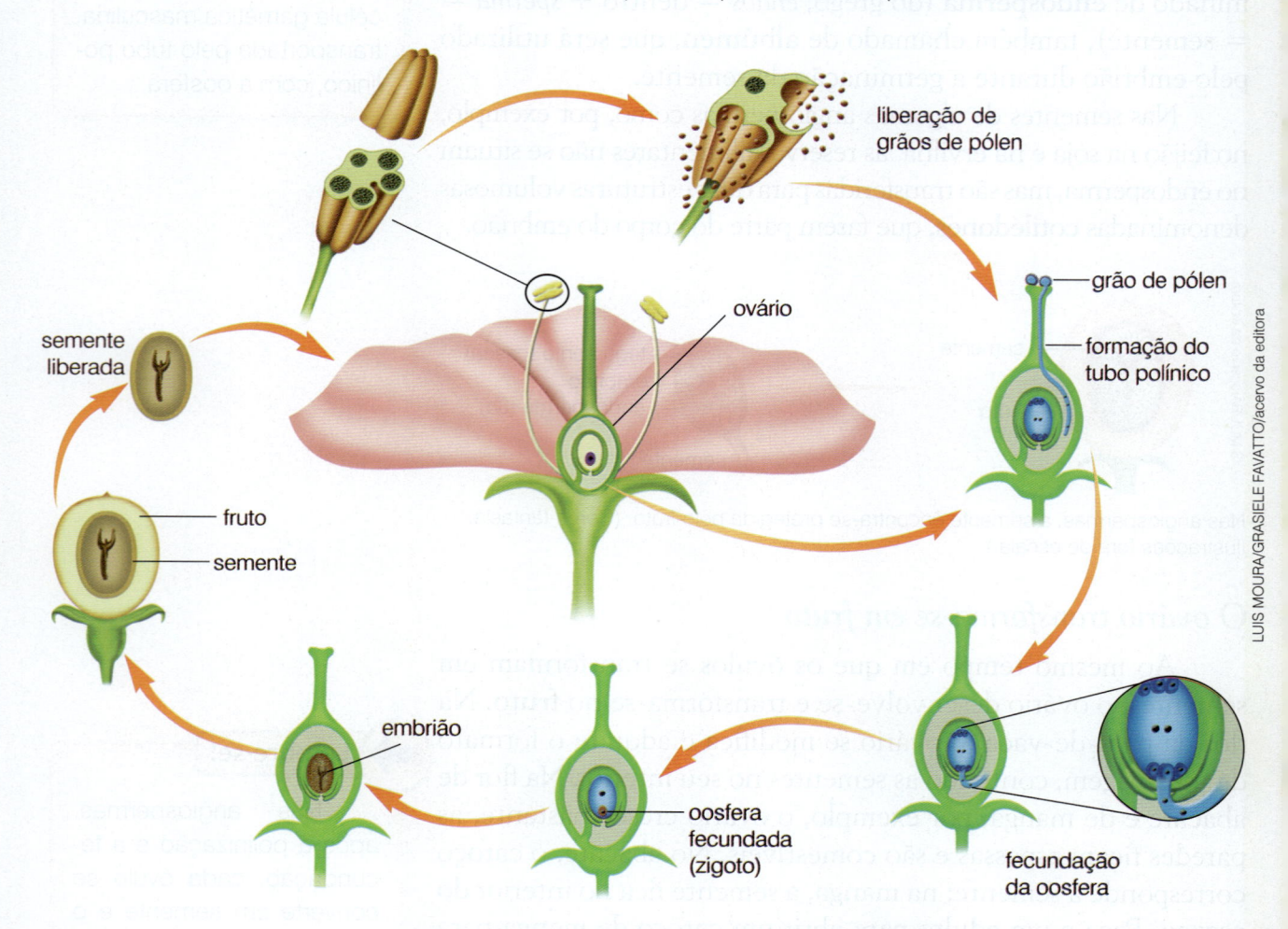

Esquema ilustrativo de reprodução em angiospermas. (Cores-fantasia. Ilustrações fora de escala.)

É SEMPRE BOM SABER MAIS!

Inflorescência leva a infrutescência

Em algumas angiospermas, as flores aparecem reunidas, formando um conjunto denominado de **inflorescência**. É o que se verifica na margarida, no girassol, no brócolis, na couve-flor, na alcachofra e na uva, por exemplo. Assim, ao ocorrerem as polinizações e as fecundações das inúmeras flores, o que era anteriormente uma inflorescência transforma-se em uma **infrutescência**, ou seja, um conjunto de frutos reunidos.

(a) Inflorescência e
(b) infrutescência de uva (*Vitis vinifera*).
(c) Brócolis = inflorescência

Tipos de fruto

Ao comer uma manga, você saboreia a polpa suculenta que corresponde a uma parte da parede do ovário (o mesocarpo) bem crescida. O mesmo ocorre quando você come um abacate, uma ameixa, um pêssego, um tomate, um pepino ou uma berinjela. Esses frutos são classificados como **carnosos**, pois têm pelo menos uma parte, geralmente o mesocarpo, suculento, espesso, rico em água e açúcares.

mesocarpo

endocarpo
mesocarpo

A manga e o tomate são frutos carnosos, cuja parte comestível é o mesocarpo suculento. Nas imagens, identifique o epicarpo.

Outro tipo de fruto são os **secos**, em que o mesocarpo é *pobre em água*, como por exemplo, nas vagens, ou *duro*, *lenhoso* ou *fibroso*, como, por exemplo, no coco, nas nozes e nas castanhas.

mesocarpo

No coco-da-baía (fruto seco), a água de coco e a parte branca comestível são endospermas líquido e sólido, respectivamente.

Ao se alimentar de uma vagem (fruto seco), você está comendo uma parede não suculenta do ovário.

Quando os frutos se abrem espontaneamente, liberando as sementes, eles são chamados de **deiscentes**. É o caso, por exemplo, do feijão, em que suas vagens se abrem e expõem as sementes. Já os frutos chamados **indeiscentes** não se abrem espontaneamente, como é o caso, por exemplo, das laranjas.

É SEMPRE BOM SABER MAIS!

Frutos partenocárpicos e pseudofrutos

A banana é um caso especial de fruto carnoso em que o ovário se desenvolve sem ter ocorrido a fecundação dos óvulos. Os pontinhos pretos no interior do fruto são óvulos que não se desenvolveram em sementes; logo, são estéreis. Nesse caso, dizemos que a banana é um exemplo de **fruto partenocárpico** (do grego, *parthenos* = = virgem + *carpos* = fruto). É também o caso do limão sem semente e da laranja baiana, que também não tem sementes.

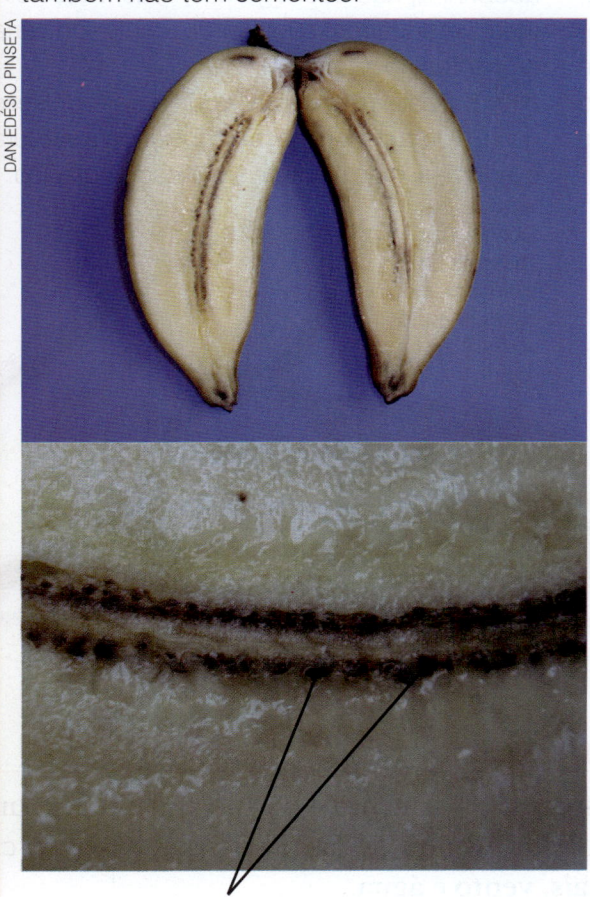

Na maçã, a parte comestível corresponde ao receptáculo da flor, que cresce bastante e envolve o ovário contendo as sementes.

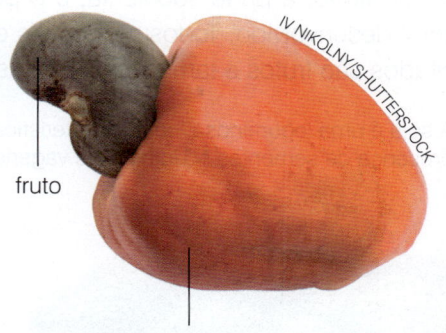

sementes estéreis
Banana, fruto partenocárpico.

No caju, é o pedúnculo floral que cresce bastante e fica suculento. O fruto, no caso do caju, é a castanha que a ele fica ligada, contendo uma semente no seu interior.

Agora, atenção, se você comer uma maçã, um morango ou um caju, saiba que eles não são frutos verdadeiros. É que, nesses casos, o que se come não provém do ovário que se desenvolveu. Esses são exemplos do que denominamos de **falsos frutos** ou **pseudofrutos** (do grego, *pseudes* = falso).

No morango, a parte carnuda, suculenta e cheirosa é o receptáculo floral muito desenvolvido. Os frutos são secos, pequenos e se apoiam no receptáculo; são os pontinhos superficiais que sentimos ao mastigar; cada um possui uma só semente em seu interior.

ESTABELECENDO CONEXÕES

Cotidiano

Frutos, frutas ou legumes? A ciência nos conta quem é quem

O que se conhece popularmente por "fruta" não tem significado botânico. Frutas têm sabor agradável, às vezes doce, às vezes azedo. É o caso da laranja, pêssego, banana, pêra, maçã, caju, morango, amora, manga, abacate, ameixa, limão, cupuaçu, graviola, tucumã, acerola, entre outros.

Nem toda fruta é fruto verdadeiro. Relembre que **fruto** é o nome dado à estrutura derivada do crescimento do ovário da flor. No caso do morango e da maçã, trata-se de *pseudofrutos*, já que nos alimentamos dos receptáculos florais desenvolvidos. E no caju, outro exemplo de pseudofruto, a parte suculenta, é o pedúnculo floral desenvolvido. Todos os demais exemplos citados são frutos e também são frutas.

Nas bancas de frutas e hortaliças de uma feira ou de um mercado, frequentemente percebemos que tomate, berinjela, jiló, pepino, pimentão e abobrinha, entre outros, são popularmente denominados de "legumes". Em termos da Botânica, no entanto, o termo "legume" é reservado para frutos do tipo "vagem", produzidos por plantas de feijão, soja, ervilha, lentilha, grão-de-bico e amendoim, entre outros. Pepino, pimentão, berinjela, jiló, tomate e abobrinha, não são legumes, mas, frutos simples, verdadeiros, suculentos, contendo várias sementes no interior.

E a palavra hortaliça, a que se refere? Nesse caso, é uma denominação *popular* para verduras e legumes, mas não tem significado botânico.

A soja é uma leguminosa, cuja característica é a presença de sementes no interior de vagens.

BONCHAN/SHUTTERSTOCK

Observe as sementes no interior do pepino: ele é um fruto verdadeiro.

FIRST EMOTION/SHUTTERSTOCK

■ A dispersão das sementes

Dispersão: ato de dispersar, espalhar, propagar.

Nas angiospermas, a semente e o fruto constituem "unidades de **dispersão**". Os agentes de dispersão, em ambos os casos, podem ser **animais**, **vento** e **água**.

Frutos carnosos servem de alimento para animais que, ao defecarem, espalham as sementes não digeridas. Carrapichos e picões aderem aos pelos dos animais, que os transportam para vários locais. O vento atua na dispersão de frutos e sementes dotados de expansões que se assemelham a asas. A água é o agente de dispersão de frutos, como o coco-da-baía, que flutua facilmente nela. Por fim, um caso especial é o de frutos secos maduros que se abrem explosivamente, como ocorre com as vagens da pata-de-vaca e os frutos da mamona que "arremessam" as sementes a certa distância.

CAPÍTULO 20 • Angiospermas II 339

Sementes de dente-de-leão (*Taraxacum* sp.) são disseminadas pelo vento.

Frutos verdes de mamona (*Ricinus communis*). Quando amadurecem, abrem-se de modo repentino e as sementes são projetadas para fora.

Coco-da-baía (*Cocos nucifera*), germinando, após ser dispersado pela água.

A ponta das sementes do tipo picão (*Bidens pilosa*) é dividida, o que favorece sua adesão ao pelo de animais que nelas encostam.

É SEMPRE BOM SABER MAIS!

E em que momento as sementes são liberadas dos frutos?

A liberação das sementes do interior dos frutos é um dos acontecimentos mais marcantes da reprodução das angiospermas. Embora algumas sementes possam até germinar no interior do fruto, como é comum ocorrer com o chuchu, a grande maioria das sementes germina apenas após ser liberada do fruto, quando maduro.

A **maturação** do fruto é fator determinante para ocorrer a liberação das sementes. Sem dúvida, é dos frutos carnosos, dos quais nos alimentamos, que mais facilmente podemos perceber esse processo de maturação, que leva à liberação das sementes.

Frutos como o do mamão, da manga e do pêssego, por exemplo, são verdes assim que são formados. Nessas condições, nem é possível comê-los, visto que seu sabor é amargo e, muitas vezes, existem até substâncias não digeríveis. À medida que o fruto amadurece, porém, ocorre uma transformação em sua cor e em seu odor e, sem dúvida, essas mudanças atraem muitos animais dotados de visão a cores e com bom sistema olfativo. Ao se alimentarem desses frutos, os animais contribuem, sem dúvida, para a dispersão das sementes. E, uma vez liberadas, as sementes podem germinar.

Chuchu aberto, mostrando a germinação da semente em seu interior.

O amadurecimento dos frutos carnosos implica mudanças que envolvem não só sua textura, mas também cor e odor. Observe nas fotos acima a mudança na cor das sementes do mamão verde e do mamão maduro.

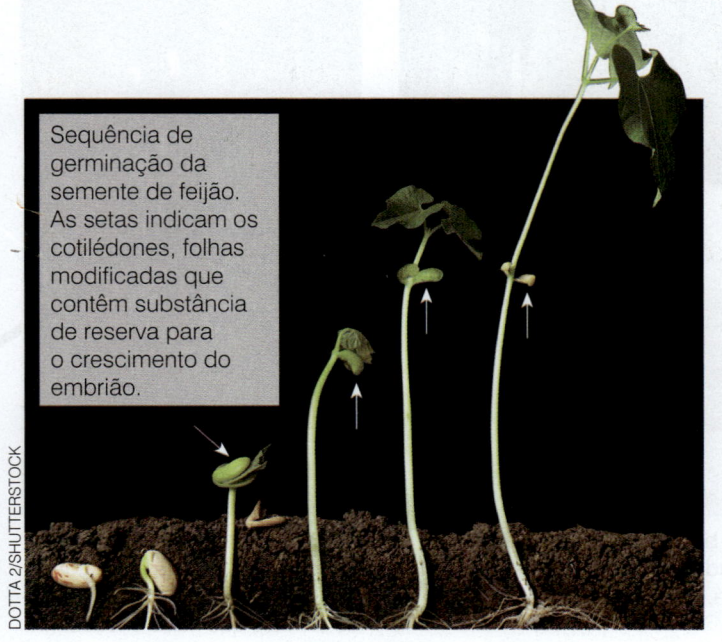

Sequência de germinação da semente de feijão. As setas indicam os cotilédones, folhas modificadas que contêm substância de reserva para o crescimento do embrião.

A semente e a germinação

Caindo em locais favoráveis, as sementes podem germinar. Nesse caso, o embrião, que até então estava em um estado latente, entra em atividade, consome as reservas nutritivas do endosperma ou dos cotilédones e cresce. A primeira estrutura embrionária a emergir é a **radícula** (pequena raiz), que fará contato com o solo, absorvendo água e nutrientes minerais. A seguir, emerge a estrutura que se desenvolverá no meio aéreo, o **caulículo** (pequeno caule).

Estado latente: metabolicamente inativo.

Aos poucos, a partir da radícula e do caulículo se originam raízes e caules definitivos da planta adulta. E dos caules, originam-se as folhas, que serão os órgãos nos quais ocorrerá o processo de fotossíntese.

DE OLHO NO PLANETA

Sustentabilidade

Mais alimentos vegetais de qualidade para os seres humanos

Há tempos nossa espécie adota mecanismos que visam aumentar a produtividade vegetal, no intuito de prover as populações humanas de alimentos de qualidade, saudáveis, ricos em proteínas, carboidratos, lipídios, vitaminas, sais minerais e outras substâncias, que promovam a melhora da qualidade de vida das pessoas que vivem em todas as regiões do mundo.

Um dos mecanismos é a seleção constante de variedades vegetais mais produtivas e aquelas que resistam ao ataque de competidores do homem por alimentos, principalmente ervas daninhas e inúmeros insetos e outros animais, que também recorrem a alimentos derivados de vegetais para a sobrevivência. Para isso, a reprodução sexuada, que gera variabilidade, e a posterior escolha das variedades mais produtivas e resistentes aos inúmeros desafios ambientais representados, sobretudo, pelas espécies competidoras do homem, é a via mais promissora na procura do aumento da produtividade vegetal. Isso tudo, sem menosprezar a manutenção da qualidade do ambiente, um bem inestimável que o homem precisa saber respeitar.

Ultimamente, a ciência agrícola tem recorrido, por exemplo, ao cultivo de vegetais transgênicos ou, geneticamente modificados, não somente em termos do aumento da produtividade vegetal, mas, também, no intuito de evitar, com o mínimo possível de danos ambientais, a ação de espécies animais que poderiam comprometer o sucesso do cultivo de vegetais úteis à nossa espécie. É o caso, por exemplo, da soja, do algodão e do milho transgênicos ou, geneticamente modificados. Veja o caso do milho transgênico BT. Normalmente, na natureza, plantas de milho são atacadas por várias espécies de insetos que se alimentam de suas folhas ou outros componentes dessa angiosperma. A descoberta de uma bactéria, da espécie *Bacillus thuringiensis*, dotada de um gene capaz de produzir uma toxina que mata insetos é uma tentativa de resolver os problemas decorrentes do ataque desses insetos. O benefício do plantio desse vegetal transgênico é evidente. Insetos que se alimentarem das folhas de plantas de milho assim modificadas, ingerem a toxina produzida graças ao gene BT e morrem, o que permite que a planta, livre da ação dos insetos, sobreviva e produza espigas de milho. Benefício para a nossa espécie, sem dúvida.

No entanto, há alguns problemas. Para muitas pessoas, críticas da utilização dessa tecnologia, isso pode acarretar problemas ambientais. Por exemplo, o gene BT poderia, em teoria, espalhar-se, por meio dos grãos de pólen produzidos pelas plantas de milho geneticamente modificadas, para outras plantas, colocando em risco a biodiversidade do ambiente, ao eliminar, por exemplo, a rica diversidade de insetos úteis à agricultura. Outra preocupação refere-se aos possíveis efeitos danosos da toxina BT para a saúde humana. De qualquer modo, esse tipo de preocupação precisa ser levado em conta.

Classificação das angiospermas

Os biólogos separam as plantas angiospermas em dois grandes grupos: **monocotiledôneas** e **eudicotiledôneas**. O milho é uma planta monocotiledônea. O feijão é uma planta eudicotiledônea. Mas você deve estar se perguntando, qual a origem desses nomes?

Lembre-se!

Angiospermas cujas sementes possuem dois cotilédones são eudicotiledôneas, enquanto as que possuem sementes com um cotilédone são monocotiledôneas.

Lembre-se que, ao nos referirmos às reservas da semente, dissemos que em algumas plantas, o feijão e a soja, por exemplo, elas se localizam nos **cotilédones**. Cotilédones são estruturas que pertencem ao embrião das plantas. Plantas cujos embriões possuem apenas um cotilédone são monocotiledôneas. Plantas cujos embriões possuem dois cotilédones são eudicotiledôneas.

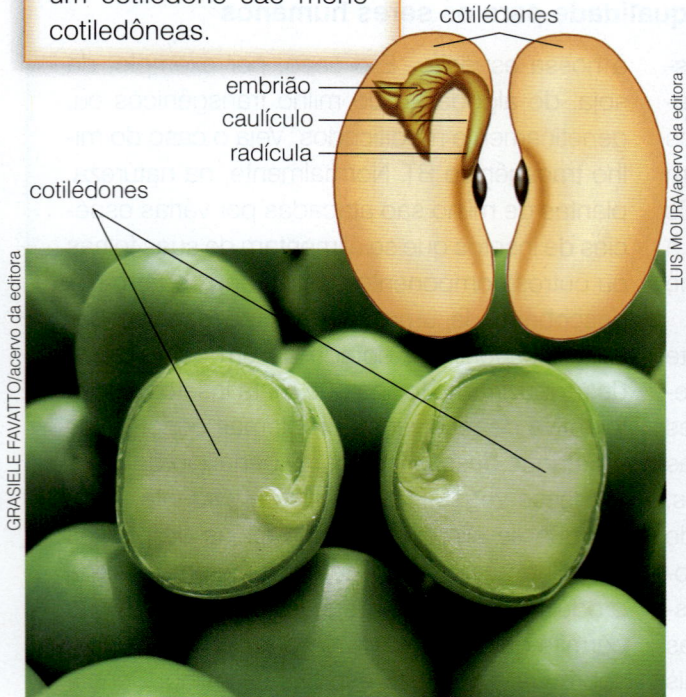

No feijão, assim como na ervilha, há dois cotilédones hipertrofiados. Não há endosperma.

No milho, o único cotilédone é atrofiado e as reservas ficam no endosperma.

ENTRANDO EM AÇÃO!

Herbário virtual

Herbários são coleções de plantas, cuidadosamente prensadas e secas, a fim de que possam ter longa durabilidade, coladas em folhas de papel ou cartão e devidamente catalogadas.

Agora, convidamos você e seu grupo de trabalho para produzirem um herbário virtual. De posse de máquina fotográfica ou de celular com capacidade para tirar fotos, passeiem pelos jardins de seu bairro e/ou município e fotografem diferentes tipos de plantas que encontrarem. Não se esqueçam de fotografar detalhes de folhas, caules, raízes aéreas, flores, frutos e sementes.

Muito provavelmente, além das angiospermas vocês também encontrarão gimnospermas, pteridófitas e, menos frequentemente, briófitas.

Todos esses grupos também devem ser fotografados para que seu herbário fique o mais completo possível.

Reúnam as imagens de todos os colegas, escolham as melhores fotos e procurem classificar o que recolheram com o auxílio de livros, professores ou da própria internet.

Que tal fazerem um *blog* e tornarem disponível para os colegas da escola seu herbário virtual?

CAPÍTULO 20 • Angiospermas II   343

Nosso desafio

Para preencher os quadrinhos de 1 a 10, você deve utilizar as seguintes palavras: carnosos, carpelos, estames, flor, fruto, grãos de pólen, óvulos, partenocárpicos, pétalas, sépalas.

À medida que você preencher os quadrinhos, risque a palavra que escolheu para não usá-la novamente.

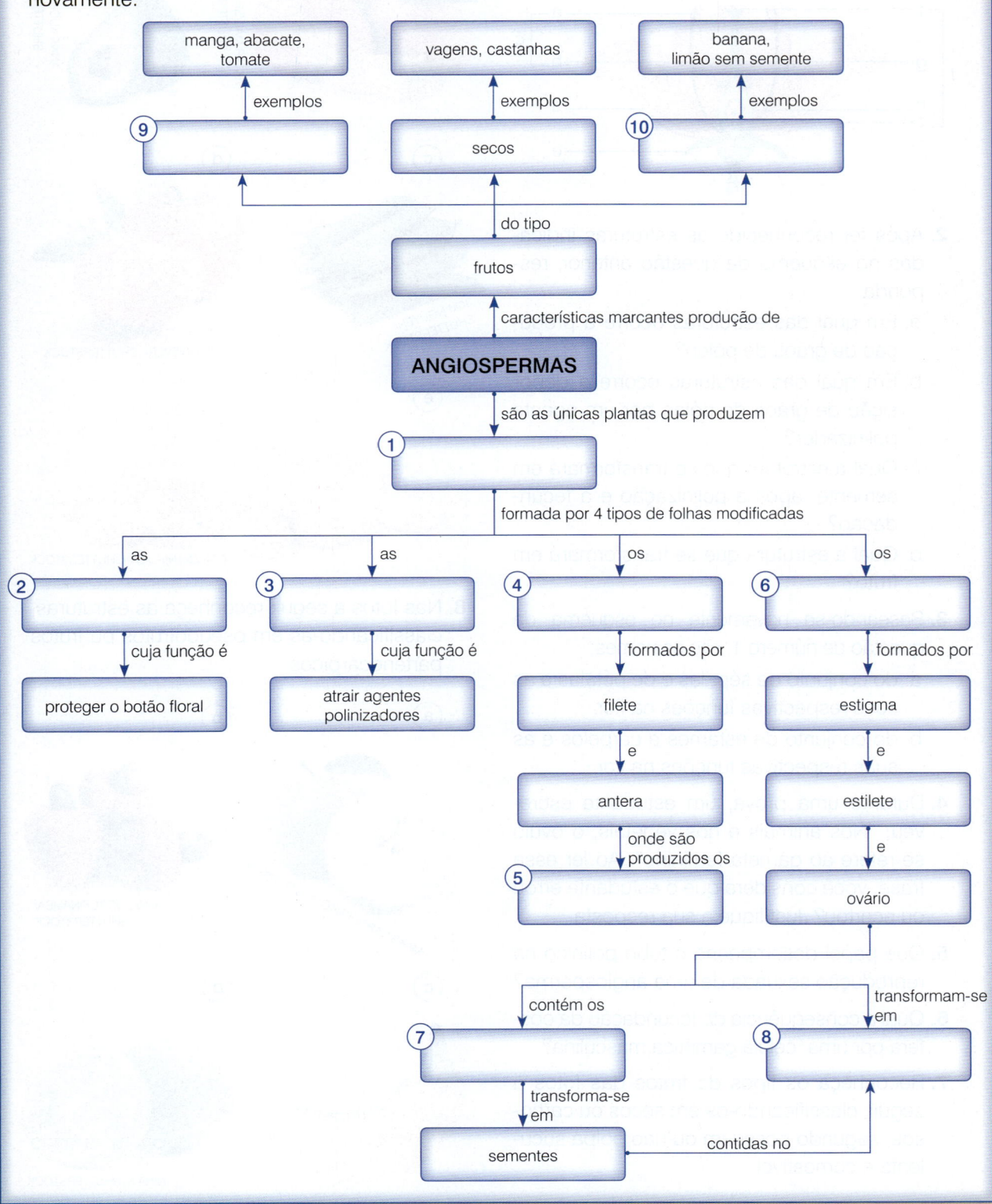

- manga, abacate, tomate ← exemplos — (9)
- vagens, castanhas ← exemplos — secos
- banana, limão sem semente ← exemplos — (10)

do tipo → frutos

características marcantes produção de

ANGIOSPERMAS

são as únicas plantas que produzem → (1)

formada por 4 tipos de folhas modificadas

- as → (2) → cuja função é → proteger o botão floral
- as → (3) → cuja função é → atrair agentes polinizadores
- os → (4) → formados por → filete e antera → onde são produzidos os → (5)
- os → (6) → formados por → estigma e estilete e ovário

ovário contém os → (7) → transforma-se em → sementes

ovário transformam-se em → (8) ← contidas no — sementes

Atividades

1. No esquema abaixo, que representa a flor padrão de uma angiosperma, reconheça as estruturas indicadas por setas.

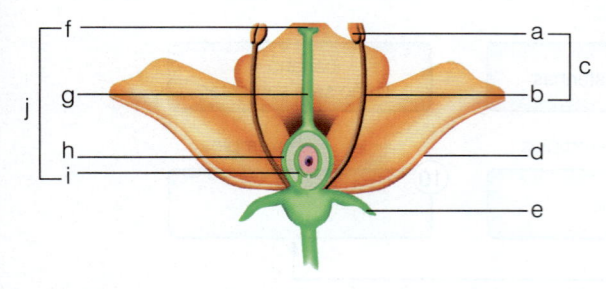

2. Após ter reconhecido as estruturas indicadas no esquema da questão anterior, responda:
   a. Em qual das estruturas ocorre a produção de grãos de pólen?
   b. Em qual das estruturas ocorre a deposição de grãos de pólen por um agente polinizador?
   c. Qual a estrutura que se transformará em semente, após a polinização e a fecundação?
   d. Qual a estrutura que se transformará em fruto?

3. Baseando-se novamente no esquema da questão de número 1, cite os nomes:
   a. do conjunto de sépalas e de pétalas e as suas respectivas funções na flor.
   b. do conjunto de estames e carpelos e as suas respectivas funções na flor.

4. Durante uma prova, um estudante escreveu: "Nos animais e nos vegetais, o óvulo se refere ao gameta feminino". Ao ler essa frase, você considera que o estudante errou ou acertou? Justifique a sua resposta.

5. Que papel desempenha o tubo polínico na reprodução sexuada de uma angiosperma?

6. Qual a consequência da fecundação da oosfera por uma célula gamética masculina?

7. Reconheça os tipos de frutos das fotos a seguir, classificando-os em secos ou carnosos, segundo possuam ou não polpa suculenta e comestível.

8. Nas fotos a seguir reconheça as estruturas, classificando-as em pseudofrutos ou frutos partenocárpicos.

CAPÍTULO 20 • Angiospermas II

9. As fotos a seguir mostram frutos ou sementes de diversos vegetais. Cite os prováveis mecanismos que possibilitam a dispersão dessas estruturas.

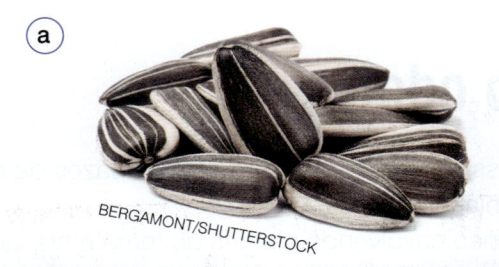

a) BERGAMONT/SHUTTERSTOCK

b) MAXIM IBRAGIMOV/SHUTTERSTOCK

c) OLEG D/SHUTTERSTOCK

d) HAL_P/SHUTTERSTOCK

10. As fotos a seguir representam algumas estruturas de plantas angiospermas.

a) SHOWCAKE/SHUTTERSTOCK

b) IFONG/SHUTTERSTOCK

c) VARUNA/SHUTTERSTOCK

d) MARKUS MAINKA/SHUTTERSTOCK

Baseando-se nelas, responda:

a. Quais delas representam estruturas típicas de angiospermas monocotiledôneas? Identifique-as.

b. Quais delas representam estruturas típicas de angiospermas eudicotiledôneas? Identifique-as.

c. Monocotiledôneas e eudicotiledôneas são denominações referentes a uma estrutura embrionária que pertence ao embrião existente nas sementes de plantas angiospermas. Qual é essa estrutura?

Leitura
Você, *desvendando* a Ciência

Alerta pelo odor

Aparentemente, as plantas são seres imóveis, passivos e que parecem ser incapazes de responder a estímulos ambientais, como ocorre com os animais, não é mesmo?

Não é isso que foi revelado por um trabalho científico envolvendo plantas de tomate atacadas por lagartas que se alimentam de suas folhas. O resultado dessa descoberta foi que plantas de tomate atacadas por lagartas da mariposa *Spodoptera litura* liberam substâncias voláteis que, ao atingirem outras plantas de tomate, provocam um sinal de alarme. Essas substâncias voláteis são absorvidas por plantas de tomate que ainda não foram atacadas pelas lagartas e as estimulam a produzir outra categoria de substâncias que as defendem do ataque das lagartas daquela mesma espécie de mariposa.

Essa modalidade de "comunicação" entre plantas de tomate garante a defesa contra o ataque de herbívoros que se alimentam de suas folhas. Com isso, alertadas por suas vizinhas, as plantas de tomate, ao se defenderem do ataque das lagartas, podem produzir normalmente suas flores, que produzirão frutos carnosos contendo sementes que, ao se dispersarem, poderão gerar novas plantas de tomate.

Adaptado de: MESCHER, M. C.; MORAES, C. M. Pass de Ammunition. *Nature*, London, n. 7504, v. 510, p. 221/222, 12 June 2014.

1) Em termos de aumento da produtividade de plantas cultivadas pelo homem, qual a vantagem de se conhecer o mecanismo de defesa descrito no texto?

2) Que outros recursos têm sido utilizados pelo homem no sentido de defender cultivos agrícolas do ataque de insetos herbívoros?

TecNews
O que há de mais moderno no mundo da Ciência!

Inpa transforma casca do maracujá em biscoito

As sementes, cascas e bagaços da maioria das frutas são jogados no lixo depois que a polpa é usada para a produção de alimentos. Com o maracujá, rico em vitamina C e complexo B, a situação não é diferente. Uma estimativa da Empresa Brasileira de Pesquisa Agropecuária (Embrapa) mostra que 90% das cascas e sementes da fruta são desperdiçados.

Mas o projeto de mestrado de Carlos Victor Bessa do curso de Ciências de Alimentos da Universidade Federal do Amazonas (Ufam) em parceria com o Instituto Nacional de Pesquisas da Amazônia (Inpa/MCT) reaproveita o que antes era jogado no lixo. Bessa desenvolveu um biscoito de alto valor nutritivo a partir da casca do maracujá. O projeto foi orientado pela pesquisadora Jerusa Souza Andrade da Coordenação de Pesquisas em Tecnologia de Alimentos (CPTA) do Inpa e pela professora Lidia Medina de Araújo, da Ufam.

Segundo o mestrando, a finalidade do trabalho é mostrar que os resíduos de frutas, que têm como único destino o lixo, podem servir para produzir alimentos e substituir ingredientes pouco saudáveis por outros mais nutritivos, desenvolvendo um alimento saboroso e com propriedades funcionais. Essa foi uma das motivações para Bessa iniciar em 2008 seus estudos.

Disponível em: <http://www.mct.gov.br/index.php/content/view/321208.html>.
Acesso em: 9 set. 2015.

🛒 CLICK E ABASTEÇA AS IDEIAS

Veja nossa sugestão de *link* sobre o assunto e abasteça suas ideias!
• http://www.bancodealimentos.org.br

🔍 INVESTIGANDO...

Com seus colegas de classe procure formas que possibilitem o aproveitamento dos alimentos em suas casas.

Bibliografia

ANDERY, M. A. et al. *Para Compreender a Ciência*. Rio de Janeiro: Garamond, 2007.

BRESINSKY, A. et al. *Tratado de Botânica de Strasburger*. 36. ed. Porto Alegre: Artmed, 2012.

BRUSCA, R. C.; BRUSCA, G. J. *Invertebrados*. 2. ed. Rio de Janeiro: Guanabara Koogan, 2007.

CANIATO, R. *As Linguagens da Física*. São Paulo: Ática, 1990. (coleção Na sala de aula).

CHALMERS, F. A. *O que É Ciência Afinal?* São Paulo: Brasiliense, 1993.

CHANG, R. *Chemistry*. 9. ed. New York: McGraw-Hill, 2007.

CLEMENTS, J. *Darwin's Notebook* – the life, times and discoveries of Charles Robert Darwin. Philadelphia: The History Press, 2009.

CUNNINGHAM, W.; CUNNINGHAM, M. A. *Environmental Science* – a global concern. 10. ed. New York: McGraw-Hill, 2008.

LEPSCH, I. F. *Formação e Conservação dos Solos*. São Paulo: Oficina de Textos, 2010.

MILLER, T. G. *Living in the Environment* – principles, connections, and solutions. 13. ed. Belmont: Cengage Learning, 2004.

NELSON, D. L.; COX, M. M. *Lehninger Principles of Biochemistry*. 5. ed. New York: W. H. Freeman, 2008.

POUGH, F. H.; JANIS, C. M.; HEISER, J. B. *Vertebrate Life*. 6. ed. New Jersey: Prentice-Hall, 2002.

PRESS, F. et al. *Para Entender a Terra*. 4. ed. Porto Alegre: Artmed, 2008.

RAVEN, P. H.; EVERT, R. F.; EICHHORN, S. E. *Biology of Plants*. 7. ed. New York: W. H. Freeman, 2005.

SILVERTHORN, D. U. *Fisiologia Humana* – uma abordagem integrada. 5. ed. Porto Alegre: Artmed, 2010.

STARR, C. et al. *Biology* – the unity and diversity of life. 13. ed. Stamford: Brooks/Cole, 2009.

TAIZ, L.; ZEIGER, E. *Plant Physiology*. 3. ed. Sunderland: Sinauer Associates, 2002.